विज्ञानभैरवः

अन्वयार्थ-रहस्यार्थव्याख्याद्वय (संस्कृत-हिन्दी) संवलितः

व्याख्याकारः

व्रजवल्लभद्विवेदः

सांख्ययोगतन्त्रविभागे

संपूर्णानन्दसंस्कृतविश्वविद्यालये

विभागाध्यक्षचर आचार्यश्च

वाराणसी

मोतीलाल बनारसीदास

दिल्ली, मुम्बई, चेन्नई, कोलकाता, बंगलौर,

वाराणसी, पुणे, पटना

पुनर्मुद्रण दिल्ली : २०००, २००४, २०१०
द्वितीय संस्करण: वाराणसी, १९८४
प्रथम संस्करण: वाराणसी, १९७८

ISBN: 978-81-208-2391-4 (सजिल्द)
ISBN: 978-81-208-2392-1 (अजिल्द)

मोतीलाल बनारसीदास

४१ यू०ए० बंगलो रोड, जवाहर नगर, दिल्ली ११० ००७
८ महालक्ष्मी चैम्बर, २२ भुलाभाई देसाई रोड, मुम्बई ४०० ०२६
२३६ नाइंथ मेन III ब्लाक, जयनगर, बंगलौर ५६० ०११
सनाज प्लाजा, १३०२ बाजीराव रोड, पुणे ४११ ००२
२०३ रायपेट्टा हाई रोड, मैलापुर, चेन्नई ६०० ००४
८ केमेक स्ट्रीट, कोलकाता ७०० ०१७
अशोक राजपथ, पटना ८०० ००४
चौक, वाराणसी २२१ ००१

नरेन्द्रप्रकाश जैन, मोतीलाल बनारसीदास, बंगलो रोड, दिल्ली 110 007
द्वारा प्रकाशित तथा जैनेन्द्रप्रकाश जैन, श्री जैनेन्द्र प्रेस,
ए-45 नारायणा, फेज-1, नई दिल्ली 110 028 द्वारा मुद्रित

संस्कृत एवं संस्कृति के उन्नायक
विद्वानों के परम अनुरागी
डॉ० मर्रि चेन्ना रेड्डी के
करकमलों में सादर
समर्पित

विषय-सूची

उपोद्घात

श्रद्धेय गुरुचरण श्रीगोपीनाथ कविराजजी को योगशास्त्र के तीन ग्रन्थ परम प्रिय थे। ये हैं—पातंजल योगसूत्र का व्यास-भाष्य, विज्ञानभैरव और विरूपाक्षपंचाशिका[1]। उनके यहाँ इन ग्रन्थों का बार-बार पाठ होता था। इन ग्रन्थों में से व्यास-भाष्य के अनेक संस्करण और अनुवाद प्रकाशित हो चुके हैं। योगशास्त्र के पाठकों के समक्ष आज यह विज्ञानभैरव का संस्करण अन्वयार्था नाम की संक्षिप्त संकलित संस्कृत व्याख्या और रहस्यार्था नाम की विस्तृत हिन्दी टीका के साथ प्रस्तुत किया जा रहा है। अभिनवगुप्त ने इस ग्रन्थ को [2]आगम, [3]शिव-विज्ञानोपनिषद् और [4]रुद्रयामलसार के नाम से उद्धृत किया है। अभिनवगुप्त रचित परमार्थ-सार के टीकाकार [5]योगराज ने इसको शैवोपनिषद् कह कर उद्धृत किया है। [6]अमृतानन्द योगी इसको विज्ञानभैरवभट्टारक और [7]महेश्वरानन्द विज्ञानभट्टारक के नाम से स्मरण करते हैं। अद्वयसम्पत्तिकार वामननाथ, स्पन्दप्रदीपिकाकार उत्पल वैष्णव, अभिनवगुप्त के प्रमुख शिष्य स्वच्छन्दतन्त्र, नेत्रतन्त्र प्रभृति ग्रन्थों के टीकाकार क्षेमराज प्रभृति विद्वानों ने बड़े आदर

---

१. विद्याचक्रवर्ती कृत विवृति के साथ यह ग्रन्थ पहले (ई० १९१० में) त्रिवेन्द्रम् संस्कृत ग्रन्थमाला में प्रकाशित हुआ था, जो कि अब उपलब्ध नहीं होता। इस ग्रन्थ पर अत्यन्त अनुराग होने के कारण ही श्रद्धेय कविराजजी ने तन्त्रसंग्रह के प्रथम भाग के प्रथम ग्रन्थ के रूप में इसको पुनः प्रकाशित कराके सुलभ बना दिया है। यह ध्यान देने की बात है कि शिवपुराण की छठी कैलाससंहिता (१९।४४) में यह ग्रन्थ उद्धृत है।

२. ई० प्र० वि० वि०, भा० १, पृ० २८७; भा० २, पृ० २१४, ४२७।

३. वहीं, भा० २, पृ० ४०५।

४. वहीं, भा० ३, पृ० २८५; इस ग्रन्थ के प्रथम श्लोक में 'रुद्रयामल' शब्द आया है और ग्रन्थ के अन्त में १६०वें श्लोक में देवी कहती है कि आज मैंने रुद्रयामल तन्त्र के सार को समझ लिया है। इसीलिये इस ग्रन्थ को 'रुद्रयामलसार' नाम दे दिया गया, ऐसा प्रतीत होता है। परात्रिंशिका के अन्त में भी रुद्रयामल शब्द आया है। रुद्रयामल तन्त्र का नाम नित्याषोडशिकार्णव (४।५९) में स्पष्ट उल्लिखित है। टीकाकारों के अनुसार १।१५ और ४।६२ में भी इसी ग्रन्थ का उल्लेख है। यह एक अत्यन्त महत्त्वपूर्ण प्राचीन तान्त्रिक ग्रन्थ है। प्राचीन मातृकाओं के आधार पर इसके समालोचनात्मक संस्करण की अत्यन्त आवश्यकता है। तभी परात्रिंशिका, विज्ञानभैरव, नित्याषोडशिकार्णव प्रभृति ग्रन्थों के साथ इस ग्रन्थ का तुलनात्मक अनुशीलन किया जा सकता है।

५. परमार्थसारटीका, योगराज कृत, पृ० १४८, १५१।

६. योगिनीहृदयदीपिका में अनेक स्थलों पर।

७. महार्थमंजरी की परिमल व्याख्या में अनेक स्थलों पर।

के साथ प्रमाण के रूप में इसको उद्धृत किया है। इस प्रकार यह ग्रन्थ योगशास्त्र एवं आगमशास्त्र का एक उज्ज्वल रत्न है। इसकी प्रतिपाद्य विषयवस्तु का संक्षिप्त परिचय प्रथम श्लोक की व्याख्या में तन्त्रावतार शीर्षक अन्तर्गत (पृ० ६-७) दिया गया है। यहाँ सर्वप्रथम प्रस्तुत संस्करण के सम्बन्ध में कुछ कह देना आवश्यक है।

प्रस्तुत संस्करण

काश्मीर ग्रन्थमाला के ८-९ ग्रन्थांक के रूप में दो टीकाओं के साथ इस ग्रन्थ का प्रकाशन संवत् १९७५ में श्रीनगर से हुआ था। इनमें से प्रथम टीका (विवृति) शिवोपाध्याय की और दूसरी (विज्ञानकौमुदी) भट्ट आनन्द की है। क्षेमराज ने भी विज्ञानोद्योत नाम की व्याख्या इस पर लिखी थी। महेश्वरानन्द ने महार्थमंजरी की स्वोपज्ञ परिमल टीका (पृ० १४६-१४७) में इसका उल्लेख किया है, किन्तु आज यह उपलब्ध नहीं होती। शिवोपाध्याय की विवृति के [1]अन्तिम श्लोकों (पृ० १४३) से मालूम होता है कि उनके समय में १ से २४ श्लोक तक की ही क्षेमराज की व्याख्या उपलब्ध थी। इससे आगे के ग्रन्थ की कागज या भूर्जपत्र पर लिखी हुई कोई पुस्तक उनको नहीं मिली। कालरूपी घुन ने उसको चाट लिया अथवा वह अग्नि को समर्पित कर दी गई, इस बात को तो भगवान् ही जानते हैं। विज्ञानोद्योत के इस उपलब्ध अंश को शिवोपाध्याय की व्याख्या में सम्मिलित कर लिया गया है और उक्त संस्करण के पृ० १६ पर लिखा गया है कि अब इसके आगे शिवोपाध्याय की विवृति आरम्भ होती है। वस्तुतः इस वाक्य को पृ० २१ पर होना चाहिये था, जहाँ से कि २५वें श्लोक की व्याख्या प्रारम्भ होती है, क्योंकि शिवोपाध्याय के ही कथन के अनुसार 'ऊर्ध्वे प्राणः' इस चौबीसवें श्लोक तक की व्याख्या क्षेमराज की कृति है।

इस तरह से श्रीनगर संस्करण में इस ग्रन्थ की तीन टीकाओं का समावेश है।[2] क्षेमराज ने स्पन्दनिर्णय प्रभृति ग्रन्थों में विज्ञानभैरव के श्लोकों को उद्धृत कर उनकी व्याख्या की है। शिवोपाध्याय की व्याख्या में उन अंशों का भी उचित समावेश मिलता है। इससे ऐसी प्रतीति होने लगती है कि शिवोपाध्याय के समय में भी विज्ञानोद्योत विद्यमान था।

हमने अपने संस्करण को प्रस्तुत करने में मुख्य सहायता इसी संस्करण से ली है। खेद है कि भाषा की अनभिज्ञता के कारण हम इस ग्रन्थ के फ्रेंच संस्करण से कोई सहायता न ले सके। जैसा कि पहले कहा गया है विज्ञानभैरव के श्लोक प्रमाण के रूप में अनेक ग्रन्थों

---

१. श्रुतं देव मयेत्यादिप्रश्नग्रन्थार्थबन्धनम्।
ऊर्ध्वे प्राणादिपद्यान्तं क्षेमराजकृतं शुभम्॥
ततः परमुपाध्यायकुशकाशावलम्बनम्।
यद्वृत्तिग्रन्थकाकलपुस्तकं हस्तगोचरम्॥
भूर्जात्मकं वा नायातं जग्धं कालघुणेन तत्।
दग्धं वा वह्निना च्छिन्नमत्र साक्षी महेश्वरः॥

२. विमर्शदीपिका के सम्बन्ध में आगे पृ० ३१ की १ टिप्पणी देखिये।

में उद्धृत हैं और कुछ स्थलों पर उनकी प्रकारणानुकूल व्याख्या भी की गई है । लगभग आधे से अधिक श्लोक इस तरह के मिलते हैं । इन सभी स्थलों का टिप्पणियों में उल्लेख कर दिया गया है । पाठ-भेद के संकलन में और दोनों व्याख्याओं में भी इन उद्धरणों से और उद्धृत स्थलों से आवश्यक सहायता ली गई है ।

संस्कृत की अन्वयार्थी टीका में उक्त तीनों व्याख्याओं से सरलतम पंक्तियों को चुन-कर और आवश्यकता के अनुसार उनमें नाममात्र का परिवर्तन कर अन्वय के अनुसार सजो कर रखा गया है, जिससे कि श्लोक का अर्थ सरलता से समझा जा सके । कुछ विवादास्पद स्थलों में टीकाओं के परस्पर विरोधी विचारों में समन्वय स्थापित करने का भी प्रयास किया गया है ।

रहस्यार्थी टीका का प्रधान आधार क्षेमराज और शिवोपाध्याय की व्याख्या है । कुछ श्लोकों के निगूढ अभिप्राय का इनमें विस्तार से वर्णन किया गया है । इन श्लोकों को उद्धृत करने वाले आचार्यों ने भी इनके अन्तस्तल में प्रविष्ट होने का प्रयत्न किया है । इन सबकी सहायता से राष्ट्रभाषा हिन्दी में इन श्लोकों के छिपे अभिप्राय को प्रकट करने का प्रयत्न किया गया है । इसीलिये इसका नाम रहस्यार्थी रखा गया है ।

पाठ-संकलन में शिवोपाध्याय के पाठ को 'क' संकेत से और भट्ट आनन्द के पाठ को 'ख' संकेत से दिखाया गया है । जिन स्थलों में यहाँ के श्लोक उद्धृत हैं, उनसे भी पाठ-संकलन किया गया है । इनके संकेत के रूप में उस उस ग्रन्थ का प्रथम अक्षर लिया गया है । पाठ-संकलन की टिप्पणियों में देवनागरी अंकों का और अन्य टिप्पणियों में रोमन अंकों का उपयोग हुआ है । पाठ-संकलन के बाद पास में ही स्थल निर्देश वाली टिप्पणियाँ दी गई हैं, जिससे कि उक्त स्थल का पाठ-संकलन किस-किस ग्रन्थ से किया गया है, इसको जानने में सुविधा हो ।

प्राय: प्रत्येक दर्शन और सम्प्रदाय के अपने पारिभाषिक शब्द होते हैं । उस उस दर्शन और सम्प्रदाय के विषय में लिखते समय इन शब्दों का प्रयोग अनिवार्य रूप से करना पड़ता है । प्रयोग-स्थल में ही इनके अभिप्राय को समझाने का प्रयत्न किया जाय तो इससे भाषा के प्रवाह में बाधा पड़ती है । अत: ऐसे पारिभाषिक शब्दों के अभिप्राय को स्पष्ट करने के लिये यहाँ पर्याप्त मात्रा में टिप्पणियों का उपयोग किया गया है । यदि पाठकों का इससे कुछ भी लाभ हुआ तो यह सारा प्रयत्न सार्थक माना जायगा ।

ग्रन्थ का स्वरूप

शिवोपाध्याय की टीका के अनुसार इस ग्रन्थ में १६३ और भट्ट आनन्द की टीका के अनुसार १६१ श्लोक हैं । भट्ट आनन्द की टीका में ७७ संख्या के बाद के श्लोक में ७९ संख्या लगा दी गई है । इस तरह से भट्ट आनन्द ने वस्तुत: १६० श्लोकों की ही व्याख्या की है । शिवोपाध्याय के ४४वें श्लोक के उत्तरार्ध और ४५वें श्लोक के पूर्वार्ध की, ८४वें और १४४वें श्लोक की व्याख्या भट्ट आनन्द ने नहीं की । यह उचित भी है, क्योंकि 'निस्तरङ्गोप०'

(श्लोक १३६) प्रभृति श्लोक में धारणाओं की संख्या ११२ बताई गई है। यह निश्चित संख्या भट्ट आनन्द की व्याख्या के अनुसार ही पूरी होती है। शिवोपाध्याय की व्याख्या में इनकी संख्या बढ़ गई है। अतः प्रस्तुत संस्करण में उक्त तीनों श्लोकों का समावेश नहीं किया गया है। इस तरह से यहां श्लोकों की संख्या १६० ही होनी चाहिये, किन्तु हैं १६१ श्लोक। इसका कारण यह है कि १५३वें श्लोक में 'सकारेण' इस पंक्ति का समावेश क्षेमराज द्वारा शिवसूत्रविमर्शिनी में उद्धृत वचन के अनुसार किया गया है। श्लोकों का क्रम भी उस उद्धरण के अनुसार ही रखा गया है। इन सभी छोटी-मोटी बातों का विवरण पाठ-संकलन वाली टिप्पणियों में देखना चाहिये।

ग्रन्थ और व्याख्याकारों का काल

विज्ञानभैरव प्रश्न-प्रतिवचनात्मक शैली में लिखा गया एक आगम ग्रन्थ है[1]। प्रश्न देवी अथवा भैरवी करती है और उसका उत्तर भगवान् भैरव देते हैं। इस तरह से इस ग्रन्थ का प्रादुर्भाव रुद्रयामल भाव से, शिव और शक्ति के सामरस्य से होता है। प्रथम श्लोक की व्याख्या में इस पर पर्याप्त प्रकाश डाला गया है। ग्रन्थ के अन्तिम श्लोक के अनुसार इसमें रुद्रयामल तन्त्र का सार संगृहीत है। रुद्रयामल तन्त्र का प्राचीन स्वरूप आज उपलब्ध नहीं है, अतः उसके प्रादुर्भाव के काल के सम्बन्ध में हम कुछ भी कहने की स्थिति में नहीं हैं। विज्ञान-भैरव का प्राचीनतम उल्लेख वामननाथ के अद्वयसम्पत्तिवार्त्तिक में मिलता है। संवित्प्रकाश आदि ग्रन्थों के रचयिता वामनदत्त और वामननाथ अभिन्न व्यक्ति हैं। इनके सम्बन्ध में हम लुप्तागमसंग्रह के द्वितीय भाग के [2]उपोद्घात में विस्तार से विचार करेंगे। [3]'कश्मीरेतिहासः' नामक ग्रन्थ की समालोचना में हमने बताया है कि कश्मीर के प्रसिद्ध आलंकारिक आचार्य तन्त्रशास्त्र के भी मर्मज्ञ विद्वान् रहे हैं। उसी परम्परा को यदि स्वीकार किया जाय तो हम आलंकारिक वामन को अद्वयसम्पत्तिकार वामननाथ से अभिन्न मान सकते हैं। आलंकारिक वामनाचार्य को कश्मीर के राजा जयापीड (७७९-८१३ ई०) के मन्त्री वामन से अभिन्न माना जाता है। अद्वयसम्पत्तिकार को भी उनसे अभिन्न मान लेने पर ई० आठवीं शताब्दी के अन्त तक विज्ञानभैरव का प्रादुर्भाव हो चुका था, ऐसा मान लेने में कोई बाधा नहीं प्रतीत होती।

आधुनिक इतिहासज्ञ कश्मीर के आगम ग्रन्थों के आविर्भाव का काल ई० सातवीं-आठवीं शताब्दी में ही मानते हैं। 'जलस्येवोर्मयः' (श्लो० १०८) इत्यादि श्लोक की व्याख्या में शिवोपाध्याय ने ईश्वरप्रत्यभिज्ञाकारिका के आधार पर विज्ञानभैरव की दो धारणाओं की रचना की बात कही है। इस कथन का खण्डन हम वहीं कर चुके हैं। ईश्वरप्रत्यभिज्ञा के रचयिता भट्ट उत्पल हैं। इनका समय ई० नवीं शताब्दी का अन्तिम भाग और दसवीं शताब्दी

---

१. काशी हिन्दू विश्वविद्यालय की मातृकाओं (पृ० २२०, ७६६) में सिद्धयोगीश्वर इस ग्रन्थ के प्रवक्ता माने गये हैं।

२. यह उपोद्घात अब प्रकाशित हो चुका है। पृ० ६५-६६ देखिये।

३. द्रष्टव्य—सारस्वती सुषमा, व० २८, अ० १, पृ० ७२-७३, संवत् २०३०।

का प्रारम्भिक भाग माना गया है। विज्ञानभैरव को भट्ट उत्पल का परवर्ती ग्रन्थ कथमपि नहीं माना जा सकता।

'नोर्ध्वे ध्यानं प्रयुञ्जीत' (८।४१-४४) प्रभृति नेत्रतन्त्र के और 'न सक्तमिह चेष्टासु' (उप० ६१।२-७) प्रभृति योगवाशिष्ठ के श्लोकों में विज्ञानभैरव उपदिष्ट कुछ स्थूल भावनाओं का निषेध है। इससे विज्ञानभैरव का प्रादुर्भाव इन दोनों ग्रन्थों से पहले हुआ, ऐसा कहा जा सकता है।

व्याख्याकारों में से क्षेमराज के सम्बन्ध में पर्याप्त लिखा जा चुका है[1]। उसको यहाँ दुहराने की आवश्यकता नहीं है। भट्ट आनन्द और शिवोपाध्याय भी कश्मीर के ही निवासी हैं। इनके संबन्ध में कुछ अधिक ज्ञात नहीं होता। भट्ट आनन्द ने अपनी टीका के [2]अन्त में (पृ० ६३) ग्रन्थ की समाप्ति का काल कलि संवत् ४७७४ की चैत्र प्रतिपदा बताया है। सं० २०३४ के आरंभ में कलियुग के ५०७८ वर्ष बीत चुके हैं। तदनुसार भट्ट आनन्द ने आज से ३०४ वर्ष पूर्व, अर्थात् वि० १७३० में अपनी टीका समाप्त की थी। इस तरह से ई० १७वीं शताब्दी के अन्तिम भाग में उनकी स्थिति माननी चाहिये।

शिवोपाध्याय की स्थिति अठारहवीं शताब्दी में[3] मानी गई गई है। ये कौशिक गोत्र के थे और सुन्दरकण्ठ[4] के शिष्य थे। कश्मीर[5] के राजा सुखजीवन के राज्यकाल में इन्होंने इस व्याख्या को पूरा किया था। इसके अतिरिक्त इनके अनेक ग्रन्थ उपलब्ध होते हैं। जैसे कि—परमार्थसारसंग्रहटीका, बहुरूपगर्भटीका, उपनयनतन्त्र, विद्यामन्त्रप्रकरण, पञ्चायतनपद्धति, कूष्माण्डभाष्य, उचिवाहविधितन्त्र। काशी हिन्दू विश्वविद्यालय की प्रवेश सूचियों में हमें ये नाम उपलब्ध हुए हैं। इनकी परीक्षा अपेक्षित है।

विज्ञानभैरव क्या है?

यहाँ स्वाभाविक प्रश्न उठता है कि यह विज्ञानभैरव क्या है? इस ग्रन्थ का यह नाम क्यों रखा गया? क्षेमराज के विज्ञानोद्योत के मंगल श्लोक में इनका उत्तर मिलता है। वहाँ विज्ञानभैरव का स्वरूप इस तरह से बताया गया है—

---

१. इस प्रसंग में लुप्तागमसंग्रह द्वितीय भाग उपोद्घात (पृ० ७, टि० २) देखिये।

२. वेदसप्तर्षिवेदान्त्ययुगाब्दमधुपक्षतौ।
विज्ञानकौमुदीमेतां भट्टानन्दो व्यकासयत्॥

३. द्रष्टव्य—श्रीजगदीशचन्द्र चटर्जी कृत काश्मीर शैविज्म, पृ० ३८, सन् १९६२ संस्करण।

४. द्रष्टव्य—शिवोपाध्याय कृत विवृति, पृ० १४३-१४४।

५. सुखजीवनाभिधाने रक्षति काश्मीरमण्डले नृपतौ।
अगमन्निःशेषत्वं विज्ञानोद्योतसंग्रहः सुगमः॥ (पृ० १४४)

भीरूणामभयप्रदो भवभयाक्रन्दस्य हेतुस्ततो
हृद्धाम्नि प्रथितश्च भीरवरुचामीशोऽन्तकस्यान्तकः ।
भीरं वायति यः स्वयोगिनिवहस्तस्य प्रभुर्भैरवो
विश्वस्मिन् भरणादिकृद् विजयते विज्ञानरूपः परः ॥

अभिनवगुप्त ने तन्त्रालोक (१।९५-१००) में बृहस्पतिपाद कृत शिवतनुशास्त्र के श्लोकों को उद्धृत कर बताया है कि इनमें अन्वर्थ नामों से भगवान् भैरव की स्तुति की गई है। 'भया सर्वं रवयति' (श्लो० १२७) इस श्लोक और उसकी व्याख्या में भी 'भैरव' पद का विश्लेषण किया गया है। इन सब का अभिप्राय यह है कि भैरव इस विश्व का भरण, रवण और वमन करने वाला है। वह इस संसार का भरण-पोषण करता है, सृष्टि और संहार करता है। ऐसा करके वह स्वयं भी पुष्ट होता है, [1]प्रसन्न होता है। यह संसारी जीवों को अभय-दान करने वाला है। संसारी जीवों के आक्रन्द (छटपटाहट) का कारण भी यही है और त्राहि-त्राहि पुकारने वाले भक्त जनों के हृदय में प्रकट होकर उनका उद्धार भी यही करता है, अर्थात् निग्रह और अनुग्रह ये दोनों भगवान् भैरव के ही व्यापार हैं। इसीलिये यह पंचकृत्यकारी कहलाता है। यह काल का भी काल है। इसीलिये इसको कालभैरव कहते हैं। यह कालवंचक योगियों के चित्त में समाधि दशा में स्फुरित होता है और अज्ञानी जीवों के हृदय में भी बाह्य और आन्तर इन्द्रियों (करणों) की अधिष्ठात्री देवियों (खेचरी, गोचरी, दिक्चरी और भूचरी) के रूप में, जो कि संविद्देवीचक्र के नाम से प्रसिद्ध हैं, प्रकट होता है। भगवान् का यह स्वरूप महाभयानक है और परम सौम्य भी।

यह भैरव विज्ञानस्वरूप है, बोधात्मक है, चिदात्मक है। सभी स्थानों में, बाह्य और आन्तर सभी पदार्थों में भावस्वभाव (सत्स्वभाव) विज्ञानात्मा का भान (ज्ञान) विवेकहीन सामान्य जन को भी होता है। 'मैं जानता हूँ, मैं करता हूँ' इस तरह के अहंविमर्श की प्रतीति सभी को होती है। ये सारे विमर्श भैरवविमर्श से भिन्न नहीं हैं, इसलिये ये सारे विमर्श एक ही हैं। विज्ञानात्मा भैरव से भिन्न और कुछ भी नहीं है। घट-पट आदि के ज्ञान का कोई आधार नहीं है, क्योंकि विज्ञानभैरव से भिन्न घट-पट, चक्षु, आलोक (प्रकाश), इन्द्रिय प्रभृति की कोई वास्तविक सत्ता नहीं है। ये सब कुछ भ्रमात्मक हैं, माया के कारण उत्पन्न हैं, अत एव विकल्प-स्वरूप हैं, क्योंकि विज्ञान के अतिरिक्त अन्य किसी पदार्थ की वास्तविक सत्ता नहीं है।

---

१. जगच्चित्रं समालिख्य स्वेच्छातूलिकयात्मनि ।
स्वयमेव समालोक्य प्रीणाति भगवान् शिवः ॥
योगिनीहृदयदीपिका (पृ० ६४) में उद्धृत इस वचन में बताया गया है कि भगवान् शिव की अपनी इच्छा (स्वातन्त्र्य शक्ति) ही तूलिका है। इस तूलिका से वह इस संसार को ही अपने में चित्रित करते हैं। चित्रित करने के बाद वह स्वयं ही इसको देख कर प्रसन्न होते हैं।

इस तरह से अन्ततः सब कुछ चिन्मात्र, विज्ञानात्मक ही सिद्ध होता है। इस चिदात्मक विज्ञान के अतिरिक्त अन्य किसी की भी वास्तविक सत्ता नहीं है। यह चिदात्मक विज्ञान चींटी से लेकर सदाशिव पर्यन्त सभी जीवों में समान रूप से विद्यमान है। इसलिए सभी पदार्थ सर्वात्मक माने जाते हैं। व्याख्या में स्थान-स्थान पर इस सर्वात्मकता का प्रतिपादन किया गया है।

नील, सुख प्रभृति बाह्य अथवा आन्तर भावों में चक्षु, मन प्रभृति बाह्य अथवा आन्तर इन्द्रियों के माध्यम से सर्वत्र वह विज्ञानभैरव ही, परभैरव स्वरूप परमेश्वर का चित्प्रकाश ही अभिव्यक्त होता है। यदि इसको विज्ञान (चैतन्य) से अतिरिक्त माना जाय तो इसकी चेत्यता, अर्थात् ज्ञानविषयता भी नहीं बन सकेगी, ये ज्ञान के विषय भी न हो सकेंगे। दर्पण में प्रतिबिम्बित हो रहे नाना प्रकार के आभास जैसे दर्पणमात्र स्वभाव हैं, दर्पण के अतिरिक्त इनकी कोई सत्ता नहीं है, दर्पण के कारण ही इनकी प्रतीति होती है, उसी तरह से प्रकाशात्मक शिव में स्थित चैतन्यमात्र स्वभाव ही यह सारा जगत् है, प्रकाशात्मक चैतन्य से अतिरिक्त इसकी कोई सत्ता नहीं है, चैतन्य (विज्ञान) के कारण ही यह भासित हो रहा है। जैसे घनीभूत प्रकाश ही सूर्यमंडल है, उसी तरह से घनीभूत चिच्छक्ति ही जगत् के रूप में भासित होने लगती है। इसका अभिप्राय यह है कि जैसे घनीभूत (जमा हुआ) घृत अथवा हिम (बर्फ) ही पिघल कर तरल बन जाता है, उसी तरह से घनीभूत चिच्छक्ति ही जगत् का रूप धारण कर लेती है। तरल पदार्थ जैसे घन द्रव्य से भिन्न नहीं है, उसी तरह से यह जगत् भी उस चिच्छक्ति (विज्ञानभैरव) से अतिरिक्त नहीं है। बौद्ध दर्शन के विज्ञान से यह विज्ञान इस रूप में भिन्न है कि यह क्षणिक नहीं है और न ज्ञेय-शून्य ही है, क्योंकि घट-पट प्रभृति सभी ज्ञेय पदार्थों में भाव-स्वभाव विज्ञानभैरव का स्वरूप अनुवृत्त रहता है।

इस प्रकार हम कह सकते हैं कि 'विज्ञानभैरव' पद प्रकाश-विमर्शात्मक शिव और शक्ति के सामरस्य का बोधक है। इस परमार्थ स्थिति तक पहुँचाने के लिये प्रस्तुत ग्रन्थ में ११२ धारणाओं का उपदेश किया गया है, अतः ग्रन्थ का नाम भी विज्ञानभैरव रख दिया जाय, यह सर्वथा उचित ही है।

परम तत्त्व विषयक प्रश्न

विज्ञानभैरव ही वस्तुतः परम तत्त्व है, इस बात को स्वीकार करके ही प्रस्तुत ग्रन्थ का आरंभ होता है। देवी का संशय भैरव के स्वरूप को लेकर उठता है कि उसका वास्तविक स्वरूप क्या है? देवी भगवान् शिव के सामने [1]आठ विकल्प उपस्थित करती है और पूछती है

१. 'चक्रारूढमनच्कं वा' यहाँ दो अलग-अलग विकल्प मानने पर प्रश्नों की संख्या ९ हो जाती है। किन्तु शिव ने आठ ही विकल्पों का निषेध किया है, अतः प्रश्न भी आठ ही माने जाने चाहिये। आधार कुण्डलिनी और प्राण कुण्डलिनी दोनों ही चक्रारूढ तत्त्व हैं, अतः इनको एक ही मानना उचित है। अनच्क पद से प्राण कुण्डलिनी के पृथक् उल्लेख की गतार्थता ब्राह्मणवशिष्ठन्याय से की जा सकती है। ब्राह्मणों को निमन्त्रित किया

कि इनमें से विज्ञानभैरव का वास्तविक स्वरूप क्या है ? भगवान् शिव इन सभी स्वरूपों को नकार जाते हैं। इन प्रश्नों के सामान्य स्वरूप का विश्लेषण व्याख्या में कर दिया गया है। अतः यहाँ उन प्रश्नों से संबद्ध कुछ विशिष्ट विषयों पर ही विचार किया जायगा। ऐसा प्रतीत होता है कि इन प्रश्नों के माध्यम से तत्कालीन विभिन्न आगम शास्त्रों में प्रचलित परम तत्त्व के विभिन्न स्वरूपों पर प्रकाश डाला गया है।

१. शब्दराशिमय

[1]कुलदर्शन में, जिसकी व्याख्या शाम्भव उपाय के नाम से तन्त्रालोक के तृतीय आह्निक में विस्तार से की गई है, अनुत्तर तत्त्व से ही सारी सृष्टि का उन्मेष माना गया है। अनुत्तर (अकार) तत्त्व से ही स्वर-व्यंजनात्मक मातृका की और उससे सारे जगत् की सृष्टि होती है। अकार को अकुल कहा जाता है और विसर्ग है कौलिकी शक्ति। इस कौलिकी शक्ति से और इसकी अष्ट मातृका रूप कलाओं से यह सारा जगत् व्याप्त है। यह अकुल तत्त्व शब्दब्रह्म स्वरूप है। परा, पश्यन्ती, मध्यमा और वैखरी वाणी के क्रम से शब्द और अर्थ के रूप में यही भासित होता है। इस प्रकार पहले प्रश्न के [2]शब्दराशिमय शब्द से कुल दर्शन और व्याकरण दर्शन की पार्श्व भूमि में विकसित सभी संप्रदायों का ग्रहण किया जा सकता है।

गया तो उसमें वशिष्ठ को भी निमन्त्रण मिल ही गया। अलग से वशिष्ठ के नाम लेने का अभिप्राय उनकी महत्ता में है। इसी तरह से यहाँ अनच्क पद का पृथक् उल्लेख प्राण कुण्डलिनी के महत्त्व का सूचक है।

१. शिवोपाध्याय ने ८९ वें श्लोक की व्याख्या (पृ० ८०-८१) में कुलदर्शन का संक्षिप्त परिचय दिया है। तदनुसार अनुत्तर अकार अकुल तत्त्व और विसर्ग कौलिकी शक्ति है। इसी को शिवबिन्दु भी कहते हैं। इस शिवबिन्दु रूप विसर्ग से ही सारे जगत् की सृष्टि होती है। इस विषय को तन्त्रालोक में ही देखना चाहिये। प्रस्तुत ग्रन्थ में ६५ और ६६ संख्या की धारणाएँ कुलदर्शन पर, विशेष कर अनुत्तर अकार पर आधृत हैं। अकार को चतुष्कल भट्टारक कहा जाता है। रौद्री, वामा, ज्येष्ठा, अम्बा ये अकार की चार कलाएँ हैं। महानयप्रकाश (पृ० २९-३०) में संकेतपद्धति के आधार पर इनका वर्णन मिलता है। संकेतपद्धति के ये श्लोक अर्थरत्नावली (पृ० ३५), योगिनीहृदयदीपिका (पृ० १७०) प्रभृति अनेक ग्रन्थों में उद्धृत हैं। यहाँ (पृ० ९८) भी इसका एक श्लोक देखा जा सकता है।

२. स्वच्छन्दतन्त्र (भा० १, पृ० ६) की व्याख्या में क्षेमराज ने अह् प्रत्याहार स्वरूप मातृका चक्र को भगवान् शब्दराशि के नाम से सम्बोधित किया है, क्योंकि इसी के गर्भ में सारे संसार के समस्त शास्त्र विद्यमान हैं। सभी शास्त्र इन्हीं की सहायता से प्रगट होते हैं (अकारहकारप्रत्याहारात्मा गर्भीकृताशेषविश्वसमग्रशास्त्रप्रसरप्रथमाङ्कुररूपो भगवान् शब्दराशिः)।

२. नवात्मा

नेत्रतन्त्र में नवात्म मन्त्रराज (मृत्युंजय भट्टारक) को ही परम तत्त्व माना गया है। योगिनीहृदयदीपिका (पृ० २५७) में भी स्वच्छन्दसंग्रह नामक ग्रन्थ के प्रमाण पर नवात्म मन्त्र का उद्धार किया गया है। तन्त्रालोककार (१।१११) ने और उसके टीकाकार जयरथ ने ब्राह्मी प्रभृति आठ मातृकाओं के मध्यवर्ती भैरव स्वरूप को नवात्मा बताया है। अन्यत्र [1]वामा प्रभृति शक्तियों के स्वरूप श्रीचक्र को नवात्मा कहा गया है। महानयप्रकाश के टीकाकार शितिकण्ठ ने श्रुति[2] के वचन को उद्धृत कर नवात्मस्वरूप महार्थ (परम तत्त्व) की व्याख्या की है। दूसरे प्रश्न में इन्हीं में से किसी नवात्मस्वरूप की चर्चा माननी चाहिये।

३. त्रिशिरोभैरव

त्रिशिरोभैरव तो निश्चित ही इसी नाम के तन्त्र के द्वारा प्रतिपादित परम तत्त्व है। इस ग्रन्थ का उल्लेख तन्त्रालोक और उसकी टीका में अनेक स्थलों पर हुआ है।

४. शक्तित्रयात्मक

नर-शक्ति-शिवात्मक तत्त्वत्रय का नेत्रतन्त्र के २१वें अधिकार में वर्णन मिलता है और परा-परापरा-अपरात्मक शक्तित्रय का प्रत्यभिज्ञा दर्शन के ग्रन्थों में। परा प्रभृति शक्तियों का वर्णन तन्त्रालोक में भी मिलता है और स्वयं विज्ञानभैरव में भी। इसकी व्याख्या पृ० १२-१३ पर देखी जा सकती है। इच्छा-ज्ञान-क्रियात्मक अथवा मातृ-मान-मेयात्मक शक्तित्रय का प्रतिपादन त्रिपुरा सम्प्रदाय के ग्रन्थों में मिलता है। देवी के इस चौथे प्रश्न का सम्बन्ध इन्हीं में से किसी सम्प्रदाय से हो सकता है।

५. नादबिन्दुमय

पाँचवाँ प्रश्न नाद और बिन्दु के सम्बन्ध में किया गया है। प्रपंचसार, शारदातिलक, रत्नत्रय प्रभृति ग्रन्थों में नाद और बिन्दु को शिव और शक्ति से उसी तरह से अभिन्न माना गया है, जैसे कि प्रकाश और विमर्शात्मक शिव तथा शक्ति से शब्द और अर्थ को अभिन्न माना जाता है। शास्त्रों की नादरूपता के सम्बन्ध में पृ० ७ पर एक टिप्पणी दी गई है। प्रणव की १२ मात्राओं में भी बिन्दु और नाद की स्थिति है। नादभट्टारक[3] और प्राणशक्ति के नदन व्यापार की भी ग्रन्थ में यथास्थान चर्चा हुई है। आगम और तन्त्र की विभिन्न शाखाओं

---

१. द्रष्टव्य—नित्याषोडशिकार्णव, उपोद्घात, पृ० ९१-९२।

२. स एव नवात्मेति व्यवहृतः। तथा च श्रुतौ—"सावित्रनाचिकेतचातुर्होत्रिकमन्त्रोपधान-क्रमेण अधश्चिति-मध्यमचिति-उत्तमचितिभिश्च तस्य चयनस्य शिरसा अंसद्वयेन पक्षद्वयेन श्रोणिद्वयेन पुच्छेन च—इत्यष्टानां मध्यगो नवम आत्मा उपधातव्यः" (पृ० १८)। इस श्रुति का स्थल अन्वेषणीय है।

३. नादभट्टारक, मन्त्रभट्टारक, विज्ञानभैरवभट्टारक, मृत्युञ्जयभट्टारक प्रभृति में प्रयुक्त भट्टारक शब्द अतिशय आदर का सूचक है।

में नाद और बिन्दु की अपनी-अपनी व्याख्याएँ हैं। नादकारिका[1] में नाद को मालिनी, महामाया, समना, अनाहत बिन्दु, अघोषा वाक्, ब्रह्मकुण्डलिनी बताया है। त्रिपुरा दर्शन[2] में भगवती त्रिपुरसुन्दरी के निष्कल स्वरूप की स्थिति महाबिन्दु में मानी गई है। नाद और बिन्दु शब्द के प्रसंग में नित्याषोडशिकार्णव के उपोद्घात (पृ० ६३ और ९३) में हमने कुछ लिखा है। इस विषय पर भविष्य में विस्तृत विवेचन करने का हमारा विचार है[3]। प्रस्तुत प्रश्न में पूछा गया है कि क्या यह परम तत्त्व नाद-बिन्दुमय है?

६. प्रणवकलामय

छठा प्रश्न अर्धचन्द्र, निरोधिका (निरोधिनी) प्रभृति से सम्बद्ध है। प्रणव की १२ कलाओं के प्रसंग में इनका ग्रन्थ में जहाँ-तहाँ उल्लेख हुआ है। प्रणव की १२ कलाओं का विवेचन स्वच्छन्दतन्त्र (४।२५४-२८६) में एकादशपदिका के प्रकरण में और नेत्रतन्त्र के २१वें अधिकार (पृ० २८५-२९६) में भी मिलता है। इनमें से बिन्दु से लेकर उन्मना पर्यन्त ९ कलाओं का प्रणव के समान कामकला प्रभृति बीजाक्षरों, नवात्म प्रभृति पिण्ड[4] मन्त्रों तथा ह्रींकार (शाक्त प्रणव), हूँकार (शैव प्रणव) प्रभृति बीज मन्त्रों के उच्चारण में भी होता है। योगिनीहृदय के 'दीपाकारोऽर्धमात्रश्च' से लेकर 'तथोन्मनी। निराकारा'[5] (१।२८-३५) पर्यन्त श्लोकों में इनका आकार, स्वरूप, उच्चारण काल और स्थान वर्णित है। योगिनीहृदय के आधार पर यह विषय वरिवस्यारहस्य में भी प्रतिपादित है। इस ग्रन्थ के अडयार संस्करण के अन्त में दिये गये एक चित्र में इनके आकार को दिखाया गया है।

योगिनीहृदय के अनुसार बिन्दु का स्वरूप दीपक के समान प्रभास्वर है। ललाट में गोल बिंदी के रूप में इसकी भावना की जाती है और इसका उच्चारण काल [6]अर्धमात्रा है।

---

१. "सिद्धो नादः परसुमङ्गला मालिनी महामाया। समनाऽनाहतबिन्दुरघोषा वाग् ब्रह्म-कुण्डलिनीतत्त्वम्॥ विद्याख्यं चेत्युक्तस्तैस्तैः शब्दैस्तदागमेष्वित्यम्।" शतरत्नसंग्रह (पृ० ४०) में नादकारिका के नाम से उद्धृत ये पंक्तियाँ अष्टप्रकरण में मुद्रित नादकारिका में उपलब्ध नहीं होतीं। इसके लिये लु० सं० उपोद्घात (पृ० १३९, टि० १) देखिये।

२. द्रष्टव्य—योगिनीहृदयदीपिका (१।२७-२८)।

३. लु० सं० उपोद्घात (पृ० १३९-१४३) मूल एवं टिप्पणियों में नाद और बिन्दु विषयक सामग्री देखिये।

४. पिण्ड मन्त्र, बीज मन्त्र आदि के परिचय के लिये नित्याषोडशिकार्णव का उपोद्घात (पृ० ६९, टि० २) द्रष्टव्य।

५. योगिनीहृदय में प्रथम पटल के ३४वें श्लोक के बाद 'निराकारा महाबिन्दौ तदूर्ध्वं शून्य एव च' इस श्लोकार्ध की स्थिति मानी जानी चाहिये। दीपिका में इसकी व्याख्या मिलती है।

६. 'अर्धमात्रास्थिता' (१।७४) प्रभृति दुर्गा सप्तशती के श्लोक की व्याख्या (गुप्तवती) में भास्करराय ने—"अनुच्चार्या अर्धचन्द्रनिरोधिन्यादिध्वन्यष्टकरूपा" ऐसा कह कर अर्ध-मात्रा में ही इन सबकी स्थिति मानी है।

ह्रस्व स्वर का उच्चारण काल 'मात्रा' कहलाता है। इसका आधा काल बिन्दु के उच्चारण में लगता है। **अर्धचन्द्र** का आकार बिन्दु के आधे भाग के जैसा होता है। दीपक के समान प्रभास्वर स्वरूप के अर्धचन्द्र की भावना बिन्दुस्थान ललाट में ही कुछ ऊपर की ओर की जाती है। इसका उच्चारण काल मात्रा का चतुर्थ भाग है। **निरोधिका** (निरोधिनी) का आकार तिकोना है। यह चाँदनी के समान चमकता है। इसका उच्चारण काल मात्रा का आठवाँ भाग है। उज्ज्वल मणि के समान कान्ति वाले **नाद** का आकार दो बिन्दु और उसके बीच में खिंची सीधी रेखा के समान है। इसका उच्चारण काल मात्रा का सोलहवाँ भाग है। विद्युत् के समान कान्ति वाले **नादान्त** का आकार हल सरीखा है और इसकी बायीं तरफ एक बिन्दु रहता है। इसका उच्चारण काल मात्रा का बत्तीसवाँ भाग है। दो बिन्दुओं में से बायें बिन्दु से एक सीधी स्थिर रेखा खींचने पर **शक्ति** की आकृति बनती है। **व्यापिका** (व्यापिनी) का आकार बिन्दु के ऊपर बने त्रिकोण का सा है। एक सीधी रेखा के ऊपर और नीचे बिन्दु बैठा देने मे **समना** का और एक बिन्दु के ऊपर सीधी रेखा खींचने से **उन्मना** का आकार बनता है। शक्ति से लेकर समना पर्यन्त कलाओं का स्वरूप द्वादश आदित्यों के एक साथ उदित होने पर उत्पन्न हुए प्रकाश के समान है। शक्ति का उच्चारण काल मात्रा का ६४वाँ भाग, व्यापिका का १२८वाँ भाग, समना का २५६वाँ भाग और उन्मना[1] का ५१२वाँ भाग होता है। अन्य आचार्यों के मत से उन्मनी कला मन से अतीत[2] होती है। अतः इसका कोई आकार नहीं होता। विज्ञानभैरव के ४२वें श्लोक में 'शून्या' शब्द से उन्मनी का ही ग्रहण किया गया है।

७. चक्रारूढ या अनच्क

सातवाँ प्रश्न है कि वह परम तत्त्व चक्रारूढ है या अनच्क? सार्धत्रिवलय भुजगाकार कुलात्मिका कुण्डलिनी मूलाधार में सोई रहती है। जाग्रत् होने पर यह सुषुम्णा मार्ग से षट्-चक्रों का भेदन कर सहस्रार स्थित अकुल चक्र में विराजमान शिव के साथ सामरस्य लाभ

---

१. द्रष्टव्य—पं० श्रीगोपीनाथ कविराज कृत 'तान्त्रिक वाङ्मय में शाक्त दृष्टि' (पृ० ३०८)। योगिनीहृदय के टीकाकारों में यहाँ मतभेद है। भास्करराय ने समना और उन्मना का भी उच्चारण काल मात्रा का २५६वाँ भाग ही माना है। अमृतानन्द ने उन्मना को निराकारा, अर्थात् निरुच्चारा माना है। यह उचित नहीं प्रतीत होता, क्योंकि प्रस्तुत स्थल में सकल, सकल-निष्कल और निष्कल स्वरूपों का वर्णन है। उन्मना पर्यन्त सकल-निष्कल स्वरूप है और यहाँ उन्मना का आकार भी वर्णित है। जब आकार वर्णित है, तो उसका उच्चारण काल भी होना ही चाहिये और प्रकरण के अनुसार उन्मना का उच्चारण काल समना से अधिक सूक्ष्म होना चाहिये। उन्मना में मन की स्थिति नहीं रहती, ऐसा मानना भी उचित नहीं है। वस्तुतः उन्मना में मन का लय हो जाता है, इसीलिए उसको उन्मना कहते हैं। हमारे मत से 'मनोन्मन्यास्तथोन्मनी' इस पद का सम्बन्ध निराकार (निष्कल) महाबिन्दु से होना चाहिये।

२. द्रष्टव्य—तान्त्रिक वाङ्मय में शाक्त दृष्टि, पृ० ३०८।

करती है। तन्त्र और योगशास्त्र के सभी पाठक षट्चक्रों और उनमें विद्यमान वर्णों की स्थिति से परिचित हैं। पूर्णानन्द के षट्चक्रनिरूपण में और सौन्दर्यलहरी की लक्ष्मीधरा टीका में इनका विशद विवेचन मिलता है। नाडीचक्र प्रभृति षट्चक्रों का निरूपण नेत्रतन्त्र (७।२८-२९) में भी है। किन्तु विज्ञानभैरव में इनकी कोई चर्चा नहीं है। इनके स्थान पर यहाँ बारह चक्रों या क्रमों की चर्चा आई है। इस विषय पर आगे विचार किया जायगा।

इन चक्रों की मूलाधार या हृदय से लेकर द्वादशान्त पर्यन्त भावना की जाती है। मूलाधार में जैसे कुण्डलिनी का निवास है, उसी तरह से हृदय में भी सार्धत्रिवलया प्राण-कुण्डलिनी रहती है। मध्यनाडी सुषुम्णा के भीतर चिदाकाश (बोधगगन) रूप शून्य का निवास है। उससे प्राणशक्ति निकलती है। इसी को अनच्क कला भी कहते हैं। इसमें अनच्क (अच् =स्वर से रहित) हकार का निरन्तर नदन होता रहता है। यह नादभैरव की उन्मेष दशा है, जिससे कि प्राणकुण्डलिनी की गति ऊर्ध्वोन्मुख होती है, जो श्वास-प्रश्वास, प्राण-अपान की गति की भी कारण स्वरूप है और जहाँ इनकी एकता का अनुसन्धान किया जा सकता है। मध्यनाडी स्थित बिना क्रम के स्वाभाविक रूप से उच्चरित होने वाली यह प्राणशक्ति ही अनच्क कला कहलाती है। अजपा जप में इसी का स्फुरण होता है। प्राण और अपान व्यापार से भिन्न, श्वास-प्रश्वास प्रक्रिया से अलग, स्वाभाविक रूप से निरन्तर चल रहे प्राण (हृदय) के स्पन्दन व्यापार (धड़कन) को ही यहाँ अनच्क कला कहा गया है। स्पन्दकारिका में प्रति-पादित स्पन्द तत्त्व यही है। वामननाथ ने भी इसका वर्णन किया है। (पृ० १०१)। नेत्रतन्त्र (सप्तम अधिकार) में सूक्ष्म उपाय के प्रसंग में प्राण-चार के नाम से इसकी व्याख्या की गई है। इस तरह से सातवें प्रश्न का अभिप्राय यह है कि क्या परम तत्त्व का स्वरूप मूलाधार या हृदय में स्थित कुण्डलिनी शक्ति से अभिन्न है?

८. शक्तिस्वरूप

आठवाँ और अन्तिम प्रश्न है कि क्या यह तत्त्व शक्तिस्वरूप है? शिवदृष्टि की टीका (पृ० ९४) में उत्पल ने शक्तिपारम्यवादी स्वयूथ्य (अपने गोल के) संप्रदाय का उल्लेख किया है। उनके मत से संवित्स्वरूपा शक्ति ही परम तत्त्व है। इस संप्रदाय में यह परम शक्ति ही शिव को शास्त्रों का उपदेश करती है।[1] क्रमदर्शन में शक्ति को ही परम तत्त्व माना गया है। क्रमदर्शन के आगम ग्रन्थ शक्ति के द्वारा शिव को उपदिष्ट हैं। प्रस्तुत अन्तिम प्रश्न में इसी शक्ति के संबन्ध में पूछा गया है कि क्या यही परम तत्त्व है।

ऊपर शक्ति के परा, परापरा और अपरा ये तीन भेद बताये गये हैं। इनके संबन्ध

---

१. शाक्त उपाय के प्रतिपादक शास्त्र को क्रम दर्शन कहा गया है। अनेक स्थानों पर इसकी चर्चा हो चुकी है। ७६ वें श्लोक की व्याख्या में इस पर पर्याप्त प्रकाश डाला गया है। ५३-५८ धारणाएँ क्रम दर्शन का अनुवर्तन करती हैं।

में भी देवी पुनः प्रश्न करती है कि परापर और अपरा का [1]सकल स्वरूप बन सकता है, किन्तु परा देवी को भी यदि सकल (साकार) माना जायगा तो उसका परत्व ही नष्ट हो जायगा। अतः परा का स्वरूप निष्कल (निराकार) ही मानना पड़ेगा और जब यह निष्कल है, तब पूजा, ध्यान आदि की स्थिति कैसे बन सकेगी ? क्योंकि पूजा आदि तो सकल स्वरूप की ही की जा सकती है ?

परम तत्त्व का स्वरूप

इन प्रश्नों के उत्तर में भगवान् शिव कहते हैं कि इन्द्रजाल या माया से निर्मित अथवा स्वप्न में देखी गई वस्तु की जैसे कोई वास्तविक सत्ता नहीं है, उसी तरह से भगवान् के सकल स्वरूप की भी कोई सत्ता नहीं है। मिथ्या आडम्बर में रुचि रखने वाले अज्ञानी जीवों के लिये ही शास्त्रों में सकल स्वरूप वर्णित है। भगवान् शिव ऊपर वर्णित सभी स्वरूपों को नकार देते हैं और कहते हैं कि अज्ञानी जीवों को गलत रास्ते पर जाने से रोकने के लिये शास्त्रों में सकल स्वरूप का वर्णन किया गया है। भगवान् के निष्कल स्वरूप का वर्णन नहीं हो सकता। यह तो निर्विकल्प बोधस्वरूप है। केवल स्वानुभवगम्य है। यह सारा विश्व उसी का विलास है। ऐसी स्थिति में उससे भिन्न किसी की परमार्थ सत्ता न होने से कौन किसकी पूजा करेगा और कौन किस पर अनुग्रह करेगा ? भगवान् भैरव का यह परमार्थ स्वरूप ही परा देवी का निष्कल-स्वरूप है। अग्नि और उसकी दाहक शक्ति जैसे अलग-अलग नहीं है, उसी तरह से बोधभैरव और उसकी परा शक्ति भी अलग अलग नहीं है। जैसे दाहक शक्ति की सहायता से अग्नि की पहचान हो जाती है, उसी तरह से परा शक्ति की सहायता से शिव को भी पहचाना जा सकता है। शिव की यह परा शक्ति शिव तक पहुँचने का मुख (द्वार) है। जैसे मुख को देखकर व्यक्ति पहचाना जाता है, उसी तरह से परा शक्ति की सहायता से शिव का स्वरूप पहचान में आता है। जैसे दीपक या सूर्य के प्रकाश से हमको दिशाओं का ज्ञान होता है, उसी तरह से [2]शक्ति से शिव का ज्ञान होता है।

भगवान् भैरव के इतना कहने पर देवी उनके द्वारा प्रतिपादित परम तत्त्व की प्राप्ति का उपाय पूछती है कि किन उपायों का सहारा लेकर परा देवी की सहायता से उस परम

---

१. यावदुच्चार्यते वाचा यावल्लेख्येऽपि तिष्ठति।
तावत् स सकलो ज्ञेयो निष्कलो भेदवर्जितः॥
स्वच्छन्दतन्त्र (७।२३८-२३९) के इस श्लोक में बताया गया है कि जब तक इसका उच्चारण किया जा सकता है और जब तक इसको लिखा जा सकता है, या चित्रित किया जा सकता है, तभी तक यह सकल रहता है। निष्कल स्वरूप भेदातीत है। इसका अभिप्राय यह है कि सकल स्वरूप ही भेदातीत स्थिति में पहुँच कर निष्कल हो जाता है।

२. शिव और शक्ति के स्वरूप के संबन्ध में ग्रन्थ की व्याख्या करते समय पर्याप्त लिखा जा चुका है। अब यहाँ उसको दोहराने की आवश्यकता नहीं है।

तत्त्व तक पहुँचा जा सकता है ? इसके उत्तर में भगवान् शिव ११२ धारणाओं का उपदेश करते हैं ।

धारणाओं का वर्गीकरण

११२ धारणाओं को विज्ञानभैरव (श्लोक ११६) में 'निस्तरंग उपदेश' के नाम से कहा गया है । इनके लिये धारणा शब्द का प्रयोग भट्ट आनन्द ने किया है । उन्होंने धारणा शब्द का अर्थ कहीं नहीं दिया । दर्शन ग्रन्थों में इस शब्द के अनेक तरह के अर्थ किये गये हैं । सर्वदर्शनसंग्रह में अन्य अर्थों के साथ एक अर्थ यह भी दिया है कि [1]नाभिचक्र, हृदय पुण्डरीक, नासाग्र प्रभृति आध्यात्मिक स्थानों में, हिरण्यगर्भ, इन्द्र, प्रजापति प्रभृति इष्ट देवों के सकल स्वरूप में अथवा बाह्य देश में अन्य सभी विषयों से हटाकर चित्त को स्थिर करना ही धारणा कहलाती है । विज्ञानभैरव की धारणाओं में इस लक्षण की पूरी संगति बैठती है ।

प्रत्यभिज्ञा दर्शन में स्वात्मस्वरूप की प्रत्यभिज्ञा (पहचान) के लिये चार उपाय वर्णित हैं । ये हैं—आणव, शाक्त, शाम्भव उपाय और चौथा अनुपाय । टीकाकारों ने प्रायः सभी धारणाओं का इन्हीं चार उपायों में समावेश किया है । वास्तव में देखा जाय तो इसमें प्रायः सभी पूर्ववर्ती यौगिक पद्धतियों का सुन्दर संग्रह किया गया है । भगवद्गीता और त्रिपिटकों में प्रतिपादित प्राणापान[2] प्रक्रिया आदि का, [3]शून्यवाद और [4]विज्ञानवाद का, [5]कुल और [6]क्रम दर्शन में प्रकाशित योग विधियों का ही नहीं, [7]शब्दयोग, [8]नादयोग, [9]हठयोग में प्रदर्शित विधियों का ही नहीं, अपितु [10]बालकों की चक्करघानी, [11]क्रान्तिकारियों की सी सहन-

---

१. ''नाभिचक्र-हृदयपुण्डरीक-नासाग्रादावाध्यात्मिके हिरण्यगर्भ-वासव-प्रजापतिप्रभृतिके बाह्ये वा देशे चित्तस्य विषयान्तरपरिहारेण स्थिरीकरणं धारणा'' (आनन्दाश्रम संस्करण, पृ० १४०) ।

२. धारणा संख्या १-४, २८-२९, ४१ देखिये ।

३. धारणा संख्या २०-२३, ३४, ६४, ६७, ७७, ९४, ९६ द्रष्टव्य ।

४. धारणा संख्या ७४ देखिये ।

५. धारणा संख्या ६५-६६ द्रष्टव्य ।

६. धारणा संख्या ५३-५८ देखिये ।

७. धारणा संख्या १७-१८ देखिये ।

८. धारणा संख्या १५-१६, १९ द्रष्टव्य ।

९. धारणा संख्या ३, ८, १३-१४, ५२, ८८ द्रष्टव्य ।

१०. धारणा संख्या ८६ देखिये ।

११. धारणा संख्या ६८ द्रष्टव्य ।

शक्ति की परीक्षा, [1]अद्भुत, [2]भयानक, [3]आनन्द दायक स्थितियाँ, [4]तिमिर भावना, [5]चलासन प्रभृति में भी धारणा को स्थिर करने की बात यहाँ कही गई है और बताया गया है कि इनमें से किसी एक भी धारणा में मन को स्थिर करने पर व्यक्ति जीवन्मुक्त हो जाता है। जीवन्मुक्ति से अभिप्राय यहाँ विश्वाहन्ता के विकास से है। इस प्रकार हम कह सकते हैं कि विज्ञानभैरव भारतीय मनीषा के द्वारा बटोरी गई सभी उत्कृष्ट मणियों का एक उज्ज्वल संग्रह है। यहाँ हम सबसे पहले उपाय-चतुष्टय का परिचय प्रस्तुत करते हैं।

त्रिविध उपाय और समावेश

उच्चारकरणध्यानवर्णस्थानप्रकल्पनैः ।
यो भवेत् स समावेशः सम्यगाणव उच्यते ॥
उच्चाररहितं वस्तु चेतसैव विचिन्तयन् ।
यं समावेशमाप्नोति शाक्तः सोऽत्राभिधीयते ॥
अकिञ्चिच्चिन्तकस्यैव गुरुणा प्रतिबोधतः ।
जायते यः समावेशः शाम्भवोऽसावुदाहृतः ॥

मालिनीविजय तन्त्र (२।२१-२३) के इन तीन श्लोकों में संक्षेप में आणव, शाक्त और शाम्भव उपाय तथा उनकी सहायता से प्राप्त होने वाली त्रिविध समावेश (समाधि) दशाओं का वर्णन किया गया है। अभिनवगुप्त ने तन्त्रालोक में तृतीय से लेकर द्वादश आह्निक तक अत्यन्त विस्तार से और तन्त्रसार (पृ० १०-११४) में अपेक्षाकृत कम विस्तार से, महेश्वरानन्द ने महार्थमंजरी की चार कारिकाओं (५६-५९) तथा उनकी परिमल व्याख्या (पृ० १३८-१५३) में संक्षेप में इस विषय को समझाया है। इन्हीं ग्रन्थों के आधार पर ऊपर के श्लोकों की व्याख्या करते हुए हम यहाँ इनका अत्यन्त संक्षिप्त परिचय देते हैं।

आणव उपाय

उच्चार, करण, ध्यान, वर्ण और स्थान-कल्पना का अभ्यास आणव उपाय है। इनमें से किसी एक के अभ्यास से प्राप्त होने वाली एकाग्रता को आणव समावेश दशा कहते हैं।

अणु अर्थात् परिमित प्रमाता परिमित स्वरूप वाले बुद्धि, प्राण, देह, देश, प्रभृति को उपाय के रूप में स्वीकार करता है, इसलिये इसको आणव उपाय कहा जाता है। इनमें से ध्यान बुद्धि का व्यापार है। प्राण स्थूल और सूक्ष्म के भेद से दो प्रकार का होता है। स्थूल प्राण का व्यापार उच्चार है। यह प्राण आदि की वृत्तियों के रूप में प्रकट होता है। सूक्ष्म प्राण को वर्ण शब्द से कहा जाता है। शरीर के अंगों को किसी विशेष प्रकार की स्थिति में

१. धारणा संख्या ४२,८९,९२ देखिये।
२. धारणा संख्या १०५ देखिये।
३, धारणा संख्या ४०,४५-५० देखिये
४. धारणा संख्या ६०-६३ द्रष्टव्य।
५. धारणा संख्या ५९ द्रष्टव्य।

रखने का नाम करण है। घट-स्थापन, मण्डल-निर्माण, मंदिर, मूर्ति, चित्र आदि की रचना जैसी विधियों का समावेश स्थान-कल्पना में होता है। अपि च, सगुण स्वरूप में चित्त की एकाग्रता को ध्यान कहते हैं। [1]प्राण, अपान आदि वायु की श्वास-प्रश्वास, क्षुत्[2] (छींक) प्रभृति वृत्तियाँ उच्चार[3] कहलाती हैं। प्राण के उच्चार के साथ स्वाभाविक रूप से उच्चरित होने वाले[4] मकार और हकार वर्ण कहे जाते हैं। ये सभी वर्णों और मन्त्रों का बोध कराते हैं। अथवा वर्ण शब्द [5]काले-पीले आदि रंगों का भी बोधक है।

त्रिशिरोभैरव के आधार पर तन्त्रालोक (भा० ३, आ० ५, पृ० ४३८-४४३) में करण के सात भेद बताये गये हैं। इनके नाम हैं—ग्राह्य,[6] ग्राहक, संवित्ति, [7]संनिवेश, व्याप्ति,[8] आक्षेप और त्याग। तन्त्रालोक के १६ वें आह्निक में ग्राह्य और ग्राहक का, ११ वें आह्निक में संविक्ति का, १५ वें आह्निक में व्याप्ति का, २९ वें आह्निक में त्याग और आक्षेप का और ३२ वें आह्निक में संनिवेश (मुद्रा) का विस्तार से वर्णन किया गया है। जिज्ञासु जनों को इनका वहीं अवलोकन करना चाहिये।

[9]प्राणशक्ति, अर्थात् हृदय के स्पन्दनात्मक सामान्य व्यापार में, शरीर में विद्यमान नाडियों तथा चक्रों में तथा बाहर लिंग, चत्वर, प्रतिमा प्रभृति में स्थान-कल्पना की विधि संपन्न की जाती है। सामान्य स्पन्द तत्त्व के उन्मेष के बाद ही उनमें षडध्व का स्फुरण होता

---

१ प्राण और अपान की श्वास-प्रश्वास प्रक्रिया पर १-४, २८-२९, ४१ धारणाएँ वर्णित हैं।

२. धारणा संख्या ९२ का क्षुत् प्रभृति से संबन्ध है।

३. स्वच्छन्दतन्त्र की टीका (प० ७, पृ० ३०६) में क्षेमराज ने किसी मुद्रा (करण) या बन्ध में बैठकर मन्त्र के जप करने को उच्चार बताया है (उच्चारः करणबन्धादिपूर्वं मन्त्रोदीरणम्)।

४. इस स्थिति को अजपा जप कहा गया है। प्राणापान अथवा प्राणशक्ति से संबद्ध धारणाओं में इसकी अनुभूति होती है। पृ० २७, ४५, ७६, ९१-९२, १६६-१७३ में इस विषय पर पर्याप्त विचार किया गया है।

५. धारणा संख्या ६३ में कृष्ण वर्ण की भावना वर्णित है। तिमिर भावना (६०-६२ धारणाएँ) का भी इसी में समावेश किया जा सकता है। बौद्ध योगशास्त्र में कसिण भावना के अन्तर्गत नील, पीत प्रभृति कसिणों का उल्लेख मिलता है। द्रष्टव्य—बौद्ध-धर्म-दर्शन, पृ० ७६।

६. धारणा संख्या ८१ द्रष्टव्य। इस धारणा का उल्लेख विज्ञानभैरव के ही श्लोक में सामान्य सा परिवर्तन कर योगवासिष्ठ (नि० पू० ४३।८) में भी किया गया है।

७. धारणा संख्या ३, ८, १३-१४, ५२-५८, ८८ द्रष्टव्य।

८. धारणा संख्या २४, ३०, ३९, ७९-८०, ८२-८९, ९०-९१, ९३, ९८, ११०-११२ द्रष्टव्य।

९. धारणा संख्या ५-८, १०, ३१, ४३-४४ द्रष्टव्य।

है। कार्यकारण स्थल में क्रम से और कुहनप्रयोग (इन्द्रजाल से निर्मित पदार्थ) आदि में अक्रम से सभी पदार्थों की कलना करने वाला परमेश्वर का काल नामक स्वरूप सबसे पहले भासित होता है। भगवान् का स्वरूप अभेदावस्था में काली शक्ति और भेदावस्था में प्राणशक्ति के नाम से जाना जाता है। संवित्स्वरूपा काली शक्ति में अपनी इच्छा से क्रम और अक्रम रूप से नाना रूपों में भासित होने के लिये क्रिया शक्ति का उन्मेष होता है। इस क्रिया शक्ति का प्रथम उन्मेष प्राण व्यापार है। 'प्राक् संवित् प्राणे परिणता' कल्लट के इस वचन में यही बात प्रतिपादित है। यह प्राणशक्ति अपने प्राण, अपान आदि पाँच रूपों में जीव को आप्यायित किये रहती है। इसी के रहने पर यह चेतन कहलाता है। इस क्रिया शक्ति के पूर्व भाग में कालाध्वा और उत्तर भाग में देशाध्वा की स्थिति है। कालाध्वा में पर, सूक्ष्म और स्थूल रूप वर्ण, मन्त्र और पद की तथा देशाध्वा में कला, तत्त्व और भुवन की स्थिति है। शब्द और अर्थ स्वरूप शिव और शक्ति में व्याप्यव्यापक भाव से पर, सूक्ष्म और स्थूल रूप से विद्यमान वर्ण, पद, मन्त्र और कला, तत्त्व, भुवन नामक षडध्व का विवेचन हम ५५-५६ संख्या के श्लोकों की व्याख्या में कर चुके हैं। इस तरह से प्रक्रिया भेद से यहाँ देशाध्वा और कालाध्वा के रूप में षडध्व का प्रतिपादन किया गया है। यह सारा षडध्वात्मक जगत् इस क्रिया शक्ति का ही उन्मेष है। सारे षडध्वात्मक जगत् में बाहर-भीतर सब जगह प्राणशक्ति का स्पन्द सतत प्रवृत्त है, तो भी हृदय प्रभृति स्थानों में ही इसके स्फुरण की अनुभूति होती है। [1]प्राणशक्ति के स्फुरण में ईश्वर की शक्ति, जीव की शक्ति और उसका प्रयत्न इन तीनों की उपयोगिता है। हृदय प्रभृति स्थानों में स्पन्दमान इस प्राणशक्ति में चित्त को विलीन कर देना भी स्थान-कल्पना नामक आणव उपाय का अंग है। इसी तरह से शरीर के भीतर विद्यमान नाडी, चक्र प्रभृति स्थानों में और लिंग, चत्वर, प्रतिमा आदि में चित्त को नियोजित करना भी स्थान-कल्पना के अन्तर्गत है। वस्तुतः बुद्धि, प्राण देह प्रभृति की कोई पारमार्थिक सत्ता नहीं है। ये सब विकल्पात्मक हैं। तो भी इनके सहारे [2]परमार्थ स्वरूप तक पहुँचा जा सकता है। इन विकल्पात्मक स्थूल उपायों को ही यहाँ आणव उपाय कहा गया है।

शाक्त उपाय

सत्तर्क, सदागम और सद्गुरु की सहायता से जब साधक उक्त उच्चार, करण प्रभृति विकल्प व्यापारों का शोधन कर लेता है, अर्थात् इन सब में स्वात्मस्वरूप का ही दर्शन करने लगता है, तो उसके चित्त में विश्वाहन्ता का विकास होता है। वह जान जाता है कि यह सारा विश्व मेरा ही स्वरूप है, मेरा शुद्ध स्वात्मस्वरूप तो इससे भी परे है। इस तरह

---

१. धारणा संख्या ११२ द्रष्टव्य।

२. अपारमार्थिकेऽप्यस्मिन् परमार्थः प्रकाशते। (तन्त्रा० ५।७)

बुद्धौ प्राणे तथा देहे देशे या जडता स्थिता।
तां तिरोधाय मेधावी संविद्रश्मिमयो भवेत्॥
(तन्त्रा० ५।१० विवेक में उद्धृत)

सार्वात्म्य भावना के सहारे साधक के चित्त में शुद्ध[1] विकल्पों की सृष्टि होने लगती है, अर्थात् वह सभी जागतिक पदार्थों को अपने शुद्ध स्वरूप से पृथक् नहीं देखता, उन सब में अपने शुद्ध स्वरूप की ही भावना करता है ।

शाम्भव उपाय

यह सारा जगत् शिवमय है, विज्ञानभैरव स्वरूप है । यह जगत् बोधगगन में उसी प्रकार प्रकाशित हो रहा है, जैसे कि दर्पण में मुँह का प्रतिबिम्ब दिखाई पड़ता है । जिसकी कोई स्वतन्त्र सत्ता नहीं है और जो किसी दूसरे पदार्थ में संक्रान्त होकर ही प्रकाशित होता है, उसको प्रतिबिम्ब[2] कहते हैं । जैसे कि दर्पण आदि में दिखाई पड़ने वाली प्रतिकृति की कोई स्वतन्त्र सत्ता नहीं है और दर्पण आदि में संक्रान्त होने पर वह दिखाई पड़ती है । बिम्ब की स्वतन्त्र सत्ता होती है । यह बिना किसी की सहायता के प्रकाशित होता है । जैसे कि मुख स्वयं भासित होता है । इसको प्रकाशित करने के लिये दर्पण जैसे पदार्थ की आवश्यकता नहीं पड़ती । यह विश्व भी दर्पण में प्रतिबिम्बित नगरी के समान शिवमय दर्पण में भासित हो रहा है ।

यहाँ एक स्वाभाविक प्रश्न उठता है कि दर्पण में भासित हो रहा प्रतिबिम्ब (मुख की प्रतिकृति) बिना बिम्ब (मुख) के प्रकाशित नहीं होता । इसी तरह से दर्पणस्थानीय शिव में प्रकाशित हो रहे प्रतिबिम्बस्थानीय इस जगत् के बिम्ब की भी सत्ता होनी चाहिये । आप यह बताइये कि यह बिम्बस्थानीय पदार्थ क्या है ? शास्त्रकारों ने इसका उत्तर यह दिया है कि वस्तु के स्वभाव के संबन्ध में प्रश्न करना व्यर्थ है । आग गरम होती है । पानी ठंडा होता है । यह इनका स्वभाव है । इस तरह से शिव का यह स्वभाव है कि वह अपने में ही अपने विज्ञानमय स्वरूप को जगत् के रूप में भासित होने देता है । ईश्वर की स्वातन्त्र्य शक्ति का ही यह सारा खेल है कि शिवमय दर्पण में बिना किसी बिम्ब की सत्ता के भी यह जगत् रूपी प्रतिबिम्ब भासित होता है । इस दृष्टि से विचार करने पर शिव के निर्विकल्प स्वरूप के अतिरिक्त इस जगत् की कोई वास्तविक सत्ता नहीं है । इस निर्विकल्प शून्य[3] स्थिति में अपने चित्त को समाहित करने का प्रयास ही शाम्भव उपाय है ।

त्रिविध समावेश

इन तीनों उपायों के उदाहरण के रूप में २४ वें श्लोक की छः प्रकार की व्याख्या की गई है । उनको और यथास्थान दी गई टिप्पणियों को देखने से इन उपायों के स्वरूप को

---

१. धारणा संख्या ३९, ७०-७६, ९७ द्रष्टव्य ।

२. तन्त्रसार में अभिनवगुप्त ने प्रतिबिम्ब का लक्षण यह किया है—"यद् भेदेन भासितुमशक्तमन्यव्यामिश्रत्वेनैव भाति तत् प्रतिबिम्बम्, मुखरूपमिव दर्पणे" (पृ० १०) । तन्त्रालोक में बिम्ब का लक्षण इस प्रकार है—"अन्यामिश्रं स्वतन्त्रं सद्भासमानं मुखं यथा" (३।५३) ।

३. धारणा संख्या ३६, ८४-८५, ८७, १०१-१०८, ११०-११२ देखिये ।

समझने में सहायता मिलेगी। इन उपायों का सहारा लेकर साधक आणव, शाक्त और शाम्भव स्वरूप में समाविष्ट हो जाता है। भगवद्गोता (९।२३ तथा १२।३-५) में बताया गया है कि अन्य देवताओं की उपासना करने से और अक्षर ब्रह्म की उपासना करने से भी भगवत्पद की ही प्राप्ति होती है, किन्तु इनमें अधिक कठिनाइयों का सामना करना पड़ता है। इसी तरह से आणव प्रभृति विभिन्न उपायों का सहारा लेने पर भी साधक को एक ही परम पद की प्राप्ति होती है। फल की प्राप्ति में कोई भेद नहीं रहता। उपायों के अनुष्ठान में ही तरतमभाव रहता है। उपायों की भिन्नता में शक्तिपात के तीव्र, मध्य, मन्द आदि भेदों को ही कारण माना जाता है। ऐसा कहा जा सकता है कि मन्द शक्तिपात होने पर आणव उपाय का, मध्य शक्तिपात में शाक्त उपाय का और तीव्र शक्तिपात में शाम्भव उपाय का सहारा लेने में साधक समर्थ हो जाता है। इन सबका प्रयोजन स्वात्मस्वरूप में प्रतिष्ठित होना है। अनुपाय प्रक्रिया से भी वही स्वात्मस्वरूप प्रकाशित होता है और आणव उपाय से भी। इस प्रकार आलम्बन का भेद होने पर भी समावेश दशा में कोई भेद नहीं रहता। आणव समावेश, शाक्त समावेश और शाम्भव समावेश दशा एक ही है। उपायों के भेद के कारण समावेश दशा में भेद आरोपित कर लिया जाता है। इसी अभिप्राय को व्यक्त करते हुए अभिनवगुप्त ने तन्त्रसार (पृ० ४२) में कहा है—

नैषां परफलविधौ कापि हि भिदा।

अनुपाय प्रक्रिया

अनुपाय पद की निरुक्ति हम व्याख्या (पृ० ३) में कर चुके हैं। वहाँ यह भी बता चुके हैं कि सिद्ध साहित्य में प्रचलित 'सहज' शब्द को हम अनुपम शब्द का पर्याय मान सकते हैं। किन्तु इस कथन को सिद्ध करने के लिये प्रमाण अपेक्षित हैं।

तन्त्रसार (पृ० ८-९) में अनुपाय प्रक्रिया का विवेचन इस तरह से किया गया है—तीव्र शक्तिपाद के होने पर साधक गुरु के एक बार के उपदेश से हो नित्योदित समावेश दशा में लीन हो जाता है। उपाय के रूप में वह षड़ंग[1] योग में प्रतिपादित तर्क नामक अंग का सहारा लेता है। वह सोचता है कि स्वयंप्रकाश स्वात्मस्वरूप ही तो परमेश्वर है। इसके लिए किसी उपाय की क्या आवश्यकता है? यह स्वात्मस्वरूप नित्य, स्वयं-प्रकाश, निरावरण तत्त्व है। इसलिये किसी उपाय से इसके स्वरूप की प्राप्ति (लाभ) या प्रतीति (ज्ञप्ति) होगी, अथवा किसी आवरण को हटाया जायगा, इन सब बातों का कोई प्रसंग नहीं है। इस स्वात्म-स्वरूप में लीन (अनुप्रवेश) होने का भी कोई प्रसंग नहीं है, क्योंकि शुद्ध स्वात्मस्वरूप के अतिरिक्त उसमें प्रविष्ट होने वाले की अलग से कोई सत्ता नहीं है। फिर उपाय भी तो उससे अलग नहीं है। इसलिए यह सारा जगत् चिन्मात्र सार है। काल इसकी कलना नहीं कर सकता। देश इसको परिच्छिन्न नहीं कर सकता। उपाधि इसका कुछ बिगाड़ नहीं सकती। इसकी कोई आकृति नहीं है। शब्दों की सहायता से इसको समझा नहीं जा सकता और न किसी प्रमाण की

१. षडंग योग और तर्क का परिचय आगे दिया जा रहा है।

ही यहाँ प्रवृत्ति हो सकती है। स्वतन्त्र, आनन्दघन यह स्वात्मस्वरूप ही काल से लेकर प्रमाण पर्यन्त ऊपर बताये गये सभी तत्त्वों को स्वरूप प्रदान करने वाला है। मैं इस स्वात्मस्वरूप से भिन्न नहीं हूँ और इस अहमात्मक स्वात्मस्वरूप में ही यह सारा विश्व प्रतिबिम्बित हो रहा है। इस तरह की प्रत्यभिज्ञा के जाग्रत् होने पर साधक नित्योदित पारमेश्वर स्वरूप में समाविष्ट हो जाता है।[1] इसके लिये मन्त्र, पूजा, ध्यान, चर्या आदि की कोई आवश्यकता नहीं रहती।

इस प्रकरण का उपसंहार अभिनवगुप्त ने इस श्लोक के साथ किया है—

उपायजालं न शिवं प्रकाशयेद् घटेन किं भाति सहस्रदीधितिः।
विवेचयन्नित्थमुदारदर्शनः स्वयंप्रकाशं शिवमाविशेत् क्षणात् ॥

इसकी व्याख्या हम पृ० १३५ पर कर चुके हैं।

श्लो० १२०-१२१ की व्याख्या में मालिनीविजय प्रभृति ग्रन्थों के प्रमाण पर इस अनुपाय प्रक्रिया का विशद विवेचन किया गया है। स्वच्छन्दतन्त्र, संकेतपद्धति, तन्त्रालोक, महार्थमंजरी प्रभृति अनेक ग्रन्थों में इसका प्रतिपादन किया गया है। आगे हम यह सिद्ध करने का प्रयास करेंगे कि उपक्रम, उपसंहार प्रभृति षड्विध लिंग को मीमांसक पद्धति से इस शास्त्र का विनियोग अनुपाय प्रक्रिया के प्रतिपादन में ही है। इस प्रकार यह स्पष्ट है कि यह अनुपाय प्रक्रिया सहज योग से भिन्न नहीं है।

अभिनवगुप्त प्रभृति ने इन उपायों का जिस तरह का विस्तृत विवेचन प्रस्तुत किया है, उसके आधार पर हम यह कह सकते हैं कि उन्होंने आणव उपाय में क्रम और कुल दर्शन से भिन्न समस्त तान्त्रिक और यौगिक विधियों का समावेश किया है। शाक्त उपाय के रूप में क्रमदर्शन की, शाम्भव उपाय के रूप में उन्होंने कुलदर्शन की व्याख्या की है और प्रत्यभिज्ञा दर्शन को अनुपाय प्रक्रिया माना है।

हमने ऊपर बताया था कि यहाँ प्रदर्शित सभी धारणाओं का उक्त उपाय-चतुष्टय में समावेश किया जा सकता है, किन्तु इस ग्रन्थ में अन्य अनेक योग-विधियों का भी समावेश है। उपर्युक्त प्रतिपादन से हमारी यह बात पुष्ट हो जाती है। अब हम विज्ञानभैरव में वर्णित धारणाओं के प्रमुख विषयों का यहाँ वर्णन करना चाहते हैं। सबसे पहले हम प्राणशक्ति को लेते हैं।

प्राणशक्ति या प्राणकुण्डलिनी

अनच्क पद की और आणव उपाय की व्याख्या के प्रसंग में प्राणशक्ति के सम्बन्ध में कहा जा चुका है। इसको कुण्डलिनी इसलिये कहते हैं कि मूलाधार स्थित कुण्डलिनी की तरह इसकी भी आकृति कुटिल होती है। जिस प्राण वायु का अपान अनुवर्तन करता है, उसकी गति

---

१. धारणा संख्या ४१,९७-९९,१०९ देखिये।

हकार की लिखावट की तरह टेढ़ी-मेढ़ी होती है। अतः प्राणशक्ति अपनी इच्छा से ही प्राण के अनुरूप कुटिल (घुमावदार) आकृति धारण कर लेती है। प्राणशक्ति की यह वक्रता (कुटिलता= घुमावदार आकृति) परमेश्वर की स्वतन्त्र इच्छा-शक्ति का ही खेल है। प्राणशक्ति का एक लपेटा वाम नाडी इडा में और दूसरा लपेटा दक्षिण नाडी पिंगला में रहता है। इस तरह से उसके दो वलय (घेरे) बनते हैं। सुषुम्णा नाम की मध्य नाडी सार्ध कहलाती है। इस प्रकार यह प्राण-शक्ति भी सर्धत्रिवलया है। वस्तुतः मूलाधार स्थित कुण्डलिनी में भी प्राणशक्ति का ही निवास है, किन्तु हृदय में उसकी स्पष्ट अभिव्यक्ति होने से ब्राह्मणवशिष्ठ न्याय से उसका यहाँ पृथक् उल्लेख कर दिया गया है। इसका प्रयोजन अजपा (हंस गायत्री) जप को सम्पन्न करना है। इस विषय पर ग्रन्थ में विशेष कर १५१ वें श्लोक की व्याख्या में पर्याप्त लिखा जा चुका है।

भर-पेट भोजन-पानी पाने से मोटी अकल के आरामतलबी आदमी का शरीर ही नहीं, प्राणशक्ति भी मोटी हो जाती है। बाद में सद्गुरु का उपदेश पाकर जब वह योगाभ्यास में लग जाता है, कुम्भक प्रभृति प्राणायामों का अभ्यास करता है, तो धीरे-धीरे उसके शरीर के मोटापे के साथ ही प्राणशक्ति भी कृश होती जाती है, सूक्ष्म से सूक्ष्मतर हो जाती है। श्रोत्र, चक्षु, नासिका, मुख, गुह्य, उपस्थ प्रभृति प्राण और अपान आदि वायुओं के निकलने के मार्गों को रोक देने पर वायु की गति ऊपर की ओर उठने लगती है। मूलाधार में अथवा हृदय में विद्यमान प्राणशक्ति यौगिक पद्धति के अनुसार सुषुम्णा मार्ग से अथवा मध्यदशा के विकास के कारण द्वादशान्त तक जाते-जाते अत्यन्त सूक्ष्म होकर अन्त में प्रकाश में विलीन हो जाती है। आधार से लेकर द्वादशान्त पर्यन्त क्रमशः धीरे-धीरे ऊपर की ओर उठ रही इस प्राणशक्ति के द्वादशान्त में प्रविष्ट हो जाने पर स्वात्मस्वरूप का अनुभव होने लगता है। योगशास्त्र की परिभाषा में इसको[1] पिपीलस्पर्श वेला कहा जाता है, जिसमें कि प्राण के ऊपर उठते समय जन्माग्र से लेकर मूल, कन्द प्रभृति स्थानों का स्पर्श होने पर उसी तरह की अनुभूति होती है, जैसी कि देह पर चींटी के चलने से होती है। इसी अवस्था में योगी इसकी परीक्षा कर पाते हैं कि प्राण आज अमुक स्थान से चलकर अमुक स्थान तक उठा। इस स्थिति तक पहुँच जाने पर योगी का चित्त परम आनन्द से भर जाता है और वह इसी अन्तर्मुख वृत्ति में रम जाता है।

सुषुम्णा (मध्यधाम)

मध्यनाडी सुषुम्णा[2] की अभी चर्चा आई है। इसी को शून्यातिशून्य पदवी और

---

१. धारणा संख्या ४३ देखिये।

२. तन्त्रालोक (५।१२१) में आणव उपाय के प्रसंग में लिंग पद की व्याख्या की गई है। इसकी व्याख्या करते हुए जयरथ ने एक श्लोक उद्धृत किया है, जिसके अनुसार उपस्थ को सौषुम्न पद माना गया है—

आनन्दस्यान्द यद् गीतं सर्वप्रसवकारणम्।
उपस्थाख्येयमेतत्तु सौषुम्नं रूपमुच्यते॥

मध्यधाम कहा जाता है। वस्तुतः मध्यधाम सुषुम्णा को शून्य और शिवतत्त्व को शून्यातिशून्य कहते हैं। मध्यधाम या मध्यदशा को शून्यस्वभाव इसलिये कहा जाता है कि यहाँ ज्ञाता-ज्ञान-ज्ञेय, प्रमाता-प्रमाण-प्रमेय प्रभृति त्रिपुटियों की कोई सत्ता नहीं बची रहती। मध्यधाम के लिए शून्यातिशून्य शब्द का प्रयोग लाक्षणिक है। इसका मुख्य प्रयोग शिवतत्त्व और उसकी अभिव्यक्ति के स्थान द्वादशान्त के लिए ही किया जाता है। सुषुम्णा नामक मध्यनाडी शून्यातिशून्य धाम द्वादशान्त में जाकर लीन हो जाती है, अतः इसको भी शून्यातिशून्य धाम कह दिया जाता है। इस शून्यातिशून्य स्वभाव मध्यधाम में विश्रान्ति ही योगी के लिए उपेय (प्राप्तव्य) है।

हृदय के मध्य में इसका निवास है। यह कमलनाल में विद्यमान अत्यन्त सूक्ष्म तन्तुओं के समान कृश आकार वाली है। इस मध्यनाडी के भीतर चिदाकाशरूप शून्य का निवास है। उससे प्राणशक्ति निकलती है। साधक जब मध्यनाडी की सहायता से चिदाकाश में प्रविष्ट होता है, तब सोम और सूर्य अर्थात् अपान और प्राण अथवा मन और प्राण सुषुम्णा में अपने आप विलीन हो जाते हैं। प्राण और अपान के मध्यवर्ती धाम सुषुम्णा (मध्यनाडी) में जिसका आन्तर और बाह्य इन्द्रियचक्र (मन और उससे नियन्त्रित चक्षुरादि इन्द्रियाँ) लीन हो जाता है और जो ऊर्ध्व स्थान और अधर स्थान में विद्यमान पद्मों के संपुट के मध्य में भावना के बल से प्रविष्ट हो गया है, अर्थात् ऊर्ध्वगत प्रमाणरूपी पद्म और अधःस्थित प्रमेय रूपी पद्म के मध्य में चिन्मात्र प्रमाता के अपने स्वरूप में स्थित हो जाता है और इसीलिए चिन्मात्रता के अतिरिक्त अन्य किसी वस्तु में जिसका चित्त संलग्न नहीं है, वह योगी स्वात्मस्वरूप में प्रतिष्ठित हो जाता है। यहाँ प्रमेय रूप संसार का निमेष और उन्मेष व्यापार पद्मदल के संकोच और विकास के तुल्य है। इसीलिये इसकी पद्मसंपुट से तुलना की गई है।

मध्यविकास

प्राण और अपान के आधारभूत स्थान आन्तर आकाश हृदय और बाह्य आकाश द्वादशान्त में प्रत्यावृत्ति के अभाव में एक क्षण के लिये उसकी वृत्ति अन्तर्मुख हो जाती है। तब ऐसी प्रतीति होती है कि मानों प्राण और अपान कहीं विलीन हो गये हैं। इस स्थिति को मध्यदशा के नाम से जाना जाता है। इस मध्यदशा का जब विकास किया जाता है, तब धीरे-धीरे उसकी भेद-दृष्टि (दूसरे से अपने को अलग समझने का स्वभाव) घटती जाती है और उसकी बाह्य और आन्तर इन्द्रियाँ अन्तर्मुख हो जाती हैं। क्रमशः उसका प्राणचार (प्राण और अपान की गति) मध्यनाड़ी सुषुम्णा में लीन हो जाता है और तब परा शक्ति भैरवी से अभिन्न रूप में विद्यमान भगवान् भैरव का स्वरूप प्रकाशित हो उठता है। हृदय, कण्ठ, तालु, ललाट, ब्रह्मरन्ध्र और द्वादशान्त में प्राण की गति रहती है और हृदय-कमल, मुख का संकोच-विकास तथा द्वादशान्त—ये अपान की गति के स्थान हैं। इनमें एक क्षण के लिए प्राण के अस्त हो जाने पर और अपान का उदय न होने पर बिना प्रयत्न के बाह्य कुम्भक की प्राप्ति होती है। इसी तरह से एक क्षण के लिए अपान के अस्त हो जाने पर और

प्राण का उदय न होने पर बिना प्रयत्न के अन्तः कुम्भक की प्राप्ति होती है। यह मध्यदशा ही परम पद कहलाती है। प्राण-अपान की इस मध्यदशा को योगी ही जान सकते हैं। एक तुटि, लव अथवा क्षण के लिये भी अन्तर्मुख हो जाने पर योगी में इस मध्यदशा का विकास हो जाता है और तब प्राण और अपान की पुनः प्रत्यावृत्ति नहीं होती, अर्थात् वह मुक्त हो जाता है। यह प्राणात्मक और अपानात्मक शक्ति हृदय से द्वादशान्त तक न तो जायगी और न द्वादशान्त से हृदय की ओर वापस ही लौटेगी, जब कि मध्यनाडी का धाम (स्थान) विकल्प हानि रूप उपाय से विकसित कर दिया जाय। प्राण और अपान की गति के शान्त हो जाने से, हृदय और द्वादशान्त में प्राण और अपान की अस्पन्द अवस्था में स्थिति हो जाने से [1]मध्यदशा का विकास होने पर साधक अपने भैरवीय स्वरूप को पहचान लेता है। वह साक्षात् भैरव हो जाता है। ६७वें श्लोक की व्याख्या में इस विषय को अधिक विस्तार से समझाया है। प्रत्यभिज्ञाहृदय के १८वें सूत्र में विकल्पक्षय प्रभृति मध्यविकास के उपाय बताये गये हैं। स्पन्दकारिका में उन्मेष दशा के नाम से इसका वर्णन किया गया है। ग्रन्थ में अनेक स्थलों पर इसकी व्याख्या हो चुकी है।

द्वादश आधार

तन्त्रशास्त्र में ऋ ॠ ऌ ॡ ये चार स्वर षण्ढ (नपुंसक) कहे गये हैं, अतः ध्यान आदि में इनका उपयोग नहीं किया जाता। सोलह स्वरों में से इन चार षण्ढ स्वरों को निकाल देने पर इनकी संख्या १२ रह जाती है। इन बारह स्वरों की जन्माग्र, मूल, कन्द, नाभि, हृदय, कण्ठ, तालु, भ्रूमध्य, ललाट, [2]ब्रह्मरन्ध्र, शक्ति और व्यापिनी—इन बारह चक्रों या आधारों में भावना करनी चाहिये। इन्हीं बारह स्थानों में अन्य धारणाओं का भी विधान है। किन्तु इनके नामों में अन्तर मिलता है। जैसे कि पृ० ३७ पर जन्माग्र और मूल शब्द के स्थान पर गुदाधार और जन्म ये नाम मिलते हैं, किन्तु पृ० ७२ पर जन्माग्र, मूल, कन्द यही क्रम स्वीकृत है। पृ० ३३ पर हृदय से या जन्माधार से द्वादशान्त पर्यन्त प्राणशक्ति की गति मानी गई है, पृ० ३३ पर ही कन्द से ब्रह्मरन्ध्र तक, पृ० ३५ पर जन्माग्र से द्वादशान्त तक और पृ० ७२ पर आधार से द्वादशान्त तक प्राण की गति मानी गई है। इनमें जन्माग्र और जन्म तथा मूल और गुदाधार शब्द पर्यायवाची हैं। नेत्रतन्त्र (७।१-५) की व्याख्या में क्षेमराज ने अंगुष्ठ,

---

१. मध्यमधाम (सुषुम्णा) में मध्यदशा के विकास के लिये १२, २५-२७ संख्या की धारणाएँ देखनी चाहिये। मध्यदशा का विकास अन्य स्थितियों में भी होता है। इसके लिये ३७-३८, ५१, ७८, १०० धारणाएँ देखिये।

२. प्रस्तुत ग्रन्थ में द्वादश आधारों में ब्रह्मरन्ध्र को दसवाँ स्थान दिया गया है और द्वादशान्त की स्थिति इन सबके ऊपर है। व्याख्या में पृ० ३६ और ४५ पर ब्रह्मरन्ध्र पद को द्वादशान्त का पर्यायवाची मान लिया गया है। इसकी संगति सम्प्रदाय भेद से बैठाई जा सकती है।

गुल्फ, जानु, मेढ्र, पायु, कन्द, [1]नाडि, जठर, हृदय, कूर्मनाडी, कण्ठ, तालु, भ्रूमध्य, ललाट, ब्रह्मरन्ध्र और द्वादशान्त ये सोलह आधार गिनाये हैं। इनके अनुसार जन्माग्र या जन्म मेढ्र का तथा मूल या गुदाधार पायु का पर्यायवाची है। योगिनीहृदय के टीकाकार अमृतानन्द (पृ० ५९) और भास्करराय ने कन्द को सुषुम्णा नाडी का मूल स्थान और उसमें रहने वाली कुण्डलिनी शक्ति का पर्यायवाची माना है। ब्रह्मरन्ध्र के ऊपर यहाँ शक्ति और व्यापिनी का स्थान माना गया है। योगिनीहृदय (१।२५-३४) में अकुल, विष, वह्नि, शक्ति, नाभि, अनाहत (हृदय), विशुद्धि, लम्बिकाग्र, भ्रूमध्य (आज्ञा) के ऊपर ललाट में क्रमशः एक दूसरे के ऊपर बिन्दु, अर्धचन्द्र, रोधिनी, नाद, नादान्त, शक्ति, व्यापिनी, समना और उन्मना की स्थिति मानी गई है। शिवोपाध्याय ने इस विषय को अधिक स्पष्ट किया है। प्रणव की बारह कलाओं की स्थिति बताते हुए वे कहते हैं कि अकार की नाभि में, उकार की हृदय में, मकार की मुख में, बिन्दु की भ्रूमध्य में, अर्धचन्द्र की ललाट में, निरोधिनी की ललाट के ऊर्ध्व भाग में, नाद की शिर में, नादान्त की ब्रह्मरन्ध्र में, शक्ति की त्वक् में, व्यापिनी की शिखा के मूल में, समना की शिखा में और उन्मना की स्थिति शिखा के अन्तिम भाग में है। शिवोपाध्याय ने यहाँ (पृ० ३७) सोलह भूमियों का उल्लेख किया है। ऊपर गिनाये गये सोलह आधारों से इनकी कोई संगति नहीं बैठती। कुलागम संमत सोलह आधारों की चर्चा ६७वें श्लोक में आई है। इनका विस्तृत वर्णन भी नेत्रतन्त्र (७।१-५) की क्षेमराज कृत व्याख्या में मिलता है। नामों में भिन्नता होते हुए भी इनका क्रम योगिनीहृदय से मिलता है। अधिक जानकारी के लिये इस विषय को वहीं देखना चाहिये।

द्वादशान्त

प्राण और अपान की गति की जिस स्थान पर उत्पत्ति होती है अथवा जहाँ जाकर रुक जाती है, उसको हृदय और द्वादशान्त कहते हैं। बाह्य और आन्तर शिव द्वादशान्त और शक्ति द्वादशान्त के भेद से द्वादशान्त की स्थिति मानी गई है। कभी-कभी शून्यातिशून्य मध्यधाम, अर्थात् सुषुम्णा नाडी को भी द्वादशान्त कहा जाता है। जैसा कि ४९वें श्लोक की व्याख्या में किया गया है। तन्त्रालोक (५।७१) की टीका में [2]सभी नाडियों के अग्र भाग में

---

१. नाडि के स्थान पर नाभि शब्द अधिक संगत प्रतीत होता है। अथवा नाभि सभी नाडियों का केन्द्र स्थल है, अतः इसी अभिप्राय को व्यक्त करने के लिये यहाँ नाभि को नाडि शब्द से अभिहित किया गया है।

२. "सर्वनाडीनामग्रगोचरे प्रधाने पार्यन्तिके वा विषये द्वादशान्ते।" द्वादशान्त पद की व्याख्या करते हुए शिवोपाध्याय कहते हैं—"सर्वतो रोमकूपान्तरेष्वपि चैतन्यदेवस्य प्रवेशेन शरीरे द्वादशान्तो योऽस्ति" (पृ० ४३) इसके अनुसार शरीर के प्रत्येक रोमकूप में द्वादशान्त की स्थिति मानी गई है। यहाँ द्वादशान्त पद का प्रयोग लाक्षणिक है। जैसे मुख्य द्वादशान्त की स्थिति द्वादश आधारों के अन्त में है, इसी तरह सभी नाडियों के अन्त (रोमकूप) में भी प्राणशक्ति की स्थिति है। अतः यहाँ विद्यमान प्राणशक्ति को भी द्वादशान्त कह दिया जाय तो कोई अनौचित्य नहीं है।

द्वादशान्त की स्थिति मानी गई है। [1]हकार की उत्पत्ति हृदय में और सकार की उत्पत्ति द्वादशान्त में मानी जाती है।

हृदय स्थित कमलकोश में प्राण का उदय होता है। नासिका मार्ग से बाहर निकल कर यह बारह अंगुल चल कर अन्त में आकाश में विलीन हो जाता है। इसी लिये बाह्य आकाश योगशास्त्र में द्वादशान्त के नाम से प्रसिद्ध है। द्विपट्कान्त, मुष्टित्रयान्त या शिखान्त शब्द द्वादशान्त के पर्यायवाची हैं। नेत्रतन्त्र (८।४१) की टीका में क्षेमराज ने तथा तन्त्रालोक (५।८९-९१) की टीका में जयरथ ने द्वादशान्त पद का अर्थ ऊर्ध्व द्वादशान्त किया है, जिसकी कि स्थिति शिखा के अन्त में है। इसमें उन्मना शक्ति का निवास है। इस प्रकार इस शास्त्र में द्वादशान्त की स्थिति ब्रह्मरन्ध से पृथक् मानी गई है। इसको द्वादशान्त इस लिये कहते हैं कि द्वादश आधारों के अन्त में इसकी स्थिति है।

निर्विकल्प योगी द्वादशान्त के भी ऊपर स्थित परमाकाश में जब पहुँच जाता है, तो सर्वात्मता का विकास हो जाता है, वह अनुत्तर शून्य में लीन हो जाता है। योगिनीहृदय (१।२७, ३४) में इसको महाबिन्दु कहा गया है। वहां आज्ञाचक्र तक की स्थिति को सकल, उन्मना पर्यन्त स्थिति को सकल-निष्कल और महाबिन्दु को निष्कल माना गया है। इस निष्कल स्वरूप में भगवती त्रिपुरसुन्दरी निवास करती है। यही वह शक्ति तत्त्व है, जिसकी कि सहायता के बिना शिव निष्प्राण (शव) रहता है। इसी निष्कल स्वरूप को प्रस्तुत ग्रन्थ में पराशक्ति और शिव का मुख कहा गया है। इस निष्कल (परा) शक्ति की सहायता से ही शिव स्वरूप की अभिव्यक्ति हो सकती है।

प्राण और अपान

ऊपर हृदय से बाह्य द्वादशान्त तक जाने वाला प्राण और नीचे बाह्य द्वादशान्त से हृदय तक आने वाला जीव नामक अपान, यह प्राणशक्ति का उच्चारण है। प्राणशक्ति इनका निरन्तर उच्चारण करती रहती है, अर्थात् प्राण और अपान के रूप में स्पन्दित होती रहती है। स्वच्छन्दतन्त्र[2] में प्राण और अपान को प्राणशक्ति का विसर्ग और आपूरण व्यापार बताया गया है। तदनुसार प्राण का अर्थ है श्वास छोड़ना और अपान का अर्थ है श्वास लेना। पालि बौद्ध वाङ्मय में इनके लिये आनापान (आश्वास-प्रश्वास) शब्द प्रयुक्त है। किन्तु वहां इनके

---

१. "हकारस्तु स्मृतः प्राणः स्वप्रवृत्तो हलाकृतिः" (४।२५७) स्वच्छन्दतन्त्र के इस वचन में स्वाभाविक रूप से निरन्तर नदन करने वाले हलाकृति प्राण को ही हकार कहा गया है। अनच्क हकार की आकृति वाले प्राण का यह नदन व्यापार ही हंसोच्चार कहलाता है। इसी को अनाहत ध्वनि अथवा नादभट्टारक भी कहा जाता है। यही हृदय का स्वाभाविक स्पन्दन व्यापार है। ५७ वीं धारणा में इसी का वर्णन किया गया है।

२. प्राणापानमयः प्राणो विसर्गापूरणं प्रति।
नित्यमापूरयन्नेव प्राणिनामुरसि स्थितः॥
प्राणनं कुरुते यस्मात् तस्मात् प्राणः प्रकीर्तितः। (७।२५-२६)

अर्थ के विषय में विवाद है, जिसको कि चर्चा पृ० २९-३० की टिप्पणी में की गई है। योगभाष्य में वायु के आचमन (ग्रहण) को श्वास और निःसारण को प्रश्वास बताया गया है। विज्ञान-भैरव में प्राण और अपान शब्द का योगभाष्य संमत (श्वास-प्रश्वास) अर्थ करने से भ्रम हो सकता है।

आचार्य बुद्धघोष का कहना है कि बालक माता की कोख से बाहर आता है तो पहले भीतर की हवा बाहर जाती है और पीछे बाहर की हवा भीतर प्रवेश करती है इसके अनुसार आश्वास (आन = प्राण) वह वायु है, जिसका कि निःसारण होता है और प्रश्वास वह वायु है, जिसका कि ग्रहण होता है। विज्ञानभैरव के 'ऊर्ध्वे प्राणः' प्रभृति श्लोक में प्राण और अपान शब्द का यही अर्थ स्वीकृत है। ऊर्ध्व और अधः शब्द का अर्थ पहले और बाद में किया जाना चाहिये। पहले प्राण बाहर निकलता है और बाद में अपान का प्रवेश होता है। अपान को जीव इसलिये कहा जाता है कि प्राण के बाहर निकलने के बाद अपान जब शरीर में पुनः प्रविष्ट होता है, तभी वह बोध हो सकता है कि शरीर में जीवात्मा विद्यमान है। अपान के प्रवेश न करने पर शरीर शव कहा जायगा। अपान के कारण ही शरीर में जीवात्मा की स्थिति बनी रहती है, अतः स्वाभाविक है कि अपान को जीव के नाम से जाना जाय।

ऊपर उद्धृत स्वच्छन्दतन्त्र भी इसी स्थिति को मान्यता देता है। "प्राणापानौ समौ कृत्वा" इस गीता वचन में भी यही अर्थ स्वीकृत है। इसका उल्लेख हम पृ० ९२ की टिप्पणी में कर चुके हैं। श्रीधरी टीका में प्राण और अपान के लिये उच्छ्वास और निश्वास शब्द प्रयुक्त हैं। लोक व्यवहार में संकेत (शक्ति=समय) के अनुसार शब्दों के अर्थ बदलते रहते हैं। कभी-कभी ये परस्पर विरोधी अर्थों में भी प्रयुक्त होने लगते हैं। जैसा कि प्राण और अपान और उनके पर्यायवाची श्वास-प्रश्वास शब्दों के सम्बन्ध में यहाँ देखा जाता है। इन शब्दों का हृदय स्थित प्राण वायु और पायु स्थित अपान वायु से कोई सम्बन्ध नहीं है, किन्तु प्राणशक्ति की श्वास-प्रश्वास प्रक्रिया से इनका सम्बन्ध है। [1]प्राणशक्ति की प्राण,

---

१. ईश्वरप्रत्यभिज्ञाकार ने 'प्राणापानमयः प्राणः' (३।२।१९) इत्यादि में प्राण प्रभृति पाँच वायुओं का वर्णन करते हुए प्राण वायु को प्राणापानमय माना है। वस्तुतः यहाँ पर प्राण वायु के लिये प्राण शब्द का प्रयोग लाक्षणिक है, क्योंकि प्राण वायु की स्थिति केवल प्राणापानमय प्राण में है, जब कि प्राणशक्ति की स्थिति पूरे शरीर में है। अथवा सामान्य स्पन्द को प्राणशक्ति का तथा प्राणापान को प्राण वायु का व्यापार मानना उचित होगा। प्राण वायु में भी प्राणशक्ति का आरोप इस लिये किया जा सकता है कि प्राणापान व्यापार के चलते रहने पर ही सामान्य स्पन्द भी चलता रहता है। किन्तु इतना ध्यान रखना चाहिये कि प्राणापान व्यापार के आरम्भ होने से पहले और अन्त में भी मुख्य स्पन्द की ही स्थिति रहती है। स्पन्दनिर्णय (पृ० ४०-४१) में बताया गया है कि विज्ञानभैरव के ७०, ९९, और ११६ संख्या के श्लोकों में स्पन्द तत्त्व सम्बन्धी धारणाएं वर्णित हैं।

अपान प्रभृति पाँच या दस वृत्तियाँ इनसे भिन्न हैं। अतः प्रस्तुत ग्रन्थ में ऊपर उद्धृत प्रमाणों के अनुसार प्राण और अपान शब्दों का संबन्ध प्राणशक्ति की विसर्ग (त्याग) और आपूरण (ग्रहण) क्रियाओं से ही मानना चाहिये।

पृ० ९२ पर बताया गया है कि प्राण की उच्छ्वास दशा में स्वाभाविक रूप से हं का तथा निश्वास दशा में सः का उच्चारण होता है। इस बात को पुष्ट करने के लिये 'सकारेण बहिर्याति' प्रभृति विज्ञानभैरव के श्लोक को उद्धृत किया गया है। तदनुसार यह प्राण सकार के साथ बाहर निकलता है और हकार के साथ अपान पुनः प्रविष्ट होता हैं। यहाँ प्रश्न उठता है कि हंसगायत्री में विद्यमान सकार प्राण और प्रकाश (सूर्य अथवा दिन) का प्रतिनिधित्व करता है तथा हकार जीव (अपान) तथा क्षपा (रात्रि) का, तो स्वच्छन्दतन्त्र में प्रतिपादित इस स्थिति से संगति कैसे बैठेगी कि प्राण निरन्तर अनाहतनाद रूप अनच्क हकार का उच्चारण (हंसोच्चार) करता रहता है। शक्तिसंगम तन्त्र में "हकारेण बहिर्याति सकारेण विशेत् पुनः" (१ ३.७८) ऐसा पाठ है। इसका उत्तर ८० वें श्लोक की व्याख्या में दे दिया गया है कि खेचरी मुद्रा की साधना में जिह्वा के तालु प्रदेश में रहने से सकार का बहिर्गमन नहीं होने पाता, अर्थात् सकार का उच्चारण नहीं हो सकता। अतः उस अवस्था में केवल स्वर रहित हकार का उच्चारण होता है। इसका अभिप्राय यह है कि नादात्मक अनच्क हकार का उच्चारण प्राणशक्ति का व्यापार है। इसको स्वच्छन्दतन्त्र में हंसोच्चार कहा गया है। हंसगायत्री के अंगभूत सकार और हकार का उच्चारण प्राण वायु की प्राण और अपान शक्तियों का व्यापार है। प्राण के बाहर निकलते समय ही सकार का उच्चारण होता है। इस व्याख्या के अनुसार शक्तिसंगम के वचन की कोई संगति नहीं बैठती। किन्तु १५१ वें श्लोक की व्याख्या में बताया गया है कि मध्यनाडी सुषुम्णा के सहारे प्राण जब हृदयाकाश से ऊपर की ओर चढ़ता है, तब 'हं' वर्ण की उत्पत्ति होती है और जब वह द्वादशान्त से उतरता है, तो उसकी अपान दशा में 'सः' वर्ण उत्पन्न होता है। इस कथन की पृष्ठभूमि में शक्तिसंगम के वचन की संगति इस प्रकार बैठाई जा सकती है कि प्राण हकार के उच्चारण के साथ हृदय से बाहर निकल कर द्वादशान्त में प्रविष्ट होता है और अपान सकार के उच्चारण के साथ पुनः हृदय में प्रविष्ट होता है। हंसगायत्री का आध्यात्मिक स्वरूप भी यही है। इसका विवेचन यहाँ अनेक श्लोकों की व्याख्या में विशेष कर १५१ वें श्लोक की व्याख्या में किया जा चुका है।

१५२ वें श्लोक में सकार और हकार के संमिलन से महानन्द की उत्पत्ति की बात कही गई है। इसका अभिप्राय यह है कि उक्त प्रक्रिया के अभ्यास से "प्राणापानौ समौ कृत्वा" इस भगवद्गीता के वचन के अनुसार प्राण और अपान की गति जब समान हो जाती है, मध्यनाडी सुषुम्णा के माध्यम से द्वादशान्त में विलीन हो जाता है, तो सच्चिदानन्दघन स्वात्मज्योति प्रकाशित हो उठती है। साधक स्वात्मस्वरूप में लीन हो जाता है।

प्राणायाम

प्राण की पूरक, कुम्भक और रेचक अवस्थाएँ स्वाभाविक रूप से बिना प्रयत्न के निरन्तर गतिशील रहती हैं। हृदय स्थित कमलकोश में प्राण का उदय होता है। नासिका मार्ग से बाहर निकल कर यह बारह अंगुल चलकर अन्त में आकाश में विलीन हो जाता है। यह बाह्य आकाश योगशास्त्र में बाह्य द्वादशान्त के नाम से प्रसिद्ध है। प्राण की इस स्वाभाविक गति को रेचक कहते हैं। बाह्य द्वादशान्त में अपान का उदय होता है और नासिका मार्ग से ही चलकर यह हृदय स्थित कमलकोश में विलीन हो जाता है। अपान की यह स्वाभाविक आन्तर गति पूरक कही जाती है। प्राण द्वादशान्त में और अपान हृदय में क्षण मात्र के लिये विलीन हो जाता है। यही प्राण की कुंभक अवस्था है। बाहर और भीतर दोनों स्थलों में निष्पन्न होने से इसके बाह्य और आन्तर ये दो भेद होते हैं। इस तरह से प्राणशक्ति की ये चार क्रियाएँ बिना प्रयत्न के निरन्तर गतिशील हैं। अर्थात् प्राण और अपान की यह चतुर्विध गति पुरुष के प्रयत्न के बिना निरन्तर स्वाभाविक रूप से चलती रहती है। पुरुष जब अपने विशेष प्रयत्न से मध्यदशा के विकास के लिये क्रमशः अथवा एकाएक इसकी गति को रोकता है, इस पर अपना नियन्त्रण स्थापित करना चाहता है, तो प्राण और अपान की गति की यह अवरोध प्रक्रिया योगशास्त्र में प्राणायाम के नाम से जानी जाती है। ७५, ६६ और ८८ वें श्लोक की व्याख्या में प्राणायाम के सम्बन्ध में विस्तार से विचार किया गया है।

सहज योग में प्राणायाम के इस आयास साध्य अभ्यास की आवश्यकता नहीं रहती। वहाँ तो श्वास-प्रश्वास प्रक्रिया के माध्यम से निरन्तर चल रहे प्राण के आयाम (विस्तार) का केवल सूक्ष्म निरीक्षण किया जाता है। जैसा कि २५वें श्लोक की व्याख्या में बताया गया है।

क्षोभ

मन की चंचलता को क्षोभ कहते हैं। ७३वें श्लोक में मन की किसी भी आह्लादात्मक स्थिति में धारणा के अभ्यास की विधि बताई गई है। शर्त यह है कि यह आह्लादात्मक स्थिति क्षोभ से न पैदा हुई हो। शिवोपाध्याय (पृ० ६३) ने क्षोभ दशा का विस्तार से वर्णन किया है। इस स्थिति को हेय माना गया है। स्पन्दकारिका में कहा गया है कि क्षोभ दशा का विराम हो जाने पर ही परम पद की प्राप्ति होती है। काम, क्रोध आदि से उत्पन्न होने वाले सभी आवेग क्षोभ कहलाते हैं। इनके शान्त होने पर ही निर्विकल्प स्वात्मस्वरूप प्रकाशित होता है। क्षोभ की उत्पत्ति विकल्प दशा में ही होती है। विकल्प व्यापार के शोधन के प्रसंग में प्रशस्तिभूतिपाद ने कहा है कि इस संसार में अपनी सुन्दर, लुभावनी आकृति के कारण मन को आह्लादित कर देने वाले जो भी पदार्थ दिखाई पड़ते हैं, उन सब में मेरा अपना ही स्वरूप तो प्रकाशित हो रहा है, वह सब मैं ही तो हूँ, इस तरह से अपनी स्थिति को पुष्ट करना ही सज्जनों का पुनीत कर्तव्य है। सभी पदार्थों में इस तरह से स्वात्मस्वरूप की भावना से मन का क्षोभ (चंचलता) शान्त हो जाता है।

६९वें श्लोक की व्याख्या में अभिनवगुप्त के प्रमाण से बताया गया है कि उन्मुक्त बाह्य शाक्त स्पर्श के अभाव में भी आन्तर शाक्त स्पर्श के कारण वीर्य का क्षोभ, आनन्दोदय अवस्था की अभिव्यक्ति होती है। इस स्थिति में भी बाह्य क्षोभ की शान्ति अपेक्षित है। तभी लौकिक आनन्द से विलक्षण आनन्दोदय अवस्था, ब्रह्मानन्द दशा का प्रादुर्भाव हो सकता है। ७५, ८६-८७, ९०-९१ और १०३ संख्या की धारणाओं में इस बाह्य क्षोभ की शान्ति के लिये ही उपाय वर्णित है।

विकल्प

बाह्य नील-पीत (घट-पट) आदि से लेकर शून्य पर्यन्त सभी पदार्थ विकल्प स्वरूप माने गये हैं। अहं परामर्श दो प्रकार का होता है—शुद्ध और मायीय। इनमें से शुद्ध परामर्श विश्व से अभिन्न रूप में विद्यमान संविन्मात्र में अथवा विश्व की छाया से असंस्पृष्ट स्वच्छ आत्मा में होता है। मायीय अथवा अशुद्ध परामर्श वेद्यस्वरूप देह, बुद्धि, प्राण, शून्य आदि को अपना आलम्बन बनाता है, अर्थात् इन्हीं को अपना स्वरूप मान बैठता है। इनमें से शुद्ध परामर्श में किसी प्रतियोगी (विरोधी) पदार्थ की सत्ता न रहने से कोई भी अपोहनीय (त्याज्य) नहीं है। घट प्रभृति बाह्य पदार्थ भी उस प्रकाशस्वरूप परम तत्त्व से ही अपना अस्तित्व बनाते हैं, अतः वे उससे अभिन्न ही हैं, उसके विरोधी नहीं। इस अवस्था में जब कोई स्थिति अपोहनीय नहीं है, तो वह विकल्प कैसे हो सकती है? इसके विपरीत अशुद्ध (मायीय) परामर्श से वेद्यरूप शरीर प्रभृति में उससे भिन्न देह आदि का और घट प्रभृति का भी व्यपोहन (व्यवच्छेद = भेद) विद्यमान है। इसी भेद दशा की प्रतीति को विकल्प के नाम से जाना जाता है।

अपोहन

परमार्थतः अपोहन व्यापार की कोई स्थिति नहीं है, किन्तु जागतिक व्यवहार का संचालन ज्ञान, स्मृति और अपोहन नाम की शक्तियों के सहारे चलता है। "मत्तः स्मृतिर्ज्ञानमपोहनं[1] च" (भ०गी० १५।१५), "स्यादेकश्चिद्वपुर्ज्ञानस्मृत्यपोहनशक्तिमान्" (ई०प्र० १।३।७) इत्यादि वचनों में इन्हीं व्यापारों की चर्चा की गई है। बौद्ध दर्शन में भी एक पदार्थ से दूसरे पदार्थ को अलग करने के लिये, एक पदार्थ से दूसरे पदार्थ का भेद बताने के लिये अपोह की कल्पना की गई है। बौद्ध विज्ञानवाद और शून्यवाद में भी विज्ञान अथवा शून्य के अतिरिक्त सभी जागतिक पदार्थ विकल्प स्वरूप ही माने गये हैं।

---

१. काश्मीरी लेखकों के सिवाय अन्य सभी टीकाकारों ने अपोहन का अर्थ ज्ञान और स्मृति का प्रमोष किया है। रामानुजाचार्य के मत का उल्लेख षडंग योग के प्रकरण में तर्क पर विचार करते समय किया जायगा।

विज्ञान

विज्ञानभैरव संमत विज्ञान की व्याख्या पहले की जा चुकी है, किन्तु ७४वीं धारणा बौद्ध संमत विज्ञान को अपना विषय बनाती है। विज्ञानवादी बौद्ध दार्शनिक मानते हैं कि घट आदि के ज्ञान का कोई आधार नहीं है, क्योंकि वस्तुतः किसी स्थिर आत्मा अथवा घट आदि वस्तुओं की कोई वास्तविक सत्ता नहीं है। चक्षु, आलोक (प्रकाश) आदि पदार्थों की भी वास्तविक सत्ता नहीं है। इसलिये यह सब कुछ भ्रमात्मक है, अत एव विकल्पस्वरूप है। 'यह वही घट है' इस तरह का ज्ञान 'यह वही गंगा का प्रवाह है' इस ज्ञान की तरह भ्रमात्मक ही माना जायगा। अर्थात् गंगा के प्रवाह में जैसे 'यह वही प्रवाह है' यह प्रत्यभिज्ञा भ्रान्ति-कल्पित है, उसी तरह से घट, पट, देवदत्त आदि की प्रत्यभिज्ञा को भी भ्रमात्मक ही मानना चाहिये। इस तरह से अन्ततः सब कुछ विज्ञानात्मक ही सिद्ध होता है। इस विज्ञान के अतिरिक्त अन्य किसी की भी सत्ता वास्तविक नहीं है।

शून्य

शून्य और शून्यातिशून्य (महाशून्य) शब्दों का यहाँ अनेक अर्थों में प्रयोग हुआ है। आणव उपाय और मध्यनाडी सुषुम्णा के प्रसंग में आये इन शब्दों की व्याख्या पहले की जा चुकी है। स्वच्छन्दतन्त्र (७।५७) की टीका में क्षेमराज ने शून्य को माया का और शून्यातिशून्य को महामाया का बोधक माना है। समना पर्यन्त [1]अर्धमात्रा की स्थिति शून्य में और उन्मना की स्थिति शून्यातिशून्य पदवी में मानी गई है। मध्य धाम सुषुम्णा और शिव तत्त्व के अर्थ में भी क्रमशः शून्य और शून्यातिशून्य शब्दों का प्रयोग मिलता है। ३५वें श्लोक में मध्यनाडी के भीतर चिदाकाश रूप शून्य का निवास माना गया है। ३९वें श्लोक में शून्यातिशून्य के उच्चारण का तात्पर्य उन्मना पर्यन्त पिण्ड मन्त्र के उच्चारण के अभ्यास से है। ४२वें श्लोक में उन्मना की स्थिति शून्यावस्था में मानी गई है और उसको 'शून्या' कहा गया है। इसी स्थल पर शिव तत्त्व को शून्यातिशून्य बताया है। ४९वें श्लोक में द्वादशान्त पद का अर्थ शून्यातिशून्य मध्यधाम, अर्थात् सुषुम्णा नाडी किया है। कुण्डलिनी शक्ति अथवा प्राणकुण्डलिनी मध्यनाडी सुषुम्णा के सहारे द्वादशान्त नामक शून्यातिशून्य धाम में पहुँचती है। इसलिये औपचारिक रूप से यहाँ उसको भी शून्यातिशून्य कह दिया गया है। वस्तुतः इस शब्द का मुख्य प्रयोग द्वादशान्त धाम या उसमें अभिव्यक्त होने वाले शिवस्वरूप के लिये ही होता है। ६१वें श्लोक में मध्य धाम को शून्य स्वरूप बताया है और १४६वें श्लोक में महामाया शक्ति को महाशून्य, अर्थात् शून्यातिशून्य पदवी कहा है।

विज्ञानभैरव संमत शून्य तत्त्व परमार्थतः अभावात्मक नहीं है, किन्तु [2]सभी आलम्बन धर्मों से, सभी तत्त्वों से और सभी क्लेशाशयों से शून्य पदार्थ को ही 'शून्य' कहा गया है।

---

१. दुर्गा सप्तशती की टीका में भास्करराय ने भी अर्धचन्द्र प्रभृति आठ ध्वनियों को अर्धमात्रात्मक और अनुच्चार्य माना है।

२. "सर्वालम्बनधर्मैश्च सर्वतत्त्वैरशेषतः। सर्वक्लेशाशयैः शून्यं न शून्यं परमार्थतः ॥" शैवागम

इस तरह से किसी अवर्णनीय, अविज्ञेय अवस्था (स्वातन्त्र्य शक्ति) को ही शाक्त और शैव मत में शून्यता माना गया है। इसका विवरण १२४वें श्लोक की व्याख्या में विमर्शदीपिका[1] के और १३१वें श्लोक की व्याख्या में चन्द्रज्ञान[2] के प्रमाण पर विस्तार से किया गया है। १५१वें श्लोक की व्याख्या में परा देवी को निरावरण भगवती प्रज्ञा पारमिता कहा गया है। प्रज्ञा पारमिता स्वरूप शून्यभूमि का ही इस विज्ञानभैरव तन्त्र में परमशिव ने परा शक्ति के रूप में सर्वत्र उपदेश किया है। ११२ धारणाओं के प्रतिपादक प्रत्येक श्लोक के चतुर्थ चरण में परा देवी का निष्कल स्वरूप आलोकित हो उठता है। बौद्ध दर्शन में इस शून्यभूमि को ही मोक्ष मान लिया गया है, किन्तु यह स्मरण रखना चाहिये कि इस ग्रन्थ में परा शक्ति को शिवस्वरूप की प्राप्ति के लिये मुख (द्वार) माना है। इस विषय का विवेचन पहले किया जा चुका है।

शून्यषट्क

३२वें श्लोक में शून्यषट्क की और ४४वें श्लोक में शून्यत्रय की भावना का विधान है। स्वच्छन्दतन्त्र (४।२८९-२९६) और योगिनीहृदय (३।१७७-१७८) में शून्यषट्क का विवरण मिलता है। ३२वें श्लोक की व्याख्या में योगिनीहृदयदीपिका के अनुसार ह्रीं बीज में छः शून्यों की स्थिति का विवरण दिया जा चुका है। दीपिकाकार ने बताया है कि छः शून्यों का स्वरूप विज्ञानभैरव के ३२वें श्लोक से जानना चाहिये। स्वच्छन्दतन्त्र में पहले ऊर्ध्व शून्य, अधः शून्य और मध्य शून्य ये तीन शून्य प्रतिपादित हैं। ४४वें श्लोक की टीका में उद्धृत वासुदेव के वचन में भी ये ही तीन शून्य गिनाये गये हैं। क्षेमराज ने नादान्त पर्यन्त समस्त पाशों के क्षय के कारणभूत शक्ति पद को ऊर्ध्व शून्य, हृदय को अधः शून्य और कण्ठ, तालु, भ्रूमध्य, ललाट, ब्रह्मरन्ध्र को मध्य शून्य माना है। व्यापिनी में चतुर्थ, समना में

संमत शून्य का लक्षण बताने वाला यह श्लोक शिवोपाध्याय द्वारा उद्धृत है (पृ० ११०)। नील-पीत, घट-पट प्रभृति बाह्य और सुख-दुःख प्रभृति आन्तर पदार्थों को आलम्बन धर्म कहा जाता है। योगसूत्र (२।३) में अविद्या, अस्मिता, राग, द्वेष और अभिनिवेश—ये सब क्लेश माने गये हैं। क्लेशाशय का तात्पर्य इन्हीं के संस्कारों (वासनाओं) से है, जो कि चित्त में संचित रहते हैं। योगसूत्र (१।२४) में ही ईश्वर को क्लेश, कर्म, विपाक और आशय से मुक्त माना है।

१. तान्त्रिक साहित्य (पृ० ५९६) में शिवोपाध्याय कृत विज्ञानभैरव की टीका का नाम विमर्शदीपिका बताया गया है। शिवोपाध्याय ने विज्ञानभैरव की अपनी टीका (पृ० ११०-१११) में विमर्शदीपिका का नाम लेकर ये श्लोक उद्धृत किये हैं। अतः विमर्शदीपिका इससे भिन्न एक स्वतन्त्र ग्रन्थ है।

२. चन्द्रज्ञान और चन्द्रज्ञानविद्या के परिचय के लिये नित्याषोडशिकार्णव का उपोद्घात (पृ० २६-२७) तथा तान्त्रिक साहित्य (पृ० २०४-२०५) देखिये।

पंचम और उन्मना में षष्ठ शून्य की स्थिति मानी गई है। ये सभी शून्य सामय (सहेतुक) माने गये हैं। इनका परित्याग कर सप्तम शून्य में लीन होने का साधक को प्रयत्न करना चाहिये। यह सप्तम शून्य परम सूक्ष्म है, सभी अवस्थाओं से अतीत है। वस्तुतः यह चिदानन्दघन परमशिव तत्त्व शून्य नहीं है, तो भी इसको शून्य कह दिया जाता है। शून्य अभावात्मक होता है। इस शिवतत्त्व को शून्य इसलिये कहा जाता है कि यहाँ आकर सभी जागतिक पदार्थों का क्षय (अभाव) हो जाता है। इस तरह से अभावात्मक शून्यों की संख्या छः ही है। यह सप्तम शून्य अभावात्मक नहीं है। अतः इसके कारण अभावात्मक शून्यों की संख्या में वृद्धि न होने से शास्त्रों में छः ही शून्य माने गये हैं। वस्तुतः शिवतत्त्व महासत्तात्मक, प्रकाशात्मक, परम शान्त कोई स्वरूप है। पूर्वोक्त सभी शून्यों मे यह व्याप्त है, अर्थात् यही एक तत्त्व उपाधि के भेद से सभी शून्यों में वर्तमान है।

इस प्रकार हमने यहाँ विज्ञानभैरव में वर्णित धारणाओं के सभी प्रमुख विषयों का संक्षेप में स्पष्टीकरण किया है। हमने प्रारम्भ में ही बताया है कि यह एक योगशास्त्र का ग्रन्थ है। अब हम इस विषय पर विचार करते हैं कि यह योगशास्त्र क्या है ?

योगशास्त्र क्या है ?

आस्तिक-नास्तिक, वैदिक-अवैदिक, सभी भारतीय दर्शनों में अपने अन्तिम लक्ष्य तक पहुँचने में योगशास्त्र की सहायक भूमिका स्वीकार की गई है। प्रत्येक दर्शन में परम तत्त्व के निरूपण के साथ-साथ उस स्थिति तक पहुँचने के लिये शरीर और मन की शुद्धि आवश्यक मानी गई है। शरीर और विशेष कर मन की शुद्धि यौगिक प्रक्रिया के आधार पर ही की जा सकती है। अतः अनिवार्य रूप से प्रत्येक दर्शन में योग का निरूपण पाया जाता है। प्रत्येक दर्शन की विशेष यौगिक प्रक्रिया भी हो सकती है, किन्तु कुछ सामान्य नियम सर्वत्र एक स्वर से मान्य हैं, जिनका कि पातंजल योगसूत्र में विस्तार से प्रतिपादन किया गया है। इस प्रकार योगशास्त्र को हम सर्वसामान्य अथवा आज की भाषा में धर्म-निरपेक्ष शास्त्र कह सकते हैं, जिसमें कि बिना किसी धार्मिक या लिंग-जाति आदि के भेद-भाव के मानव मात्र के शारीरिक परिष्कार के साथ-साथ मन के भी परिष्कार का मार्ग दिखाया गया है।

आज कल योग शब्द को पातंजल योग दर्शन तक ही सीमित कर दिया गया है, किन्तु वास्तव मे बात ऐसी नहीं है। भारतवर्ष में विविध योग-सम्प्रदाय समय-समय पर प्रचलित हुए हैं। उनमें से कुछ अब भी प्रचलित हैं और अनेक नामशेष हो गये हैं। मोहेंजो-दड़ो और हड़प्पा की खुदाई में सिन्धु-सभ्यता के अवशेष प्राप्त हुए हैं। इनमें प्राचीन भारतीय योगपद्धति के अनेक चिह्न मिलते हैं। श्वेत से लेकर लकुलीश पर्यन्त २८ पाशुपत योगाचार्यों की और इनमें से प्रत्येक के चार-चार शिष्यों, अर्थात् ११२ योगियों की नामावली अनेक पुराणों में उपलब्ध है। पालि त्रिपिटक में, विशेषतः परवर्ती काल के विसुद्धिमग्गो और अभिधम्मत्थसंगहो जैसे ग्रन्थों मे विशिष्ट यौगिक पद्धति के दर्शन होते हैं। तान्त्रिक षडंग योग का शैव, वैष्णव और बौद्ध तन्त्रों में प्रायः समान रूप से वर्णन मिलता है। मत्स्येन्द्रनाथ

के द्वारा आविष्कृत कौलिक योग-विधि में पिण्ड, पद, रूप और रूपातीत—इन चार तत्त्वों का वर्णन है। यह योग-विधि जैन योगशास्त्र के ग्रन्थों में भी मिलती है। कुण्डलिनी योग का बौद्ध वज्रयानी साहित्य में भी नामान्तर से वर्णन मिलता है। षोडश नित्याओं की उपासना और प्राणचार विधि में कालचक्र यान का और त्रिक दर्शन की अनुपाय प्रक्रिया में सहज यान का स्वरूप देखा जा सकता है। गोरक्ष प्रभृति नाथ योगियों के सम्प्रदाय में नेति, धौति प्रभृति यौगिक षट्कर्म विधियों तथा विविध बन्धों का परिचय मिलता है। इन्हीं सब यौगिक विधियों की शाखा-प्रशाखाएँ भारतवर्ष के विविध भागों में सहज, अवधूत, बाउल, पंचसखी, सन्त, सिक्ख, दरवेश प्रभृति नामों से आज भी प्रचलित हैं। इस पूरी परम्परा का समावेश योगशास्त्र में होता है।

महर्षि पतंजलि के द्वारा प्रतिपादित अष्टांग योग का उपयोग मुख्यतः चित्त की वृत्तियों को, अर्थात् मन को नियन्त्रित करने के लिए किया जाता है। योग की सर्वोत्तम परिभाषा भी यही मानी जा सकती है। अष्टांग योग के अभ्यास से मनुष्य न केवल शारीरिक चेष्टाओं, किन्तु मन की नाना प्रकार की वृत्तियों पर भी अपना नियन्त्रण स्थापित कर लेने में समर्थ हो जाता है।

बौद्ध, वैष्णव और शैव तन्त्र ग्रन्थों में अष्टांग योग के स्थान पर षडंग योग का विधान है। इनमें पातंजल योग के यम, नियम और आसन—इन तीन अंगों को छोड़ दिया गया है। बौद्ध तन्त्रों में अनुस्मृति को और वैष्णव, शैव तन्त्रों में तर्क को योग के अंग के रूप में मान्यता मिली है। योग के क्षेत्र में ब्रह्मचर्य, अपरिग्रह आदि उत्कृष्ट मानवीय गुणों को अपने में समेटे हुए यम-नियम नाम के अंगों का निष्कासन भारतीय इतिहास की एक शोचनीय घटना रही है। इसीलिए [1]म० म० पी० वी काणे को लिखना पड़ा कि तान्त्रिक षडंग योग में यम-नियम को इस लिये छोड़ दिया गया कि ये पंच मकार वाली दृष्टि के विरुद्ध पड़ते थे। हम आसनों के बिना योग की कल्पना ही नहीं कर सकते। योग के अंग के रूप में यम, नियम और आसन शारीरिक और मानसिक परिष्कार की पहली सीढ़ी हैं, जब कि षडंग योग का प्रयोजन मनुष्य की रागात्मक वृत्तियों का परिष्कार करना था।

षडंग योग

अनुपाय प्रक्रिया में बताया गया है कि यहाँ साधक उपाय के रूप में केवल सत्तर्क का सहारा लेता है। षडंग योग में तर्क को भी योग का अंग माना गया है। शैव, वैष्णव, बौद्ध सभी सम्प्रदायों में षडंग योग की चर्चा मिलती है। गुह्यसमाज तन्त्र (१८।१४०) में प्रत्याहार, ध्यान, प्राणायाम, धारणा, [2]अनुस्मृति और समाधि—ये छः योग के अंग माने गये हैं।

---

१. धर्मशास्त्र का इतिहास (हिन्दी संस्करण), पंचम खण्ड उत्तरार्ध, पृ० २९-३०।

२. अनुस्मृति का अर्थ 'बार बार स्मरण' अथवा अनुरूप स्मृति है। पालि अभिधर्म साहित्य में इसका विस्तार से वर्णन मिलता है। संक्षिप्त परिचय के लिए आचार्य नरेन्द्रदेव कृत ग्रन्थ 'बौद्ध-धर्म-दर्शन' का पाँचवाँ अध्याय देखिये।

श्रद्धेय पं० गोपीनाथ कविराज के ग्रन्थ 'भारतीय संस्कृति और साधना' (पृ० ५३७-५४०) में इस विषय पर अनेक बौद्ध तन्त्र ग्रन्थों की सहायता से अच्छा प्रकाश डाला गया है। भगवद्गीता के भास्कर भाष्य (पृ० १२७) में प्रत्याहार, ध्यान, प्राणायाम, धारणा, तर्क और समाधि ये छः अंग गिनाये गये हैं। यहाँ अनुस्मृति के स्थान पर तर्क नाम आया है। तन्त्रालोक के टीकाकार जयरथ ने षडंग योग का उल्लेख किया है। वहाँ का क्रम इस प्रकार है—प्राणायाम, ध्यान, प्रत्याहार, धारणा, तर्क और समाधि। विष्णुसंहिता में प्राणायाम, प्रत्याहार, धारणा, तर्क, समाधि और ध्यान—यह क्रम मिलता है। विष्णुसंहिता (३०।६१-७८) में विस्तार से इनका विवरण भी मिलता है। इनमें तर्क के सिवाय अन्य अंग पातंजल योग संमत ही हैं। इनके क्रम में भिन्नता मिलती है, किन्तु सर्वत्र तर्क को समाधि के साथ रखा गया है।

मालिनीविजय (१७।१८) और तन्त्रालोक (४।१५) में योग के सभी अंगों में [1]तर्क को श्रेष्ठ बताया गया है। विष्णुसंहिता[2] (३०।६९-७०) में कहा गया है कि धारणा में जब चित्त संलग्न हो, तब अन्वय और व्यतिरेक की सहायता से किया गया निश्चय ही तर्क कहलाता है। भारतीय वाङ्मय में सत्तर्क को बहुत पहले प्रतिष्ठा प्राप्त हो चुकी थी। निरुक्त[3] में बताया गया है—ऋषियों की परम्परा के समाप्त हो जाने पर मनुष्यों ने देवताओं से पूछा कि अब हमारे बीच ऋषि का कार्य कौन करेगा? इसके उत्तर में देवताओं ने मनुष्य को तर्क शक्ति दी कि अब यही तुम लोगों के लिए ऋषि का कार्य करेगी। धर्मशास्त्रकारों[4] ने भी शास्त्रों के अविरोधी सत्तर्क को मान्यता दी है। उपर्युक्त स्थल पर (पृ० १५-२०) तन्त्रालोक के टीकाकार ने अनेक शास्त्रीय प्रमाणों के आधार पर शास्त्रानुरोधी सत्तर्क की प्रतिष्ठा की है। उनका कहना है कि तर्क को अप्रतिष्ठित तभी माना जाता है, जब कि यह शास्त्रविरुद्ध हो।

जयरथ ने ऊह को तर्क का ही पर्याय माना है। मृगेन्द्रागम के योगपाद[5] में योग

---

१. योगाङ्गत्वे समानेऽपि तर्को योगाङ्गमुत्तमम्।

२. अन्वयव्यतिरेकाभ्यां यस्माद् यदुपलभ्यते।
धारणादिषु कालेषु स तर्कः संप्रकीर्तितः॥

३. "मनुष्या वा ऋषिषूत्क्रामत्सु देवानब्रुवन् को न ऋषिर्भविष्यतीति। तेभ्य एनं तर्कमृषिं प्रायच्छन्" (१३।१२)।

४. आर्षं धर्मोपदेशं च वेदशास्त्राविरोधिना।
यस्तर्केणानुसन्धत्ते स धर्मं वेद नेतरः॥ (मनु० १२।१०६)

५. प्राणायामः प्रत्याहारो धारणा ध्यानवीक्षणे।
जपः समाधिरित्यङ्गान्यङ्गी योगोऽष्टमः स्वयम्॥३॥

के अंग के रूप में वीक्षण (अभिवीक्षण) परिगणित है। उसी को [1]ऊह भी कहा गया है और उसका प्रयोजन भी बताया गया है। बौद्ध पालि-वाङ्मय तथा तन्त्रों में वर्णित अनुस्मृति और अभिवीक्षण में पर्याप्त समानता है। वृत्तिकार नारायण कण्ठ ने यहाँ ऊह की पुष्टि में स्वायम्भुवागम को भी उद्धृत किया है। भगवद्गीता (१५।१५) के भाष्य में रामानुजाचार्य ने [2]अपोहन शब्द को ऊह का पर्यायवाची भी माना है और इसकी परिभाषा यह की है—ऊह का कार्य यह देखना है कि किसी भी प्रमाण की प्रवृत्ति सही ढंग से हो रही है या नहीं? प्रमाण-प्रवर्तक सामग्री की परीक्षा करना भी इसी का कार्य है। इस तरह से ऊह प्रमाणों का अनुग्राहक ज्ञान है। स्पष्ट है कि आगम और तन्त्रशास्त्र में ही नहीं, पूरे भारतीय वाङ्मय में तर्क या ऊह की प्राचीन काल से प्रतिष्ठा चली आ रही है। विज्ञानभैरव में "सम्बन्धे सावधानता' (श्लोक १०४) कह कर इस स्थिति की ओर इंगित किया गया है। योगवासिष्ठ (नि० पू० ४३।८) में भी यह स्थिति चर्चित है।

अतः हम विज्ञानभैरव की अनुपाय प्रक्रिया (सहज समाधि) से पूर्णतः प्रभावित ग्रन्थ योगवासिष्ठ के सम्बन्ध में कुछ कहना चाहते हैं।

योगवासिष्ठ

भारतीय वाङ्मय में योगवासिष्ठ का विशिष्ट स्थान है। इस ग्रन्थ पर डॉ० भीखन-लाल आत्रेय ने प्रशंसनीय परिश्रम किया है। उसका कहना है कि ई० सप्तम शताब्दी के आरम्भ से पूर्व योगवासिष्ठ अवश्य ही वर्तमान रहा होगा। डॉ० एस० एन० दास-गुप्त ने भी अपने भारतीय दर्शन के इतिहास के द्वितीय खण्ड में योगवासिष्ठ के सम्बन्ध में अपने विचार प्रकट किये हैं। उनका लिखना है कि योगवासिष्ठ के लेखक सम्भवतः गौडपाद अथवा शंकर के समकालीन, सम्भवतः ८०० ई० के आस-पास अथवा उनके एक शतक पूर्व विद्यमान थे। प्रायः सभी आधुनिक और प्राचीन विद्वानों ने योगवासिष्ठ को वेदान्त का ग्रन्थ माना है। डॉ० दासगुप्त इस पर बौद्ध विज्ञानवाद का प्रभाव तो मानते हैं, किन्तु शैव दर्शन की स्पन्द या प्रत्यभिज्ञा शाखा से इसके सम्बन्ध की कोई चर्चा नहीं करते। प्राण के प्रसंग में शिवसूत्रविमर्शिनी और विज्ञानभैरवविवृति को अवश्य उन्होंने उद्धृत किया है।

योगवासिष्ठ का दूसरा नाम मोक्षोपाय है। विज्ञानभैरव के समान ही योगवासिष्ठ में भी बन्ध और मोक्ष की परमार्थ सत्ता नहीं मानी गई है। वस्तुतः इस ग्रन्थ पर मालिनीविजय (जो कि अभिनवगुप्त के अनुसार त्रिक या प्रत्यभिज्ञा दर्शन का आधार ग्रन्थ है), विज्ञानभैरव, स्पन्दकारिका प्रभृति ग्रन्थों का स्पष्ट प्रभाव है। स्पन्दकारिका के प्रथम श्लोक की प्रथम पंक्ति

१. ऊहोऽभिवीक्षणं वस्तुविकल्पानन्तरोदितः ॥८॥
यदा वेत्ति पदं हेयमुपादेयं च तत्स्थितेः।
तत्पोषकं विपक्षं च यच्च तत्पोषकं परम् ॥९॥

२. अपोहनम् ऊहनं वा। ऊहनमूहः। ऊहो नामेदं प्रमाणमित्थं प्रवर्तितुमर्हतीति प्रमाण-प्रवृत्त्यर्हताविषयं सामग्र्यादिनिरूपणजन्यं प्रमाणानुग्राहकं ज्ञानम्।

की इस ग्रन्थ में अनेक बार आवृत्ति हुई है। इस ग्रन्थ के उपशम[1] प्रकरण पर विज्ञानभैरव का सर्वाधिक प्रभाव है। स्पन्द, समता, पौरुष प्रयत्न (ज्ञान या शक्ति), बन्ध-मोक्ष, प्रबुद्ध, संप्रबुद्ध, अप्रतिबुद्ध, कलङ्काङ्क, सत्तासामान्य, उच्छून, चिदग्नि, महासत्ता, चिदर्क, भरितात्मता, शक्तिपात, ब्रह्मसत्ता, जीवन्मुक्ति, पुर्यष्टक प्रभृति शब्दों की व्याख्या पूरी तरह से उक्त शास्त्रों की परिभाषाओं का ही अनुसरण करती है। इस तरह से इस पूरे ग्रन्थ का विनियोग [2]अनुपाय प्रक्रिया (सहज योग) के प्रतिपादन में ही है। तन्त्रशास्त्र में[3] शास्त्र, गुरु और स्वयं अपनी प्रतिभा से ज्ञान की प्राप्ति की बात कही गई है। किन्तु योगवासिष्ठ का कहना है कि [4]शास्त्र या गुरु के वचन से आत्मा का बोध (ज्ञान) नहीं होता, इसका ज्ञान तो स्वयं अपने बोध से ही होता है। इस तरह से सत्तर्क को ही यहाँ सर्वोपरि स्थान दिया गया है।

योगवासिष्ठ के विषय में एक बात और ध्यान देने योग्य है। अभिनन्द पण्डित ने अपने लघुयोगवासिष्ठ में निर्वाण प्रकरण के पूर्वार्ध पर्यन्त ग्रन्थ का ही संक्षेप प्रस्तुत किया है। मूल ग्रन्थ में भी पूर्वार्ध प्रकरण के अन्त में ग्रन्थ समाप्ति के सभी चिह्न उपलब्ध हैं। अतः ऐसा प्रतीत होता है कि इस ग्रन्थ में निर्वाण प्रकरण का उत्तरार्ध बाद में जोड़ा गया है।

विज्ञानभैरव का मुख्य तात्पर्य

हमने बताया है कि विज्ञानभैरव में पूर्ववर्ती सभी तान्त्रिक योगविधियों का संग्रह किया गया है, किन्तु अन्ततः इसका विनियोग अनुपाय प्रक्रिया (सहज समाधि) के प्रतिपादन में है।

---

१. "न बहिर्नान्तरे नाधो नोर्ध्वमर्थे न शून्यके" (५५।१६), "सावस्था भरिताकारा" (६४।४७), "न सवतमिह चेष्टासु न चिन्तासु न वस्तुषु। नाकाशे नाप्यधो नोर्ध्वं न दिक्षु वितता‍सु च ।। न बहिर्विपुलाभोगे न चैवेन्द्रियवृत्तिषु। नाभ्यन्तरे न च प्राणे न मूर्धनि न तालुनि ।। न भ्रूमध्ये न नासान्ते न मुखे न च तारके। नान्धकारे न चाभासे न चास्मिन् हृदयान्तरे ।। न जाग्रति न च स्वप्ने न सुप्ते न च निर्मले। नासिते न च वा पीतरक्तादौ शबले न च ।। न चले न स्थिरे नादौ न मध्ये नेतरत्र च। न दूरे नान्तिके नाग्रे न पदार्थे न चात्मनि ।। न शब्दस्पर्शरूपेषु न मोहमदवृत्तिषु। न गमागमचेष्टासु न कालकलनासु च ।।" (६९।२-७)। इन वचनों में से द्वितीय विज्ञानभैरव के १५ वें श्लोक का तृतीय चरण है। इसकी यहाँ अनेक स्थलों पर आवृत्ति हुई है। अन्य दो उद्धरणों में विज्ञानभैरव में वर्णित अनेक धारणाओं का उल्लेख है।

२. "वर्णधर्माश्रमाचारशास्त्रयन्त्रणयोज्झितः। निर्गच्छति गतज्जालात् पञ्जरादिव केसरी ।।" (नि० पू० १२२।२), "तनुं त्यजतु वा तीर्थे श्वपचस्य गृहेऽथवा" (नि० पू० १२२।११) इत्यादि वचनों में सिद्धों की सहज प्रक्रिया के स्पष्ट दर्शन होते हैं।

३. 'त्रिप्रत्ययमिदं ज्ञानम्', "गुरुतः शास्त्रतः स्वतः" इत्यादि वचन ग्रन्थ की पृ० २ की ३री टिप्पणी में उद्धृत हैं।

४. शास्त्रार्थैर्बुध्यते नात्मा गुरोर्वचनतो न च।
बुध्यते स्वयमेवैष स्वबोधवशतः स्वतः ।। (नि० पू० ४१।१५)

उपक्रम, उपसंहार आदि षड्विध लिंग से ग्रन्थ के तात्पर्य का निर्णय किया जाता है। इस ग्रन्थ के उपक्रम में "एवंविधे परे तत्त्वे कः पूज्यः कश्च तृप्यति" ऐसा कह कर इस सहज समाधि की ओर इंगित किया गया है और बाद की ११२ धारणाओं के प्रतिपादक प्रत्येक श्लोक के चतुर्थ चरण में इसी सर्वात्मक स्थिति को प्रकाशित किया गया है। अन्त में पूजा, जप आदि की आध्यात्मिक व्याख्या प्रस्तुत करते हुए इस ग्रन्थ का उपसंहार सहज समाधि स्थिति की स्थापना में ही किया गया है। इस प्रकार योगवासिष्ठ के समान यह ग्रन्थ भी मुख्यतः अनुपाय प्रक्रिया या सहज योग का प्रतिपादक है। सहज समाधि या अनुपाय प्रक्रिया का संक्षिप्ततम अर्थ यह है कि मन की स्वाभाविक प्रवृत्तियों पर बिना जोर-जबदस्ती के सहज रूप में नियन्त्रण स्थापित कर स्वरूप-साक्षात्कार का प्रयत्न किया जाय। रागात्मिका वृत्ति का परिष्कार इसका उद्देश्य था। यह दुःख की बात है कि इस उत्कृष्ट प्रक्रिया की भी परिणति उच्छृंखलता में हो गयी थी।

योगशास्त्र का भविष्य

तन्त्रशास्त्र और योगशास्त्र की आजकाल पूरे विश्व में बड़ी चर्चा है। किन्तु इससे आने वाले खतरे की ओर हमें अभी से सावधान हो जाना चाहिये। ब्रह्मचारी योगियों और तान्त्रिकों की पहुँच देश के बड़े-बड़े राजनीतिज्ञों तक है। इसको उलट कर भी कह सकते हैं कि ये राजनीतिज्ञ इनको बड़ी श्रद्धा और आदर की दृष्टि से देखते हैं। विदेशों में भारतीय योगशास्त्र का डंका बजाने वाले योगियों की भी कोई कमी नहीं है। यह बात सही है कि तन्त्रशास्त्र ने और उससे अनुप्राणित योगशास्त्र ने वर्ण, लिंग, जाति, संप्रदाय, देश आदि की सीमा को लांघकर मानव मात्र को इसका अधिकारी बताया है, किन्तु ऐसा करते समय उसमें कुछ दोष भी आ गये हैं। प्राचीन भारत में गृहस्थ ऋषि को सर्वाधिक प्रतिष्ठा प्राप्त थी, किन्तु बाद में स्थिति बदल गई। गृहस्थ ऋषि का स्थान भिक्षु, मुनि और संन्यासी ने ले लिया। ऋषि गृहस्थ रहते हुए भी सभी एषणाओं से मुक्त था, किन्तु भिक्षुओं, मुनियों और संन्यासियों के इर्द-गिर्द मठों और मन्दिरों के रूप में सभी एषणाओं का एक रहस्यात्मक ताना-बाना बुने जाने लगा और इसी पृष्ठभूमि में रहस्यात्मक शास्त्रों का भी आविर्भाव हो गया। उपनिषदों को रहस्य शास्त्र कहा जाता था, किन्तु औपनिषदिक रहस्य एक अलौकिक तत्त्व था। तान्त्रिक योगियों ने इस अलौकिक तत्त्व को तो सत्तर्क और स्वात्मप्रत्यभिज्ञा द्वारा रहस्य के आवरण से मुक्त कर स्वात्मस्वरूप अथवा जीवन्मुक्त अवस्था के रूप में प्रतिष्ठित किया, लेकिन उसके स्थान पर उन्होंने लौकिक जीवन को ही रहस्यों में ढक दिया। मनुष्य की रागात्मिका वृत्ति का प्रशमन तान्त्रिक अवधारणाओं का एक लक्ष्य माना जा सकता है, किन्तु विगत सहस्राधिक वर्षों से तन्त्रशास्त्र का रहस्यवाद महज अपनी कुंठाओं को छिपाने का एक बीभत्स प्रयास रहा है। तन्त्रशास्त्र के रहस्यवाद को औपनिषदिक रहस्यवाद से भी ऊँचा दर्जा दिलाने का प्रयास किया जाता रहा है और आज भी यह प्रयास रुका नहीं है।

इस अनोखे रहस्यवाद ने 'ब्रह्मचारी'[1] शब्द का अर्थ ही बदल दिया। मारविजयी बुद्ध और कामदेव को भस्म कर देने वाले योगिराज शिव के द्वारा प्रवर्तित धर्मों में काम के इस अनोखे प्रवेश ने कृष्णभक्ति धारा में ही नहीं, रामभक्ति धारा में भी रसिक संप्रदाय को जन्म दे दिया। मर्यादापुरुषोत्तम राम के लोकमंगलकारी स्वरूप की रक्षा का श्रेय गोस्वामी तुलसीदास को दिया जाना चाहिये। अन्यथा राम का यह चरित्र भी उसी तरह से पीछे ढकेल दिया गया होता, जैसा कि भगवान् श्रीकृष्ण का महाभारत और भगवद्गीता में वर्णित स्वरूप हमारी आँखों से ओझल सा हो गया है। विश्व के उत्कृष्टतम ग्रन्थ महाभारत को घर में रखना अथवा पढ़ना आज महान् अमंगलकारी कार्य मान लिया गया है और गीता का अध्ययन गृहस्थ के लिये निषिद्ध है। इसके स्थान पर भागवत को, भागवत के दशम स्कन्ध को और रासलीला की उत्तरोत्तर प्रतिष्ठा बढ़ गई है और रासलीला के रहस्य को औपनिषदिक रहस्यवाद से भी ऊँचा स्थान दिया गया है। हम कहाँ पहुँच गये हैं।

स्वर्ग देखने के लोभ में नाक कटा लेना कोई बुद्धिमानी नहीं है। आज हमें एक जगह खड़े होकर देखना है कि आगे किस तरफ जाना है। किसी समय तान्त्रिक धर्म ने भारतीय संस्कृति के विस्तार के लिये स्तुत्य प्रयास किया था, किन्तु आज हम उसकी अच्छाइयों को भुला चुके हैं। समाज ऊँच-नीच, छोटे-बड़े, के घेरे में बंटा हुआ है, सन्तों की वाणी का, जिनका कि प्रेरणा स्रोत मुख्यतः[2]तान्त्रिक वाङ्मय ही रहा है, समाज पर केवल मौखिक प्रभाव है, अर्थात् उसका उपयोग केवल एक दूसरे को उपदेश देने तक सीमित है। अपनी दैनिक दिनचर्या में उसको उतारने का प्रयास नहीं किया जाता। इसका भी एक मौलिक कारण है। उपनिषद्, गीता या अन्य आध्यात्मिक ग्रन्थों के उत्कृष्ट उपदेशों का अधिकारी सामान्य मनुष्य को नहीं माना जाता। उनके लिये इन उत्कृष्ट आध्यात्मिक मूल्यों का अनुसरण कर पाना कठिन है, ऐसा मान कर नाना प्रकार के कर्मकाण्डों की सृष्टि कर दी गई है, जैसा कि इस ग्रन्थ के १० वें श्लोक में बताया गया है। ऐहलौकिक जीवन की अपेक्षा पारलौकिक जीवन पर ध्यान अधिक केन्द्रित कर दिया गया है। फलतः सामान्य मनुष्य निकृष्टतम जीवन बिताते हुए भी कुछ कर्मकाण्डों का नियमित आचरण कर धार्मिक बन बैठता है। इस स्थिति को दूर किया जाना चाहिये। विज्ञानभैरव जैसे ग्रन्थ इनमें सहायक हो सकते हैं।

भारतीय दर्शनों में ऐहलौकिक अभ्युदय को हेय दृष्टि से देखा जाता है और पारलौकिक अभ्युदय को उपादेय। फलतः इनमें ऐहलौकिक अभ्युदय संबन्धी विचारों को बहुत

---

१. 'ओष्ठ्यान्त्यत्रितयासेवी ब्रह्मचारी स उच्यते" (तन्त्रा० २९।९८)। ओष्ठ्यान्त्यत्रितयासेवी का तात्पर्य तीन मकारों के सेवन से है।

२. डॉ० राममूर्ति त्रिपाठी ने 'तन्त्र और सन्त' नामक ग्रन्थ में इस विषय पर अच्छा प्रकाश डाला है, किन्तु 'तन्त्र' शब्द का प्रयोग उन्होंने सीमित अर्थ में किया है। वस्तुतः प्राचीन शैव और वैष्णव आगम भी इसी श्रेणी में आते हैं और सन्तों की वाणी पर इन सबका प्रभाव है।

कम स्थान मिला है। भारतीय वाङ्मय की एक शाखा आगमशास्त्र या तन्त्रशास्त्र ने एक ही जन्म में भोग और मोक्ष, अभ्युदय और निःश्रेयस को प्राप्त कराने की बात की है, किन्तु इसमें भी व्यक्तिगत भावना ही प्रधान रही है। कहा जा सकता है कि भारतीय दर्शन और आध्यात्मिकता में वैयक्तिक उन्नति का तो चूड़ान्त उत्कर्ष है, किन्तु साथ ही सामूहिक उन्नति का पक्ष अत्यन्त दुर्बल है। इसी तरह से इसमें ऐहलौकिक दृष्टि की अपेक्षा पारलौकिक दृष्टि का प्राबल्य हो गया है। साधारण भारतीय की यह दृढ़ धारणा है कि संसार अवनति की ओर तेजी से बढ़ रहा है, इसको रोका नहीं जा सकता। कर्मवाद और भाग्यवाद उसको इसी ओर ढकेलते हैं। उसका सारा पुरुषार्थ कलिकाल की अर्गला से अवरुद्ध है।

इसके विपरीत "स्वात्मैव देवता प्रोक्ता ललिता विश्वविग्रहा" सरीखे आगमिक एवं तान्त्रिक दर्शन के प्रतिपादक वाक्यों के सहारे अपने में विश्वाहन्ता[1] का विकास कर अरविन्द जैसे महायोगी इसी धरती पर दिव्य मानवता के अवतार की बात करते हैं और महामनीषी श्रद्धेयचरण श्रीगोपीनाथ कविराज अखण्ड महायोग के माध्यम से इस स्थिति को लाना चाहते है। पुरुषार्थ की महत्ता के प्रतिष्ठापक योगवासिष्ठ सरीखे और विश्वाहन्ता का उपदेश देने वाले विरूपाक्षपंचाशिका, विज्ञानभैरव सरीखे योगशास्त्र के ग्रन्थ उनके इस कार्य में सहायक हैं।

आधुनिक विश्व स्वत्व के संकोच के कारण दुःखी है। यह स्वत्व धर्म, राष्ट्र, राज्य, भाषा, जाति, कुटुम्ब-कबीले आदि के नाना विभ्रमों में पड़ कर बँटा हुआ है। अखण्ड संस्कृति के माध्यम से इन विभ्रमों को तोड़ पाने के उपरान्त ही अखण्ड स्वत्व का बोध हो सकता है। सहिष्णुता और समन्वय भारतीय इतिहास की विशेषता रही है। यह प्रक्रिया अब भी निरन्तर क्रियाशील है। त्याग और तपस्या के उच्च आदर्शों से अनुप्राणित साधु-सन्तों की परम्परा परस्पर के स्थूल भेदों को मिटाने में निरन्तर सचेष्ट रही है। आधुनिक विश्व के वर्तमान धर्मों और विभिन्न वादों के विरोधी दृष्टिकोणों में सहिष्णुतापूर्वक समन्वय स्थापित कर अखण्ड संस्कृति के निर्माण का पथ प्रशस्त किया जा सकता है, जिससे कि विश्व-समष्टि में इस अखण्ड संस्कृति के आविर्भाव से स्वत्व का संकोच दूर हो और "वसुधैव कुटुम्बकम्" की उदात्त भावना का विकास हो। जहाँ प्रत्येक वस्तु के अभेद के प्रतिष्ठित होने पर भी अपने स्वरूप के नष्ट होने का कोई प्रसंग नहीं है, वहाँ विश्व के किसी वाद, धर्म अथवा संस्कृति के स्वत्व के लोप का भय क्यों उपस्थित होगा ?

अद्वैतवादी आगमिकों की मान्यता है कि नट अपने मन से राम-कृष्ण, रावण-कंस प्रभृति की भूमिका में प्रविष्ट होकर नाना प्रकार के सुख-दुःखों की अनुभूति स्वयं तटस्थ भाव से करता हुआ भी जैसे दर्शकों में साधारणीकरण प्रक्रिया के आधार पर सचमुच की सी अनुभूति पैदा करा देता है, उसी तरह से ईश्वर भी तटस्थ भाव से लीला करता है। लीला

---

१. धारणा संख्या ६५ और ७९ के विवरण के प्रसंग में इस शब्द की व्याख्या की गई है। ९८,१०३, १०७-१०८ श्लोक में भी यही विषय प्रतिपादित है।

करते-करते वह बोद्ध और पौरुष अज्ञान से आवृत हो जाता है और इस तरह से उसकी शक्तियाँ और स्वरूप संकुचित हो जाते हैं। संकुचित प्रमाता के रूप में वह अपने स्वरूप को भूल बैठता है। यह स्वरूप की विस्मृति ही इनके यहाँ बन्ध है और स्वरूप की स्मृति ही मोक्ष कहलाती है। इस तरह से इनके मत में बन्ध और मोक्ष की कोई वास्तविक सत्ता नहीं है। इनकी दृष्टि में यह सारा विश्व 'अहम्' का ही विलास है। चित्रकार कागज, कपड़ा या दीवाल पर अपनी कल्पना का चित्र बनाता है। यह शिव ऐसा अनोखा चित्रकार है कि बिना आधार के अपने आप में इस विश्व के उन्मीलन और निमीलन की लीला करता रहता है। अपनी अहन्ता को वह परिमित प्रमाता के रूप में भौतिक शरीर तक सीमित कर देता है और फिर वही पर प्रमाता के रूप में इस पूरे विश्व में विश्वाहन्ता के रूप में इसका विस्तार कर लेता है। इस स्थिति में वह इस पूरे विश्व को अपना कुटुम्ब नहीं, किन्तु स्वयं अपना ही स्वरूप मानता है।

शक्तिसंगम तन्त्र में समताष्टक मार्ग का उल्लेख है। इसका परिचय हमने पृ० ७१ पर दिया है। सन्तों और भक्तों की परम्परा से और योगवासिष्ठ जैसे ग्रन्थों के माध्यम से यह समता दृष्टि भारतीय जनमानस में सामान्य रूप से अपना स्थान बनाये हुए हैं। महात्मा गाँधी में इसी दृष्टि का उन्मेष हुआ था। किन्तु आज इस समता दृष्टि के मूल स्रोत को हमने भुला दिया है। आज का प्रबुद्ध भारतीय इस साम्यवाद की खोज में उस कस्तूरी मृग की भाँति भटक रहा है, जिसको इसका ज्ञान नहीं है कि उस मनोमोहक गन्ध का स्वामी वह स्वयं ही है। आज इस बात की आवश्यकता है कि जैसे तत्कालीन सभी धर्मों की उदात्त भावनाओं में समन्वय स्थापित कर मानव मात्र के कल्याण के लिये तान्त्रिक धर्म की प्रतिष्ठा की गई थी, उसी तरह से विश्व के सभी धर्मों की उदात्त भावनाओं में समरसता, समन्वय स्थापित कर एक विश्व-धर्म और विश्व-संस्कृति की प्रतिष्ठा की जाय।

भारतीय समाजवाद के प्रवर्तक आचार्य नरेन्द्रदेव ने भारतीय संस्कृति और समाजवाद में सुन्दर समन्वय स्थापित किया था। उनका[1] कहना था कि संस्कृति [2]चित्तभूमि की खेती है। व्यक्तियों के चित्त के साथ-साथ लोकचित्त के कार्यक्षेत्र का विस्तार आवश्यक है। लोकचित्त का राष्ट्रचित्त में और विश्वचित्त का विश्वसंस्कृति के रूप में विकास अभिप्रेत है। जीवन और संस्कृति दोनों परिवर्तनशील हैं। कालप्रवाह से जीर्ण और अनुपयोगी पुराने विचारों के परित्याग के साथ क्षणिक नैतिकता के नाम पर सभी पुराने आदर्शों और सिद्धान्तों का बहिष्कार तथा समाज के दीर्घकालीन अनुभव तथा संचित ज्ञान का अनादर अनुचित होगा। हमारा कर्तव्य है कि हम अपनी संस्कृति का सतर्क और वैज्ञानिक अध्ययन

---

१. प्रोफेसर श्रीमुकुटबिहारीलाल के ग्रन्थ "आचार्य नरेन्द्रदेव : युग और नेतृत्व" से साभार संकलित।

२. "योगश्चित्तवृत्तिनिरोधः" (१।२) इस योगसूत्र के अनुसार योगशास्त्र भी एक प्रकार से चित्तभूमि की खेती ही है।

प्रस्तुत करें, उसके जीवनपूर्ण तत्त्वों की रक्षा करें और आधुनिक विचारों से उनका सामंजस्य स्थापित कर नव संस्कृति का निर्माण करें। आदान-प्रदान से ही संस्कृतियाँ संपुष्ट और ऐश्वर्यमय हो सकती हैं।

भारतीय संस्कृति का सबसे बड़ा तत्त्व विभिन्न जीवन प्रणालियों में एकता और जीवन के हर क्षेत्र में समन्वय स्थापित करना है। इसकी दूसरी विशेषता नैतिक व्यवस्था की स्थापना तथा आचरण की शुद्धता है। अपना ध्यान रखते हुए दूसरे का भी ध्यान रखना इसका मूल मन्त्र है—"आत्मनः प्रतिकूलानि परेषां न समाचरेत्"। इसका तीसरा महत्त्वपूर्ण तत्त्व विश्वभावना है। "आत्मौपम्येन सर्वत्र समं पश्यति", "वसुधैव कुटुम्बकम्" इसकी शिक्षा है। भारतीय संस्कृति के दो पहलू रहे हैं। एक व्यक्तिवादी तो दूसरा समष्टिवादी, अर्थात् विश्वजनीन। इन्हीं को हम व्यक्तिगत मानस और लोकमानस कह सकते हैं।

व्यष्टि और समष्टि में सामंजस्य युग की माँग है। मानव की उन्नति के लिये व्यक्ति-स्वातन्त्र्य और समष्टि-भावना दोनों आवश्यक हैं। भारतीय विद्वानों द्वारा प्रतिपादित समत्व, कर्मयोग, विश्वभावना, लोकहित तथा शील के विचारों का अर्वाचीन विद्वानों द्वारा प्रतिपादित राष्ट्रीयता, अन्तरराष्ट्रीयता, लोकतन्त्र, समाजवाद और इतिहास की वैज्ञानिक व्यवस्था से समयोग अपेक्षित है। इसके लिये अपने शास्त्रों के साथ अर्वाचीन विद्वानों के लोकतन्त्र, देशबन्धुत्व, विश्वसहयोग तथा समताराज्य सम्बन्धी विचारों का भी विवेचनात्मक अध्ययन होना चाहिये। अपनी संस्कृति के कालविपरीत तत्त्वों का परित्याग कर उसके युगानुरूप कल्याणकारी तत्त्वों का संरक्षण और परिवर्धन करना और साथ ही अर्वाचीन विचारकों के हानिकारक सिद्धान्तों और परिपाटियों की यथोचित समीक्षा करते हुए उनके लाभप्रद प्रगतिशील विचारों का परिग्रहण करना युग की माँग है।

जात्या च सदृशाः सर्वे कुलेन सदृशास्तथा।
न चोद्योगेन बुद्धयाऽथ रूपद्रव्येण वा पुनः॥

महाभारत शान्तिपर्व में गणराज्य के प्रकरण में कही गई ये दोनों बातें अर्वाचीन विद्वानों को स्वीकार हैं। वे प्रत्येक जाति, कुल और व्यक्ति की समानता को स्वीकार करते हुए उद्योग और बुद्धि की क्षमता की विभिन्नता को स्वीकार करते हैं और चाहते हैं कि क्षमता कर्तव्यपरायणता और सद्व्यवहार ही जनविश्वास तथा पदों पर नियुक्तियों का आधार हो। हमारे पूर्वजों ने कहा है कि ज्ञान के समान पवित्र कुछ भी नहीं है (नहि ज्ञानेन सदृशं पवित्रमिह विद्यते।) और उसे सब किसी से ग्रहण किया जा सकता है।

हमारे पूर्वजों ने हमारे सामने "वसुधैव कुटुम्बकम्" का आदर्श प्रस्तुत किया है। इस आदर्श को जीवन में आत्मसात् करना हमारा कर्तव्य है। यदि हम विभिन्न सम्प्रदायों, प्रजातियों तथा जातियों में विभाजित मानव समाज में भ्रातृत्व का अनुभव कर सकते हैं, तो कोई कारण नहीं कि हम सम्पूर्ण हिन्दू समाज तथा भारतीय समाज में बन्धुत्व और आत्मीयता का अनुभव न करें। महात्मा गांधी ने ठीक ही कहा है कि देशबन्धुत्व को आत्मसात् किये बिना विश्वबन्धुत्व की उपलब्धि असम्भव है। देशबन्धुत्व और समता पर आश्रित

राष्ट्रीयता ही भारतीय गणतन्त्र को संघबद्ध तथा सबल कर सकती है, विभिन्न जातियों, उपजातियों और सम्प्रदायों से सम्बद्ध सज्जनों में सौजन्य की वृद्धि कर सकती है तथा विश्वबन्धुत्व का मार्ग प्रशस्त कर सकती है।

समता पर आधृत संस्कृति ही श्रेष्ठ मानी जा सकती है। तभी विश्वबन्धुत्व, मानवता और विश्वकल्याण की भावना को बढ़ावा मिल सकता है। निराग्रही समीक्षा तथा सर्जनात्मक समन्वय द्वारा ही यह सम्भव है। विचार-वैचित्र्य से घबराने की कोई बात नहीं है। विचार-स्वातन्त्र्य चिर काल से भारतीय संस्कृति का सद्गुण रहा है। भारतीय संस्कृति के विकास में विचार-स्वातन्त्र्य और विचार-विमर्श का महत्त्वपूर्ण योगदान रहा है और इनके द्वारा ही इस समय भी जड़ता और संकीर्णता का परित्याग तथा सर्जनात्मक चिन्तन हमारे लिये सम्भव हो सकते हैं।

राष्ट्रीयता, अन्तरराष्ट्रीयता, लोकतन्त्र और समाजवाद इस युग की मुख्य मान्यताएँ हैं। इन्हें अपनाना, भारतीय संस्कृति में इनका समावेश करना नितान्त आवश्यक है। इस तरह समाजवाद भारतीय संस्कृति के दीर्घकालीन, सर्वजनीन, सजीव मूल्यों तथा तथ्यों का पाश्चात्य संस्कृति के सजीव, प्रगतिशील तत्त्वों तथा वैज्ञानिक उपलब्धियों से समन्वय करता है। आचार्य नरेन्द्रदेव के शब्दों में समाजवाद पर आस्था रखने वाले विचारक एक ऐसी नई संस्कृति का निर्माण करना चाहते हैं, जिसका मूल प्राचीन सभ्यता में होगा, जिसका रूप-रंग देशी होगा, जिसमें पुरातन सभ्यता के उत्कृष्ट अङ्ग सुरक्षित रहेंगे और साथ-साथ उसमें ऐसे नवीन अंशों का भी समावेश होगा, जो आज जगत् में प्रगतिशील हैं और संसार के सामने एक नवीन आदर्श उपस्थित करना चाहते हैं। तभी उस विश्व-संस्कृति का निर्माण हो सकेगा, जिसमें कि सभी मनुष्य आर्थिक, सामाजिक और राजनीतिक दासता से मुक्त हों, सभी को मौलिक मानवाधिकार प्राप्त हों तथा सबको स्वतन्त्रता और सम्मान के साथ अपने आर्थिक अभ्युदय और सांस्कृतिक उन्नति की सुविधा प्राप्त हो, जिसमें प्रत्येक राष्ट्र को बराबर की जनतान्त्रिक आजादी हासिल हो, सब अन्तरराष्ट्रीय झगड़े शान्तिमय ढंग से निपटाये जा सकें और सब राष्ट्र पारस्परिक सहयोग के जरिये मानव-कल्याण में वृद्धि करें।

यह खेद की बात है कि भारतीय समाजवादी आन्दोलन आचार्य नरेन्द्रदेव सरीखे मानवतावादी मनीषी के उक्त विचारों का अनुवर्तन न कर सका। उनके कुछ अन्तरंग साथियों ने ही उनका अन्तिम जीवन दूभर बना दिया था। उनके कुछ दूसरे साथियों ने राजनीति से संन्यास ले लिया। किन्तु आचार्यजी अपने जीवन के अन्तिम क्षण तक इन सब विपरीत परिस्थितियों से जूझते रहे और अपने सिद्धान्तों के मूल्य पर कभी भी किसी के सामने आत्मसमर्पण नहीं किया। आज उनके कुछ अनुयायी तान्त्रिकों और बाबाओं की देहली ढोकने लगे हैं और कुछ धम्म की शरण में चले गये हैं। महात्मा गांधी और आचार्य नरेन्द्रदेव के द्वारा स्थापित मूल्यों का अनुवर्तन न कर पाने के कारण ही भारतीय गणतन्त्र ने दलतन्त्र का रूप ले लिया है। आज भारतीय राजनीतिज्ञों की देश की अपेक्षा अपने दल के

प्रति अधिक गहरी भक्ति है। दूसरी तरफ तान्त्रिक धर्म की रहस्यवादी मान्यताओं के कारण धर्म और मोक्ष के क्षेत्र में भी जब छद्म वेश में अर्थ और काम ने प्रवेश पा लिया, तो सामान्य नागरिक के सामने नैतिकता का प्रश्न ही कहाँ रह जाता है। आभिजात्यवाद से वह दबा हुआ है। 'समरथ को नहि दोष गुसाई' की घुट्टी उसे पिलाई गई है। वह उत्पीडक को दोष न देकर अपने ही पूर्व जन्म के कृत्यों को कोसता है। भगवद्गीता में वर्णित आसुरी सम्पत्ति का सर्वत्र साम्राज्य फैला हुआ है। विश्वविद्यालय जैसी पवित्र संस्थाएँ भी इनसे अछूती नहीं हैं। देश में असंख्य छोटे-मोटे तानाशाह हैं। उनके आतंक से आसपास का वातावरण भय और आशंका से भरा रहता है। हमने 'शोचनीया भारतीया नैतिकता' शीर्षक संस्कृत निबन्ध में भारतीय जनमानस की इस कमजोरी पर प्रकाश डाला था कि उसकी अन्याय के प्रतीकार की शक्ति अत्यन्त प्रसुप्त है। इसी का यह परिणाम है कि दुर्योधन के औद्धत्य जैसी सभापर्व की घटनाओं को हम अनुशासन पर्व मान बैठते हैं।

योगशास्त्र का स्वरूप बतलाते हुए हमने उसको धर्म-निरपेक्ष शास्त्र बताया है। आज से १५ वर्ष पहले महावीर जयन्ती के अवसर पर आचार्य नरेन्द्रदेव नें अपने भाषण में इस बात का उल्लेख किया था और सम्पूर्ण भारतीय योगशास्त्र का एक तुलनात्मक अनुशीलन प्रस्तुत करने के लिए विद्वानों का आह्वान किया था। यह कार्य अब भी जहाँ का तहाँ पड़ा हुआ है। प्रत्येक भारतीय दर्शन की अपनी योगविधि है और अपने चरम लक्ष्य तक पहुँचने के लिए उसका आचरण आवश्यक माना गया है। इन योगविधियों की पृथक् सत्ता रहने हुए भी इनमें अद्भुत साम्य है। बौद्ध तन्त्र की योगविधि को ही लें। वज्रयान, कालचक्रयान और सहजयान के नाम से इसके तीन भेद किये गये हैं। सहजयान को बौद्ध सिद्धों की अनोखी देन माना जाता है। वस्तुतः योगवासिष्ठ, विज्ञानभैरव सरीखे ग्रन्थों को देखने से यह सारा कल्पनाओं का महल ढह जाता है। वैष्णव, शैव, शाक्त प्रायः सभी तान्त्रिक धाराओं में वज्रयान, कालचक्रयान, और सहजयान के सिद्धान्तों का विस्तार से प्रतिपादन मिलता है। यह बताया जा चुका है कि [1]जैन योगशास्त्र में प्रतिपादित पिण्ड, पद, रूप और रूपातीत ध्यानविधि कौलदर्शन में भी स्वीकृत है और मालिनीविजय, तन्त्रालोक जैसे ग्रन्थों में इनका विस्तार से वर्णन मिलता है।

इन पंक्तियों के लेखक का यह स्पष्ट विचार है कि भारतीय तत्त्वज्ञान के क्रमिक विकास को ब्राह्मण, बौद्ध, जैन, हिन्दू आदि के कल्पित काल विभागों में बाँटकर किया गया अध्ययन वस्तुतः अधूरा है। सम्पूर्ण भारतीय चिन्तन के दैशिक और कालिक क्रमिक विकास का तुलनात्मक एवं घात-प्रतिघातात्मक अध्ययन प्रस्तुत किया जाना चाहिये और ऐसा करते समय ब्राह्मण, बौद्ध, जैन जैसे कल्पित विभाग सत्य की खोज में बाधक नहीं होने चाहिये। इस प्रकार का अध्ययन प्रस्तुत न हो पाने से ही भारतीय चिन्तन में अनेक प्रकार की विसंगतियाँ प्रविष्ट हो गई हैं।

---

१. द्रष्टव्य—आचार्य शुभचन्द्र कृत ज्ञानार्णव, ३४-३७ प्रकरण।

अन्त में सत्य की विजय होती है, यह एक सही भारतीय अवधारणा है। कुछ लोगों का कहना है कि सत्य की नहीं, शक्ति की विजय होती है। वस्तुतः आध्यात्मिक दृष्टि से देखा जाय तो सत्य और शक्ति में कोई विरोधाभास नहीं है। लोक-व्यवहार में देखा जाता है कि पाशविक शक्तियाँ सदा सत्य का गला घोटे रहती हैं। किन्तु पीड़ित व्यक्ति घबरा कर उस पाशविक शक्ति के सामने घुटने नहीं टेकता, तो उसके भीतर धीरे-धीरे दिव्य शक्ति का आलोक फैलने लगता है। यह शक्ति कहीं से आती नहीं, यह उसका अपना ही स्वरूप है। तन्त्रशास्त्र का उद्घोष है कि अपनी आत्मा ही अपना इष्टदेव है। इस पवित्र आध्यात्मिक शक्ति की ही आराधना का तन्त्रशास्त्र उपदेश करते हैं और विज्ञानभैरव सरीखे योगशास्त्र के ग्रन्थों में सहज योगविधि से अपने इस स्वरूप का साक्षात्कार करने का विधान है। इसी दिव्य शक्ति को जगाने का योगी अरविन्द और श्रद्धेय पं० गोपीनाथ कविराज उपदेश करते हैं। इस दिव्य शक्ति का आविर्भाव होने पर ही जगत् की पाशविक शक्तियाँ दब सकती हैं।

गांधीवादी दर्शन अथवा समाजवादी दर्शन में किसी योगविधि को नहीं अपनाया गया है। इसीलिये आज यह दिग्भ्रान्त है। यम (अहिंसा, सत्य अस्तेय, ब्रह्मचर्य और अपरिग्रह) और नियम (शौच, सन्तोष, तप, स्वाध्याय और ईश्वरप्रणिधान) योगविधि के अत्यावश्यक अंग हैं। नये-नये भूदान जैसे कर्मकाण्डों की सृष्टि करने से यह कार्य पूरा नहीं होगा। आज मानव जाति, विशेष कर भारतीय जनता तन और मन से बीमार है। योगशास्त्र से ये बीमारियाँ दूर हो सकती हैं। यह तब होगा, जब कि योगशास्त्र के सही स्वरूप का चुनाव किया जाय। तभी व्यक्तिगत उन्नति के साथ सामूहिक उन्नति की भावना की, पारलौकिक उपलब्धि के साथ ऐहलौकिक नैतिकता की, सीमित रूप में ही सही ह्रासवाद के स्थान पर विकासवाद और भाग्यवाद के स्थान पर पुरुषकारवाद की भारतीय जनमानस में प्रतिष्ठा हो सकती है। हमारे मत से योगवासिष्ठ और विज्ञानभैरव सरीखे ग्रन्थ इस कमी को पूरी ईमानदारी से पूरा कर सकते हैं।

कृतज्ञता-ज्ञापन

इस ग्रन्थ को पाठकों के सामने उपस्थित करते हुए सभी पूर्वाचार्यों और श्रद्धेयचरण गुरुदेव स्वर्गीय पं० गोपीनाथ कविराज एवं सम्पूर्णानन्द संस्कृत विश्वविद्यालय के वेदान्त विभाग के भूतपूर्व अध्यक्ष पं० श्रीरघुनाथ शर्मा के प्रति नतमस्तक हूँ।

इस ग्रन्थ के अनुवाद कार्य का आरम्भ तब हुआ था, जब कि यह लेखक जातीय और क्षेत्रीय संकीर्णता की तीखी डाढों में फंसा हुआ था। इस दुष्काल के प्रमुख सहायक परमादरणीय अनन्तश्रीविभूषित पुरी के जगद्गुरु शंकराचार्य एवं स्वामी करपात्रीजी महाराज के प्रति आभार प्रदर्शित करता हूँ। सम्पूर्णानन्द संस्कृत विश्वविद्यालय के पालि विभाग के अध्यक्ष सुहृद्वर पं० श्री जगन्नाथ उपाध्याय कष्ट और अभाव के दिनों के सदा साथी रहे हैं। इन सब महानुभावों की सहायता के बिना इस दुःस्थिति से निकल पाना कठिन था। उत्तर

प्रदेश के भूतपूर्व राज्यपाल महामहिम मर्रि डॉ० चेन्ना रेड्डी महोदय की असीम अनुकम्पा से इस दुःस्थिति का अन्त हो सका। अतः यह ग्रंथ उन्हीं को समर्पित किया जा रहा है। इस प्रसंग में मैं अपने परिवार को और सहधर्मिणी सौ० सुशीला द्विवेदी को भी नहीं भुला सकता, जिन्होंने कि रुग्ण रहते हुए भी बड़े धैर्य और शालीनता के साथ इस दुःस्थिति का सामना किया। इनके कारण ही मैं परिवार के दैनन्दिन उत्तरदायित्व से मुक्ति पाकर भगवती सरस्वती की आराधना के लिये पर्याप्त समय निकाल पाता हूं।

अनेक भारतीय लिपियों के विशेषज्ञ और सरस्वतीभवन पुस्तकालय के वरिष्ठ सदस्य पं० श्रीजनार्दन शास्त्री पाण्डेय एवं मोतीलाल बनारसीदास प्रकाशन संस्था की वाराणसी शाखा के व्यवस्थापक श्रीनरेन्द्रकुमार जैन के परामर्श से इस ग्रन्थ के अनुवाद कार्य का श्रीगणेश किया गया था और भारतीय दर्शन एवं संगीत के प्रसिद्ध विद्वान् ठाकुर श्रीजयदेवसिंहजी ने इस अनुवाद को सराहा और साथ में अनुवाद को टिप्पणियों से सुसज्जित करने का बहुमूल्य परामर्श दिया था। हिन्दी के माने हुए विद्वान् श्रीकृष्णशंकर शुक्ल ने ग्रन्थ के पूरे हिन्दी अनुवाद को धैर्यपूर्वक सुनकर उसमें यथोचित संशोधन प्रस्तुत किये थे और सम्पूर्णानन्द संस्कृत विश्वविद्यालय के आगमशास्त्र के प्रसिद्ध विद्वान् श्रीरघुनाथ मिश्र ने सम्पूर्ण उपोद्घात को मनोयोगपूर्बक पढ़कर आवश्यक परिवर्तन एवं संशोधन सुझाये हैं। सम्पूर्णानन्द संस्कृत विश्वविद्यालय के बौद्ध दर्शन विभाग के प्राध्यापक नवाचार्य श्रीलक्ष्मण त्रिवेदी, सरस्वतीभवन पुस्तकालय के मुद्रित विभाग के वरिष्ठ सदस्य श्रीजानकीप्रसाद शर्मा और पं० श्रीहरिवंश त्रिपाठी ने भी इस कार्य में यथोचित सहयोग किया है। गोयनका विश्वनाथ पुस्तकालय के अध्यक्ष श्रीदेवमणि याज्ञिक ने संबद्ध पुस्तकों के अभाव की प्रतीति कभी नहीं होने दी। इन सब महानुभावों के प्रति मैं अपनी कृतज्ञता प्रकट करता हूँ।

मोतीलाल बनारसीदास प्रकाशन संस्था के अध्यक्ष श्रीसुन्दरलाल जैन के सहयोग से ही यह पुस्तक पाठकों तक पहुंच रही है। इसके त्वरित मुद्रण में काशी के महावीर प्रेस के व्यवस्थापक श्रीबाबूलाल जैन 'फागुल्ल' ने सराहनीय सहयोग किया है। इनके प्रति भी यह लेखक कृतज्ञता-ज्ञापन करता है। श्लोकार्ध-सूची और शब्द-सूची तैयार करने में सहायता करनेवाली अपनी पुत्री कु० करुणा द्विवेदी के उज्ज्वल भविष्य की कामना करता हूं।

हमने यहाँ कुछ विषयों पर अपने विचार प्रकट करने की धृष्टता की है। उनकी साधुता-असाधुता का निर्णय तो मनीषीगण ही कर सकते हैं। स्खलन और त्रुटियाँ मनुष्य के स्वभाव के साथ लगी हुई हैं। भट्ट कुमारिल के शब्दों में 'समादधति सज्जनाः' कह कर हम इस उपोद्घात को पूरा करते हैं।

गीता जयन्ती, सं० २०३४
दि० २१-१२-७७

विद्वद्वशंवद—
व्रजवल्लभ द्विवेदी

द्वितीय संस्करण

इस ग्रन्थ का पहला संस्करण सन् १९७७ के बीतते-बीतते प्रकाशित हुआ था। यह प्रसन्नता की बात है कि अब १९८३ के बीतते-बीतते इसका दूसरा संस्करण प्रकाशित हो रहा है। किसी परीक्षा का पाठ्यग्रन्थ न रहते हुए भी अथवा उपन्यास एवं कथा साहित्य जैसी मनोरंजक सामग्री के न रहने पर भी ६ वर्ष की स्वल्प अवधि में इसका यह दूसरा संस्करण प्रकाशक की ओर से प्रस्तुत किया जा रहा है, अपने आप में यह एक घटना है। इससे पाठकों की योग और अध्यात्म सम्बन्धी रुझान का पता चलता है। आशा है कि इस द्वितीय संस्करण का भी पाठक उसी उत्साह से स्वागत करेंगे।

इस ग्रन्थ को एक तरफ मध्यप्रदेश के एक बाबा का श्राप मिला है और दूसरी तरफ गणेशपुरी के सन्त स्वामी मुक्तानन्द जी महाराज का प्रसाद। दुःख के साथ लिखना पड़ रहा है कि अब वे स्थूल रूप में हमारे सामने नहीं रहे। निग्रह और अनुग्रह दोनों भगवान् भैरव के ही व्यापार हैं। गणेशपुरी आश्रम के एक वाक्य की ओर मैं पाठकों का ध्यान आकृष्ट करना चाहता हूँ। वह वाक्य है—परस्परदेवो भव। प्रस्तुत ग्रन्थ में प्रतिपादित विश्वाहन्ता दृष्टि के विकास की कुञ्जी इस वाक्य में छिपी-सी प्रतीत होती है। इस विषय पर गहन मनन करने की आवश्यकता है।

इस ग्रन्थ के एक समालोचक का कहना है कि गांधीवादी दर्शन दिग्भ्रान्त नहीं है, देशवासी दिग्भ्रान्त हैं और उसके अनेक कारण हैं। कौन दिग्भ्रान्त है, इसका निर्णय पाठकों पर ही छोड़ा जा रहा है।

इस संस्करण में टिप्पणी आदि में यत्र-तत्र किये गये सामान्य संशोधनों के अतिरिक्त कोई विशेष परिवर्तन-परिवर्धन नहीं किये गये हैं और न उस प्रकार के सुझाव ही हमारे पास आये हैं। प्रबुद्ध पाठकों के द्वारा भेजे गये सुझावों का हम सदा स्वागत करेंगे और आवश्यकता के अनुसार तदनुरूप सामग्री का अगले संस्करणों में साभार समावेश करने का प्रयत्न करेंगे।

पौष कृष्ण ६, वि० २०४०
बड़ा दिन (२५-१२-८३)

विद्वद्वशंवद—
व्रजवल्लभ द्विवेदी

विज्ञानभैरवः

श्रीभैरवी[1] उवाच

श्रुतं देव मया सर्वं [2]रुद्रयामलसंभवम् ।
त्रिकभेदमशेषेण सारात्सारविभागशः ।।१।।
अद्यापि न निवृत्तो मे संशयः परमेश्वर ।

अन्वयार्थ

हे देव, मया रुद्रतच्छक्तिसामरस्यात्मनो यामलात् संभूतं सर्वं त्रिकभेदम् अशेषेण सामस्त्येन सारात्सारविभागशः श्रुतम्। वेदादिशास्त्रेषु त्रिकशास्त्रं सारम्, तत्रापि सिद्धा-मालिनी-[1]उत्तरशास्त्राणि क्रमश उत्कृष्टानि सारात्सारपदाभिधेयानि विभागशो मया श्रुतानि। तथापि हे परमेश्वर ! नाद्यापि मे संशयः शान्तः। 'यामलादिषु भाषितम्' इति पाठे यामलादिषु शिवशक्तिसंघट्टनात्महेतुषु ब्रह्मविष्णुरुद्रभैरवादियामलेषु तदाख्येषु आगमेषु यत्किञ्चिदुक्तमित्यर्थः ।।१।।

रहस्यार्थ

अनुबन्ध-चतुष्टय

शास्त्रीय ग्रन्थों के टीकाकारों की यह परम्परा रही है कि प्रारंभ में व्याख्येय ग्रन्थ के अनुबन्ध-चतुष्टय का स्पष्ट लेखा-जोखा रखा जाय। विषय, प्रयोजन, संबन्ध और अधिकारी ये अनुबन्ध-चतुष्टय कहलाते हैं। ग्रन्थ का प्रतिपाद्य विषय क्या है ? इसके अध्ययन से किस

---

१. देवी—क० । २. यामलादिषु भाषितम्—ख० ।

1. तन्त्रालोक के टीकाकार जयरथ ने (१।१८; पृ० ४९) त्रिकशास्त्र को सिद्धा, नामक और मालिनी नाम के तीन खण्डों में विभक्त किया है। इनमें क्रिया-प्रधान तन्त्र को सिद्धा और ज्ञान-प्रधान तन्त्र को नामक बताया गया है। मालिनीमत में क्रिया और ज्ञान दोनों प्रतिपादित हैं। अभिनवगुप्त ने स्वयं "तत्सारं त्रिकशास्त्रं हि तत्सारं मालिनीमतम्" (१।१८) ऐसा कह कर इनमें मालिनीमत को प्रधानता दी है। क्षेमराज अपने विज्ञानोद्योत (पृ० ४) में सिद्धा, मालिनी और उत्तर यह नाम देकर इनका उत्तरोत्तर उत्कर्ष बताते हैं। नामक नाम का कोई तन्त्र हमारी दृष्टि में नहीं आया। क्षेमराज के 'उत्तर' नाम को देख कर ऐसी कल्पना करने की इच्छा होती है कि जयरथ के ग्रन्थ में 'नामक' न होकर 'वामक' पाठ होना चाहिये। वाम तन्त्र शिव के उत्तर मुख से उद्भूत माने जाते हैं। क्या 'वामक' नाम से वामकेश्वर तन्त्र का ग्रहण किया जाय ?

प्रयोजन की सिद्धि होगी ? इस शास्त्र के अध्ययन का अधिकारी कौन है ? ये बातें परस्पर एक दूसरे से कैसे जुड़ी हुई हैं ? इनका संक्षिप्त विवरण दे दिया जाय तो पाठक को अपनी रुचि के शास्त्र का अध्ययन करने में सुविधा अवश्य होती है। इस तरह से अनुबन्ध-चतुष्टय का विश्लेषण करते हुए प्राचीन टीकाकार संक्षेप में प्रायः उन सभी बातों की चर्चा कर देते हैं, जिनकी कि विस्तार से चर्चा आधुनिक ग्रन्थ-संपादन पद्धति में प्रारंभ में भूमिका लिख कर की जाती है। प्रस्तुत संस्करण में भी प्रारंभ में उपोद्घात लिख कर इन बातों की विस्तार से चर्चा की जायेगी, किन्तु प्राचीन टीकाकारों की पद्धति के अनुसार यहाँ उन बातों को संक्षेप में बता देना भी आवश्यक प्रतीत होता है।

अन्य शास्त्रों की अपेक्षा आगमशास्त्र[1] या तन्त्रशास्त्र की यह विशेषता रही है कि यहाँ सृष्टि, स्थिति और संहार के अतिरिक्त तिरोधान और अनुग्रह भी भगवान् के कृत्य (कार्य) मान जाते हैं। इस तरह से प्रत्येक आगमिक या तान्त्रिक संप्रदाय अपने उपास्य परम तत्त्व को पंचकृत्यकारी मानता है। ईश्वर की तिरोधान शक्ति के कारण जीव अपने वास्तविक स्वरूप को भूल बैठता है और वह सृष्टि, स्थिति, संहार के अर्थात् आवागमन के एक अटूट से चक्कर में पड़ जाता है। इस चक्कर से जीव ईश्वर का अनुग्रह होने पर ही निकल सकता है। ईश्वर के इस अनुग्रह को तन्त्रशास्त्र में 'शक्तिपात' के नाम से कहा गया है। ईश्वर का अनुग्रह, [2]शक्तिपात, अर्थात् कृपादृष्टि जिस जीव पर होती है, शास्त्रों के अध्ययन में उसकी रुचि जाग उठती है और अनायास ही उस पर गुरु की कृपा हो जाती है। [3]गुरु की कृपा से, शास्त्रों के अध्ययन से और अन्ततः निजी प्रयत्नों से जीव जब अपने

---

1. आगमशास्त्र और तन्त्रशास्त्र एक ही मूल उद्गम की दो धाराएँ हैं। इसके लिए लेखक का 'आगम आणि तन्त्रशास्त्र' शीर्षक निबन्ध देखना चाहिये।
2. साधक या शिष्य पर ईश्वर या गुरु की कृपा को शक्तिपात कहा जाता है। शैव, शाक्त और वैष्णव आगमों का यह एक पारिभाषिक शब्द है। पंचकृत्यकारी (सृष्टि, स्थिति,संहार, तिरोधान और अनुग्रह) प्रभु की अनुग्रह शक्ति का यह व्यापार है। ईश्वर या गुरु अपनी शक्ति का संचार साधक या शिष्य के हृदय में कर देता है, जिससे कि उसकी बुद्धि निर्मल होकर विवेकोन्मुख हो उठती है, स्वात्मस्वरूप की खोज में लग जाती है। अभिनवगुप्त ने शक्तिपात के लक्षण, भेद आदि के संबन्ध में मत-मतान्तरों की आलोचना करते हुए अपने विशाल ग्रन्थ तन्त्रालोक के तेरहवें आह्निक (भा० ८, पृ० १-२१४) में विस्तार से विचार किया है। लु० सं० उपोद्घात (पृ० १५५-१५७) भी देखिये।
3. "गुरुतः शास्त्रतः स्वतः" किरणागम के इस वचन को अभिनवगुप्त ने तन्त्रालोक (४।७८) में उद्धृत किया है। वहीं (४।७९) निशाटन नाम का एक अन्य ग्रन्थ भी उद्धृत है, जिसमें कि क्रमभेद से यही बात कही गई है—"त्रिप्रत्ययमिदं ज्ञानमात्मा शास्त्रं गुरोर्मुखम्"। महार्थमंजरीपरिमल (पृ०६) में भी यह प्रसंग आया है।

वास्तविक स्वरूप को जान लेता है, तो वह आवागमन से छुटकारा पा जाता है और उसके लिये ईश्वर की पंचकृत्यकारिता समाप्त हो जाती है।

आगम[1] या तन्त्रशास्त्र की अनेक शाखा-उपशाखाएँ हैं। प्रस्तुत ग्रन्थ 'विज्ञानभैरव' कश्मीर के प्रत्यभिज्ञा या त्रिक संप्रदाय से संबद्ध माना जाता है। तन्त्रालोक में अभिनवगुप्त ने तन्त्रशास्त्र को चार कोटियों में विभक्त किया है—[2]अनुपाय, शाम्भवोपाय, शाक्तोपाय और आणवोपाय। प्रत्यभिज्ञा या त्रिक दर्शन को उन्होंने अनुपाय कोटि में रखा है। सिद्ध-साहित्य में प्रचलित 'सहज' शब्द को हम अनुपाय शब्द का पर्याय मान सकते हैं। अनुपाय पद्धति से जिस परम तत्त्व का ज्ञान प्राप्त होता है, किसी यौगिक पद्धति का सहारा लिये बिना वहाँ तक पहुँचा नहीं जा सकता। अनुपाय शब्द का जयरथ[3] ने 'अल्प उपाय' अर्थ किया है, क्योंकि पर्युदास स्थल में नञ् [4]अल्पार्थक माना जाता है जैसा कि 'अनुदरा कन्या' इस प्रयोग में 'अनुदरा' शब्द का अर्थ 'पतली कमर वाली' होता है। जिस यौगिक प्रक्रिया के सहारे इस अनुपाय पद्धति से परम तत्त्व तक पहुँचा जा सकता है, विज्ञानभैरव में उसी का विस्तार से बड़ी गंभीरता से विवेचन किया गया है। इस तरह प्रस्तुत ग्रन्थ का प्रतिपाद्य विषय अनुपाय (सहज) योग है। अनुपाय दर्शन के द्वारा प्रतिपादित परम तत्त्व (विज्ञानभैरव) तक साधक को पहुँचा देना इसका प्रयोजन है। गुरु की कृपा, शास्त्र के अध्ययन और स्वयं अपनी प्रतिभा के सहारे परम तत्त्व के अन्वेषण में लगा हुआ व्यक्ति इस शास्त्र के अध्ययन का अधिकारी होगा और ये परस्पर प्रतिपाद्य-प्रतिपादक एवं प्रतिपत्ता के रूप में एक दूसरे से जुड़े हुए रहेंगे।

प्रश्नोत्तरतत्त्वनिर्णय

तन्त्रशास्त्र के प्रायः सभी ग्रन्थ प्रश्न-प्रतिवचन (उवाच) शैली में लिखे गये हैं। शैव और शाक्त तन्त्र शिव-पार्वती अथवा भैरव-भैरवी के संवाद अर्थात् प्रश्नोत्तर पद्धति में मिलते हैं। अद्वैतवादी शैव और शाक्त तन्त्रों मे शिव और शक्ति का पृथक् अस्तित्व नहीं

1. आगम और तन्त्रशास्त्र के स्वरूप, शाखा-उपशाखा आदि के विषय में लेखक ने पूना की वेदशास्त्रोत्तेजक सभा के शताब्दी ग्रन्थ 'प्राचीन भारतीय विद्येचे पुनर्दर्शन' में प्रकाशित 'आगम आणि तन्त्रशास्त्र' शीर्षक निबन्ध में विस्तार से प्रकाश डाला है। लुप्तागमसंग्रह के उपोद्घात का पूर्वार्ध भी देखिये।
2. इन चारों उपायों के संबन्ध में उपोद्घात में विस्तार से विचार किया गया है।
3. "पर्युदासस्य 'अनुदरा कन्या' इतिवदल्पार्थत्वेऽपि भावात्। (तथा च) अनुपायत्वम् (इत्यस्य) अल्पोपायत्वमित्यर्थः" (तन्त्रा० वि० २।२; पृ० ३)।
4. "नञभावे निषेधे च स्वरूपार्थेऽप्यतिक्रमे। ईषदर्थे च सादृश्ये तद्विकारतदन्ययोः ॥" मेदिनीकोश के इस श्लोक में आठ अर्थों में नञ् का प्रयोग बताया गया है। प्रस्तुत स्थल में ईषत् (अल्प) अर्थ में नञ् का प्रयोग हुआ है।
5. 'विज्ञानभैरव' पद की व्याख्या एवं विश्लेषण उपोद्घात में देखना चाहिये।

माना जाता। प्रस्तुत ग्रन्थ के प्रारंभिक श्लोकों में बहुत ही संक्षेप में इस विषय पर अच्छा प्रकाश डाला गया है। इस स्थिति में यह प्रश्न उठना स्वाभाविक है कि जब इनकी अलग से कोई सत्ता नहीं है, तब इनमें संवाद कैसे संभव है? क्योंकि संवाद तो परस्पर दो या अधिक व्यक्तियों का ही हो सकता है। इस प्रश्न का समाधान अद्वैतवादी तन्त्र-ग्रन्थों के टीकाकारों ने अपनी-अपनी शैली में किया है।

कविकुलगुरु कालिदास ने पार्वती और परमेश्वर को शब्द और अर्थ के समान परस्पर अनुस्यूत माना है (रघु० १।१)। महावैयाकरण भर्तृहरि ने कहा है कि शब्दब्रह्म ही अर्थ अर्थात् जगत् के रूप में परिणत होता है (वाक्य० १।१)। तन्त्रशास्त्र बताते हैं कि जब परब्रह्म शब्दब्रह्म और अर्थ के रूप में परिणत होता है तो उसका यह परिणाम ही शिव और शक्ति नाम से जाना जाता है। शिवपुराण की [1]वायवीय सहिता में बताया गया है—

शब्दजातमशेषं तु धत्ते शर्वस्य वल्लभा।
अर्थस्वरूपमखिलं धत्ते मुग्धेन्दुशेखरः॥

अर्थात् भगवान् शिव की शक्ति समस्त शब्दों का और भगवान् शिव समस्त अर्थों का स्वरूप धारण करते हैं।

शब्दब्रह्म ही क्रमशः परा, पश्यन्ती, मध्यमा और वैखरी [2]वाणी के रूप में परिणत होता है और तदनुसार पर, सूक्ष्म, स्थूल अर्थों की अभिव्यक्ति होती है। परावस्था में शिव और शक्ति अर्थात् शब्द और अर्थ अभिन्न रूप से [3]स्त्यानावस्था में अवस्थित रहते हैं। पंचकृत्यों के संपादन में प्रवृत्त परमेश्वर इस अवस्था में निरन्तर अनुग्रहशील पराशक्ति से संचालित होकर स्वयं भी अनुग्रहस्वभाव का बन जाता है, तब [4]रुद्रयामल की समावेश

1. सौन्दर्यलहरी की व्याख्या अरुणामोदिनी (पृ० ३०) द्रष्टव्य (गणेश एण्ड कम्पनी, मद्रास, सन् १९५७ का संस्करण)।
2. प्रपंचसार, शारदातिलक प्रभृति ग्रन्थों के आधार पर लेखक ने 'आगम और तन्त्रशास्त्र की सृष्टिप्रक्रिया' नामक निबन्ध में 'भास्करराय-संमत सृष्टिप्रक्रिया' शीर्षक के अन्तर्गत इस विषय को विस्तार से समझाने का प्रयत्न किया है।
3. 'स्त्यै ष्ट्यै शब्दसंघातयों' (भ्वा० ९१०-९११) धातु से कर्ता अर्थ में क्त प्रत्यय होने पर 'स्त्यान' शब्द बनता है। हिम (बर्फ) दशा में जल जब संघातावस्था में रहता है, तो उसकी स्वाभाविक स्यन्दन क्रिया भी रुक जाती है। इसी तरह से शब्द और अर्थ की इस संघातावस्था में क्रिया-शक्ति स्तिमित रहती है, निष्पन्द रहती है। शब्द और अर्थ शिव और शक्ति से अभिन्न है, यह बताया जा चुका है। शिव और शक्ति की इसी निष्क्रिय (निष्पन्द) स्थिति को स्त्यानावस्था कहते हैं।
4. शैव और शाक्त अद्वैतवादी दार्शनिक प्रकाश शब्द को शिव का तथा विमर्श पद को शक्ति का वाचक मानते हैं। इन दोनों शब्दों का विवेचन नित्याषोडशिकार्णव के उपोद्घात (पृ० ८२) की एक टिप्पणी में किया गया है। शब्द और अर्थ की तरह, पार्वती

दशा का उन्मेष होता है, जो कि प्रकाश और विमर्श के नाम से शास्त्रों में व्यवहृत है। इस प्रकार पश्यन्ती अवस्था में शास्त्रों का सूक्ष्म रूप से आविर्भाव होता है और मध्यमा एवं वैखरी अवस्था में आकर ये स्थूल रूप धारण कर लेते हैं।

परा शक्ति पर भैरव से अभिन्न है, किन्तु अनुग्रह व्यापार में प्रवृत्त होकर जब यह पश्यन्ती भूमिका में प्रवेश करती है, तो लोक के कल्याण के लिए यह स्वयं प्रश्नकर्ता के रूप में उपस्थित होती है। उसको अपनी परा भूमि का सदा अपने आप भान होता रहता है, किन्तु वह आन्तर या बाह्य इन्द्रियों का विषय नहीं है, इसलिये यह उस परा वाणी को सदा परोक्ष मानती है। वह परा भूमि पश्यन्ती आदि से पहले विद्यमान है, अतः उसका भूतकाल में निर्देश माना जाता है। उस परा भूमि में दिन, मास आदि का संबन्ध न होने से अत्यन्त परोक्ष भूत काल का, जैसे वह आज भी विद्यमान है, इस तरह से भान होता है। लोक में 'सुप्तोऽहं किल विललाप' (मैं जब सोया हुआ था, तब प्रलाप कर रहा था) इस तरह से वर्तमान काल में भूत काल का प्रयोग होता है, उसी तरह से यहाँ वर्तमान काल की अनुस्यूति रहते हुए भी अवस्था की भिन्नता के आधार पर 'उवाच' इस भूत काल की क्रिया का प्रयोग उचित ही माना जायगा। इसका अभिप्राय यह है कि लोक में गाढ़ी नींद से जाग उठने पर व्यक्ति को उस बीती अवस्था का स्मरण नहीं रहता, क्योंकि वह उसके जाग्रत् अनुभव का विषय नहीं रही है। बाद में दूसरे व्यक्ति के कहने से तथा पूर्व अवस्था में की गई विलाप, गान आदि क्रियाओं के कारण उत्पन्न अपने शरीर के कम्प, हर्ष आदि विकारों को देख कर यह जान पाता है कि सोये हुए मैंने ऐसा किया था। इन अनुभूति का सर्वथा अपलाप नहीं किया जा सकता। मद, स्वप्न, मूर्छा प्रभृति अवस्थाओं में किसी विशेष वस्तु का ज्ञान न होने से उसको परोक्ष अनुभूति मान लिया जाता है। परावस्था में तो वेद्य (जानने योग्य) विषय का सर्वथा अभाव ही रहता है। इन दोनों ही स्थितियों में विषय की परोक्षता तो समान ही है, किन्तु अन्तर यह है कि मद आदि अवस्थाओं में अज्ञान से आवृत (छिपा)

और परमेश्वर की तरह, प्रकाश और विमर्श की भी स्थिति यामल भाव में ही रहती है। ये सदा साथ रहते हैं। वस्तुतः शब्द-अर्थ, पार्वती-परमेश्वर और प्रकाश-विमर्श शब्द पर्यायवाची हैं। अर्धनारीश्वर रूप में भगवान् शिव जैसे सतत यामल भाव में रहते हैं, वैसे ही प्रारंभ में प्रकाश और विमर्श की स्थिति सामरस्य अवस्था मे रहती है। इसी को समावेश दशा भी कहते हैं। समावेश दशा में जीव में परिमित प्रमाता का भाव गौण हो जाता है और वह अपने को स्वतन्त्र, बोधस्वरूप समझने लगता है, किन्तु शिव और शक्ति का यह समावेश (सामरस्य) प्रपंच के उन्मेष के लिये होता है। जीव जिस तरह शिवभाव में समाविष्ट होता है, उसी तरह से शिव और शक्ति का यामल भाव भी प्रपंच के रूप में समाविष्ट हो जाता है, प्रपंच के रूप में दिखाई देने लगता है।

होने से विषय का साक्षात्कार नहीं होता, परावस्था में तो [1]वेद्यवेदकभाव की सत्ता बनती ही नहीं।

इस विश्लेषण के आधार पर 'भैरवी उवाच' और 'भैरव उवाच' जैसे शास्त्र में व्यवहृत वाक्यों का यह अर्थ होता है कि परमशिव विश्व का कल्याण करने की दृष्टि से स्वयं ही विमर्श रूप में बदल कर अनुग्राह्य की योग्यता के अनुसार पश्यन्ती, मध्यमा और वैखरी वाणी के माध्यम से प्रश्न करते हैं और प्रकाश स्वरूप में अवस्थित होकर इसी पद्धति से वे प्रश्नों का उत्तर भी देते हैं। 'उवाच' पद यहाँ लिट् लकार के उत्तम पुरुष के एक वचन में प्रयुक्त हुआ है। यद्यपि यहाँ 'वच्मि' इस वर्तमान काल की क्रिया का प्रयोग होना चाहिए, किन्तु शास्त्र तो सनातन हैं, अर्थात् इनका संप्रदाय परम्परा तीनों कालों में अविच्छिन्न रूप से चलती रहती है, अतः साधारणतः यहाँ भूत काल की क्रिया का ही प्रयोग होता है। शास्त्रों में ऐसा अनेक स्थलों में देखा गया है कि जो प्रकरण बाद में आने वाला है, उसके लिए भी भविष्य काल की क्रिया का प्रयोग न होकर भूत काल की क्रिया का प्रयोग होता है[2]। महास्वच्छन्दतन्त्र के निम्न वचन से इस बात की पुष्टि होती है—

[3]गुरुशिष्यपदे स्थित्वा स्वयं देवः सदाशिवः।
प्रश्नोत्तरपरैर्वाक्यैस्तन्त्रं समवतारयत् ॥

अर्थात् स्वयं सदाशिव देव शिव और शक्ति के रूप में गुरु और शिष्य बनकर प्रश्न और प्रतिवचन के रूप में तन्त्रों की अवतारणा करते हैं।

ग्रन्थोपक्रम (तन्त्रावतार)

प्रस्तुत ग्रन्थ में 'श्रुतं देव' से लेकर 'छिन्धि संशयम्' पर्यन्त प्रथम सात श्लोकों में देवी अपने संशय को उपस्थित करती है और 'साधु साधु' से 'शिवः प्रिये' पर्यन्त चौदह श्लोकों में

---

1. अभी बताया गया है कि परावस्था में शब्द और अर्थ अभिन्न रूप से स्त्यानावस्था में रहते हैं। वाच्य और वाचक के भेद के अभाव में लोक-व्यवहार नहीं चल सकता। इसी बात को वाक्यपदीयकार ने कहा है—"न सोऽस्ति प्रत्ययो लोके यः शब्दानुगमादृते। अनुविद्धमिव ज्ञानं सर्वं शब्देन भासते ॥" (१।१२३)। अर्थात् बिना शब्द के किसी भी वस्तु का ज्ञान नहीं हो सकता। वस्तुमात्र का ज्ञान किसी न किसी शब्द से जुड़ा हुआ ही रहता है। इस तरह से परावस्था में जब वाच्यवाचकभाव की स्थिति नहीं बनती, तो उसके सहारे चलने वाले वेद्यवेदकभाव, यह वेद्य (जानने योग्य) है और यह वेदक (जानने वाला है) है, की भी स्थिति सुतरां नहीं बन सकती।
2. "अत एव तन्त्रराज उत्तरपटलेषु वक्ष्यमाणोऽप्यर्थः पूर्वपटलेषु प्रोक्त इति भूतार्थकपदेनैव तत्र तत्र निर्दिश्यते" (नि० से० १।१३)।
3. योगिनीहृदयदीपिका (पृ० २) में यह श्लोक उद्धृत है। मुद्रित स्वच्छन्दतन्त्र (८.३१-३२) में पाठभेद के साथ यह श्लोक मिलता है।

शिव संक्षेप में उसका समाधान करते हैं । इसके बाद 'देवदेव' से 'ब्रूहि भैरव' पर्यन्त श्लोकों में देवी शिव द्वारा प्रतिपादित परमतत्त्व की प्राप्ति का उपाय पूछती है और शिव इसके उत्तर में आगे के ग्रन्थ में ११२ धारणाओं का वर्णन करते हैं । इन धारणाओं के अभ्यास की फल-श्रुति सुन कर 'इदं यदि वपुर्देव' इत्यादि दो श्लोकों से देवी पुनः कुछ प्रश्न उठाती है और आगे के ग्रन्थ में शिव उनका भी समाधान प्रस्तुत करते हैं । अन्त के दो श्लोकों में देवी पूरी तरह से अपने संशय की निवृत्ति की बात स्वीकार करते हुए इस समाधान के प्राप्त परितृप्ति (प्रसन्नता) का वर्णन करती हैं और शिव के साथ तन्मय हो जाती हैं । इस प्रकार प्रश्न-प्रतिवचनात्मक इस पूरे ग्रन्थ का तात्पर्य वैखरी प्रभृति परा पर्यन्त वाणी के माध्यम से विज्ञानभैरव के साथ साधक की समावेश दशा की उपलब्धि में है । अर्थात् परा देवी के प्रश्नों का समाधान हो जाने पर जिस तरह से वह शिव के साथ तन्मय हो गई, उसी तरह से प्रत्येक साधक विज्ञानभैरव स्वरूप परम तत्त्व के साथ तादात्म्य लाभ कर सकता है, जब कि वह परा-वस्था तक पहुँच कर इस शास्त्र के रहस्य को ठीक समझ लेता है । इसलिए इस शास्त्र का नाम भी यही रख दिया गया है ।

इस शास्त्र के रचयिता स्वयं भैरव ही हैं । जब वे तिरोधान व्यापार में प्रवृत्त होते हैं तो सुख-दुःख, नील-पीत आदि नाना प्रकार के आन्तर और बाह्य विचित्र स्वरूपों और तदनुकूल चेष्टाओं से अपने स्वरूप को ढक लेते हैं और अनुग्रह व्यापार में प्रवृत्त होनेपर वे ही सूर्य से निकली किरणों की तरह अपने स्वरूप से बाहर निकले भक्त जनों पर अनुग्रह करने की दृष्टि से प्रश्नोत्तर शैली में शास्त्र की अवतारणा करते हैं ।

'श्रुतं देव परमेश्वर' इस श्लोक में विमर्शमयी भैरवी प्रकाशस्वरूप भैरव से पूछती है कि हे देव,[1] अर्थात् विश्व को प्रकाशित करने जैसी क्रीड़ा करने वाले स्वात्मस्वरूप भगवन् ! समस्त रोगों को नष्ट करने वाले रुद्र और उसकी शक्ति के सामरस्य स्वरूप यामल से जिनकी उत्पत्ति हुई है,[2] ऐसे समस्त शास्त्रों को मैंने सुन लिया है । ये शास्त्र त्रिक अर्थात् परा, परा-परा और अपरा शक्ति के सारभूत शिव, शक्ति और नर (जीव) नामक तीनों तत्त्वों के भेद से

---

1. दिवादि गण में पठित 'दिवु क्रीडाविजिगीषाव्यवहारद्युतिस्तुतिमोदमदस्वप्नकान्तिगतिषु' इस धातु से 'पचाद्यच्' प्रत्यय होने पर देव शब्द बनता है । क्रीडा, विजिगीषा, व्यवहार, द्युति, स्तुति और गति शब्दों के साम्प्रदायिक अर्थ महार्थमंजरीपरिमल (पृ० १७३) में मिलते हैं ।

2. "अदृष्टविग्रहाच्छान्ताच्छिवात् परमकारणात् । ध्वनिरूपं विनिष्क्रान्तं शास्त्रं परम-दुर्लभम् ॥" यह श्लोक विज्ञानभैरवोद्योत (पृ० ३) और स्वच्छन्दोद्योत (१।३; पृ० ६) में उद्धृत है । कुछ पाठ भेदों के साथ यह स्वच्छन्दतन्त्र (८।२७-२८), श्रीकण्ठीयसंहिता (स्वच्छन्दोद्योत, वहीं, पृ० १९) और पौष्करागम (श० र० सं०, पृ० ७) में उपलब्ध होता है । इन स्थलों में शास्त्रों की नादरूपता का प्रतिपादन मिलता है । इस विषय की विशद जानकारी के लिये लु० सं० उपोद्घात (पृ० ११२-११३) देखिये ।

ज्ञान, क्रिया आदि के प्राधान्य और अप्राधान्य का प्रतिपादन करने से अनेक भेदों में विभक्त हो जाते हैं। उन सबके सारभूत त्रिक शास्त्र को भी मैंने पूरी सावधानी से सुन लिया है, किन्तु मेरा संदेह अभी भी दूर नहीं हुआ है।

'यामलादिषु भाषितम्' इस पाठान्तर का अर्थ यह होगा कि शिव और शक्ति के सामरस्य से उत्पन्न हुए ब्रह्मयामल, विष्णुयामल, रुद्रयामल, भैरवयामल आदि में जो कुछ आपने कहा है, आपके साथ अभिन्नरूप से रहने के कारण वह सब मैंने पहले सुना ही है।

इस पूरे कथन का अभिप्राय यह है कि दर्पण में प्रतिबिम्बित वस्तु की जैसे अपने बिम्ब से भिन्न और अभिन्न दोनों तरह की प्रतीति होती है, उसी तरह से आन्तर रूप से एकता और बाह्य रूप से नर, शक्ति और शिव के रूप में भिन्नता का भी बोध होता है। इस भेदावस्था में असाधारण और साधारण रूप से यद्यपि मैंने इस विषय को आप से सुन लिया है, किन्तु अभी भी मेरा संदेह दूर नहीं हो रहा है, क्योंकि माया[1] प्रभृति के ढाचे में पड़कर मेरा स्वरूप और ज्ञान संकुचित हो गया है।

[2]वेदादिभ्यः परं शैवं शैवाद् वामं तु दक्षिणम्।
दक्षिणात् परतः कौलं कौलात् परतरं त्रिकम्॥

इस वचन के अनुसार वेद से श्रेष्ठ शैव शास्त्र, शैव से श्रेष्ठ वाम, वाम से श्रेष्ठ दक्षिण, दक्षिण से कौल और उससे भी श्रेष्ठतर त्रिक शास्त्र है। त्रिक शास्त्र में भी सिद्धा, मालिनी और उत्तर[3] शासन क्रमशः ज्ञान और उपदेश के प्रकर्ष के आधार पर उत्कृष्ट माने जाते हैं। 'सारात्सारविभागशः' इस पद का अभिप्राय यही है कि इन सब शास्त्रों को, जो कि एक से एक बढ़कर हैं, मैंने सुना है। त्रिक शास्त्र ही नहीं, उसमें भी उत्तरोत्तर उत्कृष्ट सिद्धा, मालिनी और उत्तर शास्त्र को भी मैंने सुन लिया, किन्तु मेरा संशय अभी दूर नहीं हुआ है॥१॥

---

1. "सर्वज्ञता तृप्तिरनादिबोधः स्वतन्त्रता नित्यमलुप्तशक्तिः। अनन्तशक्तिश्च विभोर्विधिज्ञाः षडाहुरङ्गानि महेश्वरस्य॥" (वा० पु० १२।३३) इस श्लोक में शिव के सर्वज्ञता, तृप्ति, अनादिबोध, स्वतन्त्रता, अलुप्तशक्तिता और अनन्तशक्तिता—ये छः गुण गिनाये गये हैं। अद्वैत सिद्धान्त के अनुसार जीव शिव से अभिन्न है, किन्तु माया के कारण उसका स्वरूप संकुचित हो जाता है और इसके बाद कला, विद्या, राग, काल और नियति तत्त्वों के कारण क्रमशः उसकी सर्वकर्तृता, सर्वज्ञता, नित्यपरिपूर्णतृप्तिता, नित्यता और स्वतन्त्रता—ये पाँच शक्तियाँ संकुचित हो जाती हैं (द्रष्टव्य—सौ० मु० १. ३२-३९), अतः इन पाँच तत्त्वों को पंचकंचुक कहा जाता है। माया का भी इनमें समावेश कर कुछ आचार्य कंचुकों की संख्या छः मानते हैं।
2. परात्रिंशिका की व्याख्या (पृ० ९२) में अभिनवगुप्त ने भी इसी आशय का श्लोक उद्धृत किया है, जिसमें कि त्रिकशास्त्र को सर्वोत्तम माना गया है।
3. उत्तर शब्द के स्पष्टीकरण के लिए पृ० १ की टिप्पणी द्रष्टव्य।

किं रूपं तत्त्वतो देव शब्दराशिकलामयम्[1] ॥२॥
किं वा नवात्मभेदेन भैरवे भैरवाकृतौ ।
त्रिशिरोभेदभिन्नं वा किं वा शक्तित्रयात्मकम् ॥३॥
नादबिन्दुमयं वाऽपि किं चन्द्रार्धनिरोधिकाः[2] ।
चक्रारूढमनच्कं वा किं वा शक्तिस्वरूपकम् ॥४॥

हे देव, भैरवाकृतौ भैरवभट्टारके तत्त्वदृष्ट्या किं रूपम् ? किमस्य बोधभैरवस्य शब्दराशिकलामयं स्वरूपम् ? किं वा नवतत्त्वात्मतया नववामादिशक्तिस्वरूपतया वा प्रथितं तत् ? त्रिशिरोभैरवरूपेण भिन्नं वा ? किं वा शक्तित्रयात्मकम् ? अथवा नाद-बिन्दुमयम् ? अर्धचन्द्रनिरोधिकादिरूपं वा तत् ? चक्रारूढमनच्कं वा तस्य स्वरूपम् ? अथवा शक्तिस्वरूपमेव तद् भैरवस्वरूपमिति तत्सर्वं वद ॥२-४॥

यहाँ भगवती भैरवी पूर्व अभ्यस्त अनेक शास्त्रों के आधार पर निम्न विकल्पों की उद्भावना इस अभिप्राय से करती है कि अन्ततः परम तत्त्व के वास्तविक स्वरूप का सही ज्ञान प्राप्त हो सके । वह पूछती है कि उस अनुत्तर तत्त्व का वास्तव में स्वरूप क्या है ?

उसका पहला प्रश्न है कि भयानक आकृति वाले, संसार की घटना करने में समर्थ भैरव भट्टारक का, क्या अकार से ले कर क्षकार पर्यन्त शब्दराशि की कलाएँ—अनुत्तर[1], आनन्द, इच्छा प्रभृति विमर्श शक्तियाँ ही, जिन्होंने कि वाच्य और वाचक स्वरूप से जगत् के सारे विस्तार को अपने में समेट रखा है, वास्तविक स्वरूप है ? क्योंकि बोध-भैरव सदा विमर्श शक्ति से युक्त रहता है । अनुत्तर अकार प्रकाशात्मक शिव का और हकार विमर्शात्मक शक्ति का प्रतीक माना जाता है । इन्हीं के संयोग से 'अहम्' इस सामरस्य स्वरूप की निष्पत्ति होती है, जिसमें कि पाणिनि के[2] प्रत्याहारों की तरह समस्त वर्णों की स्थिति मानी गई है । इस

---

१. °त्मक°—ख० । २. °धकम्—ख० ।

1. शब्दब्रह्म की अनुत्तर प्रभृति विमर्श-शक्तियों का विकास-क्रम तन्त्रालोक तृतीय आह्निक, सौभाग्यसुधोदय प्रथम प्रपंच और परापंचाशिका प्रभृति ग्रन्थों में विस्तार से वर्णित है । इस विषय को शिवसूत्रविमर्शिनी के द्वितीय उन्मेष की ५२-५५ संख्या की टिप्पणियों में संक्षेप में समझाया गया है । वहाँ यह भी बताया गया है कि वाच्यवाचकभावमय षडध्व-स्वरूप सारा विश्व अनुत्तर तत्त्व अकार में ही निवास करता है ।

2. पाणिनि की अष्टाध्यायी के प्रारंभ में पठित 'अइउण्' प्रभृति चौदह शिवसूत्रों को प्रत्याहार सूत्र भी कहा जाता है । इनसे अण्, अक्, अच् प्रभृति ४४ प्रत्याहारों की रचना की जाती है । इसकी विधि 'आदिरन्त्येन सहेता' इस पाणिनि सूत्र में बताई गई है । तदनुसार उक्त चौदह सूत्रों के अन्तिम हल् वर्ण के साथ उसके पहले के किसी वर्ण को पकड़ कर इन प्रत्याहारों की रचना की जाती है । यह उसके मध्य में पठित वर्णों का और स्वयं अपना भी बोधक होता है । जैसे कि अण् प्रत्याहार से मध्य में पठित इ

प्रश्न का सीधा अर्थ यह है कि क्या यह बोध-भैरव शब्दब्रह्म स्वरूप है ? पुराण प्रभृति शास्त्रों में बताया गया है—

> द्वे ब्रह्मणी वेदितव्ये शब्दब्रह्म परं च तत् ।
> शब्दब्रह्मणि निष्णातः परं ब्रह्माधिगच्छति ॥

अर्थात् शब्दब्रह्म और परब्रह्म के भेद से ब्रह्म दो प्रकार का होता है । शब्दब्रह्म में निष्णात व्यक्ति परब्रह्म को प्राप्त कर लेता है[1] ।

महावैयाकरण भर्तृहरि ने अनादिनिधन अक्षर शब्दतत्त्व को ही ब्रह्म माना है । देवी के इस प्रश्न का अभिप्राय यह है कि क्या यही परम तत्त्व का वास्तविक स्वरूप है ?

देवी का दूसरा प्रश्न है—अथवा प्रकृति से लेकर शिव[2] पर्यन्त तत्त्वों के परामर्श से प्रत्यभिज्ञात तथा षडध्व में परिगणित नवात्म मन्त्रराज उसका स्वरूप है ? 'भैरवे भैरवाकृतौ किं वा नवात्मभेदेन' ऐसा अन्वय कर इस श्लोकार्ध का यह अर्थ भी किया जा सकता है कि क्या भयानक स्वरूप वाले भैरव की वामा प्रभृति नौ शक्तियों के रूप में यह परम तत्त्व अवस्थित है ? तन्त्रालोक में—

> एकवीरो यामलोऽथ त्रिशक्तिश्चतुरात्मकः ।
> पञ्चमूर्तिः षडात्माऽयं सप्तकोऽष्टकभूषितः ॥
> नवात्मा दशदिक्छक्तिरेकादशकलात्मकः ।
> द्वादशारमहाचक्रनायको भैरवस्त्विति ॥ (१।११०-१११)

उ वर्णों का और स्वयं अकार का भी बोध होता है । पाणिनि व्याकरण की इसी प्रत्याहार पद्धति के आधार पर अन्तिम वर्ण हकार और प्रथम वर्ण अकार को लेकर बनाये गये 'अह्' प्रत्याहार से स्वर-व्यंजनात्मक समस्त मातृका-चक्र (वर्णमाला) का बोध होता है । पाणिनि के प्रत्याहार से इस प्रत्याहार की विशेषता यह है कि पाणिनि के प्रत्याहार का अन्तिम वर्ण केवल प्रत्याहार बनाने के लिये होता है, वह किसी अक्षर का बोधक नहीं होता । इसके विपरीत यहाँ 'अह्' प्रत्याहार का अन्तिम वर्ण भी सार्थक है, इस प्रत्याहार से अनिवार्य रूप से विमर्श शक्ति के रूप में उसका भी बोध होता है ।

1. शब्दब्रह्म में निष्णात व्यक्ति पर ब्रह्म को कैसे प्राप्त कर लेता है, इसकी प्रक्रिया श्लो० ३८–४२ की व्याख्या में तथा सात्वतसंहिता के हमारे उपोद्घात (पृ० ३८–३९) में भी देखिये ।
2. नेत्रतन्त्र में, जो कि प्राचीन तन्त्र-ग्रन्थों में मृत्युंजयभट्टारक के नाम से उद्धृत है, अमृतेश अथवा मृत्युंजय नामक मन्त्रराज की विस्तार से महिमा वर्णित है । शिव, सदाशिव, ईश्वर, विद्या, माया, काल, नियति प्रकृति और पुरुष नामक नौ तत्त्वों का इसमें समावेश (द्रष्टव्य—नेत्रतन्त्रोद्योत, भा० १, पृ० १३९) होने से इसको नवात्म मन्त्रराज कहते हैं । प्रस्तुत स्थल में इसी के संबन्ध में प्रश्न किया गया है कि क्या नेत्रतन्त्र में प्रतिपादित यह नवात्मक मन्त्रराज ही परम तत्त्व का प्रतीक है ? नवात्म-मन्त्रराज की षडध्वात्मकता का भी प्रतिपादन नेत्रतन्त्र में मिलता है ।

यहाँ भैरव के नवात्म स्वरूप की भी चर्चा की गई है।

तीसरा प्रश्न है—अथवा त्रिशिरोभैरव तन्त्र में निर्दिष्ट नर-शक्ति-शिवात्मक, मातृ-मान-मेयात्मक अथवा इच्छा-ज्ञान-क्रियात्मक समस्त तत्त्वत्रय परामर्श को अपने में समेटे हुए विशिष्ट मन्त्र के स्वरूप में वह विद्यमान है ?

चौथा प्रश्न है—अथवा नर-शक्ति-शिवात्मक तत्त्वत्रय की अधिष्ठात्री अपरा, परापरा और परा नामक तीन शक्तियों वाला यह है ?

पाँचवाँ प्रश्न है—अथवा समस्त मन्त्रसमूह में सामान्यतः मन्त्रवीर्य के रूप में जो अवस्थित है, वह विश्व के सभी वाच्यों में अभिन्न रूप से विद्यमान प्रकाशस्वरूप बिन्दु और समस्त वाचकों में अभिन्न रूप से विद्यमान विमर्शस्वरूप नाद उसका स्वरूप है ?

छठा प्रश्न है—अथवा इस बिन्दु और नाद के ही प्रपञ्चरूप अर्धचन्द्र, निरोधिका आदि उसके स्वरूप हैं ? सभी वाच्य पदार्थों में अभिन्न रूप से विद्यमान प्रकाशात्मक बिन्दु[1] जब नाद रूप में परिणत होता है, उस समय वाच्य की प्रधानता शान्त हो जाने पर अर्धचन्द्र की स्थिति होती है। इसके आगे वेद्य पदार्थ का कौटिल्य जब निकल जाता है, तब स्पष्ट रेखामय निरोधिका की स्थिति आती है। इसको निरोधिका इस लिए कहते हैं कि यह मित योगी को नाद में प्रवेश करने से रोक देती है और अमित योगी को भेद दशा में आने से रोकती है। 'निरोधिकाः' यहाँ बहुवचन 'आदि' के अर्थ में है। आदि शब्द से निरोधिका के बाद की नादान्त, शक्ति, व्यापिनी और समना नाम की नाद से ऊपर स्थित कलाओं का ग्रहण किया जाता है। जब नाद की शब्द से व्याप्ति शान्त होने लगती है, तब अत्यन्त सूक्ष्म ध्वनि वाले 'नादान्त' की स्थिति आती है। जब नाद पूर्णरूप से शान्त हो जाता है, उस अवस्था में आह्लादात्मक स्पर्श की निरन्तर अनुस्यूतता का उन्मेष 'शक्ति' कहलाता है। वही आह्लादात्मक स्पर्श जब देह से अवच्छिन्न (संयुक्त) न रहकर आकाश के समान सर्वत्र व्याप्त हो जाता है, तो 'व्यापिनी' कहलाता है। समस्त भाव और अभाव स्वरूप वेद्य विषयों की उपशान्ति हो जाने पर मनन अर्थात् चिन्तन के साधन बोध (विज्ञान) मात्र के बच रहने पर समना की स्थिति आती है। मन्त्रों की अर्धचन्द्र आदि कलाओं का यही रहस्य है। अर्थात् मन्त्रों की इन वीर्यात्मक कलाओं की सहायता से साधक उन उन स्थितियों में पहुँच जाता है।

इस तरह से मातृका, मन्त्र, मन्त्रवीर्य के रूप में विचार करने के उपरान्त ध्येय महामन्त्र के रूप में भी भगवान् के स्वरूप का परामर्श करने के अभिप्राय से सातवाँ प्रश्न किया जाता है कि क्या वह मूलाधार आदि स्थानों में षड्दल आदि स्वरूप वाले चक्रों में आरूढ है, अर्थात् उन उन चक्रों में विन्यस्त लिपि-संकेतों के रूप में विद्यमान कोई तत्त्व है ? 'चक्रारूढं' पद का दूसरा अर्थ भी किया जा सकता है कि क्या वह मूलाधार चक्र में स्थित

---

1. प्रणव की बारह कलाओं के रूप में बिन्दु, नाद, अर्धचन्द्र, निरोधिनी, नादान्त, शक्ति, व्यापिनी, समना, उन्मना प्रभृति की व्याख्या आगे की गई है। उपोद्घात में भी इस विषय पर विचार किया जायगा।

कुण्डलिनी की आकृति का साढे तीन फेरे लगाये कोई तत्त्व है ? अथवा इसका यह अर्थ भी किया जा सकता है कि अकारादि हकारान्त वर्णचक्र पर आरूढ अहमात्मक स्फुरण रूप यह तत्त्व है ? अथवा क्या यह तत्त्व 'अनच्क' है, अर्थात् अच् – स्वर से रहित हकारात्मक प्राणकुण्डलिनी स्वरूप यह तत्त्व है ? अन्तिम आठवाँ प्रश्न है कि क्या यह उस सुस्पष्ट शक्ति के रूप में विद्यमान है, जो कि समस्त कौटिल्य को छोड़कर अवस्थित है ? इन सब विकल्पों में से भैरव का वास्तविक स्वरूप क्या है ? हे देव, उसे मुझे आप बताइये ॥ २-४॥

परापरायाः सकलमपरायाश्च वा पुनः ।
पराया यदि तद्वत् स्यात् परत्वं तद्विरुध्यते ॥५॥
[1]नहि वर्णविभेदेन देहभेदेन ।
परत्वं निष्कलत्वेन सकलत्वे न तद्भवेत् ॥६॥

परापराया देव्याः, अपराया देव्याः, पराया देव्या वा सकलं स्वरूपमस्ति ? स्वातन्त्र्यशक्तिरेव हि परा, सैव क्रमं स्रष्टुमिच्छती अपरा, सैव च क्रमरूपा सती परापरेति कथिता । अत्र परापराया अपरायाश्च स्वरूपं सकलं भवति । तदेव स्वरूपं यदि पराया अपि स्यात् तर्हि तस्याः परत्वं विरुध्येत । पराया हि स्वरूपं निष्कलं भवति । वर्णविभेदेन सितादिना अक्षररूपेण वा, देहभेदेन आकृतिविशेषेण वा, परायाः परत्वं प्रकृष्टत्वं न भवति, अपि तु कलानाशून्यत्वेनैव तन्निष्पद्यते, सकलत्वे तु तद्भवतीत्यसंभाव्यमेव ॥५–६॥

इस तरह से ध्यातव्य महामन्त्र और उसकी शक्ति के स्वरूप के विषय में प्रश्न करने के बाद देवी सर्वोत्तम अनुत्तर परा शक्ति के विषय में भी प्रश्न करती है कि परात्रिंशिका (पृ० १२३) प्रभृति ग्रन्थों में मन्त्रविशेष का ध्यान करने योग्य जो विशेष सकल स्वरूप बताया गया है, वह परापरा देवी का है, अपरा देवी का है, अथवा परा देवी का ? स्वातन्त्र्य शक्ति को ही परा कहा जाता है । वही जब क्रम की सृष्टि करना चाहती है तो परापरा और क्रमरूप होकर अपरा कहलाती है । जैसा कि तन्त्रालोक में बताया गया है—

स्वातन्त्र्यशक्तिः क्रमसंसिसृक्षा क्रमात्मता चेति विभोर्विभूतिः ।
तदेव देवीत्रयमन्तरास्तामनुत्तरं मे प्रथयत् स्वरूपम् ॥ (१।५)

अर्थात् स्वातन्त्र्यशक्ति, क्रमसंसिसृक्षा और क्रमात्मता के रूप में विद्यमान नर-शक्ति-शिवात्मक भगवान् की विभूतियां परा-परापरा-अपरात्मक स्वरूप धारण करती हैं । ये देवियाँ अपने अनुत्तर स्वरूप को सदा प्रकाशित करती हुई मेरी अन्तरात्मा में निवास करें ।

---

१. °न वा भ° –ख० ।

1. यह श्लोक स्वच्छन्दतन्त्र (भा० ३, प० ७, पृ० ३०८) की उद्योत टीका में क्षेमराज द्वारा उद्धृत है ।

इस परा भट्टारिका का यदि यह सकल स्वरूप माना जायगा तो उस अवस्था में इसमें परत्व नाम मात्र का (लाक्षणिक) रहेगा, वास्तविक नहीं, क्योंकि परापरा देवी का और अपरा देवी का जो सकल स्वरूप है, उससे यदि परा का लाक्षणिक तादात्म्य न मान कर वास्तविक कहा जायगा, तो उसमें परत्व कैसे आवेगा ? परा, परापरा और अपरा में परस्पर भेद ही मानना पड़ेगा। परा के स्वरूप से वेद्यराशि के रूप मे स्वीकृत सकल स्वरूप विरुद्ध पड़ेगा, क्योंकि परा देवी का यह स्वभाव नहीं है। इस तरह से परा का परापरा या अपरा के साथ अभेद नहीं सिद्ध किया जा सकता। वर्णों की श्वेत आदि विशेषता के आधार पर अथवा अक्षरों की विशेषता के आधार पर या शरीर की सुर, नर, तिर्यक् के रूप में आकृति की विशेषता के कारण अथवा द्वादशान्त प्रभृति शरीर के विशेष स्थानों का सहारा लेने के कारण परत्व (प्रकृष्टत्व) नहीं होता, किन्तु निष्कलता अर्थात् कलना की शून्यता की अवस्था में ही वह निष्पन्न होता है। सकल अवस्था में यह प्रकृष्टता किसी भी तरह से नहीं प्राप्त हो सकती, अतः परावस्था को परापरा और अपरा अवस्था से भिन्न ही मानना उचित होगा। देवी पूँछती है कि क्या यह विचार-सरणि सही है ? ॥५–६॥

प्रसादं कुरु मे नाथ निःशेषं छिन्धि संशयम् ।

हे नाथ, मे मम प्रसादं कुरु प्रसाददृष्टि ददस्व, निःशेषं समस्तं मम हृदि स्थितं संशयं छिन्धि शमय।

इस तरह से समस्त आगम शास्त्रों के हृदय को छूने वाले प्रश्नों के माध्यम से विचारणीय तत्त्वों को सामने लाने के बाद संविद्[1] देवी संपूर्ण विज्ञानभैरव रूप में अपना प्रवेश पाने की दृष्टि से कहती है कि हे नाथ, मेरे ऊपर आप अनुग्रह कीजिये; वाणी, शरीर और मन से एक होकर आप मेरे ऊपर कृपादृष्टि डालिये; माया, महामाया आदि के संसर्ग से प्राप्त कालुष्य को दूर कर अपने निर्मल स्वरूप को मुझे बताइये और मेरे इस आठ खण्ड (कोटि) वाले संशय को आप मिटा दीजिये। अभिप्राय यह है कि तत्त्व यह है या वह ? तत्त्व वह है या यह ? अथवा इन सबसे भिन्न है ? इस तरह के अनेक कोटि वाले संशय की सब अवस्थाओं

1. "प्राक् संवित् प्राणे परिणता" (अनेक स्थलों पर उद्धृत भट्ट कल्लट का वचन), "संविदेव भगवती स्वान्तःस्थितं जगद् बहिः प्रकाशयति" (ऋजु० पृ० २७) इत्यादि स्थलों में संवित् शब्द पराहन्ता (पूर्णाहन्ता) मयी स्वातन्त्र्य शक्ति का वाचक है। शाक्त मत में यही परम तत्त्व के रूप में मान्य है। लक्ष्मीतन्त्र (१४।५) में संवित् को लक्ष्मी का स्वच्छ, स्वच्छन्द स्वरूप बताया गया है। प्रस्तुत स्थल में संवित् शब्द का प्रयोग विमर्श शक्ति के लिये किया गया है। दार्शनिकों ने इस शब्द का प्रयोग विज्ञान अथवा ज्ञान सामान्य के अर्थ में भी किया है। क्रम दर्शन में पंचवाह पद की व्याख्या करते समय व्योमवामेश्वरी, खेचरी प्रभृति समष्टि शक्तियों को और अन्तःकरण, बहिःकारण के माध्यम से प्रवहमान व्यष्टि शक्तियो को संविद्देवीचक्र के रूप में मान्यता दी गई है।

को छोड़कर आप किसी एक निर्णीत वास्तविक स्वरूप को मुझे समझाइये कि स्वप्रकाश प्रमातृतत्त्व वस्तुतः क्या है ? इसकी प्राप्ति के लिए परावस्था की ओर उन्मुखता का त्याग करना पड़ता है या प्रमेय स्वरूप का ? अथवा समस्त प्रमाताओं के साथ अहमात्मक स्वात्मस्वरूप की भावना करनी पड़ती है ? इन सब प्रश्नों का समाधान मिलने पर ही समस्त जागतिक पदार्थों के स्वात्मस्वरूप से अतिरिक्त न होने के कारण अभेद-प्रतीति के आधार पर 'अहम्' इस स्वात्मस्वरूव में ही सारे जागतिक पदार्थों की विश्रान्ति हो जाने से यह सब मेरा ही स्वरूप है, इस तरह का निर्णय करने में मैं समर्थ हो सकूँगी ।।

श्रीभैरव उवाच

साधु साधु त्वया पृष्टं तन्त्रसारमिदं प्रिये ।।७।।
गूहनीयतमं भद्रे तथापि कथयामि ते ।

हे प्रिये, अत एव भद्रे कल्याणिनि, यत् त्वया तन्त्रसारं सर्वशास्त्रसारभूतम् इदं वस्तु पृष्टं तदतीव शोभनम् । प्रश्नचयस्यास्य परमेष्टत्वात् पुनरुक्त्या 'साधु साधु' इति निर्देशः । यत् त्वया तन्त्राणां सर्वशास्त्रनिचयानां सारं पृष्टं तद् अतिरहस्यत्वाद् गूहनीयतममपि ते योग्यायास्तव समक्षं कथयामि, यतो हि मे विश्वासो वर्तते यत् त्वं गूहनीयतममिदं वस्तु स्वात्मनि अभेदेन ध्यानार्थमेव पृच्छसि, न तु तस्य वाचा वैखर्या प्रकाशनार्थमिति भावः ।।७।।

'भैरवी उवाच' वाक्य की व्याख्या करते समय पहले बताया गया है कि स्वयं सदाशिव शिव और शक्ति के रूप में गुरु और शिष्य बनकर प्रश्न और प्रतिवचन की पद्धति से शास्त्रों की अवतारणा करते हैं । यद्यपि इन प्रश्नों के माध्यम से उठे संदेह को संविद्देवी स्वयं अपनी विचार शक्ति से ही दूर कर सकती है, प्रायः सभी लोगों के व्यवहार में इस प्रकार की स्थिति आती है कि वह स्वयं अपने मन में शंका उठाता है और स्वयं अपने ही उसका समाधान भी खोज लेता है, तथापि उक्त शास्त्रीय पद्धति के अनुसार स्वभाव-स्वरूपिणी देवी भैरवभाव को प्राप्त कर उक्त प्रश्नों का उत्तर देती है । अर्थात् इस तरह से अपने से अभिन्न संविद्देवी के शिष्य रूप में अवतरित हो तत्त्वविषयक प्रश्नों के पूछे जाने पर निर्णायक के पद पर बैठकर स्वयं परमेश्वर 'भैरव उवाच' इत्यादि से सिद्धान्त का उपदेश करते हैं ।

भैरवी ने जो कुछ पूछा, उसके लिये उसकी प्रतिभा की प्रशंसा करते हुए भैरव कहते हैं कि हे प्रिये, परानन्द से प्राप्त होने वाली तृप्ति की प्रसिद्धि में तत्पर, अत एव सबका कल्याण करने वाली हे देवि, यह तुमने बहुत अच्छे प्रश्न पूछे हैं । इस तरह के प्रश्न भैरव को बहुत प्रिय हैं, अतः यहाँ 'साधु' शब्द की पुनरुक्ति (साधु साधु) की गई है । सब शास्त्रों की सारभूत यह बात अत्यन्त गोपनीय है । ऐसा होने पर भी इस गोपनीय रहस्य को तुम्हें मैं इसलिये बताता हूँ कि तुम में अनुत्तम पद में एकाकार (समाविष्ट) होने की उन्मुखता के कारण इस रहस्य को जानने की योग्यता विद्यमान है । इस रहस्य को बहुत छिपा कर रखना चाहिये । उसको अपने पेट में ही रखना चाहिये और उस पर विचार, ध्यान, मनन आदि चलाते रहना चाहिये ।

किसी दूसरे को वैखरी वाणी से नहीं सुनाना चाहिये। इसलिये मैं भी तुम्हारे इन प्रश्नों का उत्तर पश्यन्ती और मध्यमा वाणी के माध्यम से ही दे रहा हूं, वैखरी वाणी में न ह तुम भी ऐसा ही करोगी, इसी विश्वास पर तुमको यह सुना रहा हूं, अन्यथा मैं न सुनाता ॥७॥

यत्किञ्चित् सकलं रूपं भैरवस्य प्रकीर्तितम् ॥८॥
तदसारतया देवि विज्ञेयं[1] शक्रजालवत्।
मायास्वप्नोपमं चैव गन्धर्वनगरभ्रमम् ॥९॥
ध्यानार्थं भ्रान्तबुद्धीनां क्रियाडम्बरवर्तिनाम्।
केवलं वर्णितं पुंसां विकल्पनिहतात्मनाम् ॥१०॥

हे देवि, भैरवस्य सकलं निष्कलं चेति द्विविधं रूपं शास्त्रेषु प्रकीर्तितं वर्णितम्। तत्र प्रसिद्धमेतत् सकलं जगद्रूपं नीलपीतघटपटादिनानावैचित्र्यात्मकं सर्वमसारतया अवस्तुतया गन्धर्वनगरभ्रमसदृशम् इन्द्रजालतुल्यं मायानिर्मितं स्वप्नावलोकितवस्तुसदृशं च असत्स्वरूपमेव मन्तव्यम्। भ्रान्तबुद्धीनाम् अप्रबुद्धमतीनाम् आडम्बरबहुलासु क्रियासु निरतानाम् 'अहं विष्णुं भजामि, अहं गणपतिं यजामीति स पुत्रवित्तादिकं मे दास्यति' इत्येवं विकल्पनिहतात्मनां पुंसां केवलं स्थूलध्यानयोगार्थमेवैतत् सकलं स्वरूपमित्यर्थः। सम्प्रति तावदियती योग्यता एषामुत्पद्यतामिति धिया तद्वर्णितम्, न तु तत्त्वबुभुत्सून् प्रति तदुक्तमिति भावः ॥८-१०॥

भगवान् भैरव इस गोपनीय रहस्य को बताने से पहले हेय वस्तु को छोड़ने की तथा उपादेय वस्तु को ग्रहण करने की बात मन में बैठाते हैं। कि हे देवि, भैरव के सकल और निष्कल ये दो रूप शास्त्रों में बताये गये हैं। इनमें सकल नाम से प्रसिद्ध यह जगत् रूप अर्थ नील-पीत, घट-पट आदि नाना विचित्र रूपों में भासित होता है, वह सब इन्द्रजाल के समान माया से निर्मित और [1]गन्धर्व-नगर के भ्रम के समान, स्वप्न में देखी गई वस्तु के समान अस्थिर और असत्स्वरूप है। अर्थात् इन्द्रजाल, गन्धर्वनगर आदि की सत्ता जैसे भ्रम पर आधारित है, वैसे ही यह सकल स्वरूप भी भ्रम पर आधारित होने से ही असार है। इस तरह की भ्रान्त बुद्धि वाले, फल की आकांक्षा से नाना कर्मकाण्डों में रुचि रखने वाले, 'मैं विष्णु की पूजा करता हूँ, मैं गणपति की पूजा करता हूं, ये मुझे पुत्र, धन आदि देंगे' इस तरह के भाँति-भाँति के संकल्प-विकल्पों के कारण अपने वास्तविक स्वरूप से अपरिचित व्यक्तियों के लिये यह सकल स्वरूप उपदिष्ट है। इसका उपदेश इसलिये किया है कि निष्कल स्वरूप में प्रवेश पाने के लिये साधक को पहले सकल स्वरूप में ध्यान की योग्यता प्राप्त हो। सकल स्वरूप का यह उपदेश तत्त्व के जिज्ञासुओं के लिये नहीं है ॥८-१०॥

---

१. °यमिन्द्र°–ख०।

1 इन्द्रजाल, गन्धर्वनगर, मृगमरीचिका, रज्जुसर्प, केशोण्ड्रक प्रभृति शब्दों का प्रयोग दार्शनिक गण विभ्रमात्मक सृष्टि, भ्रम से पैदा होने वाले मिथ्या ज्ञान के लिये करते हैं।

तत्त्वतो च नवात्माऽसौ शब्दराशिर्न भैरवः ।
न वासौ त्रिशिरा देवो न च शक्तित्रयात्मकः ॥११॥
नादबिन्दुमयो वापि न चन्द्रार्घनिरोधिकाः[1] ।
न चक्रक्रमसंभिन्नो न च शक्तिस्वरूपकः ॥१२॥

तत्त्वतो यथार्थतः, असौ भैरवो न नवात्मा न वा तत्त्वस्वरूपः, न वा वामादिनवशक्तिस्वरूपः । न शब्दराशिमयः । न चासौ त्रिशिरोभैरवः । न च शक्तित्रयात्मकः नरशक्तिशिवात्मा, इच्छाज्ञानक्रियाशक्तित्रयात्मा वा । न वा नादबिन्दुमयः शिवशक्तिस्वरूपः, नादः शक्तिः, बिन्दुश्च शिव इति । न वा अर्धचन्द्रनिरोधिकादिस्वरूपः । न च चक्रक्रमसंभिन्नः षट्चक्रादिभेदगः, तकारादिक्षकारान्तवर्णचक्रस्वरूपो वा । न वा कुण्डलिन्यादिशक्तिस्वरूपभाक् । वस्तुतस्तु स्वात्मभैरव एव परमार्थतोऽकथ्योऽपि यां काञ्चित् कल्पनामाश्रित्य उपदिदिक्षाविषयीकृतः सन् प्रश्नितनवात्मशब्दराश्याद्यष्टकस्वरूपो भवतीति भावः ॥११–१२॥

वास्तव में यह भैरव न तो नवात्मा, नव तत्त्वस्वरूप या वामादि नव शक्तिरूप है, न शब्दराशिस्वरूप है, न त्रिशिरोभैरव है, न नर-शक्ति-शिवात्मक या इच्छा-ज्ञान-क्रियात्मक शक्तित्रयस्वरूप ही है । यह न तो शिव-शक्तिस्वरूप, अर्थात् नाद[1] (शक्ति) और बिन्दु (शिव) के रूप में शब्द और अर्थ स्वरूप है, अथवा ज्ञान और क्रिया स्वरूप है और न प्रवण (ॐकार) की अर्धचन्द्र, निरोधिका आदि कलाएं ही उसका स्वरूप हैं । यह न तो षट्चक्रों का भेदन करके ही जाना जाता है, अथवा अकारादि क्षकारान्त वर्णचक्र में विद्यमान अहंस्वरूप ही है और न कुण्डलिनी आदि शक्ति के स्वरूप को धारण करने वाला है । परीक्षा करने पर ऊपर बताये गये नवात्म प्रभृति सभी स्वरूप उस बोधभैरव का सही प्रतिनिधित्व नहीं करते, क्योंकि वह स्वात्मस्वरूप भैरव तो वस्तुतः अकथ्य है, अवर्णनीय है । उसको समझाने के लिये किसी न किसी कल्पना का सहारा लेना पड़ेगा । ऊपर वर्णित सभी स्वरूप इस तरह की कल्पनाओं के सहारे ही खड़े हैं । जैसा कि भट्ट उत्पल ने अपनी प्रत्यभिज्ञाकारिका में बताया है—

स्वातन्त्र्यामुक्तमात्मानं स्वातन्त्र्यादद्वयात्मनः ।
प्रभुरीशादिसंकल्पैर्निर्माय व्यवहारयेत् ॥ (१।५।१६)

इसका अभिप्राय यह है कि स्वातन्त्र्य अर्थात् अनन्यमुखप्रेक्षित्व (किसी भी कार्य को करते समय किसी भी तरह की सहायता के लिए किसी का भी मुंह न ताकना) आत्मा का सहज स्वभाव माना जाता है । अद्वयस्वभाव बोधभैरव अपने स्वातन्त्र्य के कारण अपने इस स्वभाव का परित्याग किये बिना ही मैं ईश्वर (भगवान्) या नित्य, विभु, स्वतन्त्र जीवात्मा

---

१. ०धकः–ख० ।

1. शिव और शक्ति के अर्थ में नाद और बिन्दु शब्दों के प्रयोग के विषय में उपोद्घात में सूक्ष्म विचार किया गया है ।

बनूं, इस तरह संकल्प अर्थात् अपनी विमर्श शक्ति के व्यापार से पूज्य-पूजक, ध्यातृ-ध्येय आदि स्वरूपों की कल्पना करके यह स्वरूप पूज्य है, ध्येय है और यह स्वरूप पूजक है, ध्याता है, इस तरह के नाना व्यवहारों की कल्पना करता रहता है ।

इसी सिद्धान्त के आधार पर भैरव का कहना है कि ऊपर बताए गये सभी स्वरूप उस परम तत्त्व को समझाने के लिये की गई केवल कल्पनाएं हैं ॥११-१२॥

[1]अप्रबुद्धमतीनां हि [१]एता बालबिभीषिकाः ।
मातृमोदकवत् सर्वं प्रवृत्त्यर्थमुदाहृतम् ॥१३॥

अप्रबुद्धमतीनां मूढमतीनाम्, एता नवात्मादिरूपणाः, बालबिभीषिका मिथ्याभिनिवेशादिप्रशमाय । बालो हि बिभीषिकाभिर्लाल्यत एव स्वमात्रा । यथा बालानामवस्त्वभिनिवेशो मिथ्याबिभीषिकाभिरपास्यते, तथा सांसारिककर्मानुष्ठाननिरतानां विषग्रहग्रह एतैर्बिभीषिकाप्रकारैरिति भावः । अथ चौषधादिभक्षणार्थं मात्रा मोदकं वा शर्करां वा दास्यामीति बालो लाल्यते । यथा माता मोदकदानेन बालं सत्कर्मणि प्रवर्तयति, तद्वत् शास्त्रैरपि सिद्धिसाधनप्रदर्शनेन भगवदाराधने जनः प्रवर्त्यते क्रमशः परभैरवभावमासादयितुम् ॥१३॥

यदि ये सब स्वरूप कल्पना मात्र हैं, तो फिर उन शास्त्रों में ऊपर बताये गये स्वरूपों का वर्णन क्यों किया गया है ? इस प्रश्न के उत्तर में भैरव कहते हैं कि तीव्र शक्तिपात से जिनकी बुद्धि अच्छी तरह से पवित्र नहीं हुई है, अतः उक्त रूपों में से ही किसी एक रूपकी उपासना में जो उन्मुख हैं, ऐसे ही लोगों के लिये यह नवात्म प्रभृति की उपासना उनकी बुरी प्रवृत्तियों तथा नाना अभिनिवेशों की शान्ति के लिये बाल-विभीषिका के रूप में विहित है । जैसे बच्चों की गलत जिद को झूठा डर दिखाकर माता शान्त कर देती है, उसी तरह सांसारिक कर्मों के अनुष्ठान में लगे व्यक्तियों की विषयासक्ति विभिन्न शास्त्रों में प्रदर्शित इन उपायों से दूर की जाती है । जैसे माता बालक को लड्डू अथवा मिठाई देकर दवा खिलाती है, उसी तरह से भाँति-भाँति की सिद्धियों के लिये भाँति-भाँति के साधन बताकर मनुष्य को भगवान् की आराधना में लगाया जाता है, जिससे कि वह धीरे-धीरे परभैरव अवस्था तक पहुँच सके ॥१३॥

[2]दिक्कालकलनोन्मुक्ता [२]देशोद्देशाविशेषिणी ।
व्यपदेष्टुमशक्यासावकथ्या परमार्थतः ॥१४॥

---

१. चै०–ख० । २. °नातीता–ख० स्प० । ३. °क्या सा न–ख० ।

1. यह श्लोक महार्थमंजरी की परिमल टीका (पृ० २३) में उद्धृत है ।

2. स्पन्दनिर्णय (पृ०२७) में इस श्लोक का 'दिक्कालकलनातीता' इतना अंश उद्धृत है ।

[1]अन्तःस्वानुभवानन्दा विकल्पोन्मुक्तगोचरा ।
याऽवस्था भरिताकारा भैरवी भैरवात्मनः ॥१५॥
तद्वपुस्तत्त्वतो ज्ञेयं विमलं विश्वपूरणम् ।

परभैरवस्यास्य परावस्था पूर्वापरादिदिक्षु वर्तमानादिकालेषु च कलनातीता, देशेन दूरासन्नादिना [2]उद्देशेन च इदन्तानिर्देश्येन न विद्यते विशेषो यस्यास्तादृशी देशाद्देशाविशेषिणी च विद्यते। अत एव परमार्थतो व्यपदेष्टुमुपदेष्टुमशक्या मध्यमाजल्पाविषया, अभिधित्सागोचरत्वाभावादकथ्या वैखर्याऽप्यव्यावर्णनीया। अन्तःस्वानुभवानन्दा अन्तररिति पूर्णाहन्तायां स्वानुभवः स्वप्रकाश आनन्द एव रूपं यस्यास्तादृशी स्वप्रकाशैकस्वरूपा। विकल्पोन्मुक्तगोचरा निर्विकल्पपरमार्था च पूर्णस्वरूपस्य भैरवस्य या भरिताकाराऽवस्था भरितोऽशेषविश्वाभेदचमत्कारमय आकारः स्वरूपं यस्याः सा तादृशी, अहमिति विश्रान्तिमयी भैरवी, तदेव तत्त्वतः परमार्थतो विमलं स्वात्मभित्त्याभासितजगदनाच्छादितं विश्वपूरणमशेषावभासकं वपुः स्वरूपं ज्ञेयम् न त्वन्यदाकृत्यादि ॥१४-१५॥

यदि ऊपर बताया गया स्वरूप सकल है, तो उस निष्कल स्वरूप को भी आप बताइये, जिससे कि मेरा परा शक्ति संबन्धी संशय भी दूर हो सके? देवी के इसी संशय को दूर करने के अभिप्राय से भैरव कहते हैं कि पर भैरव की यह परावस्था पूर्व-पश्चिम प्रभृति सभी दिशाओं में और वर्तमान आदि सभी कालों में कलना से शून्य है; दूर, आसन्न (निकट) आदि देश और इसका यह नाम है, इस तरह के उद्देश (व्यवहार) से इसमें किसी विशेषता का आधान नहीं हो पाता, देश और काल आदि विशेषणों से सीमित करके उसको बताया नहीं जा सकता। वस्तुतः इसके स्वरूप को समझा पाना इसलिये कठिन है कि न तो इसका मध्यमा वाणी में ही स्फुरण होता है और न वैखरी वाणी से ही इसका वर्णन किया जा सकता है। अर्थात् दिशा, काल, देश, नाम, रूप आदि से परिच्छिन्न न होने से इस परावस्था के स्वरूप को वाणी के माध्यम से समझा पाना बडा कठिन है। इसका अनुभव तो पूर्णाहन्ता का विकास होने पर अपने भीतर अपने आप प्रकाशित हो रहे आनन्द के रूप में होता है। इसका यह स्वरूप सभी तरह की कल्पनाओं से, नाम-रूप, क्षणिकता आदि उपाधियों से रहित होने से निर्विकल्प अत एव वास्तविक है। पूर्णस्वरूप बोध-भैरव की यह अवस्था सारे विश्व में अहमाकार में सर्वत्र भरी हुई है, व्याप्त है। वस्तुतः यही विमल (निर्मल) अर्थात् स्वात्मभित्ति में आभासित हो रहे जगत् के दोषों से अनाच्छादित (असंयुक्त) रह कर विश्व का पूरक, अर्थात् सारे जगत् का प्रकाशक, निष्कल स्वरूप उस परावस्था में प्रकट होता है। इससे भिन्न इसकी कोई आकृति नहीं मानी जाती ॥१४-१५॥

---

1. शिवसूत्रविमर्शिनी (पृ० ६२) में 'अन्तःस्वानु०' इत्यादि तीन पंक्तियाँ उद्धृत हैं।
2. "तत्र नामधेयेन पदार्थमात्रस्याभिधानमुद्देशः" (न्या० भा० १।१।३)।

एवंविधे परे तत्त्वे कः पूज्यः कश्च तृप्यति ॥१६॥

एवंविधे निष्कले परे तत्त्वेऽहमात्मनि परभैरवस्वरूपे सति कः पूज्यः कश्च तृप्यति ? कस्यचनान्यस्य पूज्यस्य तर्पणीयस्य चाभावात् पूज्यपूजकपूजानां तर्पकादीनां च चिदानन्दैकघनपरमार्थत्वात् सर्वमपि क्रियाडम्बरं व्यर्थमेवेति भावः ॥१६॥

इस प्रकार निष्कल परस्वरूप का विवेचन करने के उपरान्त पूर्व प्रतिपादित कर्मकाण्ड के आडम्बरों की व्यर्थता का यहाँ भैरव पुनः समर्थन करते हैं कि अहमात्मक परभैरव स्वरूप की इस निष्कलावस्था में कौन पूज्य होगा और उस पूजा से कौन तृप्त होने वाला है ? अर्थात् साधक के अपने स्वात्मस्वरूप से अतिरिक्त कोई पूजनीय और तर्पणीय तत्त्व नहीं है, क्योंकि पूज्य, पूजक और पूजा तथा तर्पक, तर्पणीय, तर्पण प्रभृति सभी स्वरूप परमार्थतः चिदानन्दघन परम तत्त्व की ही विभिन्न अवस्थाएँ हैं । इस स्थिति में कर्मकाण्ड का यह सारा आडम्बर व्यर्थ है ॥१६॥

एवंविधा भैरवस्य याऽवस्था परिगीयते ।
सा परा पररूपेण परा देवी प्रकीर्तिता ॥१७॥

एवंविधा उपरि वर्णितप्रकारा भैरवस्य या निष्कलस्वरूपा अवस्था परिगीयते शास्त्रेषु, सैषा पररूपेण परा प्रकृष्टा सती परा देवीति प्रकीर्तिता कथिता ॥१७॥

परा भट्टारिका संबन्धी संशय की पूर्णतः निवृत्ति के लिये भैरव अब उसके स्वरूप का स्पष्ट निरूपण करते हुए कहते हैं कि ऊपर वर्णित भैरव की जिस निष्कल अवस्था का शास्त्रों में गुणगान किया गया है, वस्तुतः वह भैरव से भिन्न नहीं है । यद्यपि कभी-कभी इनके स्वरूप का विश्लेषण करते समय इनमें परस्पर भेद का निरूपण भी किया जाता है, किन्तु यह वास्तविकता नहीं है । अतः बोध-भैरव के इस उत्कृष्ट निष्कल परस्वरूप से अभिन्न स्वरूप वाली यह परा देवी केवल नाम से ही परा नहीं है, किन्तु अपनी प्रकृष्टता के आधार पर भी परा कहलाती है ॥१७॥

[1]शक्तिशक्तिमतोर्यद्वदभेदः सर्वदा[2] स्थितः ।
अतस्तद्धर्मधर्मित्वात् परा शक्तिः परात्मनः ॥१८॥

भैरवस्य इयमवस्था तस्य स्वरूपमेव । शक्तिस्वरूपा इयमवस्था शक्तिमतो भैरवादभिन्नैव । शक्तिः सामर्थ्यं विश्वनिर्माणकारि, तद् भैरवस्वरूपमेव । यतो हि शक्तिशक्तिमतोः सदा अभेदः स्वीक्रियते, अतः शक्तिमतो भैरवस्य संबन्धिभिः सर्वज्ञता-सर्वकर्तृता-सर्वात्मतादिभिर्धर्मैर्धर्मिणी परस्य चिदानन्दैकघनस्यात्मन इयं शक्तिः परेति प्रकीर्त्यते ॥१८॥

---

१. °स्मा°–ख० ने० । २. संव्यवस्थितः–ने० ।

1. यह श्लोक नेत्रतन्त्र (भा० २, पृ० ४४ और २७३) की उद्योत टीका में क्षेमराज द्वारा उद्धृत है ।

यहाँ शंका उठती है कि भैरव की ऊपर बताई गई यह अवस्था जब उसका स्वरूप ही है, काल आदि से परिच्छिन्न कोई दशाविशेष नहीं, तो ऐसी अवस्था में भैरव ही भैरवी कहलावेगा ? इस आपत्ति को स्वीकार करते हुए भैरव कहते हैं कि यह बात सही है कि भैरव की यह परावस्था उसका स्वरूप ही है। शक्तिस्वरूप यह परावस्था शक्तिमान् भैरव से अभिन्न है। शक्ति सामर्थ्य को कहते हैं। यह सामर्थ्य सारे जगत् का निर्माण करने वाले भैरव का ही स्वरूप है। शक्ति और शक्तिमान् में सदा अभेद माना जाता है, अतः शक्तिमान् भैरव से संबद्ध सर्वज्ञता, सर्वकर्तृता, सर्वात्मता प्रभृति धर्मों से संवलित होने से धर्मिणी यह शक्ति चिदानन्दघनस्वरूप पर आत्मा (भैरव) से अभिन्न होने से परा (भैरवी) कहलाती है ॥१८॥

न[1] वह्नेर्दाहिका शक्तिर्व्यतिरिक्ता विभाव्यते ।
केवलं ज्ञानसत्तायां[1] प्रारम्भोऽयं प्रवेशने ॥१९॥

यथा वह्नेर्दाहिका शक्तिस्ततो व्यतिरिक्ता भिन्ना न विभाव्यते विचार्यापि नोपलभ्यते, तथेयं परा शक्तिरपि शक्तिमतो भैरवान्नैव कदाचिद् भिन्ना प्रतिभाति। केवलं ज्ञानसत्तायां वह्निजिज्ञासोर्वह्निज्ञप्तौ यत् प्रवेशनं तत्र, अयमिति दाहशक्त्यात्मा वह्निस्वभावः प्रारम्भः, तन्मुखेन पाचकत्वाद्यनन्तशक्त्यात्मशक्तिमत्स्वरूपावगतेः। तथेयं परा शक्तिरपि भवति। तन्मुखेन हि भैरवसांमुख्यं स्यादिति भावः ॥१९॥

इस बात को दृष्टान्त देकर समझाते हैं कि जैसे आग से उसकी दाहिका शक्ति, जलाने की ताकत, विचार पूर्वक देखने पर भी कभी अलग नहीं होती, उसी तरह से यह परा शक्ति भी शक्तिमान् परभैरव से कभी जुदी नहीं दिखाई पड़ती। यह शक्ति तो शक्तिमान् की सत्ता की जानकारी और उसके वास्तविक स्वरूप में प्रवेश पाने के प्राथमिक उपाय के रूप में वर्णित है। इसका अभिप्राय यह है कि जैसे यदि किसी को आग का स्वरूप जानने की इच्छा है तो वह उसकी दाह शक्ति के पास जाता है और सब से पहले उसकी जलाने की ताकत को पहचानता है, बाद में अग्नि के पाचकत्व आदि अनन्त व्यापारों को भी समझ लेता है, उसी तरह इस शक्ति के माध्यम से ही उस परभैरव के स्वरूप का ज्ञान कराने वाले मार्ग में प्रवेश पाया जा सकता है ॥१९॥

[2]शक्त्यवस्था[2]प्रविष्टस्य निर्विभागेन भावना ।
तदासौ शिवरूपी स्यात् शैवी मुखमिहोच्यते ॥२०॥

---

१. °याः—ई० । २. °स्थां—स्प० ।

1. इस श्लोक को अभिनवगुप्त ने ईश्वरप्रत्यभिज्ञाविवृतिविमर्शिनी (भा० १, पृ० २८७) में उद्धृत किया है।

2. स्पन्दनिर्णय (पृ० ७२) और शिवस्तोत्रावली की व्याख्या (पृ० ६४) में क्षेमराज द्वारा यह पूरा श्लोक उद्धृत है। इसके अतिरिक्त इस श्लोक का "शैवी मुखमिहोच्यते" इतना अंश शिवस्तोत्रावलीव्याख्या (पृ० ११०), तन्त्रालोकविवेक (भा० १,

पराशक्तिरूपामवस्थां यदा प्रविशति वक्ष्यमाणोपायैः समाविशति उपदेश्योऽणुः, तदास्य निर्विभागेन भावना भवति, शक्तेः शिवावेशात्। तदा स लब्धशाक्तबलः प्रशस्ततमशिवस्वरूपो भवत्येव, यत् शिवस्येयं शैवी शक्तिः, मुखं प्रवेशोपायद्वारमिहागमेषूच्यते। यथा हि वक्त्रेणैवायमिति लभ्यते, तथा शक्त्यैव शिवोऽयमिति व्यपदेश इति भावः ॥२०॥

शक्ति के माध्यम से पर भैरव के स्वरूप का ज्ञान किस तरह से होता है, इस बात को उदाहरण देकर समझाया जा रहा है कि आगे बताए गए उपायों से यह उपदेश का पात्र जीव जब परा शक्ति स्वरूप अवस्था में प्रवेश पाता है, उसके साथ एकाकार हो जाता है, तब उसमें निर्विभाग भावना उत्पन्न होती है, अर्थात् शक्ति और शिव में उसकी विभाग-दृष्टि, भेद-दृष्टि लुप्त हो जाती है। उस समय शाक्त बल की उपलब्धि के कारण साधक शिव-स्वरूप हो जाता है, क्योंकि आगमों का कहना है कि शिव की यह शैवी शक्ति शिव के उस परम सुन्दर स्वरूप में प्रवेश पाने का द्वार है। जैसे मुंह देखने से किसी व्यक्ति की पहचान होती है, उसी तरह शक्ति को देखकर अर्थात् परा शक्ति को जानकर उसके माध्यम से शिव को पहचाना जाता है। इसलिए यह शैवी शक्ति शिव का मुख कहलाती है। इस शक्ति के बिना शिव में नाम, धाम आदि की कल्पना नहीं की जा सकती। जैसा कि वामकेश्वरतन्त्र (नित्याषोडशिकार्णव) में कहा गया है—

शक्त्या विना शिवे सूक्ष्मे नाम धाम न विद्यते (४।७)।

इस पूरे ग्रन्थ का अभिप्राय यह है कि परा शक्ति की सहायता से ही व्यक्ति शक्ति और शिव में अभिन्नता देख पाता है कि वस्तुतः इनका स्वरूप एक ही है। जब यह अभेद-बोध जाग उठता है, तब परावस्था ही बच रहती है, शिव और शक्ति उसी में विलीन हो जाते हैं। इस स्थिति को यहाँ बोध(विज्ञान)भैरव दशा कहा गया है ॥२०॥

[1]यथाऽऽलोकेन दीपस्य किरणैर्भास्करस्य च[1]।
ज्ञायते दिग्विभागादि तद्वच्छक्त्या शिवः[2] प्रिये[3] ॥२१॥

---

१. वा—ख० स्व० त०। २. °वस्य च—ख०। ३. श्रितः—स्व०।

आ० १, पृ० ७, ११५; भा० २, आ० ३, पृ० १७१, १८८; भा० ४, आ० ६, पृ० २०३; भा० ११, अ० २९, पृ० १६३), स्पन्दकारिकाविवृति (पृ० ५४), नेत्रतन्त्रोद्योत (भा० १, पृ० २०, १९२), ईश्वरप्रत्यभिज्ञाविवृतिविमर्शिनी (भा० १, पृ० २८७), स्वच्छन्दोद्योत (भा० २, प० ४, पृ० १८७; भा० 5B, प० १०, पृ० ५३४), महार्थमंजरीपरिमल (पृ० ९६) में देखा जाता है।

1. यह श्लोक स्वच्छन्दतन्त्र (भा० २, प० ४, पृ० २१२) की टीका में क्षेमराज द्वारा तथा तन्त्रालोकविवेक (भा० १, आ० १, पृ० २२९) में जयरथ द्वारा उद्धृत है।

हे प्रिये, यथा दीपस्य शिखात्मन आलोकेन प्रकाशेन, भास्करस्य च किरणैः मरीचिभिरेवात्मीयैः, दिग्विभागसंनिवेशादि ज्ञायते, तद्वत् स्फुरत्तारूपया स्वशक्त्यैव शिवः स्वात्मा ज्ञायते प्रत्यभिज्ञायते ॥२१॥

इसी विषय को दो अन्य स्पष्ट उदाहरणों की सहायता से समझाया जाता है—हे प्रिये, जैसे दीपक की अपनी लौ के प्रकाश से और सूर्य की ही किरणों से सारी दिशाएँ और उनमें विद्यमान सभी वस्तुएँ जानी जाती हैं, उसी तरह से स्फुरत्ता[1] स्वरूप अपनी शक्ति से ही स्वात्मस्वरूप शिव का लाभ, अवभास अर्थात् प्रत्यभिज्ञा (पहचान) हो जाती है। इसका अभिप्राय: यह है कि जैसे दीपक की लौ दीपक से भिन्न नहीं है, सूर्य की किरणें सूर्य से भिन्न नहीं हैं, उसी तरह शक्ति भी शिव से भिन्न नहीं है। दीपक की लौ से और सूर्य की किरणों से जैसे दिग्विभाग (भिन्न-भिन्न दिशा) आदि का ज्ञान होता है, उसी तरह से शक्ति की सहायता से इस जागतिक प्रपंच का ज्ञान होता है। जैसे दीपक को देखने के लिए दूसरे दीपक की और सूर्य के लिए दूसरे सूर्य की आवश्यकता नहीं रहती, किन्तु अपनी ही लौ और अपनी ही किरणों से जैसे ये भासित होते हैं, उसी तरह से अपनी इस शक्ति की सहायता से ही अपना यह स्वरूप पहचान लिया जाता है ॥२१॥

श्रीभैरवी[1] उवाच

देवदेव त्रिशूलाङ्क कपालकृतभूषण ।
दिग्देशकालशून्या च व्यपदेशविवर्जिता ॥२२॥
याऽवस्था[2] भरिताकारा भैरवस्योपलभ्यते ।
कैरुपायैर्मुखं तस्य[3] परा देवी कथं भवेत् ॥
यथा सम्यगहं वेद्मि तथा मे[4] ब्रूहि भैरव ॥२३॥

---

१. °देवी–क० । २. शक्तिर्भ°–ख० । ३. °स्याः–ख० । ४. ब्रूहि मम प्रभो–ख० ।

1. बीज से जैसे अंकुर स्फुरित होता है, उसी तरह से शिव से यह सारा जगत् निकलता है। बीज मिट्टी-पानी आदि सहकारी कारणों का संयोग होने पर ही प्रस्फुटित होता है। सहकारी कारणों के सम्पर्क में आने के साथ ही बीज में स्पन्दन होने लगता है और वह अंकुर के रूप में परिणत हो जाता है। किन्तु शिव को किसी सहकारी कारण की आवश्यकता नहीं पड़ती। स्वेच्छा से जब उसमें स्पन्दन होने लगता है, तो वह अपनी इस स्पन्द शक्ति के माध्यम से जगत् के रूप में परिणत होता है। इसी व्यापार को स्फुरत्ता कहते हैं। यह स्फुरत्ता जैसे शिव को परिमित प्रमाता बना देती है, उसी तरह से स्वात्मस्वरूप की प्रत्यभिज्ञा भी इस स्फुरत्ता शक्ति से ही निष्पन्न होती है। "सा स्फुरत्ता महासत्ता" (१.५.१४) इस प्रत्यभिज्ञाकारिका में स्फुरत्ता को ही महासत्ता, स्पन्दतत्त्व आदि नामों से जाना गया है।

एवं परास्वरूपे निर्णीते तदुपलब्ध्युपायजिज्ञासया श्रीदेव्युवाच—हे देवदेव देवानां ब्रह्माद्यनाश्रितान्तानां देव स्वामिन्, त्रिशूलाङ्क स्वातन्त्र्यशक्तिस्फारितेच्छाद्यरात्रयात्मकत्रिशूलधारिन्, कपालकृतभूषण समस्तवाच्यवाचकात्मकजगत्खण्डरूपकपालैश्चैतन्यस्वातन्त्र्याभिव्यञ्जकत्वात् कृतभूषण भ्राजमानानाच्छादितस्वरूप! भैरवस्य 'दिक्काल' (श्लो० १४) इत्यादिनाऽनुपदमुपदिष्टा दिग्देशकालशून्या व्यपदेशविवर्जिता भरिताकारा या अवस्था उपलभ्यते, सा परा देवी कथं ज्ञाता भवेत्? कैश्चोपायैः सा तस्य भैरवस्य 'शैवी मुखम्' (श्लो० २०) इत्यत्र प्रतिपादितं मुखं भवेत्? उपायैरिति बहुवचनमुपलब्धुरणोः प्राणदेहबुद्धिशून्याश्रयोच्चारकरणध्यानवर्णस्थानकल्पनाभेदात्, सार्वात्म्यभावनादिशुद्धविकल्पनानात्वात्, अविकल्पोपायवैचित्र्याच्च आणव-शाक्त-शाम्भवोपायनानात्वं कटाक्षयति। हे भैरव, एतत्सर्वं यथा अहं सम्यक् प्रकारेण जानामि तथा मे वद ॥२२-२३॥

इस तरह से परा देवी के स्वरूप का निर्णय हो जाने पर श्रीदेवी उस स्वरूप की प्राप्ति के उपाय को जानने के अभिप्राय से पूछती है—हे देवदेव ! ब्रह्मा से लेकर अनाश्रित पर्यन्त सभी देवताओं के स्वामी, हे त्रिशूलाङ्क! स्वातन्त्र्य शक्ति के विस्फार (विस्तार) स्वरूप इच्छा, ज्ञान और क्रिया—इन तीन शक्तियों के फलक वाले त्रिशूल को धारण करने वाले, हे कपालकृतभूषण ! समस्त वाच्यवाचकात्मक जगत्खण्ड रूप कपाल में चैतन्य और स्वातन्त्र्य की अभिव्यक्ति करने वाले अत एव सर्वत्र प्रकाशमान, निरावरण स्वरूप वाले हे खप्परधारी भैरव ! पूर्व पश्चिम आदि दिशा, दूर-आसन्न (पास) आदि देश, वर्तमान प्रभृति काल के परिच्छेद (इयत्ता) से रहित, नाम-रूप आदि से असंस्पृष्ट, परिपूर्ण स्वरूप वाली भैरव की जो अवस्था उपलब्ध होती है, जिसका कि वर्णन 'दिक्काल' (श्लो० १४) इत्यादि के द्वारा पहले भी किया जा चुका है, वह परा देवी कैसे जानी जा सकती है ? और किन उपायों से वह 'शैवी मुखम्' (श्लो० २०) इत्यादि से प्रतिपादित शिवावस्था में प्रवेश का द्वार बन सकती है ? उसका दर्शन किन उपायों से किया जा सकता है ? इस बात को आप विस्तार से समझावें। उपाय शब्द में बहुवचन इस अभिप्राय से लगाया गया है कि अपने स्वरूप की उपलब्धि में लगा जीव प्राण, देह, बुद्धि और शून्य में उच्चार, करण, ध्यान, वर्ण और [1]स्थानकल्पना के माध्यम से आणव उपाय का, सार्वात्म्य भावना प्रभृति शुद्ध विकल्पों के सहारे शाक्त उपाय का और निर्विकल्पात्मक नाना प्रकार के शाम्भव उपाय का सहारा लेकर अपने सही स्वरूप को पहचान सके। देवी के प्रश्न का अभिप्राय यह है कि जिन उपायों का सहारा लेकर मैं परा देवी और बोध(विज्ञान)भैरव के स्वरूप को ठीक से समझ सकूँ, उनको आप विस्तार से मुझे बताइये ॥२२-२३॥

---

1. इन पारिभाषिक शब्दों की व्याख्या उपोद्घात में 'त्रिविध उपाय और समावेश' शीर्षक के अन्तर्गत देखनी चाहिये।

[धारणा–१]

श्रीभैरव उवाच

[1]ऊर्ध्वे प्राणो ह्यधो जीवो विसर्गात्मा परोच्चरेत् ।
उत्पत्तिद्वितयस्थाने भरणाद् भरिता[1] स्थितिः ॥२४॥

योऽयमूर्ध्वं इति हृदो द्वादशान्तं यावद् वहन् प्राणः, यश्चाधो जीवो द्वादशान्ताद् हृदन्तमपानः, एषा परा देवी उच्चरेत् सततं स्वयमुच्चरन्ती स्थिता। कीदृशी ? विसर्गात्मा विसर्गोऽन्तर्बहिर्भावकरणरूपो विमर्श आत्मा यस्याः सा अप्राणाद्यशाक्त-स्पन्दोन्मेषा, तदाच्छुरणेन विना नियतप्राणप्रवाहायोगात् । यत एवमत उत्पत्तिद्वितयस्य बाह्याभ्यन्तरोत्पादद्वयस्य यत् स्थानं हृद् द्वादशान्तश्च, तत्र भरणादिति नित्योन्मिष-दाद्यस्फुरत्तात्मभैरवीयशक्त्युपलक्षणात्, भरिता स्थितिः भैरवस्वरूपाभिव्यक्तिर्भवति ।

अथवा ऊर्ध्वे द्वादशान्ते प्राणः प्राणनरूपो जीवनाख्यश्चित्तवृत्तिविशेषः संस्थाप्यः । अधश्च हृदि हृदयस्थाने जीवोऽपानः, जीव्यतेऽनेनेति जीवः, भक्षणपानादेरधोमार्गप्रस-रणाज्जीव इत्युच्यते तदुपाधिमान्, अत एव जीव इति । विसर्गात्मा अन्तर्बहिर्भावकरण-रूप आत्मा यस्य । तेनापि परैव उच्चारमायाति अहमित्यन्तश्चक्रारूढा, एतयोर्द्वयो-र्विभेदापत्त्या अहमिति प्रकाशनात् । उत्पत्तौ द्वादशान्ते द्वितीये हृदि च धारणात् । तत्र स्थित्या भरितस्थितिः स्यादेवेति सर्वोपाधिविस्मरणादहमिति विमर्शवान् स्यादिति भावः ॥२४॥

इस तरह से देवी के द्वारा पूछे गये परा देवी के स्वरूप को पहचानने के लिए उपाय के रूप में क्रमशः एक के बाद दूसरी ११२ धारणाओं का निरूपण करते हुए भगवान् भैरव कहते हैं—ऊपर हृदय से द्वादशान्त[2] तक जाने वाला प्राण और नीचे

---

१. °त°–ख० त० ।

1. तन्त्रालोकविवेक (भा० १. आ० १, पृ० १४३) में इस श्लोक का 'भरणाद् भरितस्थितिः' इतना अंश मिलता है ।

2. प्राण और अपान की गति जिस स्थान पर जाकर रुक जाती है, उसको द्वादशान्त कहते हैं । बाह्य और आन्तर, शिव द्वादशान्त और शक्ति द्वादशान्त के भेद से इसकी कई स्थानों में स्थिति मानी गई है । प्राण और अपान के विसर्ग और पूरण व्यापार के द्वारा प्राणी का शरीर आप्यायित होता रहता है । ४९ वें श्लोक में द्वादशान्त पद का अर्थ शून्यातिशून्य मध्यधाम, अर्थात् सुषुम्ना नाडी किया गया है । तन्त्रालोक (५।७१) में सभी नाडियों के अग्रभाग में द्वादशान्त की स्थिति मानी गई है । विभिन्न श्लोकों की व्याख्या में इन शब्दों की चर्चा आई है । उपोद्घात में भी इन पर विचार किया जायगा ।

द्वादशान्त से हृदय तक आने वाला जीव नामक अपान, यह परा देवी का उच्चारण है, स्पन्दन है। परा देवी ही स्वयं इसका निरन्तर उच्चारण करती रहती है, अर्थात् प्राण और अपान के रूप में स्पन्दित होती रहती है। यह परा देवी विसर्ग-स्वभाव है। अर्थात् आन्तर और बाह्य भावों की सृष्टि करना ही इसका स्वरूप है। यह परा देवी "अबिन्दुमविसर्गं च" (८८ श्लो०) इत्यादि कारिका में आगे वर्णित होने वाले अशाक्त स्पन्द अर्थात् शैव सृष्टि के प्रथम स्पन्द अकार से उन्मिषित होती है, स्वरूप-लाभ करती है। क्योंकि उससे जब तक इसका संपर्क नहीं होता, तब तक प्राण का प्रवाह नियमित रूप से नहीं चल सकता। "प्राणापानमयः प्राणो विसर्गापूरणं प्रति" (७।२५) इत्यादि स्थल में स्वच्छन्दतन्त्र में इसी बात को विस्तार से समझाया गया है। इस स्थिति में बाह्य और आन्तर विषय प्राण और अपान की सृष्टि के स्थान हृदय और द्वादशान्त में नित्य उन्मिषित हो रही प्रथम स्फुरत्तास्वरूप भैरव की शक्ति की भावना करने से योगी में भैरव स्वभाव की अभिव्यक्ति हो जाती है, उसका भैरव स्वरूप प्रकट हो जाता है।

अथवा ऊपर द्वादशान्त में प्राण की स्थापना करनी चाहिये, जो कि प्राणन रूप अर्थात् जीवन रूप चित्त की एक वृत्ति है। नीचे हृदय में जीव उपाधि वाले अपान को स्थापित करना चाहिये। इसको जीव इसलिए कहा जाता है कि अपान वायु खाई गई अथवा पी गई वस्तु को नीचे के मार्ग में ले जाता है। इसी उपाधि के कारण इसको जीव कहते हैं। अन्दर आना और बाहर जाना जिसका स्वरूप है, स्वभाव है, प्राण वृत्ति का यह स्वाभाविक व्यापार ही परा शक्ति का उच्चारण, स्पन्दन है, जो कि शरीर के भीतर निरन्तर चल रहे 'अहम्' चक्र में अपना स्थान बनाए हुए है। उक्त दोनों स्थितियों का जब अलग-अलग चिन्तन होता है, तभी 'अहम्' तत्त्व प्रकाशित होता है, उत्पन्न होता है। वह द्वादशान्त और हृदय में अवस्थित रहता है। इस स्थिति के कारण साधक को भरित (भरी-पूरी = सम्पूर्ण स्वरूप लाभ की) स्थिति प्राप्त हो जाती है। अर्थात् सभी तरह की उपाधियों का विस्मरण हो जाने से 'अहम्' यह विमर्श, अर्थात् 'मैं ही भैरव हूँ' इस तरह की प्रत्यभिज्ञा निश्चित रूप से हो जाती है।

ऊपर प्रथम अनुच्छेद में बताये गये अर्थ के अतिरिक्त शिवोपाध्याय ने इस श्लोक के पाँच अन्य अर्थ भी किये हैं, जो कि क्रमशः इस प्रकार हैं—

ऊपर अर्थात् सभी इन्द्रियों के प्रसार के मार्ग में प्राण वायु विषयों का आप्यायक है, यह सूक्ष्म प्राण के रूप में निरन्तर स्पन्दन करता रहता है और बाह्य विषयों का बोध कराता है। नीचे जीव इन सभी विषयों में अपान के रूप में प्रविष्ट होता है। इन दोनों स्थितियों में परा शक्ति ही निरन्तर प्रकाशित होती रहती है। इस लिये ग्राह्य की उत्पत्ति की जगह हृदय और ग्राहक की उत्पत्ति के स्थान द्वादशान्त में, जहाँ कि उसका प्रमेय से सम्पर्क होता है, शक्ति की भरित अवस्था का ध्यान करने पर साधक भैरव स्वरूप हो जाता है।

ऊपर, जहाँ कि प्राण और अपान का उन्मेष होता है, समस्त वाचक शब्दों का अनुप्राणक अकार रहता है और नीचे, सबके अन्त में जीव अर्थात् सकार की स्थिति रहती है।

इस तरह से प्राण और जीव पद से यहाँ अकारादि सकारान्त मातृका के वर्णों का बोध होता है। विसर्ग स्वभाव के अपने एक भाग में हकार कला को धारण करने वाली नाद रूपा यह परा देवी मातृका चक्र के क्रम से समस्त वाच्य-वाचकात्मक जगत् को लाँघ कर, अपने प्रकाश से समस्त भेद दृष्टि को दबाकर स्फुरित होती है। इस लिये उक्त दोनों उत्पत्ति स्थानों में, हृदय और द्वादशान्त में, अकार और हकार का परामर्श करने से शिव और शक्ति का सामरस्य हो जाने पर साधक भैरव-स्वरूप में समाविष्ट हो जाता है।

'ऊर्ध्व' पद का अर्थ है उत्कृष्ट प्राण, क्योंकि इच्छा, ज्ञान और क्रिया शक्ति का इसी में विस्तार होता है और उसी से यह सारा विश्व अनुप्राणित है। 'अधः' पद का अर्थ है इदन्ता परामर्श का विषय होकर निकृष्ट दशा को प्राप्त हुआ जीव, क्योंकि इच्छा के विषय ज्ञेय वर्ग का यह कार्य बन जाता है। सोमरूप आप्यायक शक्ति संसारी जीवों की स्थिति का कारण बनती है। यह शक्ति परा, परापरा और अपरा शक्तियों के रूप में स्फुरित होती हुई विश्व से अभिन्न रूप में सदा भासित होती रहती है। इस लिये उत्पत्ति स्थल अर्थात् प्रमेय पद में, द्वितय शब्द वाच्य प्रकाश्य-प्रकाशक के सामरस्य रूप प्रमाण पद में तथा प्रमेय[1] और प्रमाण की जहाँ विश्रान्ति होती है, उस प्रमातृ पद में भरण से अर्थात् परा भट्टारिका स्वरूप तुरीय में आनन्द से आप्यायित हो जाने से साधक में भैरव दशा की अभिव्यक्ति हो जाती है।

अथवा ऊर्ध्व पद का अर्थ है माया पर्यन्त अध्वा के ऊपर, प्राण का अर्थ है इनका अनुप्राणक शुद्ध और अशुद्ध अध्वा में व्याप्त शिव-शक्ति तत्त्व। इसके नीचे जीव का स्थिति है, जिसने कि माया प्रभृति तत्त्वों की अधीनता स्वीकार कर ली है और मनुष्य नाम से अभिहित होता है। यही आत्मतत्त्व कहलाता है। इन सब स्वरूपों में शिव की परात्मिका स्वातन्त्र्य शक्ति ही स्पन्दित होती रहती है। उत्पद्यमान शुद्ध और अशुद्ध दोनों मार्गों में पर शक्ति की इस व्याप्ति के कारण ही सब सब कुछ है, इस भावना के अभ्यास से जगत् के समस्त पदार्थों के साथ सामरस्य की स्थिति प्राप्त हो जाने पर साधक को भरितावस्था प्राप्त हो जाती है।

अन्तिम अर्थ यह है—अनुत्तर, अकुल स्वरूप चिद्धाम से स्वयं उन्मिषित होने वाले हकार की स्थिति ऊपर और नीचे विसर्जनीय अनुप्राणित विसर्गस्वरूप जीव की, सकार की स्थिति रहती है। हान और समादान, त्याग और ग्रहण की प्रक्रिया के आधार पर इस हंस

1. "त्रिषु चतुर्थं तैलवदासेच्यम्" (३।२०) इस शिवसूत्र में प्रमाता, प्रमाण और प्रमेय दशाओं में तथा जाग्रत्, स्वप्न और सुषुप्ति अवस्थाओं में चतुर्थ शिवपद (शुद्ध प्रमाता) तथा तुरीय अवस्था के आसेचन की बात कही गई है। जल पर तेल गिराने से जैसे वह चारों तरफ फैल जाता है, उसी तरह से उक्त तीनों स्थितियों में चतुर्थ दशा का आसेचन करने से (फैला देने से) साधक शिव-स्वरूप का, तुरीय अवस्था का सभी स्थानों और अवस्थाओं में साक्षात्कार करने लगता है।

मन्त्र का उच्चारण, जो कि 'अजपा जप'[1] के नाम से प्रसिद्ध है, परा शक्ति स्वयं ही करती हैं। इसीलिये 'मैं वह शिव हूँ' इस तरह के अपने स्वरूप का परिचय यहाँ प्राप्त होता है। इस स्थिति में हकार और सकार इन दोनों की उत्पत्ति के स्थल में, अर्थात् हकार की उत्पत्ति के स्थान हृदय और सकार की उत्पत्ति के स्थान द्वादशान्त में भरण से, अर्थात् उन वर्णों के स्वरूप का चिन्तन करने से, शाक्त बल की प्राप्ति होती है और अन्त में साधक भैरव-स्वरूप हो जाता है।

ऊपर बताई गई छः व्याख्याओं में से पहली और दूसरी व्याख्या के अनुसार अविकल्प स्वरूप के चिन्तन से साधक शाम्भव समावेश में, चौथी और पांचवीं व्याख्या के अनुसार सब कुछ अपना ही स्वरूप है, इस तरह की भावना के आधार पर शुद्ध विकल्प का चिन्तन करने से शाक्त समावेश में एवं तीसरी और छठी व्याख्या के अनुसार धारणा में वर्णविशेष के परामर्श की प्रधानता के आधार पर आणव समावेश में समाहित होता है। इन त्रिविध समावेशों का वर्णन मालिनीविजयोत्तर तन्त्र में 'उच्चारकरण' (२।२१-२३) इत्यादि तीन श्लोकों में किया गया है। उपोद्घात में इस विषय पर विशेष प्रकाश डाला जायगा। इस प्रथम धारणा में और आगे दी जा रही सभी धारणाओं में शाम्भव, शाक्त और आणव उपायों में से किसी एक का सहारा लेकर ही योगी अनुपाय प्रक्रिया में प्रविष्ट होता है या कभी-कभी बिना इनका सहारा लिये भी अपने स्वरूप में समाविष्ट हो जाता है, इस बात का विशेष विवेचन भी हम वहीं करेंगे। आवश्यकता के अनुसार श्लोकों की व्याख्या के प्रसंग में भी इनका संक्षिप्त उल्लेख हो सकता है ॥२४॥

[धारणा–२]

मरुतोऽन्तर्बहिर्वाऽपि वियद्युग्मानि[1]वर्तनात्।
भैरव्या[2] भैरवस्येत्थं भैरवि व्यज्यते वपुः ॥२५॥

हे भैरवि, मरुतः प्राणस्यापानस्य च, अन्तर्बहिश्च यद् वियद्युग्मं हृदाकाशो द्वादशान्तश्च यद् वियद्द्वयम्, ततोऽनिवर्तनात् प्रत्यावर्तनाभावेन क्षणमात्रमन्तर्मुखत्वेनावस्थानात् प्राणापानयोर्द्वयोरस्तंगतत्वात्, भैरवीस्वरूपस्य भैरवस्य परमात्मनः, वपुः शरीरं स्वरूपमिति यावत्। धर्मिधर्मात्मकत्वेन शिवशक्तिद्वैधं प्रकाशविमर्शस्वरूपं परमार्थत एकमेव तत्त्वं व्यज्यते प्रकाशते, प्रकटीभवति। 'अनुवर्तनात्' इति पाठे अनुन्मेषनिमेषणादित्यर्थः ॥२५॥

हे भैरवि, प्राण और अपान नामक पवन के आधारभूत स्थान आन्तर आकाश हृदय और बाह्य आकाश द्वादशान्त से प्रत्यावृत्ति के अभाव में एक क्षण के लिये उसकी वृत्ति

---

१. °नु°–ख०। २. °वं–ख०।

1. आगे १५१ संख्या के श्लोक की व्याख्या में इस विषय पर विस्तार से विचार किया जायगा।

अन्तर्मुख हो जाती है। तब ऐसी प्रतीति होती है मानों प्राण और अपान कहीं विलीन हो गये हैं। इस स्थिति को इस शास्त्र में 'मध्यदशा' के नाम से जाना गया है, जिसका कि विश्लेषण आगे किया जा रहा है। इस मध्यदशा का जब विकास किया जाता है, तब परा शक्ति भैरवी मे अभिन्न रूप में विद्यमान भगवान् भैरव का स्वरूप प्रकाशित हो जाता है। धर्म और धर्मी के रूप में प्रकाश और विमर्श स्वभाव शिव और शक्ति भिन्न होते हुए भी परमार्थतः एक ही हैं, इसका विवेचन अभी यहीं (१४-२१ श्लोक) किया जा चुका है। 'अनिवर्तनात्' के स्थान पर 'अनुवर्तनात्' ऐसा पाठ भी उपलब्ध होता है। यहाँ अनुवर्तन शब्द का अर्थ प्राण और अपान की उन्मेष और निमेष दशा की स्थिर अनुवृत्ति है। अर्थात् प्राण और अपान की जो स्थिति है, उसी के अनुवृत्त रहने पर, उनमें नये उन्मेष और निमेष व्यापार के न चलने पर, पहली व्याख्या में प्रतिपादित मध्यदशा का अन्वेषण किया जा सकता है।

योगशास्त्र[1] की प्रक्रिया के अनुसार इस श्लोक का अभिप्राय यह होगा—सकल[2], प्रलयाकल प्रभृति सभी प्रमाता जीवों के प्राण की पूरक, कुम्भक और रेचक अवस्थाएँ स्वाभाविक रूप से बिना प्रयत्न के निरन्तर गतिशील रहती हैं। हृदय स्थित कमलकोश से प्राण का उदय होता है। नासिका मार्ग से बाहर निकल कर यह बारह अंगुल चल कर अन्त में आकाश में विलीन हो जाता है। इसलिए बाह्य आकाश भी योगशास्त्र में द्वादशान्त के नाम से प्रसिद्ध है। प्राण की इस स्वाभाविक बाह्य गति को 'रेचक' नाम से जाना जाता है। बाह्य द्वादशान्त से अपान का उदय होता है और नासिका मार्ग से ही चलकर यह हृदय स्थित कमलकोश में विलीन हो जाता है। अपान की यह स्वाभाविक आन्तर गति 'पूरक' कही जाती है। प्राण द्वादशान्त में और अपान हृदय में क्षणमात्र के लिये विलीन हो जाता है। यही प्राण की

1. शिवोपाध्याय ने इस श्लोक की व्याख्या, विशेष कर आठ प्रकार के प्राणायामों क विवेचन योगवासिष्ठ के आधार पर किया है। योगवासिष्ठ 'मोक्षोपाय' के नाम से भी प्रसिद्ध है। द्रष्टव्य—प्रकरण ६ पूर्वार्ध, २५ वां सर्ग।
2. शैव शास्त्रों में प्रमाता के सात भेद माने गये हैं। ये हैं—शिव, मन्त्रमहेश्वर, मन्त्रेश्वर, मन्त्र, विज्ञानाकल, प्रलयाकल और सकल। शिव और शक्ति तत्त्व मिलकर शिव प्रमाता का रूप धारण करते हैं। इसकी स्थिति राजा के समान है। सदाशिव मन्त्रमहेश्वर, ईश्वर मन्त्रेश्वर और शुद्धविद्या मन्त्र के नाम से प्रसिद्ध हैं। इनकी स्थिति अधिकारी राजपुरुष की सी है। विज्ञानाकल, प्रलयाकल और सकल जीवों पर ये शिवप्रमाता रूपी राजा के प्रतिनिधि होकर शासन करते हैं। आणव, मायीय और कार्म—ये तीन प्रकार के मल माने गये हैं। इनमें से एक मल से आवृत विज्ञानाकल, दो मलों से आवृत प्रलयाकल और तीनों मलों से आवृत सकल प्रमाता कहलाते हैं। ये सभी भेद परिमित प्रमाता के हैं। प्रथम चार भेद शुद्ध सृष्टि के और अन्तिम तीन अशुद्ध सृष्टि के अन्तर्गत हैं। अशुद्ध सृष्टि के प्रमाताओं को ही अपने मलीय आवरणों को हटाने के लिए उपायों का सहारा लेना पड़ता है।

'कुम्भक' अवस्था कही जाती है। बाहर और भीतर दोनों स्थानों में निष्पन्न होने से यह बाह्य और आन्तर के भेद से दो तरह की होती है। मनुष्य के श्वास-प्रश्वास की निरन्तर चलने वाली स्वाभाविक प्रक्रिया से निष्पन्न होने वाली इन रेचक, पूरक तथा बाह्य एवं आन्तर कुम्भक अवस्थाओं का निरन्तर सावधानी से निरीक्षण[1] करने वाला योगी फिर आवागमन के चक्कर में नहीं पड़ता।

पातंजल योग में प्राणायाम के अभ्यास से प्राण वायु की गति को नियन्त्रित इसलिये किया जाता है कि उसी अभ्यास की पद्धति से मन को भी नियन्त्रित किया जा सके। सहज योग के प्रतिपादक इस ग्रन्थ में न तो प्राण वायु के और न मन के ही निग्रह के लिये कोई आयास-साध्य उपाय बताया गया है। वायु स्वभाव से ही चल है। चलते-फिरते, सोते-जागते, उठते-बैठते प्राणों की गति निरन्तर चलती रहती है। सकल, प्रलयाकल प्रभृति प्रमाता जीवों में ही नहीं, पशु पक्षी, मृग आदि में भी सदा, सर्वत्र दिन-रात बिना प्रयत्न के स्वाभाविक रूप से आठ प्रकार के प्राणायाम निरन्तर निष्पन्न होते रहते हैं। इन आठ प्रकार के प्राणायामों के स्वरूप को ठीक तरह से जान लेने पर योगी मुक्त हो जाता है। साधक जो कुछ करता है, उन सभी अवस्थाओं में अपने स्वाभाविक बोध से इन कुम्भक प्रभृति प्राण की अवस्थाओं को जानता रहता है, वह अन्तर्मुख हो जाता है, अर्थात् सब कुछ करते हुए भी वह उनमें लिप्त नहीं होता।

इन आठ प्राणायामों की स्थिति इस प्रकार है—१. हृदय कमल से प्राण स्वेच्छा से ही बहिर्मुख हो जाता है। यह प्राण की रेचक अवस्था है। २. हृदय से बाहर निकलते समय बारह अंगुल तक प्राण का अंगों से जो स्पर्श होता है, वह पूरक दशा है। ३. पुरुष के प्रयत्न के बिना ही बाहर से अपान के लौटते समय, अंगों में उसके भरते समय जो स्पर्श होता है, उसको भी पूरक ही कहते हैं। ४. अपान के हृदय में आकर विलीन हो जानेपर जब तक प्राण का उदय नहीं होता, तब तक की अवस्था कुम्भक कहलाती है। इस अवस्था का अनुभव केवल योगी को ही हो सकता है। इस तरह प्राण वायु शरीर के बाहर और भीतर निरन्तर स्वाभाविक रूप से प्राण[2] के आयाम के अभ्यास में निरत रहता है। प्राण की भांति अपान भी दिन-रात शरीर के भीतर और बाहर चलता हुआ अपान के आयाम के स्वाभाविक अभ्यास

1. बौद्ध (पालि और संस्कृत) अभिधर्म ग्रन्थों में दस अनुस्मृतियां वर्णित हैं। इनमें अन्तिम अनुस्मृति का नाम आनापान स्मृति है (द्रष्टव्य—अभिधम्मत्थसंगहो ९।८)। इसका संबन्ध प्राण और अपान की इस सूक्ष्म प्रक्रिया से ही है।

2. "तस्मिन् सति श्वासप्रश्वासयोर्गतिविच्छेदः प्राणायामः" (२।४९) इस योग-सूत्र और इसके व्यास-भाष्य प्रभृति ग्रन्थों में प्राणायाम शब्द की विस्तृत व्याख्या देखनी चाहिये। संक्षेप में श्वास-प्रश्वास प्रक्रिया पर अपना नियन्त्रण स्थापित करना ही प्राणायाम कहलाता है। श्लो० ६६ की व्याख्या में इसका अवयवार्थ स्पष्ट किया गया है। प्राणायाम शब्द की व्याख्या करते हुए आचार्य नरेन्द्रदेव अपने ग्रन्थ 'बौद्ध-धर्म-दर्शन' में आश्वास-प्रश्वास शब्द पर टिप्पणी करते हैं—"विनय की अर्थकथा के अनुसार 'आश्वास' सांस छोड़ने को

में निरन्तर लगा रहता है। जैसे कि १. उदय के बिना अपान की अन्तर्मुखता बाह्य रेचक के नाम से जानी जाती है। २. अपान के द्वादशान्त से उठ कर स्थूल स्वरूप धारण करने की दशा को बाह्य पूरक कहा जाता है। ३. इसी तरह से द्वादशान्त (बाह्य आकाश) से उठ कर नासिका के अग्रभाग तक की अपान की गति को भी बाह्य पूरक कहा जाता है। ४. बाह्य आकाश (द्वादशान्त) में प्राण के अस्त हो जाने पर जब तक अपान का उदय नहीं हो जाता, तब तक की अवस्था को बाह्य कुम्भक कहा जाता है। अपान की उस समय वैसी ही स्थिति रहती है, जैसी कि मिट्टी में अभी पैदा नहीं हुए घड़े की होती है।

इस तरह से प्राण और अपान के पूरण के दो प्रकारों के अनुसार प्राणायाम के आठ भेद होते हैं। इन सभी आठों प्राणायामों को अपना ही स्वरूप समझ कर इनकी भावना करनी चाहिये। हृदय, कण्ठ, तालु, ललाट, ब्रह्मरन्ध्र और द्वादशान्त में प्राण की गति रहती है और हृदय-कमल, मुख का संकोच-विकास तथा द्वादशान्त अपान की गति के स्थान हैं। इनमें एक क्षण के लिये प्राण के अस्त हो जाने पर और अपान का उदय न होने पर बिना प्रयत्न के बाह्य कुम्भक की प्राप्ति होती है। इसी तरह से एक क्षण के लिये अपान के अस्त हो जाने पर और प्राण का उदय न होने पर बिना प्रयत्न के अन्तः कुम्भक की प्राप्ति होती है। यह [1]मध्यदशा ही परम पद कहलाती है। प्राण और अपान की इस मध्यदशा को योगी ही जान सकते हैं। एक [2]तुटि, लव अथवा क्षण के लिये भी अन्तर्मुख हो जाने पर योगी में इस मध्य-

---

और 'प्रश्वास' सांस लेने को कहते हैं। लेकिन सूत्र की अर्थकथा में दिया हुआ अर्थ इसका ठीक उल्टा है। आचार्य बुद्धघोष विनय की अर्थकथा का अनुसरण करते हैं। उनका कहना है कि बालक माता की कोख से बाहर आता है तो पहले भीतर की हवा बाहर जाती है और पीछे बाहर की हवा भीतर प्रवेश करती है। इस प्रवृत्ति क्रम से 'आश्वास' वह वायु है, जिसका निःसारण होता है। सूत्र की अर्थकथा में किया गया अर्थ पातंजल योगसूत्र के व्यास-भाष्य के अनुसार है (२।४९ पर व्यासभाष्य—"बाह्यस्थवायोरानयनं (चमनं) श्वासः, कोष्ठयस्य वायोर्निःसारणं प्रश्वासः)" (पृ० ४१)। ६६ वें श्लोक की व्याख्या में भी इस तरह का मतभेद देखने में आता है। इस पर उपोद्घात में विचार किया जायगा।

1. "मध्यविकासाच्चिदानन्दलाभः" और "विकल्पक्षय-शक्तिसंकोचविकास-वाहच्छेदाद्यन्त-कोटिनिभालनादय इहोपायाः" (सू० १७-१८) प्रत्यभिज्ञाहृदय के इन दो सूत्रों और उनकी व्याख्या में क्षेमराज ने इस विषय को स्पष्ट रूप से समझाया है।
2. प्राण के सवा दो अंगुल चलने में जितना समय लगता है, उसे 'तुटि' कहते हैं। कमल के कोमल पत्तों में तीखी सुई चुभोने पर एक पत्ते को छेदने में जो समय लगता है, उसे 'लव' कहा जाता है। अठारह निमेष (पलक झपने का समय) की एक काष्ठा, तीस काष्ठा की एक कला और तीस कला का एक क्षण होता है। तुटि, लव और क्षण की यह परिभाषा क्रमशः तन्त्रसार (अभिनवगुप्त कृत, पृ० ४८), प्रपंचसार (१।३९) और अमर-कोश (१।४।११) में दी गई है।

दशा का आविर्भाव हो जाता है और तब प्राण और अपान की पुनः प्रत्यावृत्ति नहीं होती, अर्थात् वह साधक मुक्त हो जाता है ॥२५॥

[धारणा–३]

[1]न व्रजेन्न विशेच्छक्तिर्मरुद्रूपा विकासिते ।
निर्विकल्पतया मध्ये तया भैरवरूपता[2] ॥२६॥

मध्ये मध्यनाडीधाम्नि निर्विकल्पतया विकल्पहान्युपायतो विकासिते सति मरुद्रूपा शक्तिः प्राणात्मिका न व्रजेद् हृदयतो द्वादशान्तं न यायात्, न चापानात्मिका शक्तिः, विशेद् द्वादशान्ताद् हृदयं गच्छेत् । एवंविधया तया प्राणात्मिकया अपानात्मिकया वा शक्त्या भैरवरूपता भवेत् भैरवरूपधारी योगी भवति ॥२६॥

वायुरूप यह प्राणात्मक और अपानात्मक शक्ति हृदय से द्वादशान्त तक न तो जायगी और न द्वादशान्त से हृदय की ओर वापस ही लौटेगी, जब कि मध्यनाडी का धाम (स्थान) विकल्पहानि रूप उपाय से विकसित कर दिया जाय, अर्थात् पूर्व श्लोक में प्रतिपादित मध्यदशा का योगाभ्यास की पद्धति से विकास कर लिया जाय । इसका अभिप्राय यह है—

सर्वाः शक्तीश्चेतसा दर्शनाद्याः स्वे स्वे वेद्ये यौगपद्येन विष्वक् ।
क्षिप्त्वा मध्ये हाटकस्तम्भभूतस्तिष्ठन् विश्वाकार एकोऽवभासि ॥

कक्ष्यास्तोत्र के इस वचन के अनुसार दर्शन आदि सब शक्तियों के समूह को अपने अपने विषय में एक साथ डाल कर, उसके आधार के रूप में—

तमधिष्ठातृभावेन स्वभावमवलोकयन् ।
स्मयमान इवास्ते यस्तस्येयं कुसृतिः कुतः ॥ (श्लो० ११)

इस स्पन्दकारिका के श्लोक में प्रतिपादित स्पन्दतत्त्वात्मक अपने स्वभाव को जान कर, निर्विकल्पभाव से निमीलन और उन्मीलन समाधि में एक साथ रहने वाली व्यापक मध्यदशा का सहारा लेकर योगी भैरव मुद्रा में प्रविष्ट हो जाता है । इस मुद्रा का लक्षण यह है—

अन्तर्लक्ष्यो बहिर्दृष्टिर्निमेषोन्मेषवर्जिता ।
इयं सा भैरवी मुद्रा सर्वतन्त्रेषु गोपिता ॥

इस अवस्था में प्रविष्ट हो जाने पर योगी दर्पण में बनते-बिगड़ते हुए नाना प्रकार के प्रतिबिम्बों की भांति चिदाकाश में उदित और विलीन हो रहे बाह्य पदार्थों और आन्तर भावों को, अर्थात् समस्त विकल्पों को, निमीलन और उन्मीलन [2]समापत्ति (समाधि) के बीच

---

१. °स°–ख० । २. °धृत्–ख० तवि०, °धृक्–स्प० ।

1. यह श्लोक स्पन्दनिर्णय (पृ० २४) और तन्त्रालोकविवेक (भा० ३, आ० ५, पृ० ३३३) में उद्धृत है ।

2. समाधि के अर्थ में समापत्ति शब्द का प्रयोग बौद्ध साहित्य में भी मिलता है । भैरवी मुद्रा में अन्तर्लीन व्यक्ति की इन्द्रियाँ खुली रहती हैं, तो भी वे अपने विषयों की ओर आकृष्ट नहीं होती। इसी स्थिति को उन्मीलन समाधि कहते हैं। बाह्य और आन्तर इन्द्रियों (करणों) के प्रवाह को रोक कर प्राप्त की गई समाधि को निमीलन समाधि कहते हैं ।

में ध्यान रूपी अरणि से जलाई गई ज्ञानाग्नि के द्वारा भस्म कर अपने समस्त करणचक्र (इन्द्रिय समूह) को आलम्बन के अभाव में अक्रम रूप से अपने स्वरूप में ही विस्फारित (विस्तीर्ण) कर लेता है। उस समय ऐसी प्रतीति होती है, मानों ये इन्द्रियां अपने अद्भुत स्वरूप को आँखें फाड़ कर देख रही हों। इस निर्विकल्प अवस्था में प्रवेश कर लेने पर साधक भैरवस्वरूप हो जाता है, अर्थात् उसको अपने स्वरूप की प्रत्यभिज्ञा हो जाती है, प्राण और अपान की गति के शान्त हो जाने से, हृदय और द्वादशान्त मे प्राण और अपान की अस्पन्द अवस्था में स्थिति हो जाने से, मध्यदशा का विकास होने पर साधक अपने भैरवीय स्वरूप को पहचान लेता है, वह साक्षात् भैरव स्वरूप हो जाता है। इसी विषय को अभिनवगुप्त ने तन्त्रालोक में—

तद्ध्यानारणिसंक्षोभान्महाभैरवहव्यभुक्।
हृदयाख्ये महाकुण्डे जाज्वलन् स्फीततां व्रजेत्॥

इत्यादि ग्रन्थ से स्पष्ट किया है।

पचीसवें और छब्बीसवें श्लोक में मध्यम धाम (स्थान) का सहारा लेने वाले आणव उपाय का वर्णन है॥२६॥

[धारणा-४]

कुम्भिता रेचिता वापि पूरिता वा यदा भवेत्।
तदन्ते शान्तनामासौ शक्त्या शान्तः प्रकाशते॥२७॥

शास्त्रमार्गानुसारेण रेचिता सती कुम्भिता बहिः, पूरिता वा सती कुम्भिता अन्तः, यदा मरुद्रूपा शक्तिर्भवति, तदा तदन्ते तत्तदभ्यासपरिशीलनेन शान्तवेगानुभवेन प्रशान्तकुम्भकावस्थोदये प्रकाशमात्रावस्थोदये भेदोपशमात् तया शक्त्या शान्तनामा नामरूपातीतः, असौ शान्तः परमस्वभावः प्रकाशतेऽभिव्यक्ता भवति॥२७॥

योगशास्त्र में उपदिष्ट पूर्वोक्त विधि से बाह्य कुम्भक अवस्था में, अथवा आन्तर कुम्भक अवस्था में प्राण और अपान रूप शक्ति आदरपूर्वक निरन्तर अभ्यास का परिशीलन करने से शान्त हो जाती है, अर्थात् मध्यदशा का विकास हो जाता है। कुम्भक की प्रशान्त अवस्था का उदय होने से सभी भेद विगलित हो जाते हैं और शक्ति भी अपने शान्त स्वरूप में विलीन हो जाती है। तब नाम और रूप से अतीत प्रकाशमात्र अवस्था का उदय होने पर परम शान्तस्वभाव स्वात्मस्वरूप अभिव्यक्त हो जाता है॥२७॥

[धारणा-५]

[1]आमूलात् किरणाभासां [१]सूक्ष्मात्सूक्ष्मतरात्मिकाम्।
चिन्तयेत् तां द्विषट्कान्ते शाम्यन्तीं भैरवोदयः॥२८॥

---

१. सूक्ष्मसूक्ष्मत°—त०।

1. नेत्रतन्त्रोद्योत (भा० १, पृ० २००) तथा तन्त्रालोकविवेक (भा० ३, आ० ५, पृ० ४०१) में यह श्लोक उद्धृत है।

आमूलात् आहृदयाद् जन्माधाराद्वा द्वादशान्तं यावत् किरणाभासां मरीचिरूपां क्रमात्क्रमं सूक्ष्मात्सूक्ष्मतरात्मिकां तनिमानमाश्रयन्तीं तां मरुच्छक्ति चिन्तयेत् ध्यायेत्। कीदृशीम्? द्विषट्कान्ते द्वादशान्ते शाम्यन्तीम्। एवं सुसूक्ष्मतमस्यापि ध्येयाकारस्य गलनाद् भैरवोदयो भैरवस्वरूपाविर्भावः, भवेदिति शेषः ॥२८॥

हृदय से अथवा मूलाधार से लेकर द्वादशान्त तक चन्द्र और सूर्य के समान अपनी किरणों से भासित हो रही तथा क्रमशः सूक्ष्म से सूक्ष्मतर अवस्था की ओर अग्रसर हो रही उस पवन की शक्ति का चिन्तर करे, जो कि द्वादशान्त में जाकर शान्त हो जाती है, नाम और रूप से अतीत अवस्था को प्राप्त कर लेती है। इस प्रकार के अभ्यास से अत्यन्त सूक्ष्म ध्येय के आकार के भी विगलित हो जाने पर योगी भैरव स्वरूप हो जाता है, अर्थात् उसकी स्वाभाविक भैरव दशा का आविर्भाव हो जाता है।

नेत्रतन्त्र (८।४१) की टीका में क्षेमराज ने तथा तन्त्रालोक (५।८९-९१) की टीका में जयरथ ने इस श्लोक को उद्धृत कर जो विवरण प्रस्तुत किया है, तदनुसार यहाँ द्वादशान्त पद से ब्रह्मरन्ध्र का ग्रहण किया जाना चाहिये। मूलाधार में अथवा हृदय में विद्यमान प्राण शक्ति यौगिक पद्धति के अनुसार सुषुम्णा मार्ग से अथवा मध्यदशा के विकास के कारण ब्रह्मरन्ध्र तक जाते जाते अत्यन्त सूक्ष्म होकर अन्त मे प्रकाश में विलीन हो जाती है ॥२८॥

[धारणा-६]

[1]उद्गच्छन्तीं तडिद्रूपां प्रतिचक्रं क्रमात्क्रमम्।
ऊर्ध्वं मुष्टित्रयं यावत् तावदन्ते महोदयः ॥२९॥

तामेत शक्ति तडिद्रूपां विद्युद्वत् चलद्दीप्त्योज्ज्वलां प्रतिचक्रं कन्दादिब्रह्मरन्ध्रान्तचक्रेभ्यः क्रमात्क्रमम् उदगच्छन्तीमुल्लसन्तीं चिन्तयेत्, यावत् परं विश्वपूरकमूर्ध्वं मुष्टित्रयं द्वादशान्तधाम तावत्। अन्ते महोदयः महाभैरवैकात्मतोदयः, अहमेव महाभैरव इत्यवमर्शः स्यादेव ॥२९॥

इसी विद्युत्स्वरूप, बिजली के समान एकाएक चमकने वाली शक्ति का प्रत्येक चक्र में, कन्द से लेकर ब्रह्मरन्ध्र पर्यन्त क्रमशः ऊपर उठती हुई अवस्था में चिन्तन करे। इससे [2]मुष्टित्रय परिमित द्वादशान्त धाम में परम उत्कृष्ट विश्वपूरक, सारे विश्व को अपने प्रकाश से भर देने वाला, महाभैरव का स्वरूप प्रकाशित हो उठता है। इसी बात को तन्त्रालोक में इस प्रकार से कहा गया है—

अधःप्रवाहसंरोधादूर्ध्वक्षेपविवर्जनात्।
महाप्रकाशमुदयज्ञानव्यक्तिप्रदायकम् ॥
अनुभूय परे धाम्नि मात्रावृत्त्या पुरं विशेत्। (५।८८-८९)

1. यह श्लोक तन्त्रालोकविवेक (भा० ३, आ० ५, पृ० ३९७) में उद्धृत है।
2. एक मुट्ठी का परिमाण चार अंगुल माना गया है। तीन मुट्ठी, अर्थात् बारह अंगुल। इस तरह से मुष्टित्रय शब्द यहाँ द्वादशान्त के अर्थ में प्रयुक्त है।

इसका अभिप्राय यह है कि प्राण और अपान की गति को रोक कर मध्यदशा का विकास कर उससे उत्पन्न शक्ति की सहायता से ब्रह्मरन्ध्र में प्रवेश पाकर योगी परम प्रकाशमय स्थिति में अवस्थित हो जाता है ॥२९॥

[धारणा–७]

क्रमद्वादशकं सम्यग् द्वादशाक्षरभेदितम् ।
स्थूलसूक्ष्मपरस्थितया मुक्त्वा मुक्त्वा[1]ऽन्ततः शिवः ॥३०॥

जन्माग्र-मूल-कन्द-नाभि-हृत्-कण्ठ-तालु-भ्रूमध्य-ललाट-ब्रह्मरन्ध्र-शक्ति-व्यापिन्याख्यं यत्क्रमाणां चक्राणां द्वादशकं द्वादशस्थाननामभिः प्रसिद्धम्, तत् सम्यगिति यथायथं क्रमेण अकारादिविसर्गान्तैः षण्ढस्वरवर्जैर्द्वादशाक्षरैः, भेदितं रञ्जितम्, ध्यायेदिति शेषः। तच्च प्रत्येकं स्थूलसूक्ष्मपरस्थित्या आदौ ध्यानेन स्फुटं ततश्च स्पन्दमानं ततोऽपि ज्योतीरूपतां प्राप्तं स्थूलं सूक्ष्मं परमित्यभिधीयते। इति सोपानपदक्रमं मुक्त्वा मुक्त्वा परित्यज्य, अन्ततोऽन्ते, शिवः परमार्थतः सर्वत्रावभासकः स्वात्मस्वरूपः शिव एव भवति ॥३०॥

जन्माग्र, मूल, कन्द, नाभि, हृदय, कण्ठ, तालु, भ्रूमध्य, ललाट, ब्रह्मरन्ध्र, शक्ति, व्यापिनी ये बारह चक्र, जो कि द्वादश स्थान के नाम से प्रसिद्ध हैं, क्रमशः एक दूसरे के ऊर्ध्व स्थान में स्थित हैं। इन चक्रों के स्थान और स्वरूप को ठीक तरह से समझ कर उनमें अकार से लेकर विसर्ग पर्यन्त स्वरों का ध्यान करना चाहिये। तन्त्रशास्त्र में ऋ ॠ ऌ ॡ ये चार स्वर षण्ढ (नपुंसक) कहे गये हैं, अतः ध्यान आदि में इनका उपयोग नहीं किया जाता। सोलह स्वरों में से इन चार षण्ढ स्वरों को निकाल देने पर इनकी संख्या भी बारह रह जाती है। अतः इन बारह स्वरों का क्रमशः उक्त बारह चक्र स्थानों में ध्यान करना चाहिये। यह ध्यान स्थूल, सूक्ष्म और पर पद्धति से त्रिविध[1] उपाय के रूप में मृत्युंजयभट्टारक (नेत्रतन्त्र) के ६-८ अधिकारों में विस्तार से वर्णित है। योगी जब अपने दृढ़ संकल्प से इन ध्यानों का अभ्यास करते हुए स्पष्ट स्थूल वस्तु के ध्यान को छोड़ कर स्पन्दावस्था में विद्यमान सूक्ष्म वस्तु के ध्यान में और सूक्ष्म ध्यान को छोड़कर ज्योतिर्मय पर वस्तु के ध्यान में प्रविष्ट होता है, तो अन्ततः इस अभ्यास-पद्धति से वह परमार्थ रूप से सर्वत्र प्रकाशित हो रहे कल्याणमय स्वात्मस्वरूप में प्रतिष्ठित हो जाता है, अर्थात् स्वयं शिव बन जाता है ॥३०॥

[धारणा–८]

तया[2]ऽऽपूर्याशु मूर्धान्तं भङ्क्त्वा भ्रूक्षेपसेतुना ।
निर्विकल्पं मनः कृत्वा सर्वोर्ध्वे सर्वगोद्गमः ॥३१॥

---

१. °क्त्वा त°–ख०। २. °था°–ख०।

1. याग, होम, जप, ध्यान, मुद्रा, यन्त्र, मन्त्र—ये सब स्थूल उपाय हैं। षट्चक्र, षोडश आधार आदि में प्राण-चार की भावना को सूक्ष्म उपाय बताया गया है। अष्टांग योग के अभ्यास से प्राप्त होने वाली सर्वात्मभाव की स्थिति को पर उपाय माना गया है।

तया जन्मादिचक्राक्रमणशक्त्या प्राणाख्यया मूर्धान्तं द्वादशान्तमापूर्य, तथा तमेव द्वादशान्तं भ्रूक्षेपसेतुना भ्रूभेदनक्रमेण सेतुनेव वारिप्रवाहं गुरूपदेशयुक्त्या भङ्क्त्वा, तदनन्तरं मनो निर्विकल्पं त्यक्तचापलं कृत्वा विधाय, सर्वोर्ध्वे द्वादशान्तादप्युपरि परमाकाशे सर्वगोद्गमः सर्वव्यापकताप्रादुर्भावः स्यात् ॥३१॥

पूर्व श्लोक में प्रतिपादित जन्माग्र प्रभृति बारह चक्रों का भेदन करने वाली प्राण-शक्ति से मूर्धान्त, अर्थात् द्वादशान्त को भर कर तथा उस द्वादशान्त को भ्रूक्षेप के सेतु से, अर्थात् भ्रूभेद के क्रम से, जैसे पुल (सेतु) की सहायता से नदी आदि के पानी को पार किया जाता है, उसी तरह गुरु के द्वारा उपदिष्ट युक्ति से पार कर और इसके बाद मन को निर्विकल्प, निश्चल, स्थिर बना कर द्वादशान्त के भी ऊपर स्थित सबसे ऊपर वाले स्थान परमाकाश में जब योगी पहुँचता है, उस समय उसमें सर्वव्यापकता का उद्‌गम हो जाता है, अर्थात् वह सर्वव्यापक परभैरव स्वरूप में समाविष्ट हो जाता है ॥३१॥

[धारणा–९]

[1]शिखि[1]पक्षैश्चित्ररूपैर्मण्डलैः शून्यपञ्चकम्[2] ।
ध्यायतोऽनुत्तरे शून्ये प्रवेशो[3] हृदये भवेत् ॥३२॥

यथा हि शिखिपक्षैर्मयूरपुच्छैः, चित्ररूपैरनेकवर्णैः, मण्डलैश्चन्द्रकैः, शून्यपञ्चकमूर्ध्वाधोमध्यपार्श्वद्वयस्थितमिव पञ्चेन्द्रियमण्डलैश्चित्रवद्भासमानस्य जगतो शून्यपञ्चकरूपत्वं हृदये ध्यायतः, अनुत्तरे शून्ये परमाकाशे परमधामनि प्रवेशः समावेशो भवेत् । गन्धर्वनगरतुल्यं चित्रमिवेदमिति निश्चयेन परमार्थसिद्धिः स्यादेवेति भावः । शिखिपक्षचित्ररूपैरिति पाठे त्वयमर्थः—शिखिपक्षवच्चित्ररूपैः रूपरसादिग्रहणान्नानारूपैर्मण्डलैः । मण्डं रससारं लान्तीदृंशि मण्डलानीन्द्रियाणि तैः । शून्यपञ्चकं तन्मात्रत्वेनाव्यक्तत्वात् शून्यरूपं विषयपञ्चकं शब्दादिरूपं ध्यायतोऽनुत्तरे शून्ये भैरवरूपे प्रवेशः समावेशो भवेदिति ॥३२॥

जैसे चित्र-विचित्र चन्द्रकों से देदीप्यमान मोर के पंखों में पाँच शून्य दिखाई पड़ते हैं, इनकी स्थिति ऊपर, नीचे, मध्य तथा दोनों पार्श्वों में होती है, इसी तरह पाँच इन्द्रिय-मण्डलों से चित्र-विचित्र रूप में प्रतीत हो रहे इस जगत् के प्रति अपने हृदय में पाँच इन्द्रियों के विषयों के स्थान पर पाँच शून्यों की भावना करने पर योगी का अनुत्तर शून्य, अर्थात् परम आकाश में समावेश हो जाता है । इसका अभिप्राय यह है कि योगी को अपने इन्द्रिय-मण्डल की सहायता से यह जगत् मयूर के पंख के समान नाना वर्णों से चित्रित चित्र के समान विविध रूपों में भासित होता है । यह आभास शून्य-स्वरूप है, यह सब गन्धर्व-नगर के समान अथवा चित्र के समान कल्पना का व्यापार मात्र है, ऐसी भावना करने पर

---

१. °पिच्छचि°–योक०, °पक्षचि°–योख० । २. °षट्ककम्–योख० । ३. परं व्योमतनुर्भ°–योख० ।

1. योगिनीहृदयदीपिका (पृ० ३१९) में यह श्लोक मिलता है ।

निश्चय ही परमार्थ की प्राप्ति हो जाती है। कहीं कहीं 'शिखिपक्षचित्ररूपैः' ऐसा पाठ मिलता है। इसका अभिप्राय यह है कि रूप, रस आदि विविध विषयों के ग्राहक इन्द्रियों का मण्डल इस लिये है कि ये उन-उन विषयों के सार को लाकर चित्त को समर्पित करती हैं। तन्मात्रावस्था में अव्यक्त, अर्थात् शून्य रूप से अवस्थित इन शब्द आदि पांच विषयों का हृदय में ध्यान करने वाले योगी का अनुत्तर शून्य भैरव रूप में प्रवेश अर्थात् [1]समावेश हो जाता है।

योगिनीहृदयदीपिका के रचयिता अमृतानन्द योगी ने शून्यषट्क की व्याख्या करते हुए इस श्लोक को उद्धृत किया है। योगिनीहृदय में 'ह्रीं' इस बीजाक्षर में छः शून्यों की भावना का उपदेश है। प्रणव आदि में भी यह भावना की जा सकती है। 'ह्रीं' बीज में हकार और मायाक्षर (ईकार) के बीच में रेफ की, मायाक्षर और अर्धचन्द्र के बीच में बिन्दु की, अर्धचन्द्र और नाद के बीच में रोधिनी की, नाद और शक्ति के बीच में नादान्त की, शक्ति और समना के बीच में व्यापिका की और समना के ऊपर उन्मनी की शून्य के रूप में भावना करनी चाहिये। इनमें से प्रथम पांच शून्यों की भावना मयूर के पंख में विद्यमान चन्द्रक के सदृश करनी चाहिये। अन्ततः जब योगी उन्मना नामक षष्ठ शून्य में प्रविष्ट होता है, तब वह परमाकाश में लीन हो जाता है ॥३२॥

[धारणा-१०]

ईदृशेन क्रमेणैव यत्र [1]कुत्रापि चिन्तना[2]।
शून्ये कुड्ये परे पात्रे स्वयंलीना वरप्रदा ॥३३॥

ईदृशेन क्रमेण हानादानरूपेण गुदाधार-जन्म-कन्द-नाभि-हृदय-कण्ठ-तालु-भ्रूमध्य-ललाट-ब्रह्मरन्ध्र-शक्ति-व्यापिन्यन्तं यत्र कुत्रापि स्वात्मनोऽन्यत्र स्वात्मवत् परत्रापि व्योम्नि प्राकारभाजनादौ, यद्वा परे पात्रे निर्मलचित्ते शिष्यादौ, चिन्तना स्मरणा, स्वयंलीना अहर्निशं स्वदेहान्तः क्रमद्वादशकारोहणगाढतरध्यानावमर्शबलात् स्वयमेव लीना सती, वरप्रदा भवेत् परप्रकाशोदयात्मकोत्कृष्टवस्तुप्रदायिनी भवति। चिन्तनादिति पाठे तु पूर्वोक्तां मरुच्छक्तिं प्रथमान्तत्वेन विपरिणमय्य सा मण्डूकप्लुत्याऽनुवर्तनीया, तेन चिन्तनाद् हेतोर्मरुच्छक्तिः शून्ये बाह्ये कुड्यादौ वा स्वयंलीना सती वरप्रदेत्यन्वयः। बाह्यशून्यकुड्यादिकेऽपि स्वात्मवपुषीव प्राणशक्तिक्रमद्वादशकं चिन्तनीयम्, यत्र तत्र परपदपरामर्शैक्यभावेनाहंरूपतादात्म्याभिमानः स्यादिति तात्पर्यम् ॥३३॥

---

१. य°—ख०। २. °नात्—कटी०, °येत्—ख०।

1. समावेश, समापत्ति, समाधि—ये सब शब्द पर्यायवाची हैं। समावेश दशा में व्यक्ति अपने बाह्य स्वरूप को भूल जाता है और अपने इष्टदेव के स्वरूप में समाविष्ट (लीन) हो जाता है। समावेश का लक्षण और उसके भेदों का, विशेष कर शाम्भव, शाक्त और आणव समावेशों का, निरूपण तन्त्रालोक के प्रथम आह्निक (पृ० २०५-२५५) में विस्तार से मिलता है।

इसी क्रम से गुदाधार, जन्म, कन्द, नाभि, हृदय, कण्ठ, तालु, भ्रूमध्य, ललाट, ब्रह्मरन्ध्र, शक्ति और व्यापिनी में से किसी को छोड़ते और किसी को पकड़ते हुए, अथवा जहाँ कहीं भी अपने शरीर के सिवाय दूसरे के शरीर में भी इसी प्रकार चिन्तन करते हुए, अथवा अपने शरीर के सिवाय अन्यत्र आकाश, प्राकार (परकोटा), पात्र आदि में, अथवा परपात्र, अर्थात् निर्मल मन वाले शिष्य के चित्त में चिन्तन-स्मरण की प्रक्रिया से रात-दिन इस द्वादश क्रम के आरोहण की पद्धति का दृढ़तापूर्वक अभ्यास करने से साधक की स्मृति स्वयं विलीन होकर वरदात्री बन जाती है, अर्थात् परम प्रकाश के उदय के रूप में उत्कृष्ट वस्तु को देने वाली होती है। इसी बात को अभिनवगुप्त ने अपने परमार्थसार में इस तरह से बताया है—

सर्वोत्तीर्णं रूपं सोपानपदक्रमेण संश्रयतः।
परतत्त्वरूढिलाभे पर्यन्ते शिवमयीभावः ॥(९७ श्लो०)

अर्थात् कन्द, नाभि, हृदय, कण्ठ, बिन्दु, नाद, शक्ति ये सब परतत्त्व तक पहुँचने के लिए सीढ़ी का काम करते हैं। धीरे-धीरे एक सीढ़ी को छोड़कर दूसरी पर चढ़ते हुए अन्त में जैसे व्यक्ति गन्तव्य स्थान तक पहुँच जाता है, उसी तरह से इनमें से भी एक को छोड़ कर दूसरे को पकड़ते हुए योगी अन्त में सर्वोत्तीर्ण रूप में, सबसे उत्कृष्ट अवस्था में पहुँच जाता है, अर्थात् वह स्वयं शिवमय हो जाता है।

'चिन्तनात्' ऐसा पाठ मानने पर पूर्व श्लोकों में वर्णित द्वितीयान्त मरुच्छक्ति पद को प्रथमा विभक्ति में बदल कर [1]मण्डूक-प्लुति न्याय से उसकी यहाँ अनुवृत्ति की जाती है। इससे यह अर्थ होगा कि चिन्तन के कारण मरुच्छक्ति शून्य में अथवा बाहर स्थित भित्ति आदि में स्वयं लीन होकर वरप्रदात्री बन जाती है। इसका तात्पर्य यह है कि बाह्य शून्य, कुड्य (भित्ति) आदि में भी अपने शरीर के समान ही प्राणशक्ति के उक्त बारह सोपानों का क्रमशः चिन्तन करना चाहिये। इस प्रक्रिया से अपने शरीर के सिवाय अन्यत्र भित्ति आदि में अथवा पर पात्र में ध्यान को स्थिर करने से योगी की एकाग्रता की भावना जब दृढ़ हो जाती है, तो यह मरुच्छक्ति वहीं अपने आप लीन हो जाती है। तब परम पद के परामर्श से उसके साथ स्वात्मस्वरूप की तादात्म्य भावना, अर्थात् मैं वही हूँ इस प्रकार की

---

1. मण्डूक-प्लुति न्याय पाणिनि व्याकरण में प्रसिद्ध है। वहाँ आगे के सूत्रों में पूर्व सूत्रों के कुछ पदों की अनुवृत्ति की जाती है। यह अनुवृत्ति प्रायः निरन्तर चलती है। कभी-कभी आवश्यकता के अनुसार बीच के किसी सूत्र में किसी पद की अनुवृत्ति न होने पर भी आगे के सूत्र में उसकी अनुवृत्ति कर ली जाती है। ऐसे ही स्थलों में मण्डूक-प्लुति न्याय प्रवृत्त होता है। मेढक जैसे कूद कर चलता है, उसी तरह आवश्यक पद की अनुवृत्ति भी बीच के सूत्र या सूत्रों को कुदा कर की जाती है। प्रस्तुत स्थल में २८वें श्लोक में पठित द्वितीयान्त मरुच्छक्ति शब्द की आवृत्ति इसी न्याय से की जाती है और उसको प्रथमान्त पद में बदल लिया जाता है।

प्रत्यभिज्ञा के आधार पर ऐक्य भावना का अभिमान जाग उठता है। इस विषय को स्पन्दकारिका में इस तरह से समझाया गया है—

यस्मात् सर्वमयो जीवः सर्वभावसमुद्भवात् ।
तत्संवेदनरूपेण तादात्म्यप्रतिपत्तितः ॥
तेन शब्दार्थचिन्तासु न सावस्था न या शिवः ।
भोक्तैव भोग्यभावेन सदा सर्वत्र संस्थितः ॥
इति वा यस्य संवित्तिः क्रीडात्वेनाखिलं जगत् ।
संपश्यन् सततं युक्तो जीवन्मुक्तो न संशयः ॥ (२८-३० श्लो०)

अर्थात् यह जीवात्मा सर्वमय सर्वात्मक विश्वरूप है, क्योंकि यह सभी पदार्थों को जानने वाला है और सभी पदार्थ इसी से उत्पन्न होते हैं। यह जीवात्मा सर्वमय इसलिये भी है कि यह सभी संवेद्य (जानने योग्य) पदार्थों के साथ संवेदन (ज्ञान) के रूप में जुड़ा रहने से सदा उनसे अभिन्न ही प्रतीत होता है। इस तादात्म्य अवस्था में शब्द और अर्थ की अलग-अलग प्रतीति न होकर उनकी एकाकार प्रतीति होती है। इस स्थिति में ऐसी कोई अवस्था नहीं बच रहती, जहाँ कि शिव का स्वभाव, चित् का प्रकाश, न प्रकाशित हो रहा हो। इससे यह स्पष्ट हो जाता है कि यह प्रकाश-स्वभाव चिदात्मक शिव ही ज्ञेय के रूप में भासित होता है। अतः यह कहना ठीक ही है कि यह जीवात्मा सर्वमय है। जिस जीवात्मा को इस स्थिति का ज्ञान हो जाता है, जिसमें इस प्रत्यभिज्ञा का उदय हो जाता है कि सब कुछ मैं ही हूँ, वह इस सारे जगत् को अपनी लीला-भूमि समझने लगता है, वह सदा युक्त अवस्था में, समाधि दशा में रहते हुए जीवन्मुक्त हो जाता है, इसमें तनिक भी संशय नहीं है।

स्पन्दकारिका के व्याख्याकार उत्पल वैष्णव, रामकण्ठ और क्षेमराज ने इन कारिकाओं के अर्थ को विस्तार से समझाया है। जिज्ञासु जनों को उसे वहीं देखना चाहिये। अन्तिम निष्कर्ष यही निकलता है कि जब जीवात्मा को यह ज्ञान हो जाता है कि मैं सर्वमय हूं, तब अपने शरीर में, दूसरे के शरीर में, अथवा भित्ति-प्राकार आदि में भी प्राणशक्ति का क्रमिक विकास कर वह परम पद में प्रतिष्ठित हो सकता है ॥३३॥

[धारणा–११]

कपालान्तर्मनो न्यस्य ति[१]ष्ठन्मीलितलोचनः ।
क्रमेण मनसो दाढर्याल्लक्षयेल्लक्ष्यमुत्तमम् ॥३४॥

कपालाऽन्तः शिरःकपालमध्ये यदन्तश्छिद्रमस्ति तदन्तरे, मनो न्यस्य कपालरन्ध्रस्थिते स्वप्रकाशे प्रभास्वरे ज्योतिषि आलम्बने धारणाध्यानसमाधीन् संपाद्य, कूणितनेत्रः स्थितः सन् क्रमेण मनसो दाढर्याद् उत्तमं लक्ष्यं लक्षयेत्, "मूर्धज्योतिषि सिद्धदर्शनम्" (यो० ३। ३१) इति न्यायात्। अथवा कपालान्तः प्रकाशविमर्शस्वरूपमध्ये शिवशक्ति-

१. °ष्ठे°–ख०।

मयं सर्वं जगदिति विमर्शविषयं मनो न्यस्य मीलितलोचनः संकुचितभेददृष्टिः, अन्तः-संकुचितहृदयादिबाह्यान्तरेन्द्रियवर्गः, क्रमेण मनसो दार्ढ्यात् सुषुम्णायामस्तङ्गतप्राणापानादिचारेण तद्दार्ढ्याद् यल्लक्ष्यमस्ति तदेव लक्षयेत्। तेन घटोऽयमितिवत् प्रत्यक्षत उत्तमं ज्योतिः पश्यतीत्यर्थः ।।३४।।

शिरःकपाल के भीतर विद्यमान छिद्र (सुषिर) में अपने मन को स्थापित कर, कपाल-रन्ध्र में विद्यमान स्वयंप्रकाश प्रभास्वर ज्योति को आलम्बन बनाकर, उसमें धारणा, ध्यान और समाधि का अभ्यास करना चाहिये। आँख मूँद कर इस प्रक्रिया को निरन्तर दोहराते रहने से योगी के मन में क्रमशः दृढ़ता का संचार होता है और वह उस उत्तम लक्ष्य को प्राप्त कर लेता है, जिसका कि वर्णन "मूर्धज्योतिषि सिद्धदर्शनम्" (३।३१) इस सूत्र में योगसूत्रकार भगवान् पतंजलि ने किया है।

[1]कशब्देन परा शक्तिः पालकः शिवसंज्ञया।
शिवशक्तिसमायोगः कपालः परिपठ्यते ।।

तन्त्रकोश के इस वचन के आधार पर 'क' शब्द परा शक्ति का और 'पाल' शब्द शिव का वाचक है, अतः कपाल शब्द से यहाँ शिव और शक्ति के समायोग (सामरस्य) का ग्रहण होना चाहिये। अनेक स्थानों पर उद्धृत "शक्तयोऽस्य जगत् कृत्स्नं शक्तिमांस्तु महेश्वरः" इस श्रीकण्ठीसंहिता के वचन के अनुसार यह सारा जगत् शिव और शक्ति के, तन्त्रशास्त्र में प्रकाश और विमर्श के नाम से प्रसिद्ध, स्वरूप में विद्यमान है। साधक को इसी स्वरूप में अपने मन को स्थिर करने का अभ्यास करना चाहिये और बाह्य विषयों से अपने इन्द्रिय-चक्र को समेट लेना चाहिये। धीरे-धीरे उसकी भेद-दृष्टि, दूसरे से अपने को अलग समझने का स्वभाव, घटती जाती है और उसकी बाह्य और आन्तर इन्द्रियाँ अन्तर्मुख हो जाती हैं। क्रमशः उसका प्राण—चार, प्राण और अपान की गति, मध्यनाडी सुषुम्णा में लीन हो जाता है और तब उसका मन दृढ़, अर्थात् अत्यन्त स्थिर हो जाता है। इस अवस्था में वह उस स्वात्मस्वरूप उत्तम ज्योति का दर्शन उसी तरह से कर सकता है, जैसे कि कोई मनुष्य घट, पट आदि पदार्थों को अपनी आँखों के सामने देखता रहता है ।।३४।।

[धारणा–१२]

[2]मध्यनाडी मध्यसंस्था[1] बिससूत्राभरूपया।
ध्याताऽन्तर्व्योमया देव्या तया देवः प्रकाशते ।।३५।।

मध्यनाडी सुषुम्णाख्या, मध्यसंस्था हृदयमध्यस्था भवतीत्यन्वयः। बिससूत्राभरूपया सूक्ष्मत्वात् मृणालतन्तुतुल्याकारया ध्याताऽन्तर्व्योमया ध्यातं चिन्तितमन्तर्व्योम चिदाकाशात्मकं यस्यां सा तथाविधया तया देव्या देवः प्रकाशः प्रकाशते। मध्यनाड्या-

१. °स्थ°–तवि०।

1. प्रस्तुत श्लोक को इसी श्लोक की व्याख्या में शिवोपाध्याय ने उद्धृत किया है।

2. तन्त्रालोकविवेक (भा० १, आ० १, पृ० १३१) पर यह श्लोक मिलता है।

मन्तश्चिदाकाशात्मकं शून्यमेवास्ति। तस्मात् प्राणशक्तिर्निःसरतीति विमर्शेन प्रकाशप्रादुर्भाव इति भावः। यद्वा मध्यनाडी मध्यसंस्था चासौ बिससूत्राभरूपा च, मध्यनाडीमध्यसंस्थबिसरूपा चेति विशेषणोभयपदः समासः। तया एवंविधया मरुच्छक्त्या तन्मध्यचिन्तिताकाशया देवः प्रकाशते ॥३५॥

सुषुम्णा नाम की मध्यनाडी हृदय के मध्य में रहती है। यह कमल-नाल में विद्यमान अत्यन्त सूक्ष्म तन्तुओं के समान कृश आकार वाली है। इस मध्यनाडी में चिदाकाश स्वरूप आन्तर व्योम (गगन) का ध्यान करने पर इसकी सहायता से साधक के हृदय में प्रकाशात्मक भगवान् शिव प्रकाशित हो उठते हैं। मध्यनाडी के भीतर चिदाकाश रूप शून्य का निवास है। उससे प्राणशक्ति निकलती है। इस तरह से विमर्श शक्ति की सहायता से प्रकाशात्मक शिवस्वभाव का प्रादुर्भाव होता है। अथवा मध्यनाडी मध्यसंस्था भी है और बिसतन्तु के समान सूक्ष्म आकार वाली भी है, इन दोनों विशेषण पदों का यहाँ समास माना जायगा, अर्थात् 'मध्यसंस्थबिससूत्राभरूपया' यह समस्त एक ही पद रहेगा। इस तरह की प्राण वायु की शक्ति से, जिससे कि बीच में चिदाकाश का चिन्तन किया जाता है, प्रकाशस्वरूप देव, परभैरव प्रकाशित हो उठते हैं। स्पन्दकारिका के इस श्लोक में भी यही बात कही गई है—

तदा तस्मिन् महाव्योम्नि प्रलीनशशिभास्करे।
सौषुप्तपदवन्मूढः प्रबुद्धः स्यादनावृतः॥ (२५ श्लो०)

इसका अभिप्राय यह है कि साधक जब मध्यनाडी की सहायता से चिदाकाश में प्रविष्ट होता है, तब सोम और सूर्य अर्थात् अपान और प्राण अथवा मन और प्राण सुषुम्णा में अपने आप विलीन हो जाते हैं। इस अवस्था के उपस्थित होने पर जो योगी अपने वास्तविक स्वरूप को न पहचान कर सिद्धियों के चक्कर में पड़ जाता है, वह तो स्वप्न-सुषुप्ति जैसी मूढ़ दशा में ही पड़ा रह जाता है और जो उस अवस्था में भी आगे बढ़ने के लिये प्रयत्नशील रहता है, वह चिदाकाश में प्रविष्ट हो प्रकाशमय प्रबुद्ध स्वरूप हो जाता है ॥३५॥

[धारणा-१३]

करुद्धदृगस्त्रेण भ्रूभेदाद् द्वाररोधनात्।
दृष्टे बिन्दौ क्रमाल्लीने तन्मध्ये परमा स्थितिः ॥३६॥

अङ्गुष्ठतर्जन्यादिक्रमेण कराभ्यां रुद्धानि दृगुपलक्षितानि मुखरन्ध्राण्येवास्त्रं तेन करणेन यद् द्वाररोधनं द्वारस्थगनम्, तस्माद्धेतोर्यो भ्रूभेदो भ्रूमध्यस्थग्रन्थिविदारणम्, तस्माद्धेतोर्बिन्दौ दृष्टे क्रमादेकाग्रताप्रकर्षात् संविद्गगने तस्मिन् बिन्दौ लीने च सति संविद्गगनमध्य एव योगिनः परमा स्थितिः परभैरवाभिव्यक्तिः स्यात् ॥३६॥

भ्रूमध्य में अवस्थित ग्रन्थि को काटने के लिये योगी अपने इन्द्रिय रूपी हथियारों से ही काम लेता है, जब कि वह इन आंख आदि इन्द्रियों को अंगूठे से और अपनी तर्जनी आदि अंगुलियों से दबाकर उनके बाहर जाने के मार्गों को रोक लेता है। योगशास्त्र में इस तरह

की क्रिताएं [1]करण के नाम से प्रसिद्ध हैं। इस प्रकार को क्रिया से योगी को भीतर (भ्रूमध्य में) प्रकाश-बिन्दु का दर्शन होने लगता है। इस बिन्दु में मन को एकाग्र करने का अभ्यास करते-करते यह बिन्दु बोध-गगन में विलीन हो जाता है और उसके साथ ही योगी की इस बोध-गगन में, प्रकाशात्मक अवस्था में, स्थिति हो जाती है, अर्थात् उसका परभैरव स्वरूप अभिव्यक्त हो जाता है।

यहाँ वर्णित वस्तु का क्रम इस प्रकार होगा—योगी पहले अपनी अंगुलियों से आँख-कान आदि को दबाने जैसे करणों (मुद्राओं) की सहायता से इन इन्द्रियों के बाहर निकलने के मार्ग को रोक देता है। फिर इन्हीं इन्द्रियों को साधन बनाकर वह भ्रूमध्य तक पहुँचता है और इनकी सहायता से वह भ्रूमध्य स्थित ग्रन्थि को काट डालता है। इस क्रिया के बाद योगी को भ्रूमध्य में ज्योति-बिन्दु के दर्शन होते हैं। ब्रह्मरन्ध्र तक पहुँचने के रास्ते को यह ग्रन्थि ही रोके रहती है, अतः जब इस ग्रन्थि का भेदन हो जाता है और बिन्दु में चित्त एकाग्र हो जाता है, तो अनायास ही ब्रह्मरन्ध्र स्थित बोध-गगन में विहार करने वाली परासंविद् देवी के दर्शन हो जाते हैं ॥३६॥

[धारणा–१४]

धामान्तःक्षोभसंभूतसूक्ष्माग्नितिलकाकृतिम् ।
बिन्दुं शिखान्ते हृदये लयान्ते ध्यायतो लयः ॥३७॥

धाम्नो लोचनवर्तिनस्तेजसः, अन्तःक्षोभेण अत्यन्तनिपीडनादिना संभूतं सूक्ष्माग्नितिलकाकृतिं नयनरश्मिरूपं बिन्दुं शिखान्ते[2] द्वादशान्ते हृदि च ध्यायतः। अथवा धाम्नो दीपादितेजसो योऽन्ते निर्वाणसमये क्षोभश्चाञ्चल्यम्, ततः संभूतं सूक्ष्माग्नितिलकाकृतिं बिन्दुं शिखान्तादौ ध्यायतः। लयान्ते गलितविकल्पे पर्यवसाने लयस्तदैक्योपपत्तिर्भवेत्। विकल्पे गलिते तदवसाने परमतेजस्तत्त्वसमावेशः स्यादित्यर्थः ॥३७॥

लोचन (नेत्र) में निवास करने वाला तेज यहां धाम पद से अभिप्रेत है। पूर्व श्लोक में प्रतिपादित प्रक्रिया से नेत्र को जोर से दबाने से सूक्ष्म अग्नि कणों की सी आकृतियाँ चमक उठती हैं। ये आकृतियाँ नायन (नेत्रों के) तेज से निकली किरणें ही हैं। इनमें से किसी एक

1. करणं देहसंनिवेशविशेषात्मा मुद्रादिव्यापारः" (पृ० ३५) शिवसूत्रविमर्शिनी के परिशिष्ट (टि० १९) में करण का यह लक्षण बताया गया है। योगशास्त्र के ग्रन्थों में वर्णित खेचरी प्रभृति मुद्राओं और जालन्धर प्रभृति बन्धों का इसी में समावेश किया जाता है। इनमें शरीर के अंगों को किसी विशेष प्रकार की स्थिति में रखने का अभ्यास किया जाता है। करण की गणना आणव उपाय में की जाती है। अपने सात भेदों के साथ इसका विवेचन तन्त्रालोक के पंचम आह्निक (पृ० ४३८–४४३) में तथा अन्यत्र भी किया गया है।
2. शिखान्त पद यहां ऊर्ध्व द्वादशान्त के अर्थ में प्रयुक्त है। शिखा (चोटी) के नीचे के इस स्थान में ही उन्मना शक्ति निवास करती है। इस विषय को समझने के लिये श्लो० ४२ की टीका देखनी चाहिये।

बिन्दु को पकड़ कर ऊर्ध्व द्वादशान्त अथवा हृदय में उसका ध्यान करना चाहिये। अथवा धाम पद से दीपक प्रभृति के तेज को भी लिया जा सकता है। दीपक जब बुझने लगता है, तो वह अत्यन्त चंचल हो उठता है और चटकने के साथ उसमें से चिनगारियाँ निकलने लगती हैं। इनमें से किसी एक बिन्दु को पकड़ कर भी ध्यान का अभ्यास किया जा सकता है। इसकी सहायता से योगी के सब जागतिक विकल्प शान्त हो जाते हैं, अर्थात् उनके साथ इसकी ऐक्य बुद्धि हो जाती है कि यह सारा प्रपंच मुझसे भिन्न नहीं है। इस अवस्था में योगी का परम तेज में समावेश हो जाता है ॥३७॥

[धारणा-१५]

अनाहते[1] पात्रकर्णेऽभग्नशब्दे [2]सरिद्द्रुते ।
शब्दब्रह्मणि निष्णातः परंब्रह्माधिगच्छति ॥३८॥

पात्रे कर्णौ यस्य तस्मिन् पात्रकर्णे, सरिद्वत् द्रुते वेगवाहिनि, 'परिश्रुते' इति पाठे परितः समन्तात् सर्वेषु प्रदेशेषु निर्गलिते, श्रवणगोचरं गते इत्यर्थः, अभग्नशब्दे अहर्निशं विच्छेदनरहितशब्दने, अनाहते न केनचिदाहते स्वरसत एवोत्थिते दशधोपलक्षिते नादभट्टारकात्मनि, शब्दब्रह्मणि यो निष्णातः कृतधारणाध्यानसमाधिः, स परंब्रह्म अधिगच्छति प्राप्नोति, ब्रह्मैव भवतीत्यर्थः। अविच्छिन्नानाहतध्वनिविषयचित्तैकाग्रतासंपादनेन परमाकाशस्वरूपाविर्भावो भवतीत्यभिप्रायः ॥३८॥

नदी का जल जैसे निरन्तर बहता रहता है, उसी तरह से शरीर के भीतर दस प्रकार का अनाहत नाद (अनहद ध्वनि) निरन्तर दिन-रात स्वाभाविक रूप से बिना रुकावट के चलता रहता है। यह प्रायः देखा जाता है कि कोई भी ध्वनि (आवाज) बिना टकराव के नहीं पैदा होती, किन्हीं दो वस्तुओं (पात्रों) के आपस में टकराने से ही यह पैदा होती है। इसके विपरीत शरीर के भीतर सुनाई पड़ने वाली यह ध्वनि (नादभट्टारक) किसी टकराव से पैदा नहीं होती। यह तो स्वभावतः सारे शरीर में चारों ओर से निकलती रहती है। इसीलिये इसको 'अनाहत' कहते हैं। इस ध्वनि को सुनने के लिये अपनी श्रवणेन्द्रिय (कानों) को ही पात्र (समर्थ) बनाया जाता है। अन्तर इतना ही है कि बाहरी पात्रों के टकराव से ध्वनि पैदा होती है, तब वह कानों से सुनाई पड़ती है; इसके विपरीत बिना किसी टकराव के प्रवाहित हो रही इस नादसन्तति को सुनने में श्रोत्रेन्द्रिय तब तक समर्थ नहीं हो सकती, जब तक कि योगाभ्यास के द्वारा उसमें इसको सुनने की पात्रता (योग्यता) न पैदा कर दी जाय। यह नादभट्टारक शब्दब्रह्म का ही व्यापार है। यह दस[1] प्रकार का होता है। दस प्रकार के नाद में धारणा,

---

१. °तेऽपा°–ख०। २. परिश्रुते–कटी०।

1. तन्त्रालोक (५।५९) में ब्रह्मयामल के प्रमाण पर दस प्रकार के राव का प्रतिपादन किया गया है। टीकाकार जयरथ ने (पृ० ४१०) राव शब्द को नाद का पर्यायवाची मानकर दस प्रकार के नाद का परिचय दिया है। स्वच्छन्दतन्त्र (११।६–७) में इसके आठ भेद माने गये हैं। क्षेमराज ने अपनी टीका में धर्मशिवाचार्य की पद्धति को उद्धृत कर इनका विव-

ध्यान और समाधि का अभ्यास करने पर योगी शब्दब्रह्म के स्वरूप को भलीभाँति समझ लेता है। वह यह जान लेता है कि शब्दब्रह्म से ही परा, पश्यन्ती, मध्यमा और वैखरी—इन चार तरह की वाणियों का विकास होता है। यह नाद तत्त्व परा और पश्यन्ती के क्रम से विकसित होता हुआ मध्यमा में आकर योगाभ्यास द्वारा श्रवणेन्द्रिय के अन्तर्मुख होने पर सुनाई पड़ता है। अन्तर्मुखता की ओर बढ़ते-बढ़ते, अर्थात् इस नाद के सूक्ष्म, सूक्ष्मतर, सूक्ष्मतम स्वरूप का अन्वेषण करते-करते योगी शब्दब्रह्म के स्वरूप को भलीभाँति समझने में समर्थ हो जाता है, निष्णात हो जाता है। शब्दब्रह्म के स्वरूप को ठीक से पहचान लेने पर साधक अनायास परब्रह्म को प्राप्त कर लेता है, अर्थात् इस निरन्तर प्रवहमान अनाहत ध्वनि में चित्त को एकाग्र कर लेने पर योगी का परमाकाश स्वभाव, चिदाकाशमय प्रकाशात्मक स्वरूप, प्रकट हो जाता है।

कुछ टीकाकार 'अनाहते पात्रकर्णे' इन दो पदों के बीच अकार का प्रश्लेष मानकर 'अपात्रकर्णे' ऐसा पदच्छेद करते हैं और इसका अर्थ करते हैं कि यह अनाहत ध्वनि कानों से नहीं सुनाई पड़ती। वस्तुतः सभी साधक इस विषय में एकमत हैं कि यह ध्वनि भी कानों की सहायता से ही सुनी जा सकती है। इसलिये इन दोनों मतों का समन्वय इस तरह से किया जा सकता है कि श्रवणेन्द्रिय की बाहर की ओर वृत्ति रहने पर यह नहीं सुनाई पड़ती। अभी ऊपर यह बताया जा चुका है कि श्रवणेन्द्रिय की आन्तर वृत्ति होने पर ही यह नाद सुनाई पड़ता है ॥३८॥

[धारणा-१६]

प्रणवादिसमुच्चारात् प्लुतान्ते शून्यभावनात्।
शून्यया परया शक्त्या शून्यतामेति भैरवि ॥३९॥

हे भैरवि, प्रणवादयः प्रणवप्रकाराः, आदिशब्दोऽत्र प्रकारार्थे प्रयुक्तः। यथा वेदप्रणव ॐकारः, शिवप्रणवो हूंकारः, मायाप्रणवो ह्रींकार इत्यादयो बहवः प्रकारास्तन्त्रेषु उद्दिष्टाः। तेषां समुच्चारः कुक्कुटरुतवद् ह्रस्वदीर्घप्लुतभेदेनोच्चारणम्, तस्मात्, प्लुतान्ते गुर्वक्षरेषु शून्यपात्रध्वनिवद् दीर्घकालमुच्चरितो यः प्लुतो मात्रात्रयपरिमितो वर्णस्तस्य अन्ते विश्रान्तौ बिन्द्वादिप्रमेयानारोहेण शून्यभावनात् शून्यावस्थालम्बनेन [1]शून्यातिशून्योच्चारेण शून्यतामुल्लङ्घ्यान्तर्मुखताभावनात्, शून्यया वेद्यशून्यतामाप्तया परया शक्त्या शून्यतामेति भेदशून्यपरभैरवरूपां परमां गतिं प्राप्नोति ॥३९॥

रण दिया है। अर्थरत्नावली (पृ० ३६) में उद्धृत संकेतपद्धति में भी अनाहत नाद के आठ ही भेद माने गये हैं। स्वच्छन्दतन्त्र (११।७) में महाशब्द के नाम से नवम नाद भी माना गया है। अर्थरत्नावली (पृ० ३६) में उद्धृत हंसनिर्णय में नवम नाद को निर्विशेष विशेषण दिया गया है।

1. स्वच्छन्दतन्त्र (७।५-७) की टीका में क्षेमराज ने शून्यातिशून्य को महामाया का और शून्य शब्द को माया का बोधक माना है। महामाया से सदाशिव, ईश्वर और शुद्धविद्या

प्रणवादि पद से यहाँ प्रणव के भेदों का ग्रहण किया जाता है। आदि शब्द यहाँ प्रकार के अर्थ में आया है। जैसे कि ॐकार वेद का प्रणव है, हूंकार शैवागम संमत प्रणव है और ह्रींकार शाक्तागम संमत। इस तरह से प्रणव के अनेक प्रकार तन्त्रशास्त्र में वर्णित हैं। इनके समुच्चार का अर्थ है ह्रस्व, दीर्घ और प्लुत के भेद से इनका कुक्कुटरुतवत् उच्चारण, अर्थात् मुर्गा जैसे पहले धीमी आवाज में बाँग देता है, बाद में कुछ तेज आवाज में और अंत में बड़ी तेज आवाज कुछ क्षणों तक अपने गले से निकालता रहता है, यही ह्रस्व, दीर्घ और प्लुत स्वरों के उच्चारण की विधि है। उक्त प्रणवों का उच्चारण इसी विधि से किया जाता है। अथर्वशिखोपनिषद् में इस विषय को समझाया गया है— "अन्त[1] मे जो चौथी आधी मात्रा है, वह विद्युद्वती कहलाती है। इसमें सभी वर्ण रहते हैं और पुरुष इसका देवता है। इस प्रकार यह ॐकार चार अक्षर, चार पद और चार मात्रा वाला है। ह्रस्व, दीर्घ और प्लुत इसके स्थूल रूप हैं", "ॐ ॐ ॐ इस प्रकार ॐकार का तीन बार उच्चारण कर अन्त में चतुर्थ अर्धमात्रा का उच्चारण करने से साधक की आत्मा परमशान्ति का अनुभव करती है। समस्त ॐकार की प्लुत उच्चारण द्वारा एक आवृत्ति करने से साधक का हृदय प्रकाश से ओत-प्रोत हो जाता है"। काँसे का खाली बरतन बजाने पर जैसे बहुत देर तक बजता रहता है, उसी तरह से गुरु अक्षरों को बहुत देर तक, तीन मात्रा या उससे अधिक समय तक बोलते रहने से वह उच्चारण प्लुत कहा जाता है। इस तरह के प्लुत उच्चारण के अन्त में प्लुत की विश्रान्ति हो जाने पर बिन्दु प्रभृति प्रमेयों का सहारा न लेकर शून्य की भावना करने से, सभी तरह के वेद्य विषयों से शून्य अवस्था को प्राप्त परा शक्ति की सहायता से साधक शून्यता को अर्थात् भेदरहित, द्वैतविवर्जित, परभैरव स्वरूप को प्राप्त कर लेता है।

इसका अभिप्राय यह है कि अर्धमात्रा का प्लुत उच्चारण करने से बिन्दु, अर्धचन्द्र प्रभृति सूक्ष्म से सूक्ष्मतर ध्वनियां निष्पन्न होती हैं। इस प्रकार यह प्लुत उच्चारण अपनी समुदाय शक्ति से अखण्ड ब्रह्म के ज्ञान में सहायक होता है, अर्थात् यह साधक को उस उन्मनावस्था में पहुँचा देता है, जहां कि साधक को ब्रह्मदशा के सिवाय किसी जागतिक अवस्था की अनुभूति नहीं होती। यह सामान्य प्रक्रिया है। प्रस्तुत श्लोक में भगवान् विज्ञानभैरव भैरवी को

की, अर्थात् मन्त्रमहेश्वर, मन्त्रेश्वर और मन्त्र नामक शुद्ध प्रमाताओं की, अधिकारी पुरुषों की सृष्टि होती है और माया से विज्ञानाकल, प्रलयाकल और सकल नामक अशुद्ध प्रमाताओं की। अथवा बिन्दु से समना पर्यन्त अधमात्रा की स्थिति शून्य में आर उन्मना की स्थिति शून्यातिशून्य पदवी में मानी गई है। मध्यधाम सुषुम्ना और शिवतत्त्व के अर्थ में भी शून्य और शून्यातिशून्य शब्दों का प्रयोग मिलता है। प्रस्तुत स्थल में शून्यातिशून्य के उच्चारण का तात्पर्य उन्मना पर्यन्त पिण्ड मन्त्र के उच्चारण के अभ्यास से है।

1. शिवोपाध्याय की टीका में स्थित ये दोनों उद्धरण अथर्वशिखोपनिपद् की प्रथम कण्डिका से लिये गये हैं। दोनों ही स्थलों के पाठ त्रुटिपूर्ण हैं। इनका संशोधन परस्पर एक दूसरे की सहायता से किया जा सकता है।

इस प्रक्रिया से विलक्षण एक दूसरा उपाय बताते हैं कि प्लुत का उच्चारण निष्पन्न हो जाने पर जब बिन्दु, अर्धचन्द्र आदि सूक्ष्म ध्वनि-तरंगों की प्रतीति होने वाली हो, तब साधक अपने चित्त को उनके साथ न लगाकर शून्य में विलीन कर दे। इस शून्यावस्था का सहारा लेकर के भी साधक अन्त में उस [1] अर्धमात्रा वाली अखण्ड-स्वभाव चिन्मात्र-स्वरूपिणी परा शक्ति में प्रविष्ट हो जाता है, जिसको कि दुर्गासप्तशती में अनुच्चार्य (उच्चारण के अयोग्य) कहा गया है। प्रणव में स्थित अकार, उकार और मकार उस परब्रह्म के व्यस्त स्वरूप को बताते हैं और चतुर्थ अर्धमात्रा स्वरूप अक्षर समस्त ब्रह्मतत्त्व का वाचक है। "तस्य वाचकः प्रणवः" (१।२७) इस योगसूत्र के अनुसार यह प्रणव सभी विकारों से अतीत तुरीय धामस्वरूप अखण्ड चैतन्यात्मक एक तत्त्व का, अर्थात् परमेश्वर का बोधक है। इस विषय को महिम्नस्तव के रचयिता पुष्पदन्त ने इस तरह से समझाया है—

त्रयीं तिस्रो वृत्तीस्त्रिभुवनमथो त्रीनपि सुरा-
नकाराद्यैर्वर्णैस्त्रिभिरभिदधत् तीर्णविकृति।
तुरीयं ते धाम ध्वनिभिरवरुन्धानमणुभिः
समस्तं व्यस्तं त्वां शरणद गृणात्योमिति पदम् ॥ (२७ श्लो०)

जिज्ञासु जनों को इस श्लोक का विस्तृत अर्थ महिम्नस्तव की मधुसूदनी टीका में देखना चाहिये ॥३९॥

[धारणा-१७]

यस्य कस्यापि वर्णस्य पूर्वान्तावनुभावयेत्।
शून्यया शून्यभूतोऽसौ शून्याकारः पुमान् भवेत् ॥४०॥

यस्य कस्यापि वर्णस्य पूर्वान्ताविति उच्चिचारयिषाविरामौ, अनुभावयेत् शून्यानुगततया भावयेत्। असौ पुमान् शून्यया वेद्यशून्यतामाप्तया परया शक्त्या शून्यभूतः शून्याकारो निवृत्तदेहादिप्रमातृताभिमानो भवेत्। तदयं प्रघट्टकार्थः—पूर्वं शिक्षा, ततस्तदनुभवः, ततोऽपि गुरुप्रसादादिना तन्निश्चयः, ततोऽन्तर्नाडीचक्रादिपरीक्षा, ततश्च शून्यातिशून्ययोजनया शब्दब्रह्ममयं प्रणवस्वरूपं परिवर्ज्य परब्रह्मणि प्रविशति, ततश्च शून्यातिशून्यतामेति। वस्तुतः सर्वमिदं गन्धर्वनगरतुल्यवृत्तान्तम्। इतो यदन्यत् तदेव ब्रह्म ॥४०॥

केवल प्रणव का ही नहीं, अपितु वर्णमाला में विद्यमान जिस किसी के भी वर्ण की पूर्व और अपर अवस्था का, अर्थात् उच्चारण करने की इच्छा तथा उसकी विराम अवस्था का शून्य

---

1. "अर्धमात्रास्थिता नित्या यानुच्चार्या विशेषतः" (१।७४) दुर्गासप्तशती के इस श्लोक में अर्धमात्रा को अनुच्चार्य (जिसका उच्चारण नहीं किया जा सकता) माना है। पिण्ड मन्त्र में अर्धमात्रा की स्थिति बिन्दु से समना पर्यन्त मानी गई है। इसको अनुच्चार्य इसलिये कहते हैं कि यह केवल भावनागम्य है, इसका उच्चारण नहीं होता।

से अनुगत रूप में ध्यान करे। उच्चारण करने की इच्छा के उत्पन्न होने से पूर्व और उच्चारण का विराम हो जाने के उपरान्त भी सभी वर्ण शून्यस्वभाव ही हैं, इस तरह की भावना करने से साधक पूर्व कारिका में व्याख्यात शून्य शक्ति के माध्यम से शून्यस्वरूप, शून्याकार होकर, अर्थात् देहादि प्रमातृता के अभिमान को छोड़कर शून्य में लीन हो जाता है। इसका अभिप्राय यह है कि साधक पहले योग की शिक्षा प्राप्त करता है। तदनुसार साधना करने से उसको कुछ नये अनुभव होते हैं। गुरु की कृपा से इन अनुभवों के आधार पर वह किसी एक निश्चय पर पहुँचता है। तब उसकी वृत्ति अन्तर्मुखी हो जाती है और वह नाडीचक्र की परीक्षा में प्रवृत्त हो जाता है, उनको शून्य में लीन करता चलता है। शून्य से अतिशून्य में प्रविष्ट होता हुआ वह शब्दब्रह्ममय प्रणव स्वरूप को भी छोड़कर अन्त में परब्रह्म में प्रविष्ट हो तदाकार हो जाता है। वस्तुतः यह सारा जगत् गन्धर्वनगर की तरह कल्पना का विलासमात्र है। इसके ऊपर ही वह परब्रह्म अवस्थित है ॥४०॥

[धारणा–१८]

तन्त्र्यादिवाद्यशब्देषु दीर्घेषु क्रमसंस्थितेः।
अनन्यचेताः प्रत्यन्ते परव्योमवपुर्भवेत् ॥४१॥

तन्त्र्यादिवाद्यशब्देषु तन्त्री आदिरवयवो येषां तानि तन्त्र्यादीनि तानि च तानि वाद्यानि वादनीयद्रव्याणि शततन्त्री-परिवादिनी-तुम्बवीणादीनि, तेषां ये शब्दा मूर्छनात्मकाः स्वरास्तेषु क्रमसंस्थितेः क्रमस्थित्या दीर्घेषु बहुलेषु सत्सु योऽनन्यचेतास्तदालम्बनचित्तवृत्तिसन्तानयुक्तः स प्रत्यन्ते तच्छब्दनिवृत्तौ आलम्बनान्तरानुदये परव्योमतनुः परमाकाशशरीरो भवेत्। तस्य परभैरवात्मके परमाकाशे समावेशो जायते, ब्रह्मैव भवतीति भावः ॥४१॥

जो साधक तन्त्री, शततन्त्री, परिवादिनी, तुम्बवीणा आदि तन्तुवाद्यों की ध्वनि अर्थात् [1]मूर्छनात्मक स्वरों में, जो कि अपनी क्रमिकता के आधार पर दीर्घ काल तक अवस्थित रहते हैं, अपने चित्त को एकाग्र कर उन्हीं आलम्बनों में अपनी चित्त-वृत्ति की सन्तति को डाल देता है, वह उस ध्वनि के साथ चित्त की एकाग्रता के कारण परमाकाश शरीर हो जाता है, अर्थात् अन्त में उस शब्द के भी निवृत्त हो जाने पर तथा दूसरे आलम्बन का उदय न होने से उसका परमव्योम में समावेश हो जाता है। मूर्छनात्मक स्वरों की अवस्थिति दीर्घ काल तक रहती है। अतः इनमें चित्त की एकाग्रता अन्य उपायों की अपेक्षा अधिक सरलता से प्राप्त हो सकती है। इसी विशेषता की ओर इंगित करने के लिये श्लोक में 'दीर्घेषु' यह विशेषण दिया गया है।

इसका अभिप्राय यह है कि 'दे व द त्त' ये शब्द एक एक पहर के बाद यदि बोले जांय, तो इनसे किसी अर्थ का बोध नहीं होगा। इन्हीं वर्णों का 'देवदत्त' इस तरह से एक

---

1. संगीतशास्त्र में स्वरों की नियमित क्रम से आरोह और अवरोह की प्रक्रिया को मूर्छना कहते हैं।

साथ उच्चारण किया जाता है, तो प्रतीत होता है कि यह कुछ है। उसके बाद [1]शब्दानुरणन न्याय से अथवा पानकचर्बण न्याय से इसके अभिप्राय का बोध किया जाता है कि यह क्या है? इसका क्या प्रयोजन है? एक ज्ञान से दूसरे ज्ञान की उत्पत्ति होती है। फलतः प्रतीति होती है कि देवदत्त कोई ब्राह्मण है। उसके बाद यह जाना जाता है कि यह पूर्व, पश्चिम, दक्षिण अथवा उत्तर का रहने वाला है। तब यह वेदाध्ययनशील है, उसके बाद यह वामनदत्त का पुत्र, सुखदत्त का भाई, पृथूदकी का पुत्र है, इस तरह से उसकी जाति आदि का परिचय मिलता है। इसी प्रकार तन्त्री प्रभृति वाद्यों से पैदा हुए क्रमिक स्वरों के [2]लय, सम, ताल आदि में मन लगा कर एकाग्रतापूर्वक दृढ़ अभ्यास कर उसके साथ अपनी चित्त-वृत्ति को लीन कर लेने वाला साधक परमव्योम शरीर हो जाता है, परब्रह्मदशा में समाविष्ट हो जाता है। ३८ वीं कारिका में बताया जा चुका है कि शब्दब्रह्म में निष्णात व्यक्ति परब्रह्म को प्राप्त कर लेता है। ब्रह्मवेत्ता योगिराज महर्षि याज्ञवल्क्य ने भी—

वीणावादनतत्त्वज्ञः स्वरजातिविशारदः।
तालज्ञश्चाप्रयासेन मोक्षमार्गं नियच्छति ॥ (३।११५)

इस स्मृति-वाक्य में इस बात को स्वीकार किया है कि संगीतशास्त्र में प्रवीण व्यक्ति अनायास ही मोक्ष प्राप्त कर लेता है ॥४१॥

---

1. नैयायिकों के मत के अनुसार श्रोत्रेन्द्रिय स्थित आकाश में वीचीतरंग न्याय और कदम्ब-गोलक न्याय से शब्द की उपलब्धि होती है। शब्द अपने उत्पत्ति स्थल से उसी तरह कानों तक पहुँचता है, जैसे कि तालाब आदि के पानी में ढेला फेंकने से उठी तरंग लहरों के सहारे किनारे आ लगती है। इसी को वीचीतरंग न्याय कहते हैं। कदम्बगोलक न्याय के अनुसार शब्द उत्पन्न होने के साथ कदम्ब के गोल फल के आकार में दसों दिशाओं में फैल जाता है और तब वह क्रमशः कानों तक पहुँचता है। शब्द कानों तक पहुँच कर अनुरणन करता है, कुछ देर तक प्रतिध्वनित होता रहता है। घंटे के बजने से जो देर तक कंपन होता रहता है, एक घनघनाहट सी होती रहती है, उसी को अनुरणन कहते हैं। इस क्रम से कानों में जब शब्द टकराता है, तो इस बात का अनुसन्धान चलने लगता है कि यह शब्द किस अर्थ को अभिव्यक्त करता है। यही शब्दानुरणन न्याय है। पानकचर्बण न्याय से इसकी स्थिति अधिक स्पष्ट होती है। बादाम, गुलकन्द, मुनक्का, अंगूर, काली मिर्च आदि से तैयार किये गये पानक (शर्बत) को स्वाद के साथ धीरे-धीरे चखने पर जैसे उसमें पड़े सभी पदार्थों के अलग अलग स्वाद और गन्ध की प्रतीति होती है, उसी तरह से कानों तक पहुँचे हुए शब्दों से उनका अर्थ समझा जाता है।
2. नपे तुले क्रम में स्वर की गति को लय कहते हैं। विलम्बित, मध्य और द्रुत के नाम से इसके तीन भेद होते हैं। ताल का जहाँ से उठान होता है और जहाँ समाप्ति होती है, उसे सम कहते हैं। मात्राओं के आधार पर काल-मापन की क्रिया के चक्र को ताल कहते हैं।

[धारणा–१९]

[1]पिण्डमन्त्रस्य[1] [2]सर्वस्य स्थूलवर्णक्रमेण तु ।
अर्धेन्दुबिन्दुनादान्त[3]शून्योच्चाराद् भवेच्छिवः ॥४२॥

स्थूलवर्णक्रमेणेति विशेषणे तृतीया, तेन स्थूलवर्णक्रमेणोपलक्षितस्य पिण्डमन्त्रस्येत्यन्वयः। सर्वस्य स्थूलवर्णक्रमेणोपलक्षितस्य प्रणवनवात्मादेः पिण्डमन्त्रस्य अर्धेन्दुबिन्दुनादान्तशून्योच्चारात्। अत्र बिन्द्वर्धचन्द्रनादान्तेति पठनीयम्, बिन्दोरनन्तरं हि अर्धचन्द्रोच्चारः। तेन प्रणवात्मके पिण्डमन्त्रे अकार-उकार-मकारोच्चारणानन्तरं हकारात् प्रभृति षष्ठस्वरान्ते नवात्मपिण्डमन्त्रे च अकारोच्चारणानन्तरं बिन्दु-अर्धचन्द्र-निरोधिनी-नाद-नादान्त-शक्ति-व्यापिनी-समना-उन्मनानामन्ते पर्यवसाने शून्यरूपात् प्लुतोच्चारात् शिवः परमशिवो भैरवभट्टारको भवेत् ॥४२॥

प्रणव, नवात्म प्रभृति पिण्ड मन्त्र कहलाते हैं। इनको पिण्ड मन्त्र इस लिये कहा जाता है कि इनमें पृथक् पृथक् अनेक वर्णों की स्थिति रहती है और अन्त में प्रायः एक संयोजक स्वर रहता है। इस तरह के सभी पिण्ड मन्त्रों के स्थूल वर्णों का क्रम से उच्चारण कर लेने के बाद बिन्दु, अर्धेन्दु, नादान्त प्रभृति सूक्ष्म से सूक्ष्मतर मात्रा में बदलते जा रहे सूक्ष्म वर्णों के उच्चारण का शून्य अवस्था पर्यन्त अनुसन्धान किया जाता है। जैसे कि प्रणवात्मक पिण्ड मन्त्र में अकार, उकार और मकार इन स्थूल वर्णों के बाद तथा नवात्मक पिण्ड मन्त्र में हकार से लेकर ऊकार पर्यन्त स्थूल वर्णों का उच्चारण कर लेने के बाद एक मात्रा के चतुर्थांश, अष्टमांश, षोडशांश के क्रम से सूक्ष्म से सूक्ष्मतर अवस्था की ओर बढ़ती जा रही बिन्दु, अर्धचन्द्र, निरोधिनी आदि मात्राओं का, जो कि वर्णों की सूक्ष्म स्थितियाँ मानी जाती हैं, अनुसन्धान करते करते शून्यावस्था उन्मना में पहुँच कर, वहाँ इस प्लुत वर्ण के उच्चारण की अन्तिम परिणति की भावना करने पर, साधक स्वयं शिव बन जाता है। योगिनीहृदय, नेत्रतन्त्र प्रभृति ग्रन्थों में यह विषय विस्तार से समझाया गया है।

शिवोपाध्याय ने प्रणव की इन मात्राओं को परम शिव अवस्था तक पहुँचने के लिये सोपान (सीढ़ियां) मान कर उन पर चढ़ने का क्रम इस तरह से बताया है—आकार की नाभि में, उकार की हृदय में, मकार की मुख में, बिन्दु की भ्रूमध्य में, अर्धचन्द्र की ललाट में, निरोधिनी की ललाट के ऊर्ध्व भाग में, नाद की शिर में, नादान्त की ब्रह्मरन्ध्र में, शक्ति की त्वक् में, व्यापिनी की शिखा के मूल में, समना की शिखा में और उन्मना की शिखा के अन्तिम भाग में स्थिति रहती है। इस उन्मना स्थिति को भी लाँघ कर, अर्थात् द्वादशान्त पर्यन्त सभी सोलह भूमियों को पार कर लेने पर सत्रहवें निरजन द्वादशान्त स्थान में अवस्थित व्योमाकार परमशिव के रूप में साधक अपने को देखने लगता है। प्रणव को, ॐकार को पिण्ड मन्त्र इसलिये कहा जाता है कि यह नाभि से लेकर द्वादशान्त पर्यन्त

---

१. बिन्दुरूपस्य–यो० चि० । २. मन्त्रस्य–यो०, चक्रस्य–चि० । ३ °न्तः–क० ।

1. यह श्लोक कामकलाविलास की टीका चिद्वल्ली (पृ० २४) में तथा योगिनीहृदयदीपिका (पृ० ५२) में मिलता है।

इस पिण्ड में विभक्त है। 'सोहं' यह भी प्रणव का ही स्वरूप है। इसमें से सकार और हकार रूप हल् का लोप हो जाने पर 'ॐ' यह स्वरूप रह जाता है। इस प्रणव[1] का 'सोहं' यह स्वरूप अजपा से गर्भित होकर अर्थात् दिन-रात बिना रुके निरन्तर चलती रहने वाली श्वास-प्रश्वास प्रक्रिया से मिल कर हृदय में बहुत ही स्पष्ट रूप में ध्वनित होता रहता है। जैसा कि—

ओमिति स्फुरदुरस्यनाहतं गर्भगुम्फितसमस्तवाङ्मयम्।
दन्ध्वनीति हृदि यत्परं पदं तत्सदक्षरमुपास्महे महः॥

शिवोपाध्याय द्वारा उद्धृत इस श्लोक में बताया गया है कि समस्त वाङ्मय को अपने पेट में समेटे हुए यह ॐकार प्रत्येक प्राणी के हृदय में अनाहत नाद के रूप में ध्वनित होता रहता है। हृदय में विद्यमान यह प्रणव रूप सदक्षर ही परमपदस्थानीय है। हम इसी तेज की उपासना करते हैं।

यह प्रणव अपनी अकार से लेकर उन्मना पर्यन्त बारह मात्राओं को नाभि से लेकर शिखान्त पर्यन्त स्थानों में बांट देता है। वर्णों के उच्चारण का क्रम स्थूल दशा कहा जाता है। नाभि, हृदय और मुख में क्रमशः प्रथम तीन मात्राओं का उच्चारण होता है, अतः इनको स्थूल कहा जाता है। स्थूल वर्णों का उच्चारण काल 'मात्रा' कहा जाता है। बिन्दु से समना पर्यन्त अर्धमात्रा और उसके ऊपर परम शिव का स्थान है। यहाँ स्थूल अक्षरों के क्रम से संयुक्त पिण्ड मन्त्र में बिन्दु, अर्धचन्द्र, नादान्त और शून्य के उच्चारण से परमशिव भाव की प्राप्ति की बात कही गई है। निरोधिनी, नाद, शक्ति, व्यापिनी और समना का उल्लेख न होने पर भी उनका ग्रहण किया जाता है। 'शून्या' शब्द से उन्मना का उल्लेख किया गया है। अतः संक्षेप में इस श्लोक का अर्थ यह होगा कि बिन्दु, अर्धचन्द्र, निरोधिनी, नाद, नादान्त, शक्ति, व्यापिनी, समना और उन्मना के उच्चार से, अर्थात् द्वादश मात्रा के उच्चारण काल की भावना करने से, योगी स्वयं शिव हो जाता है। अथवा इसका यह भी अर्थ किया जा सकता है कि अकार से लेकर समना पर्यन्त मात्राओं का शून्य रूप से परामर्श करने पर उन्मना रूप परम शिव धाम की प्राप्ति हो जाती है। यहाँ समना पर्यन्त विश्व हेय (त्याज्य) कोटि में और उन्मना में होने वाला परतत्त्व का समावेश उपादेय (ग्राह्य) कोटि में आता है।

यह प्रक्रिया अन्य सभी पिण्ड मन्त्रों के स्थूल और सूक्ष्म मात्राओं के विचार के प्रसंग में भी लागू होती है। इन द्वादश मात्राओं के स्वरूप का विचार नेत्रतन्त्र प्रभृति ग्रन्थों में किया गया है। उपोद्घात में इन पर प्रकाश डाला जायगा॥४२॥

---

1. शक्तिसंगमतन्त्र (I. ३. ७७-८७) में प्रणव के प्रसंग में हंसस्वरूपिणी कामकला का विवरण बताते हुए कहा गया है कि 'सोऽहम्' इस अजपा मन्त्र में प्रणव और कामकला दोनों की स्थिति है। उक्त ग्रंथ के चतुर्थ खण्ड के उपोद्घात (पृ० ५६-५७) में इस विषय पर प्रकाश डाला गया है।

[धारणा–२०]

निजदेहे सर्वदिक्कं युगपद् भावयेद् वियत् ।
निर्विकल्पमनास्तस्य वियत् सर्वं प्रवर्तते ॥४३॥

निर्विकल्पमना एकाग्रचित्तः साधकः, निजदेहे स्वात्मशरीरे, सर्वदिक्कं सर्वासु दिक्षु, पुरतो दक्षिणे वामे पृष्ठतश्च, व्याप्तम्, वियत् शून्यम्, युगपद् अक्रमेण भावयेत् । ततस्तस्य न नीलपीतादिकं किमप्यस्तीति 'शुक्ताविदं रजतम्' इतिवदविषयमेतत्सर्वमिति सर्वत एव शून्यतां भावयतः सर्वं वियत् प्रवर्तते । परमाकाशसमावेशोऽभिव्यज्यत इति भावः ॥४३॥

साधक निर्विकल्प, एकाग्र चित्त होकर अपने शरीर में सभी दिशाओं में पूर्व, दक्षिण, उत्तर, पश्चिम में व्याप्त शून्य की एक साथ बिना क्रम के भावना करे। इस भावना के अभ्यास से उसे इस यथार्थ स्थिति का बोध होने लगता है कि सीप में चाँदी की प्रतीति जैसे मिथ्या है, उसी तरह से नील, पीत आदि के रूप में प्रतीत हो रहा यह सारा प्रपंच भी असत्स्वरूप है, परमार्थतः इसकी कोई वास्तविक सत्ता नहीं है। इस तरह से उसकी सब पदार्थों में शून्यता की भावना पुष्ट होती जाती है और अन्त में यह परमाकाश में, परम शून्य में समाविष्ट हो जाता है। अर्थात् इस सारे प्रपंच के शून्य स्वरूप हो जाने पर उसका प्रकाशमय सत्स्वरूप (उपाधिरहित वास्तविक स्वरूप) अभिव्यक्त हो उठता है।

बाह्य नील-पीत आदि से लेकर शून्यपर्यन्त सभी पदार्थ विकल्पस्वरूप माने गये हैं। जैसा कि ईश्वरप्रत्यभिज्ञा में निर्दिष्ट है—

चित्तत्त्वं मायया हित्वा भिन्न एवावभाति यः ।
देहे बुद्धावथ प्राणे कल्पिते नभसीव वा ॥
प्रमातृत्वेनाहमिति विमर्शोऽन्यव्यपोहनात् ।
विकल्प एव स परप्रतियोग्यवभासजः ॥ (१।६।४-५)

इसका अभिप्राय यह है कि अहं परामर्श दो प्रकार होता है—शुद्ध और मायीय। इनमें से शुद्ध परामर्श विश्व से अभिन्न रूप में विद्यमान संविन्मात्र में अथवा विश्व की छाया से अस्पृष्ट स्वच्छ आत्मा में होता है और मायीय अथवा अशुद्ध परामर्श वेद्यस्वरूप देह, बुद्धि, प्राण, शून्य आदि को अपना आलम्बन बनाता है, अर्थात् इन्हीं को अपना स्वरूप मान लेता है। इनमें से शुद्ध परामर्श में किसी प्रतियोगी (विरोधी) पदार्थ की सत्ता के न रहने से कोई भी वस्तु [1]अपोहनीय (त्याज्य) नहीं रहती। घट प्रभृति बाह्य पदार्थ भी उस प्रकाशस्वरूप

1. परमार्थतः अपोहन व्यापार की कोई स्थिति नहीं है, किन्तु जागतिक व्यवहार का संचालन ज्ञान, स्मृति और अपोहन नाम की शक्तियों के सहारे ही चलता है। "मत्तः स्मृतिर्ज्ञानमपोहनं च" (भ० गी० १५।२५), "स्यादेकश्चिद्वपुर्ज्ञानस्मृत्यपोहनशक्तिमान्" (ई० प्र० १।३।७) इत्यादि वचनों के सहारे इस विषय का प्रतिपादन महार्थमंजरी की परिमल टीका (पृ० १३५-१३६) में किया गया है। बौद्ध दर्शन में भी एक पदार्थ से दूसरे पदार्थ को अलग करने के लिए अपोह की कल्पना की गई है।

परमतत्त्व से ही अपना अस्तित्व बनाते हैं, अतः वे उससे अभिन्न ही हैं, उसके विरोधी नहीं। इस अवस्था में जब कोई स्थिति अपोहनीय नहीं है, तो वह विकल्प कैसे हो सकती है। इसके विपरीत अशुद्ध (मायीय) परामर्श में वेद्यरूप शरीर प्रभृति में, उससे भिन्न देह आदि का और घट प्रभृति पदार्थों का भी व्यपोहन, व्यवच्छेद, भेद विद्यमान है। इसी भेददशा की प्रतीति को 'विकल्प' के नाम से जाना जाता है। इससे यह स्पष्ट होता है कि इन विकल्प दशाओं से अतीत शून्यातिशून्य शिवतत्त्व ही साधक का लक्ष्य होना चाहिये। विभिन्न विकल्प अवस्थाओं में पड़े हुये [1]विज्ञानाकल, प्रलयाकल आदि जीवों की दशाओं का वर्णन ईश्वरप्रत्यभिज्ञा (३।२।४-१२) आदि में विस्तार से किया गया है। इनका प्रयोजन यही है कि साधक इन विकल्प दशाओं का परित्याग कर अपने निर्विकल्प प्रकाशमय स्वात्मस्वरूप में प्रतिष्ठित हो जाय ॥४३॥

[धारणा-२१]

पृष्ठशून्यं मूलशून्यं युगपद् भावयेच्च यः[१] ।
युगपन्निर्विकल्पत्वान्निर्विकल्पोदयस्ततः ॥४४॥

यश्च साधकः पृष्ठशून्यं मूलशून्यं च युगपद् भावयेत् ऊर्ध्वाधो दक्षिणोत्तरतः सर्वतोऽपि शून्यमेव ध्यायेत् ततस्तस्यानया भावनया निर्विकल्पत्वाद् विकल्पशून्यत्वात्, युगपत् सहसा निर्विकल्पोदयः निर्विकल्पस्य चिद्धाम्न उदयः अभिव्यक्तिर्जायते ॥४४॥

जो साधक पृष्ठशून्य और मूलशून्य की, अर्थात् ऊपर-नीचे, दाहिने-बाये सभी जगह एक साथ शून्य की भावना करता है, तो इस निर्विकल्प भावना के अभ्यास से उसके हृदय में किसी भी समय एकाएक निर्विकल्प चिद्धाम शिवस्वभाव की अभिव्यक्ति हो सकती है। शिवोपाध्याय ने इस भावना की संपुष्टि के लिये वासुदेव का यह श्लोक उद्धृत किया है—

ऊर्ध्वशून्यमधःशून्यं मध्ये शून्यं निराश्रयम् ।
त्रिशून्यं योऽभिजानाति स भवेत् कुलनन्दनः ॥

अर्थात् ऊर्ध्वशून्य, अधःशून्य और बिना आश्रय के मध्यशून्य को, इन तीन शून्यों को, जो साधक जान लेता है, वह कुलनन्दन हो जाता है, अर्थात् देह से लेकर शक्तिपर्यन्त अपने समस्त कुल को परमाकाश में लीन कर आनन्दमय बना देता है। इसका अभिप्राय यही है कि

---

१. इतः परम्—"शरीरनिरपेक्षिण्या शक्त्या शून्यमना भवेत् ॥ पृष्ठशून्यं मूलशून्यं हृच्छून्यं भावयेत् स्थिरम् ।" इत्येष श्लोकोऽधिको व्याख्यातः शिवोपाध्यायेन । पुनरुक्तिप्राय इति कृत्वा सोऽयं भट्टानन्देन न व्याख्यातः । धारणानां ११२ संख्यासम्पत्तये चास्माभिर्नैष श्लोको मूले स्थापितः, तथा कृते संख्याधिक्यप्रसङ्गात् ।

1. विज्ञानाकल, प्रलयाकल प्रभृति सात प्रकार के प्रमाताओं का निरूपण पृ० २८ की 2 संख्या की टिप्पणी में किया जा चुका है। ईश्वरप्रत्यभिज्ञा के प्रस्तुत प्रकरण में भी त्रिविध मलों और विज्ञानाकल प्रभृति प्रमाताओं का स्वरूप वर्णित है।

इस भावना के अभ्यास से साधक को अपने शिवस्वरूप का करामलकवत् (हथेली पर रखे आंवले की तरह) साक्षात्कार हो जाता है ॥४४॥

[धारणा–२२]

तनूदेशे शून्यतैव क्षणमात्रं विभावयेत् ।
निर्विकल्पं[1] निर्विकल्पो निर्विकल्पस्वरूपभाक् ॥४५॥

तनूदेशे परिमितग्राहकपदे स्थूलशरीरे शून्यतैव इत्येतावन्मात्रं क्षणमल्पकालमपि निर्विकल्पं मनः कृत्वा भावयेत् । भावनयाऽनया भावको निर्विकल्पो विकल्पातीतः सन् निर्विकल्पस्वरूपभाक् चिद्विलासमयो जायते । शिवतत्त्वं विना न किमपि सर्वमेतत् चिद्विलासास्पदमाश्यानतया चित्रितमिव विभातीत्येवं गन्धर्वनगरादिवत् प्रसिद्धमप्रतिष्ठितमिति ज्ञानेन चिदाकाशे स प्रतिष्ठितो भवतीति भावः ॥४५॥

तनूदेश अर्थात् परिमित ग्राहकता के स्थान इस स्थूल शरीर में पूर्वोक्त पद्धति से शून्यता ही सर्वत्र विद्यमान है, इस स्थिति की एक क्षण के लिये, स्वल्प काल के लिये भी निर्विकल्प रूप में भावना करे । इस तरह की भावना करने वाला साधक विकल्प व्यापार से ऊपर उठकर निर्विकल्प स्वरूप में प्रतिष्ठित हो जाता है, वह यह जान लेता है कि सब कुछ चित् का विलासमात्र है । इसका अभिप्राय यह है कि शिवतत्त्व के सिवाय यहाँ कुछ भी सत् नहीं है । यह सारा जगत् चित् का विलास मात्र है, चित्र के समान अथवा गन्धर्वनगर के समान यह केवल कल्पना का विलास मात्र है । अतः इसकी कोई वास्तविक सत्ता नहीं है । इस प्रकार के ज्ञान का जब इस धारणा के अभ्यास से उदय होता है, तो वह साधक अपने स्वात्मस्वरूप में प्रतिष्ठित हो जाता है ॥४५॥

[धारणा–२३]

सर्वं देहगतं द्रव्यं वियद्व्याप्तं मृगेक्षणे ।
विभावयेत् ततस्तस्य भावना सा स्थिरा भवेत् ॥४६॥

हे मृगेक्षणे, प्रोक्तशून्यभावना यस्य न झगिति हृदयमध्यास्ते, स देहगतमस्थिमांसादि सर्वं द्रव्यं वियता शून्येन व्याप्तं विशेषेण भावयेत् । तदनन्तरं तस्य संयमिनः सा भावना उपादेयशून्यवासना दृढा भवेत् । सर्वमिदं रज्जुभुजङ्गवत्, असत्यस्वरूपसाध्यत्वाद्वा गन्धर्वनगरादिवत् शून्यव्याप्तमित्येवं धारणया देहगतमांसादिद्रव्याणामपि यदा शून्यताभावना दृढं प्ररूढा भवति, तदा भावकः प्रकाशमानप्रकाशो भवतीति भावः ॥४६॥

हे मृगेक्षणे, जिसके हृदय में उक्त शून्यता की भावना सरलता से न जम सके, उसको चाहिये कि वह अपने शरीर में विद्यमान अस्थि, मांस प्रभृति सभी धातुओं की शून्यरूप में भावना करे कि मेरे इस स्थूल शरीर में शून्य आकाश के सिवाय कुछ भी विद्यमान नहीं है ।

---

१. °ल्पे–ख० ।

इस तरह से स्थूल शरीर की हेय वासना के त्याग का अभ्यास करने से साधक के हृदय में उपादेय शून्यता की वासना दृढ़ होती जाती है और अन्ततः उसके हृदय में प्रकाश का आविर्भाव हो जाता है। इसका अभिप्राय यह है कि यह सारा जगत् रज्जु में कल्पित सर्प की तरह अथवा सर्वथा असत्य स्वरूप में कल्पित गन्धर्वनगर की भाँति कल्पनामय है, अर्थात् यह सब कुछ शून्य ही शून्य है, शून्य के सिवाय कुछ भी नहीं है। इस धारणा के अभ्यास से जब रज्जुसर्प, गन्धर्वनगर की तरह देहगत मांस प्रभृति द्रव्यों में भी यह शून्यता-भावना दृढ़ हो जाती है, तो साधक का हृदय सहसा आलोक से आलोकित हो जाता है, प्रकाश से भर जाता है ॥४६॥

[**धारणा–२४**]

देहान्तरे [1]त्वग्विभागं भित्तिभूतं[2] विचिन्तयेत् ।
न किञ्चिदन्तरे तस्य ध्यायन्न[3]ध्येयभाग् भवेत् ॥४७॥

देहान्तरे स्वस्मिन् देहविषये त्वग्लक्षणो यो विशिष्टो बहिष्ठो भागस्तं भित्तिभूतं जडबाह्यभित्तिकल्पं विचिन्तयेत् भावयेत्। तस्य चान्तर्न किञ्चिदस्तीति ध्यायन् अध्येयभाक् परव्याप्तिरूपः स्यात्। पञ्चभूतपञ्चीकरणयुक्त्या संबद्धं सत् शरीरमुद्भूतम्। तच्च स्थूलं विनस्यत्स्वभावं करिकर्णाग्रचपलं चेति नात्र स्थिरताऽऽसीदस्ति स्याद्वा। तथाऽत्र दिग्विभागादि नास्ति, बाह्यजडभित्तिमात्रमिदं दक्षिणपार्श्वमिदं वोत्तरमित्यादि, तस्मादसदिति समीक्षयेत्। एवं पुर्यष्टकप्रमातृभावोपशमात् शुद्धप्रमातृपदाविर्भावाद् भावको भैरवरूपो भवति ॥४७॥

अपने शरीर में त्वचा (चमड़ी) के रूप में जो बाहरी भाग विद्यमान है, उसकी भित्ति (दीवाल) के समान जड़ पदार्थ के रूप में भावना करे। उस त्वचा से आवृत शरीर के भीतर कुछ भी साररूप नहीं है, ऐसा ध्यान करते करते उस साधक को परतत्त्व का साक्षात्कार हो जाता है। इसका अभिप्राय यह है कि पंचीकरण प्रक्रिया से पंच महाभूतों के परस्पर संबद्ध होने पर यह शरीर उत्पन्न होता है। यह स्थूल शरीर नाशवान् है, हाथी के कान की तरह अत्यन्त चंचल है, एक स्थान पर स्थिर नहीं रह पाता। इसमें न कभी स्थिरता थी, न है और न भविष्य में ही रहेगी। इसी तरह से इस शरीर के साथ दिशाओं के विभाग आदि की भी सत्ता नहीं है। इसका यह दक्षिण भाग है, यह उत्तर भाग है, यह सब कल्पना-प्रसूत होने से असत् है और निर्जीव दीवाल की तरह है। केवल प्रमाता ही सत्स्वभाव है, इस बात को जो व्यक्ति ठीक तरह से जानता है, वही ज्ञानी कहलाता है। इसलिये कि उसका [1]पुर्यष्टक के साथ प्रमातृभाव उपशमित, शान्त हो जाता है ॥४७॥

---

१. दि°–ख० । २. मात्रं-ख० । ३. °न्न-ख० ।

1. पुर्यष्टक एक पारिभाषिक शब्द है। शास्त्रों में इसके अनेक अर्थ किये गये हैं। संक्षेप में सांख्य-संमत सूक्ष्म शरीर से इसकी तुलना की जा सकती है। स्पन्द-कारिका (श्लोक ४९)

[धारणा–२५]

[1]हृद्याकाशे निलीनाक्षः पद्मसंपुटमध्यगः ।
अनन्यचेताः सुभगे परं सौभाग्यमाप्नुयात् ।।४८।।

हे सुभगे, हृदि भवे हृद्ये, हारिणि च आकाशे प्राणापानान्तरालपदे निलीनाक्षः, निलीनमक्षं मनस्तद्द्वारेण चान्येन्द्रियचक्रं यस्य तादृक्, पद्मसंपुटमध्यगः ऊर्ध्वाधरगत-पद्मसंपुटमध्यंगतो भावनयाऽनुप्रविष्टः । ऊर्ध्वगतं पद्मं प्रमाणम्, अधरगतं प्रमेयम् । तयोर्मध्ये चिन्मात्राख्ये प्रमातरि स्वस्वरूपे स्थितः । अत एव अनन्यचेताः, नान्यस्मिंश्चिन्मात्रातिरिक्ते चेतो यस्य तादृशः सन्, परं सौभाग्यं विश्वेश्वरतास्वरूपं परमानन्दम्, आप्नुयात् प्राप्नुयात् । हृत्पद्मे बद्धबाह्याभ्यन्तरेन्द्रियचक्रस्य बाह्यविषयोपरमादाभ्यन्तरोदयः संभवेदित्यर्थः । प्रमेयादिरूपस्य संसारस्य निमेषोन्मेषात्मकसंकोचविकासधर्मकत्वात् पद्मसंपुटेन रूपणा ।।४८।।

हे सुभगे, हृदय में उत्पन्न हुए मनोहर आकाश में, अर्थात् प्राण और अपान के मध्यवर्ती[2] स्थान में जिसका आन्तर और बाह्य इन्द्रियचक्र (मन और उसमे नियन्त्रित चक्षुरादि इन्द्रियां) लीन हो जाता है और जो ऊर्ध्व स्थान और अधर स्थान में विद्यमान पद्मों के संपुट के मध्य में भावना के बल से प्रविष्ट हो गया है, अर्थात् ऊर्ध्वगत प्रमाण रूपी पद्म और अधःस्थित प्रमेय रूपी पद्म के मध्य में चिन्मात्र प्रमाता के अपने स्वरूप में स्थित हो जाता है और इसी लिये चिन्मात्रता के अतिरिक्त अन्य किसी वस्तु में जिसका चित्त संलग्न नहीं है, वह योगी विश्वेश्वरता रूप सौभाग्य के, परमानन्द के, विकसित हो जाने से अत्यन्त स्पृहणीय अवस्था को प्राप्त कर लेता है । अर्थात् बाह्य विषयों का उपराम हो जाने से उसमें आन्तर प्रकाश की अभिव्यक्ति हो जाती है । वहां प्रमेयादि रूप संसार का निमेष और उन्मेष व्यापार पद्मदल के संकोच और विकास के तुल्य है, इसीलिये इसकी पद्मसंपुट से तुलना की गई है । चित्त जब चित्प्रकाश से भर जाता है, तो वह चित्प्रकाश से परिव्याप्त इस सारे विश्व को

में पंच तन्मात्रा, मन, अहंकार और बुद्धि की समष्टि को पुर्यष्टक बताया गया है । तन्मात्रा को विषयों (प्रमेय) का तथा अन्तःकरण को प्रमाण का उपलक्षक (प्रदर्शक) मान कर इस पंक्ति का यह सरल अर्थ किया जा सकता है कि ज्ञानी पुरुष की दृष्टि में प्रमाण और प्रमेय की कोई सत्ता न रह जाने से उसका संकुचित प्रमाता का स्वरूप तिरोहित हो जाता है और निरावरण स्वात्मस्वरूप (शुद्ध प्रमाता = पर प्रमाता का स्वरूप) प्रकट हो जाता है ।

1. यह श्लोक शिवसूत्रविमर्शिनी (पृ० १६) और प्रत्यभिज्ञाहृदय (पृ० ८९) पर उद्धृत है ।
2. प्राण और अपान के मध्यवर्ती स्थान से यहां सुषुम्ना (मध्य) नाड़ी अभिप्रेत है । बाह्य और आन्तर इन्द्रियचक्र का, प्रमाण और प्रमेय व्यापार का, इसी में लय हो जाता है । हृदय के मध्य में इसकी स्थिति मानी गई है ।

देख सकता है। "हृदये चित्तसंघट्टाद् दृश्यस्वापदर्शनम्" (१।१५) इस शिवसूत्र में, "स च सर्वेषु भूतेषु भावतत्त्वेन्द्रियेषु च। स्थावरं जङ्गमं चैव चेतनाचेतनं स्थितम्॥ अध्वानं व्याप्य सर्वं तु सामरस्येन संस्थितम्।" (४।३०७-३०८) स्वच्छन्दतन्त्र के इन श्लोकों में तथा "तथा स्वातमन्यधिष्ठानात् सर्वत्रैव भविष्यति" (श्लो० ३९) इस स्पन्दकारिका में यही विषय प्रतिपादित है॥४८॥

[धारणा-२६]

सर्वतः स्वशरीरस्य द्वादशान्ते मनोलयात्।
दृढबुद्धेर्दृढीभूतं तत्त्वलक्ष्यं प्रवर्तते॥४९॥

सर्वतो रोमकूपान्तरेष्वपि चैतन्यदेवस्य प्रवेशेन स्वशरीरस्य द्वादशान्ते स्वकीये शरीरे द्वादशान्तो योऽस्ति तत्र मनोलयात् मनसो लयात् वासनाक्षयात्, अथवा द्वादशान्ते शून्यातिशून्ये मध्यधाम्नि सुषुम्णायां मनसो लयात् दृढबुद्धेर्योगिनः, दृढीभूतं प्राप्तैकाग्र्यं तत्त्वलक्ष्यं परप्रकाशरूपं प्रवर्तते प्रसरति॥४९॥

अपने शरीर में, सब तरफ से रोमकूपों के भीतर भी, चैतन्यस्वरूपी देवता के प्रविष्ट हो जाने से शरीर स्थित द्वादशान्त में एकाग्रता-प्राप्त मन दृढ़तापूर्वक प्रविष्ट हो जाता है। अथवा द्वादशान्त, अर्थात् सुषुम्णा नामक मध्यनाडी के शून्यातिशून्य धाम में यह लीन हो जाता है। द्वादशान्त में लीन हो जाने के कारण मन की वासनाओं का क्षय हो जाने से योगी का चित्त एकाग्रता की ओर दृढ़तापूर्वक बढ़ता जाता है और अन्ततः वह विश्रान्ति दशा में पहुँच जाता है, जहाँ कि उसके हृदय में परतत्त्व का प्रकाश आलोकित हो उठता है। "सौषुम्णेऽध्वन्यस्तमितो हित्वा ब्रह्माण्डगोचरम्" (श्लो० २४) इस स्पन्दकारिका की विभिन्न व्याख्याओं में इस विषय का विस्तार अवलोकनीय है॥४९॥

[धारणा-२७]

[1]यथा तथा यत्र तत्र द्वादशान्ते मनः क्षिपेत्।
प्रतिक्षणं क्षीणवृत्तेर्वैलक्षण्यं दिनैर्भवेत्॥५०॥

यथा तथेति स्वरसोदितेन येन तेन संवित्प्रसरप्रकारेण, यत्र तत्रेति पूर्वोक्तेषु यस्मिन् तस्मिन् प्रदेशे, द्वादशान्ते प्रतिक्षणं मुहुर्मुहुः, मनः क्षिपेत् एकाग्रीकुर्यात्। इत्थं क्षीणवृत्तेः प्रशान्तचाञ्चल्यस्य अस्य, दिनैरल्पेनैव कालेन, वैलक्षण्यम् असामान्यभैरवलाऽभिव्यक्तिर्भवेत् स्यादेव। 'यथा यथा यत्र यत्र' इति पाठे तु येन येन प्रकारेण यस्मिन् यस्मिन् विषये मनोनिक्षेपणं तथा तथा तत्र तत्र वैलक्षण्यं भवेदित्यन्वयः॥५०॥

---

१. °नो-क०।

1. तन्त्रालोकविवेक (भा० ३, आ० ५, पृ० ३७८) तथा प्रत्यभिज्ञाहृदय (पृ० ८९) में यह श्लोक मिलता है।

साधक योगी स्वाभाविक रूप से उठते हुए संविद्, अर्थात् ज्ञान के जिस किसी भी प्रकार को पूर्वोक्त स्थानों के बीच में से जिस किसी भी प्रदेश से द्वादशान्त में ले जाकर वहाँ प्रति क्षण बार-बार मन को एकाग्र करने का प्रयत्न करे। ऐसा करने से मन की वृत्तियों के क्षीण हो जाने से उसकी चंचलता शान्त हो जाती है और वह योगी थोड़े ही समय में अपने भीतर विलक्षणता का, अर्थात् असामान्य परभैरव के स्वरूप की अभिव्यक्ति का, अनुभव करने लगता है। 'यथा यथा यत्र यत्र' इस पाठ में जिस जिस प्रकार से जिस जिस विषय में मन को लगाया जाता है, उसी उसी प्रकार से वहाँ वहाँ वैलक्षण्य का आविर्भाव होता है, इस तरह का अन्वय किया जाता है। तन्त्रालोक के—

शाक्ते क्षोभे कुलावेशे सर्वनाडचग्रगोचरे।
व्याप्तौ सर्वात्मसंकोचे हृदयं प्रविशेत् सुधीः ।। (५।७१)

इस श्लोक में 'सर्वनाडचग्रगोचरे' इस पद से इसी स्थिति का वर्णन किया गया है। सभी नाडियों के अग्रभाग में द्वादशान्त की ही स्थिति मानी जाती है ।।५०।।

[धारणा–२८]

[1]कालाग्निना कालपदादुत्थितेन स्वकं पुरम्।
प्लुष्टं विचिन्तयेदन्ते शान्ताभा[2]सस्तदा भवेत् ।।५१।।

कालपदाद् दक्षिणपादाङ्गुष्ठाद् उत्थितेन कालाग्निना स्वकं पुरम् आत्मीयं देहमेव गुग्गुलम् "ॐ र क्ष र य ऊं तनुं दाहयामि नमः" इति मन्त्रोच्चारपूर्वकं शरीरदाहादिचिन्तनयोगयुक्त्या आत्मभावनया प्लुष्टं विचिन्तयेन् दग्धं विभावयेत्। तदा अन्ते स योगी शान्ताभासो भवेद् अभिव्यक्तस्वात्मस्वरूपः स्यात्। 'शान्ताभासः प्रजायते' इति पाठे योगिनश्चिन्मयमूर्तिमान् विभावसुः प्रकाशत इत्यर्थः ।।५१।।

"ॐ र क्ष र य ऊं तनुं दाहयामि नमः" इस मन्त्र का उच्चारण करते हुए कालपद, अर्थात् दाहिने पैर के अँगूठे से उठती हुई कालाग्नि का ध्यान करके, उसकी ज्वाला से मेरा पूरा शरीर भस्म हो गया है, ऐसी भावना करे। यहाँ अपने शरीर को ही गुग्गुल समझे। गुग्गुल जैसे अग्नि में भस्म हो जाती है, उसी तरह से साधक अपने शरीर के संबन्ध में भी, वह कालाग्नि में जल गया है, इस तरह की भावना करे। पुर शब्द गुग्गुल का भी पर्यायवाची है और यह शब्द देह का भी बोधक होता है। यहाँ इस श्लिष्ट पद के प्रयोग का यह अभिप्राय है कि गुग्गुल जैसे जल कर सर्वत्र सुगन्धि फैला देता है और वातावरण को विषाक्त कीटाणुओं के प्रभाव से निर्मुक्त कर देता है, उसी तरह से उक्त भावना के अभ्यास से साधक सभी

---

१. °पुरा°–ख० । २. °सः प्रजायते–ख० शि० म० ।

1. यह श्लोक शिवसूत्रविमर्शिनी (पृ० ३८) और महार्थमंजरीपरिमल (पृ० ११२) में विद्यमान है।

मलों (दोषों) से निर्मुक्त होकर अपने शान्त स्वरूप को प्राप्त कर लेता है, अर्थात् उसके समक्ष चिन्मय मूर्तिमान् अग्नि प्रकाशित हो उठती है। महार्थमंजरी की—

शोषो मलस्य नाशो दाह एतस्य वासनोच्छेदः।
आप्लावनं तनूनां ज्ञानसुधासेकनिर्मिता शुद्धिः ॥ (४४ श्लो०)

इस गाथा में प्राणायाम के अभ्यास से शोष, दाह और आप्लावन की प्रक्रिया के आधार पर साधक के देह को अमृतमय बना देने की बात कही गई है। 'देवो भूत्वा देवं यजेत्' इस विधिवाक्य की सिद्धि के लिए इसी प्रक्रिया का सहारा लिया जाता है। भूतशुद्धि और प्राणप्रतिष्ठा के माध्यम से भी इसी स्थिति तक पहुँचा जाता है। "शरीरे संहारः कलानाम्" (३।४) इस शिवसूत्र में भी यही बात वर्णित है ॥५१॥

[धारणा–२९]

एवमेव जगत्सर्वं दग्धं ध्यात्वा विकल्पतः।
अनन्यचेतसः पुंसः पुंभावः परमो भवेत् ॥५२॥

एवमेव कालपदादुत्थितेन कालाग्निना देवस्थं बाह्यस्थं च सर्वं जगद् विकल्पतो दग्धं ध्यात्वा नामरूपतः प्लुष्टं विभाव्य वर्तमानस्य अनन्यचेतसो निर्विकल्पचित्तस्य पुंसो योगिनः परमः पुंभावो भवेत् अपरिमितप्रमातृभैरवता प्रकाशते। अत्र पूर्वोक्तधारणार्थ एव दृढीकृतः, परन्तु पूर्वं स्वपुरदाहचिन्तनमुक्तम्, इह सर्वजगद्दाहभावनेति विशेषः ॥५२॥

इसी तरह से कालपद से उठी कालाग्नि की ज्वाला से देह के भीतर और बाहर वर्तमान सारे जगत् के सभी पदार्थ भस्म हो गये हैं, ऐसी भावना का अभ्यास करने वाले, अनन्यचित्त, निर्विकल्प स्वभाव, योगी के हृदय में परम पुंभाव (पुरुषार्थ), अर्थात् अपरिमित प्रमाता के रूप में वर्तमान भैरव का स्वरूप आविर्भूत हो जाता है। एक प्रकार से यहाँ पूर्वोक्त धारणा की ही पुष्टि की गई है, किन्तु इनमें अन्तर इतना है कि पहले श्लोक में केवल अपने शरीर के भस्म हो जाने की भावना बताई गई है और इसमें सारे जगत् के दाह की भावना वर्णित है ॥५२॥

[धारणा–३०]

स्वदेहे जगतो वापि सूक्ष्मसूक्ष्मतराणि च।
तत्त्वानि यानि निलयं ध्यात्वान्ते व्यज्यते परा ॥५३॥

स्वदेहे निजदेहविषये संबद्धानि, जगतो वापि अथवा सर्वस्य जगतः संबन्धीनि यानि सूक्ष्माणि सूक्ष्मतराणि च तत्त्वानि प्रकृतिमहदहङ्कारादीनि तथा पृथिव्यादीनि तद्विकारभूतानि च यानि सन्ति, तेषां निलयं स्वस्वकारणेषु मृतिदशायां लयं ध्यात्वा अन्ते पर्यन्ते परा देवी व्यज्यते प्रकटीभवति। 'तत्त्वाति यातानि लयम्' इति पाठे तु सर्वतत्त्वानि लयं यातानि नष्टप्रायाण्येवेति ध्यात्वा पराभट्टारिकाविर्भावो भवेदित्यर्थः।

अयमत्र तात्पर्यार्थः—मयूराण्डरसन्यायेन परा देवी सर्वमेतदन्तःस्थितमेव बहिः प्रकाशयति । अनया धारणया सर्वभेदाभेदगलनायां साधकः परोदयः स्यादेवेति ।।५३।।

अपने देह में वर्तमान अथवा इस सारे जगत् में विद्यमान जो सूक्ष्म से सूक्ष्मतर प्रकृति, महान्, अहङ्कार प्रभृति तथा पृथिवी प्रभृति पंच महाभूत और उनके विकारभूत मांस, अस्थि आदि तत्त्व हैं, उनके विषय में ये अपने-अपने कारणों में लीन हो रहे हैं, इस तरह की भावना करने पर अन्त में परा देवी प्रकाशित हो जाती है । 'तत्त्वानि यातानि लयम्' ऐसा भी पाठ मिलता है । इसका अर्थ यह है कि सभी तत्त्व अपने-अपने कारणों में लीन हो गये हैं, प्रायः नष्ट हो गये हैं, इस तरह की भावना करने से परा देवी प्रकट हो जाती है । इसका अभिप्राय यह है कि परा भट्टारिका ही मयूराण्डरस न्याय[1] से अपने भीतर वर्तमान इस पूरे जगत् को बाहर प्रकाशित कर देती है । जो साधक इस बात को समझ कर परा देवी में ही सारे जगत् को समर्पित कर देता है, तो सभी भेदों और उपभेदों के विगलित हो जाने से वह परम उदय की अवस्था को प्राप्त कर लेता है ।।५३।।

[धारणा-३१]

[२]पीनां च दुर्बलां [१]शक्तिं ध्यात्वा द्वादशगोचरे ।
प्रविश्य हृदये ध्यायन्[२] मुक्तः[३] स्वातन्त्र्यमाप्नुयात् ।।५४।।

शक्तिं प्राणशक्तिम्, आदौ पीनां पीवराम् अन्नपानादिभोजनदिशा पीनत्वं प्राप्ताम्, ततः क्रमेण दुर्बलां कृशां गुरूपदेशमार्गेण कुम्भकादिना सूक्ष्मां भवन्तीं द्वादशगोचरे द्वादशान्ते ध्यात्वा, हृदये प्रविश्य च ध्यायन् साधको मुक्तः सन् स्वातन्त्र्यमाप्नुयात् स्वतन्त्रपरमेश्वरस्वरूपः स्यात् ।।५४।।

भर पेट भोजन-पानी पाने से मोटी अकल के आरामतलबी आदमी का शरीर ही नहीं, प्राण शक्ति भी मोटी हो जाती है । बाद में सद्गुरु का उपदेश पाकर जब वह योगाभ्यास में लग जाता है, कुम्भक प्रभृति प्राणायामों का अभ्यास करने लगता है, तो धीरे-धीरे उसके शरीर के मोटापे के साथ ही प्राण-वायु भी कृश होती जाती है, सूक्ष्म से सूक्ष्मतर होती जाती है । इसी सूक्ष्म प्राणशक्ति का द्वादशान्त स्थान में और हृदय में भी प्रविष्ट होकर जो साधक ध्यान करता है, वह मुक्त होकर अपनी स्वाभाविक स्वतन्त्र स्थिति को प्राप्त कर लेता है, अर्थात् उसमें परमेश्वर की स्वातन्त्र्य शक्ति, जो कि उसका अपना ही स्वरूप है,

---

१. चव–त० । २. °येत् सुप्तः स्वाच्छन्द्य°–त० । ३. स्वप्न°–स्प० ।

1. इस न्याय का अभिप्राय यह है कि मयूर (मोर) के अण्डे के रस में किसी प्रकार की विचित्रता के न रहते हुए भी जैसे उससे रंग-विरंगे पक्षी (मोर) की उत्पत्ति होती है, उसी तरह से परा शक्ति से भी इस चित्र-विचित्र जगत् की सृष्टि होती है ।
2. यह श्लोक स्पन्दनिर्णय (पृ० ५६) और तन्त्रालोक तथा उसकी टीका विवेक (भा० ९, आ० १५, पृ० २४०, २४३) में मिलता है ।

पूर्णतया अभिव्यक्त हो जाती है। "यथेच्छाभ्यर्थितो धाता" इस स्पन्दकारिका की व्याख्या करते हुए क्षेमराज ने स्पन्दनिर्णय (पृ० ५५-५६) में इस स्थिति की अधिक स्पष्ट व्याख्या की है। अभिनवगुप्त ने भी तन्त्रालोक (१५।४८०-४८१) में विज्ञानभैरव के इस श्लोक को प्रमाण रूप में उद्धृत कर शिष्यदीक्षा के प्रसंग से इसको जोड़ा है कि इस धारणा के अभ्यास से गुरु शिष्य के अन्तःकरण में प्रविष्ट होकर उसमें आध्यात्मिक शक्ति का संचार करता है ।।५४।।

[धारणा-३२]

[1]भुवनाध्वादिरूपेण चिन्तयेत् क्रमशोऽखिलम् ।
स्थूलसूक्ष्मपरस्थित्या यावदन्ते मनोलयः ।।५५।।

भुवनाध्वादिरूपेण भुवन-तत्त्व-कला-मन्त्र-पद-वर्णाख्यो यः षोढा [2]वाच्यवाचक-रूपोऽध्वा शब्दार्थमयस्तस्याध्वनः स्थूलसूक्ष्मपररूपतया क्रमशोऽखिलं जगत् चिन्तयेत्, यावदन्ते तत्रैव मनोलयः पराकाष्ठावगतिः स्यात् ।।५५।।

भुवन, तत्त्व, कला, मन्त्र, पद और वर्ण—ये तन्त्रशास्त्र में षडध्व के नाम से प्रसिद्ध हैं। वस्तुतः यह वाच्य और वाचक के रूप में विद्यमान शब्द और अर्थ का ही विस्तार है। शब्द से वर्ण, पद और मन्त्र की और अर्थ से कला, तत्त्व, भुवन की उत्पत्ति होती है। स्थूल, सूक्ष्म और पर रूप में विद्यमान इन षडध्वों से क्रमशः यह सारा जगत् व्याप्त है। योगी इस भावना का तब तक अभ्यास करता रहे, जब तक कि अन्ततः उसका मन इसी में लीन नहीं हो जाता।

इस विषय को कुछ विस्तार से समझने की आवश्यकता है। तान्त्रिक दीक्षा में षडध्व की शुद्धि अनिवार्य मानी जाती है। प्रायः सभी ग्रन्थों में, विशेष कर शैवागम के ग्रन्थों में, इसका विस्तार से वर्णन मिलता है। वस्तुतः यह सारा जगत् पर, सूक्ष्म और स्थूल रूप में, वाचक और वाच्य के रूप में, शब्द और अर्थ के रूप में प्रतीत हो रहे उस विश्वातीत और विश्वात्मक परब्रह्म की क्रियाशक्ति का ही विस्तार मात्र है। शब्दब्रह्म ही षडध्व के रूप में परिणत होता है। इनमें से वर्ण का इस विश्व के साथ अभेदात्मक, मन्त्र का भेदाभेदात्मक और पद का भेदात्मक संबन्ध रहता है। इसमें पहला अध्व उसके बाद के अध्व में व्यापक रूप से रहता है और बाद का अध्व अपने पहले अध्व में व्याप्य रूप से रहता है। इस तरह से ये सभी अध्व परस्पर व्याप्यव्यापकभाव से सब में स्थित हैं। इसीलिये शास्त्रों में जहाँ-तहाँ

---

1. शिवसूत्रविमर्शिनी (पृ० ३८) और महार्थमंजरी की परिमल टीका (पृ० ७१, १४२) में यह उद्धृत है।
2. शब्द और अर्थ के वाच्यवाचकभाव संबन्ध का निरूपण पृ० ६ की पहली टिप्पणी में किया जा चुका है।

पाँच अध्वों को अपने भीतर समेटे किसी एक अध्व की शुद्धि का विधान मिलता है। जैसा कि स्वच्छन्दतन्त्र के—

> अध्वावलोकनं पश्चाद् व्याप्यव्यापकभेदतः।
> भुवनव्यापिता तत्त्वेष्वनन्तादिशिवान्तके ॥
> व्यापकानि च षट्त्रिंशन्मन्त्रवर्णपदात्मकाः।
> तत्त्वान्तर्भाविनः सर्वे वाच्यवाचकयोगतः ॥
> कलान्तर्भाविनस्ते वै निवृत्त्याद्याश्च ताः स्मृताः। (४।९५-९७)

इन श्लोकों में यह विषय प्रतिपादित है। यहाँ व्याप्यव्यापकभाव के आधार पर षडध्व की भावना का प्रतिपादन किया गया है। अनन्त से शिव पर्यन्त भुवनों में सर्वत्र तत्त्व व्यापक रूप से रहते हैं। ये व्यापक तत्त्व ३६ होते हैं। इनसे अतिरिक्त मन्त्र, वर्ण और पदात्मक अन्य तीन अध्व हैं। इनमें से वर्ण ५० तथा नवात्मसंबन्धी पद ८१ प्रकार के हैं। क्रमशः इनमें तत्त्व प्रभृति का अन्तर्भाव हो जाता है, क्योंकि तत्त्व प्रभृति वाच्य और मन्त्र प्रभृति वाचक कहलाते हैं। कलाध्वा के शोधन की प्रधानता के आधार पर यह क्रम प्रतिपादित है। इस प्रक्रिया से कलाध्वा में ही अन्य सभी अध्वों का अन्तर्भाव हो जाता है और यह कलाध्वा निवृत्ति आदि के भेद से पाँच प्रकारों में विभक्त है। इस विषय को हमने "वैष्णवेषु तदितरेषु चागमेषु षडध्वविमर्शः"[1] नामक निबन्ध में विस्तार से समझाया है।

इसको संक्षेप में इस तरह से समझा जा सकता है—चिदानन्दघन परम स्वतन्त्र परमेश्वर अपनी उन्मना नाम की स्वातन्त्र्य शक्ति की सहायता से शून्य से लेकर पृथ्वी पर्यन्त इस अनन्त जगत् को एक साथ प्रकाशित कर देता है। वाच्यवाचकरूप में विभक्त इस जगत् को यद्यपि वह अपने स्वरूप (स्वात्मभित्ति) में ही प्रकाशित करता है, अतः वास्तव में इनमें कोई भेद नहीं होता, किन्तु वह इसमें भेद-बुद्धि को भी पैदा कर देता है। यह वाचक अर्थात् ग्राहक के रूप में विद्यमान जगत् पर, सूक्ष्म और स्थूल रूप में क्रमशः[2] वर्ण, मन्त्र और पद के रूप में तीन तरह से विभक्त हो जाता है। इसी तरह से वाच्य भी ग्राह्य स्वरूप में प्रविष्ट होकर पर, सूक्ष्म और स्थूल रूप में क्रमशः कला, तत्त्व और भुवन का रूप धारण कर लेता है। पर-स्वभाव वर्ण अभेद विमर्श को पैदा करने वाले हैं। ये जब कुछ स्थूलता की ओर

---

1. द्रष्टव्य—सारस्वती सुषमा, व० १७, अ० १-२, पृ० १७९-२००; तन्त्रयात्रा, पृ० १४-३४।
2. तन्त्रालोक (६।३४-३५) में भी यही क्रम वर्णित है। शैवागमों में षडध्व का क्रम इस प्रकार दिया गया है—वर्ण, पद, मन्त्र और कला, तत्त्व, भुवन। वहाँ ५० वर्णों के बाद व्योमव्यापी प्रभृति ८१ पदों का विस्तार से वर्णन मिलता है और मुख्य मन्त्रों की संख्या ११ ही मानी गई है। षडध्व की शुद्धि में सर्वत्र प्रायः यही क्रम मान्य है। मन्त्रों का स्वरूप वाक्यों के सदृश है, अतः व्याकरण की दृष्टि से भी वर्ण और पद के बाद ही मन्त्र की स्थिति मानी जाय, यही उचित प्रतीत होता है। पूर्वोक्त क्रम को भी मन्त्र की नादात्मकता को स्वीकार कर मान्य किया जाता है।

बढ़ते हैं, तो सूक्ष्मस्वभाव भेदाभेद दृष्टि के प्रतिनिधि नादात्मक मन्त्र के रूप में अभिव्यक्त होते हैं। पुनः आगे बढ़ने पर स्थूल-स्वभाव भेद दृष्टि को पैदा करने वाले पदों का आविर्भाव होता है। इसी तरह से वाच्यरूपा पारमेश्वरी कला-शक्ति उत्तरोत्तर स्थूल-स्वरूप को धारण करती हुई अन्ततः भुवनाध्व का रूप धारण करती है। वास्तव में यद्यपि परमेश्वर की इस शक्ति का स्फुरण बिना क्रम के ही होता है, तथापि अपनी स्वातन्त्र्य शक्ति की सहायता से यह दर्पण में दिखाई पड़ने वाले विभिन्न प्रतिबिम्बों की भाँति उनमें क्रम का आभास भी कराती है। जब क्रम का आभास होने लगता है, तो उसमें पहले आविर्भूत हुआ पदार्थ बाद में आविर्भूत हुए पदार्थ में व्यापक रूप से उसी तरह से विद्यमान रहता है, जैसे कि घट में मृत्तिका व्यापक रूप से रहती है। बाद में आविर्भूत होने वाला पदार्थ अपने पूर्ववर्ती कारण पदार्थ में शक्ति के रूप में उसी तरह से छिपा रहता है, जैसे कि वृक्ष अपने बीज में छिपा रहता है। इस तरह से विश्व के सभी पदार्थ एक दूसरे से परस्पर संबद्ध हैं, अतः कहा जा सकता है कि सभी[1] पदार्थ सर्वात्मक हैं। इस तरह से प्रत्येक प्रमाता अथवा भाव में वस्तुतः षडध्व का विस्तार देखा जा सकता है और यह सब कुछ परमेश्वर की स्वातन्त्र्य शक्ति का ही विलास है। अकार से लेकर हकार पर्यन्त वर्णों का परामर्श जब परिपक्व हो जाता है, तो उसका अहन्ता में विश्राम होता है। पर भैरव का ही यह सारा खिलवाड़ है। इस तरह से भुवन आदि षडध्व के रूप में इस जगत् का ही विस्तार होता है, ऐसा विचार कर स्थूलतर का स्थूल में, स्थूल का सूक्ष्म में और सूक्ष्म का पर भाव में, अर्थात् चिन्मात्र के बोध में विलयन कर देना चाहिये। इस अध्वशोधन की प्रक्रिया के आधार पर शिव तत्त्व के स्वरूप का विमर्श (चिन्तन) करने से साधक का चित्त विलीन हो जाता है। इस पूरे प्रकरण को शिवोपाध्याय ने—

> भुवनादित्रयं वाच्यं पदादिवाचकं त्रयम्।
> शक्तिरेतच्चाध्वषट्कं शक्तिमांस्तु महेश्वरः॥

इस एक श्लोक में संगृहीत कर दिया है, अर्थात् भुवन प्रभृति तीन अध्व वाच्य वर्ग में और पद आदि तीन वाचक वर्ग में प्रविष्ट हैं। यह अध्वषट्क स्वातन्त्र्य शक्ति का ही विस्तार है और इस शक्ति का अधिपति महेश्वर है, परभैरव शिव स्वयं इसका अधिष्ठाता है। महार्थमंजरीकार महेश्वरानन्द ने—

> यदध्वनां च षट्कं तत्र प्रकाशार्थलक्षणमर्धम्।
> विमर्शशब्दस्वभावमर्धमिति शिवस्य यामलोल्लासः॥२७॥

---

1. सभी पदार्थों की सर्वात्मकता का विवेचन "घटादौ" (श्लो० १०३) इत्यादि कारिका की व्याख्या के अवसर पर किया गया है। इस विषय को अधिक विस्तार से समझने के लिये शिवदृष्टि के प्रथम और पंचम आह्निक के इस विषय से संबद्ध अन्तिम अंश का और महार्थमंजरी की गाथा ३२-३३ की परिमल टीका का अवलोकन करना चाहिये।

स्थूलतरेष्वपि प्रेक्षध्वं भूतेषु खस्य निर्मलावस्थाम्।
षट्त्रिंशिकातिलङ्घी कीदृशो भवतु सोमनाथः सः ॥५७॥

इन दो कारिकाओं की स्वनिर्मित परिमल व्याख्या में इसी विषय पर अन्य दृष्टिकोणों से भी विचार किया है ॥५५॥

[धारणा-३३]

[1]अस्य [1]सर्वस्य विश्वस्य पर्यन्तेषु समन्ततः।
अध्वप्रक्रियया तत्त्वं [2]शैवं ध्यात्वा महोदयः ॥५६॥

अस्य सर्वस्य विश्वस्य पर्यन्तेषु समन्ततोऽध्वप्रक्रियया शैवं तत्त्वं ध्यात्वा अध्वषट्केषु भुवनाध्वादिषु सामान्यतया विशेषतया वा न किमपि प्रकाशविमर्शात्मकशिवतत्त्वं विना सारभूतमिति षडध्वशोधनप्रक्रियया विज्ञाय महोदयः प्रकाशाभिव्यक्तिः परमशिवावभासः स्यात् ॥५६॥

प्रकाश और विमर्श स्वरूप परमेश्वर ही शिव है। शैव तत्त्व उस शिव के स्वरूप को कहते हैं। शिव के इस स्वरूप का ध्यान करने पर साधक का महान् उदय हो जाता है, अर्थात् उसमें प्रकाश का आविर्भाव हो जाता है। इसलिये कि भुवन, तत्त्व और कलात्मक वाच्य वर्ग प्रकाश से आविर्भूत है और वर्ण, मन्त्र एवं पदस्वरूप वाचक वर्ग विमर्श से उद्भूत है। दो अरणियों (लकड़ियों) के संसर्ग से जैसे अग्नि पैदा होती है, उसी तरह से इन दोनों के संसर्ग से यह सारा जगत् आविर्भूत होता है। उन्मेष और निमेष नामक दो शक्तियों की सहायता से ही शिव इस जगत् की सृष्टि और संहार करता रहता है। इस षडध्वमय जगत् का स्वरूप शिव के स्वरूप को छोड़कर दूसरा कुछ भी नहीं है, अतः जगत् के स्वरूप को छोड़कर केवल शिव का ध्यान करने वाले योगी का महान् उदय हो जाता है, अर्थात् उसको परमशिव का साक्षात्कार प्राप्त हो जाता है। शिव के इस स्वरूप की व्याख्या कर्मकाण्डक्रमावली के निम्न श्लोक में मिलती है—

[2]त्रयीसप्तचतुर्युग्ममये त्रितयवर्त्मनि।
स्थितो यः शक्तिसहितः स जयत्यमृतेश्वरः॥

अर्थात् यह अमृतेश्वर मृत्युंजय भट्टारक शिव प्रथमतः अनुत्तर (अ), इच्छा (इ) और उन्मेष (उ) स्वरूप तीन ह्रस्व स्वरों के रूप में और बाद में आनन्द (आ), ईशन (ई), ऊर्मि (ऊ) तथा षण्ढ स्वर (ऋ ॠ ऌ ॡ) स्वरूप सात स्वरों के रूप में, तब चार सन्ध्यक्षरों

---

१. विश्वस्य सर्वस्य–तवि०। २. ध्यात्वा शैवं–ख०।

1. तन्त्रालोकविवेक (भा० ७, आ० १२, पृ० ९५) में यह श्लोक मिलता है।

2. सोमशम्भु कृत कर्मकाण्डक्रमावली के तीन संस्करण प्रकाशित हुए हैं। उनमें यह श्लोक कहीं उपलब्ध नहीं होता।

(ए ऐ ओ औ) के रूप में और अन्ततः अनुस्वार और विसर्जनीय इन दो स्वरों के रूप में, अर्थात् षोडश कलात्मक पुरुष के स्वभाव में परिणत होता है। उस अमृतेश्वर शिव का यह त्रयीसप्तचतुर्युग्ममय, षोडश कलात्मक स्वरूप बाद में वर्ण, मन्त्र और पद नामक अध्वत्रय में, जो कि वाचक के रूप में इस संसार के समस्त भावों के साथ अभेद, भेदाभेद और भेद दृष्टि से वर्तमान रहते हैं, प्रविष्ट हो जाता है। इस स्थिति में उसका अपनी कला नामक शक्ति की सहायता से तत्त्व, भुवन और कला नामक अध्वत्रय में प्रविष्ट हुई शक्ति से साक्षात्कार हो जाता है, जो कि वाच्य अध्वा के नाम से शास्त्रों में प्रसिद्ध है। इस शक्तिस्वरूप वाच्य अध्वा के साथ वाचक अध्वा के रूप में परिणत यह कालभक्षक, कालवंचक, मृत्युंजय भट्टारक (अमृतेश्वर) ही इस सारे संसार को जीतकर, अपने में समेट कर अपने सर्वोत्तम परप्रकाशमय स्वरूप में सदा विराजमान रहता है। यद्यपि यह शिव और शक्ति का परिणाम षडध्व के रूप में होता है, किन्तु वाच्य अध्वा का अन्तर्भाव वाचक अध्वा में मान लिया जाता है। इस तरह से 'त्रितयवर्त्मनि' शब्द से षडध्व का ग्रहण किया जाता है। अथवा यह भी कहा जा सकता है कि वाच्य और वाचक प्रत्येक अध्वा त्रितयात्मक है। फलितार्थ यह हुआ कि इस षडध्वप्रक्रिया का सहारा लेकर साधक अपनी महोदय अवस्था तक, स्वरूप-साक्षात्कार तक पहुँच सकता है। इस विषय को तन्त्रालोक के द्वादश आह्निक में अभिनवगुप्त ने—

आसंवित्तत्त्वमाबाह्यं योऽयमध्वा व्यवस्थितः।
तत्र तत्रोचितं रूपं स्वं स्वातन्त्र्येण भासयेत् ॥४॥

इत्यादि श्लोकों में विस्तार से समझाया है ॥५६॥

[धारणा-३४]

विश्वमेतन्महादेवि शून्यभूतं विचिन्तयेत्।
तत्रैव च मनो लीनं ततस्तल्लयभाजनम् ॥५७॥

हे महादेवि, एतत् सर्वं विश्वं चराचरभूतं जगत् शून्यभूतं[1] शून्यातिशून्यतामाप्तं न किञ्चित्, गन्धर्वनगरादितुल्यमध्यासात्मकमसदित्याद्याख्यं नामरूपादिहीनं मायागहनं च विचिन्तयेत् विभावयेत्। तत्रैव च मनः स्वात्मनश्चित्तं लीनं कुर्यात्। तत एवं करणेन तल्लयभाजनं तत्र लयस्तन्मयीभावस्तस्य भाजनं पात्रं जायते। साधकः स्वप्रकाशात्मस्वरूपो भवतीति भावः ॥५७॥

हे महादेवि, साधक को ऐसा विचार करना चाहिये कि यह सारा चराचर जगत् शून्यभूत है, अर्थात् कुछ भी नहीं है। यह गन्धर्वनगर के तुल्य अध्यासात्मक, कल्पना प्रसूत, अत एव असत् है। यह नाम और रूप आदि से रहित मायाकलित है। इसी के साथ अपने मन को भी इसी भावना में लीन कर देना चाहिये। ऐसा करने से वह साधक लय का भाजन

1. शून्यातिशून्य पद की व्याख्या पृ० ४८ की टिप्पणी में देखनी चाहिये। प्रस्तुत प्रकरण में इस शब्द का प्रयोग अत्यन्त असत् अर्थ में किया गया है। ५८वें श्लोक की व्याख्या में शून्यातिशून्य शब्द का प्रयोग पूर्वोक्त अर्थ में हुआ है।

हो जाता है, अर्थात् उक्त भावना के अभ्यास से यह जो स्वप्रकाशात्मक सत्तत्त्व उसके अपने स्वरूप में अभिव्यक्त हो गया है, उसी में उसका पूर्व-कल्पित रूप विलीन हो जाता है। तब साधक का स्वरूप में तन्मयीभाव हो जाता है ।।५७।।

[धारणा–३५]

घटादिभाजने दृष्टिं भित्तीस्त्यक्त्वा विनिक्षिपेत् ।
तल्लयं तत्क्षणाद् गत्वा तल्लयात्तन्मयो भवेत् ।।५८।।

घटादिभाजनेऽन्तःसुषिरे घटादिवस्तुनि भित्तीस्त्यक्त्वा दक्षिणोत्तरपार्श्वादि विहाय दृष्टिं विनिक्षिपेत् । धारणायाऽनया साधकस्तत्क्षणात् तस्मिन्नाकाशे लयं गत्वा तस्याकाशस्यापि लयात् परमशून्यातिशून्ये विश्रान्तेस्तन्मयो भवेत् परब्रह्मसमाविष्टः सन् ब्रह्मैव सम्पद्यते ।।५८।।

भीतर से पोले (खाली) घट आदि पदार्थों में अगल-बगल की दीवारों को छोड़कर अपनी दृष्टि को सीधे उस पात्र के भीतर स्थित शून्यता में लगावे। घट प्रभृति के भीतर का आकाश विभिन्न आकारों में विभक्त हो जाता है। आकाश की इन विभाजक दीवारों की उपेक्षा कर योगी यह भावना करे कि घट आदि पात्रों के भीतर के आकाश को इस अनन्त शून्य से दीवारें अलग नहीं कर सकतीं। इस तरह से घट स्थित आकाश में साधक का चित्त जब विश्राम-लाभ कर लेता है, तो उसको शून्यातिशून्य में मेरा मन विलीन हो गया है, ऐसी भावना करनी चाहिये। इससे साधक परब्रह्मभाव में समाविष्ट हो जाता है, स्वयं ब्रह्म बन जाता है ।।५८।।

[धारणा–३६]

[1]निर्वृक्षगिरिभित्त्या[1]दिदेशे दृष्टिं विनिक्षिपेत् ।
[2]विलीने मानसे भावे वृत्तिक्षीणः प्रजायते ।।५९।।

निर्वृक्षगिरिभित्त्यादिदेशे निर्वृक्षदेशे मरुस्थलादौ शून्यदिगादौ वा, गिरौ पर्वतादौ तुङ्गादिविषयादौ, भित्त्यादिदेशे च दृष्टिं विनिक्षिपेत् दृङ्निक्षेपं कुर्यात्। भावनयाऽनया मानसे भावे चित्तस्वरूपे तत्तदालम्बनाभावाद् विलीने गलिते सति योगी वृत्तिक्षीणः क्षीणसमस्तवृत्तिः प्रजायते महाप्रकाशस्वरूपो भवति, ब्रह्मैव संपद्यत इत्यर्थः ।।५९।।

वृक्षरहित प्रदेश मरुभूमि में अथवा शून्य दिशाओं में, पर्वत के शिखर अथवा किसी भी ऊँचे स्थान में और भित्ति (दीवाल) आदि प्रदेशों में अपनी दृष्टि को जमाने का, स्थिर करने

---

१. °दौ–प० । २. नि°–ने० ।

1. ईश्वरप्रत्यभिज्ञाविवृतिविमर्शिनी (भा० २, पृ० ३११) में 'निर्वृक्षगिरिभित्त्यादि' इतना अंश और (पृ० ४२७) में तथा परात्रिंशिका (पृ० १३६) में प्रथम पंक्ति मिलती है। नेत्रतन्त्रोद्योत (भा० १, पृ० २००) में पूरा श्लोक मिलता है।

का, अभ्यास करे। इस भावना के अभ्यास से साधक की दृष्टि में शून्यता समाने लगती है। ऐसी अवस्था में आलम्बन के अभाव में मानस भाव, अर्थात् चित्त के स्वरूप के विगलित हो जाने पर योगी की समस्त वृत्तियाँ क्षीण हो जाती हैं और उसमें महाप्रकाश का आविर्भाव ह जाता है, अर्थात् वह स्वयं ब्रह्मस्वरूप हो जाता है। "बहिरकल्पिता वृत्तिर्महाविदेहा ततः प्रकाशावरणक्षयः" (यो० सू० ३।४३) इस सूत्र में वर्णित चित्त की स्थिति को 'महाविदेहा' नाम दिया है, जिसमें कि सब तरह के आवरणों का क्षय हो जाता है और प्रकाशात्मक स्वरूप आलोकित हो उठता है। अभिनवगुप्त ने परा-त्रिंशिका की व्याख्या (पृ० १३६) में तथा ईश्वरप्रत्यभिज्ञाविवृतिविमर्शिनी (भा० ३, पृ० ३११ एवं ४२७) में इस श्लोक के पूर्वार्ध को उद्धृत कर साधक के भैरव-बोध में अनुप्रवेश की बात को अच्छी तरह से समझाया है ॥५९॥

[धारणा-३७]

[1]उभयोर्भावयोर्ज्ञाने[1] ध्यात्वा[2] मध्यं समाश्रयेत्।
युगपच्च द्वयं त्यक्त्वा मध्ये तत्त्वं प्रकाशते ॥६०॥

उभयोर्भावयोर्ज्ञाने भावद्वयस्य प्रतीतिकाले मध्यमन्तरालं तद्भावद्वयावच्छेदहेतुं शून्यं ध्यात्वा उपलभ्य तं समाश्रयेत् सम्यग् ऐकाग्र्येण आश्रयेत्। तत एव च तद्भावद्वयं युगपत् त्यक्त्वा अनालोचनेन परिहृत्य योगिनस्तत्र मध्ये तत्त्वं परं धाम व्यज्यते। अयं भावः—घटोऽयं पटोऽयं तटोऽयमित्यादिनानात्वेन वेद्यराशिपतितस्य सारं विज्ञाय तन्मध्ये च अत्र कश्चिद् वेदकोऽस्तीति ज्ञातृत्वावगमं कृत्वा तेन च ज्ञातृ-ज्ञान-ज्ञेयादिनानात्वेन अनानात्वं विधाय विभागकल्पनात्यागाद् ऐकाग्र्यमेव प्रमातृतत्त्वाख्यं निर्विकल्पदशामयं "तत्त्वमसि" (छा० ६।८।७) इत्यादिवाक्यसमुत्पन्नमासाद्य परं धाम प्रविशति ॥६०॥

दो भावों की प्रतीति के समय में इन दोनों के मध्य में स्थित शून्य को ध्यान के द्वारा पकड़ कर उसमें चित्त को एकाग्रता के अभ्यास द्वारा स्थिर कर दें। इसके स्थिर हो जाने पर एक साथ उक्त दोनों भावों का [2]अनालोचनात्मक पद्धति से परित्याग कर दे। इस भावना के

---

१. °नं-ई०। २. ज्ञात्वा-ख० ने० तवि० ई०।

1. नेत्रतन्त्रोद्योत (भा० १, पृ० २०१) तथा तन्त्रालोकविवेक (भा० १, आ० १, पृ० १२७ में यह उपलब्ध है। ईश्वरप्रत्यभिज्ञाविवृतिविमर्शिनी (भा० ३, पृ० ३४६) में 'उभयोर्भावयो ज्ञानं ज्ञात्वा मध्यम्' केवल इतना अंश मिलता है।

2. "शब्दादिषु पञ्चानामालोचनमात्रमिष्यते वृत्तिः" (श्लो० २८) सांख्यकारिका की इस कारिका में श्रोत्र प्रभृति पाँचों बुद्धीन्द्रियों का प्रथम व्यापार आलोचनात्मक माना गया है, अर्थात् इन इन्द्रियों से पहले अपने-अपने विषयों का निर्विकल्पात्मक प्रत्यक्ष होता है। "अस्ति ह्यालोचनज्ञानं प्रथमं निर्विकल्पकम्" भट्ट कुमारिल के श्लोकवार्तिक के इन श्लोकों में भी, जिनको कि सांख्यतत्त्वकौमुदी में वाचस्पति मिश्र ने २८वीं कारिका की व्याख्या में उद्धृत किया है, इस निर्विकल्पक प्रत्यक्ष और उसके बाद होने वाले सविकल्पक

अभ्यास से भावनिर्मुक्त शून्य में चित्त के लीन हो जाने के कारण उसमें परम तत्त्व की अभिव्यक्ति हो जाती है। इसका अभिप्राय यह है कि यह घट है, यह पट है, यह तट है, इत्यादि नाना प्रकार की प्रतीतियों के आधार पर वेद्य (ज्ञेय) रूप में भासित हो रही वस्तुओं के सार को समझ कर कि इन सब के मध्य में ज्ञाता के रूप में विद्यमान तत्त्व एक ही है और इसी से ज्ञाता, ज्ञान और ज्ञेय के ये नाना प्रकार (भेद) केवल कल्पना से प्रसूत हैं, वस्तुतः यह सब एक ही तत्त्व का विस्तार है, योगी नानात्व का परिहार करके, अर्थात् विभाग (भेद) कल्पना का परित्याग करके चित्त को एकाग्र करने का अभ्यास करता है। बाद में इस भावना में चित्त के स्थिर हो जाने पर यह सब प्रमाता (ज्ञाता) के अतिरिक्त कुछ भी नहीं है, इस तरह से निर्विकल्प दशा का सहारा लेकर साधक "तत्त्वमसि" (छा० ६।८।७) इत्यादि उपनिषद् वाक्यों में उपदिष्ट पद्धति से अपने (प्रमाता के) वास्तविक स्वरूप को जान लेता है। यह स्थिति ही परम धाम में प्रवेश के नाम से यहाँ वर्णित है।

पहले २५–२६ संख्या के श्लोकों में [1]प्राण और अपान की मध्य-दशा का विकास कर उसमें चित्त को स्थिर करने की भावना का उपदेश किया गया है। यहाँ दो भावों के मध्य में मध्य-दशा के विकास की बात वर्णित है। "प्राणापानमयः" (३।२।१९) इस ईश्वरप्रत्यभिज्ञा-कारिका की विवृतिविमर्शिनी (भा० ३, पृ० ३४६) में अभिनवगुप्त ने "एकचिन्ताप्रसक्तस्य" (४१ श्लो०) इस स्पन्दकारिका के श्लोक के साथ विज्ञानभैरव के प्रस्तुत श्लोक को भी उद्धृत कर इस स्वात्मविश्रान्ति दशा का विश्लेषण किया है। नेत्रतन्त्र के "नोर्ध्वे ध्यानं प्रयुञ्जीत" (८।४१-४३) इत्यादि श्लोकों की व्याख्या करते हुए क्षेमराज ने तो निरालम्ब भावना के उदाहरण के रूप में प्रस्तुत श्लोकों को उद्धृत कर "अकिञ्चिच्चिन्तकस्य" (मा० २।२३) इत्यादि वचनों के आधार पर इस भावना के परित्याग की ही बात कही है। इसका अभिप्राय यही है कि शाम्भव उपाय के अवलम्बन की सामर्थ्य प्राप्त हो जाने पर फिर आणव उपाय का सहारा न लिया जाय ॥६०॥

[धारणा-३८]

[2]भावे त्यक्ते निरुद्धा चिन्नैव भावान्तरं व्रजेत् ।
तदा तन्मध्यभावेन विकसत्यति भावना ॥६१॥

---

१. त्य०–ख० स्प० ने० ई० तवि० ।

प्रत्यक्ष का विवेचन मिलता है। प्रकृत धारणा में इन्द्रियों के इस आलोचनात्मक व्यापार में प्रवृत्त होने वाली वृत्तियों का निरोध कर लिया जाता है, भैरवी मुद्रा के सहारे विषयों को देखते हुए भी अनदेखा कर दिया जाता है और इस तरह से अनालोचनात्मक पद्धति से भावों का परित्याग हो जाता है।

1. प्राण और अपान के संबन्ध में पृ० २९-३० पर दी गई टिप्पणी देखनी चाहिये। इस विषय पर अनेक प्राचीन ग्रन्थों के आधार पर उपोद्घात में विचार किया जायेगा।

2. स्पन्दनिर्णय (पृ० ६२), नेत्रतन्त्रोद्योत (भा० १, पृ० २०१), ईश्वरप्रत्यभिज्ञाविवृति-

न्यक्तेऽन्तर्हितेऽदृष्टे, भावे पदार्थे त्रिनेत्रचतुर्भुजाकारे ध्येयवस्तुनि, चित् चेतना, निरुद्धा अभ्यासपाटवेन नितरां रुद्धा स्थापिता सती, भावान्तरम् अन्यपदार्थं दृष्टदेह-घटादिकं नैव व्रजेत्। 'भावेऽव्यक्ते' इति पाठे तु अकारप्रश्लेषेणापि 'अव्यक्ते' इति पूर्वोक्त एवार्थः। 'भावेऽत्यक्ते' इति चाप्यकारप्रश्लेषेण अत्यक्ते स्वीकृते इत्यर्थः। तदा तयोः व्यक्ताव्यक्तभावयोः, मध्यभावेन न किञ्चिद्रूपमध्यधामविश्रान्त्या, भावना मध्य-दशाविश्रान्तिसंस्कारः, अति अतिशयेन, विकसति उद्बोधमायाति। अद्भुतफुल्ल-न्यायेन[1] मनश्चातिविकासत्वं यायात्, ब्रह्मैव संपद्यत इति भावः ॥६१॥

न्यक्त अर्थात् अन्तर्हित = अदृष्ट (कभी नहीं देखे गये) तीन नेत्र, चार भुजा आदि से युक्त शंकर, विष्णु आदि इष्ट ध्येय पदार्थों में चेतना को अभ्यास के सहारे स्थापित कर लेने पर वह पहले देखे गये शरीर, घट, पट आदि बाह्य पदार्थों की ओर आकृष्ट नहीं होती। यहाँ न्यक्त यह छान्दस प्रयोग है। वेदभाष्यकारों ने [2]न्यक्त का अर्थ ब्रुडित (डूबा हुआ), तिरोहित या अन्तर्हित किया है। 'भावे न्यक्ते' के स्थान पर 'भावेव्यक्ते' अथवा 'भावेत्यक्ते' ऐसे पाठ भी मिलते हैं। यहाँ सन्धि के नियमों के अनुसार 'भावेऽव्यक्ते' तथा 'भावेऽत्यक्ते' इस तरह से अकार का प्रश्लेष[3] मानना चाहिये। इस तरह से अव्यक्त का अर्थ अदृष्ट और अत्यक्त का अर्थ स्वीकृत होगा, अर्थात् किसी अदृष्ट भाव में, इष्टदेव के रूप में स्वीकृत भाव में, चेतना को लगा देने पर वह फिर किसी दूसरे भाव की तरफ उन्मुख नहीं होती। योगशास्त्र में इसी स्थिति को 'समाधि' कहा गया है—

विमर्शिनी (भा० ३, पृ० ३४६), तन्त्रालोकविवेक (भा० १, आ० १, पृ० १२७; भा० ११, आ० २९, पृ० ८५) मे यह उद्धृत है। ई० वि० वि० में केवल प्रथम चरण ही मिलता है।

1. कमल, गुलाब आदि के खिले हुए फूल को देखकर हमारे मन की कली खिल उठती है। उसी तरह से किसी भी अनोखी वस्तु को देख कर हमारे मन की यही स्थिति होती है। अद्भुतफुल्ल न्याय से इसी स्थिति की ओर इंगित किया गया है। "कुहनेन प्रयोगेण" (श्लो० ६५) इस श्लोक में भी इसी तरह की स्थिति में धारणा को केन्द्रित करने की बात कही गई है।

2. वैदिक पदानुक्रमकोश की सहायता से ज्ञात होता है कि न्यक्त पद तैत्तिरीय संहिता, तैत्तिरीय ब्राह्मण, शतपथ ब्राह्मण आदि में आया है। उक्त स्थलों के मुद्रित भाष्यों में कहीं भी ऐसा अर्थ नहीं मिला। इसी से मिलता-जुलता अर्थ अवश्य मिलता है। जैसे कि—"न्यक्त निमग्नं विस्मृतम्" (तै० सं० १।५।२।४ पर सायण का भाष्य)।

3. सन्धि के नियमों के अनुसार जब अकार या आकार पूर्व पद के साथ प्रश्लिष्ट हो जाता है, जुड़ जाता है, तो ऐसे स्थलों पर उनके लोप को दिखाने के लिये क्रमशः ऽ ऽऽ इस तरह के अवग्रह चिह्न लगाये जाते हैं। इन चिह्नों को देख कर सरलता से जाना जा सकता है कि यहाँ अकार या आकार प्रश्लिष्ट है।

ध्यातृध्याने परित्यज्य क्रमाद् ध्येयैकगोचरम् ।
निवातदीपवच्चित्तं समाधिरभिधीयते ॥ (पञ्चदशी १।५५)

अर्थात् ध्याता और ध्यान को छोड़कर अभ्यास की परिपक्वता के कारण जब चित्त केवल ध्येय को ही अपना विषय बनाता है, तब वह उसी तरह से स्थिर हो जाता है, जैसे कि पवनरहित स्थान में दीपक स्थिर रहता है । चित्त की इसी अवस्था को 'समाधि' कहा जाता है । योगशास्त्र प्रतिपादित इस प्रक्रिया के अनुसार ध्याता और ध्यान को छोड़कर केवल ध्येय की आलम्बन रहित, शून्य स्वभाव, [1]मध्यम धाम में विश्रान्ति ही योगी के लिये उपेय (प्राप्तव्य) है । इसीलिये व्यक्त और अव्यक्त भाव के बीच में, रूपरहित स्वभावरहित मध्यम धाम में, चित्त की विश्रान्ति हो जाने से भावना (इस मध्य-दशा में विश्रान्ति का संस्कार) भलीभांति विकसित हो जाती है, उद्‌बुद्ध हो जाती है । अर्थात् इस संस्कार के उद्‌बुद्ध होने से व्यक्त और अव्यक्त इन दोनों भावों के बीच की अवस्था में इन दोनों दशाओं का एक रूप में अनुसन्धान करने वाली चिन्मात्रस्वरूपा विश्रान्ति की प्राप्ति होती है । उस अवस्था में किसी अद्‌भुत वस्तु को देखकर हुई चित्त की उत्फुल्ल दशा के समान साधक का चित्त हर्षातिरेक से खिल उठता है और उसी में उसको अपने स्वात्मस्वरूप का बोध होता है, वह स्वयं ब्रह्मस्वरूप हो जाता है ।

इस श्लोक को भी अभिनवगुप्त एवं क्षेमराज ने पूर्व श्लोक के साथ उद्धृत किया है । तन्त्रालोक में—

ईदृक्तादृक्प्रायप्रशमोदयभावविलयपरिकथया ।
अनवच्छिन्नं धाम प्रविशेद् वैसर्गिकं सुभगः ॥ (२९।११८-११९)

अनवच्छिन्न वैसर्गिक धाम के नाम से चित्त की इसी उत्फुल्ल दशा में प्रवेश की बात वर्णित है । साथ ही क्षेमराज ने स्पन्दनिर्णय में "एकचिन्ताप्रसक्तस्य" (श्लोक ४१) इस श्लोक की व्याख्या के प्रसंग में भी उन्मेषावस्था के रूप में चित्त की इसी विकासावस्था को समझाया है ॥६१॥

[धारणा-३९]

[2]सर्वं देहं चिन्मयं हि जगद् वा परिभावयेत् ।
युगपन्निर्विकल्पेन मनसा[1] परमोदयः[2] ॥६२॥

---

१. °सः–ख० । २. °मा गतिः-ख०, °द्भुवः-शि० ।

1. इस शब्द की पहले एकाधिक स्थलों पर व्याख्या की जा चुकी है । मध्यम धाम या मध्य-दशा को शून्यस्वभाव इस लिये कहा जाता है कि यहां ज्ञाता-ज्ञान-ज्ञेय, प्रमाता-प्रमाण-प्रमेय प्रभृति त्रिपुटियों की कोई सत्ता नहीं बची रहती । ७२ संख्या की कारिका में भी मेय, मान आदि की शान्त दशा का वर्णन है ।
2. स्वच्छन्दतन्त्र की उद्योत टीका (भा० ३, प० ७, पृ० ३१२) में इस श्लोक की प्रथम पंक्ति और शिवसूत्रविमर्शिनी (पृ० १७) में पूरा श्लोक मिलता है ।

आपादात् केशान्तं सर्वं देहं जगद् वा सर्वं चिन्मयं प्रत्यंशं चिदेकरूपं युगपत् अक्रमं निर्विकल्पेन मनसा स्फुरच्चिच्चमत्कारव्याप्त्या परिभावयेत् परितः अन्तर्बहिश्च भावयेत्। अनया धारणया "प्रकाशमानं न पृथक् प्रकाशात्"[1] इति न्यायेन परमोदयो भवति, प्रकाशः प्रकाशत इति भावः। 'मनसः परमा गतिः' इति पाठे मनस उत्कर्षरूपा परमा गतिर्भवतीत्यर्थः ॥६२॥

पैर से लगाकर चोटी तक अपने पूरे देह की, इसके प्रत्येक अंश की, अथवा इस सारे जगत् की एक साथ अक्रम रूप से चिन्मय स्वरूप में भावना करे। इस तरह की भावना से मन के निर्विकल्प हो जाने से भीतर और बाहर चित् के चमत्कार की अभिव्यक्ति हो जाने पर सब तरफ केवल प्रकाश ही प्रकाश बच रहता है, अर्थात् "प्रकाशमान वस्तु, शरीर या जगत्, प्रकाश स्वभाव परमतत्त्व से भिन्न नहीं है" इस न्याय के अनुसार मन की निर्विकल्पक दशा में सभी वस्तुओं के प्रकाश रूप में परिणत हो जाने पर योगी की परमोदय अवस्था अभिव्यक्त हो जाती है। 'मनसः परमा गतिः' इस पाठ में इसका अर्थ होगा कि मन की गति उत्कर्ष की ओर बढ़ जाती है।

क्षेमराज ने "शुद्धतत्त्वानुसंधानाद्वाऽपशुशक्तिः" (१।१६) इस शिवसूत्र की व्याख्या करते हुए विज्ञानभैरव के इस श्लोक के साथ स्पन्दकारिका के—

इति वा यस्य संवित्तिः क्रीडात्वेनाखिलं जगत्।
संपश्यन् सततं युक्तो जीवन्मुक्तो न संशयः॥

इस श्लोक को भी उद्धृत किया है। स्वच्छन्दतन्त्र के 'तत्त्वाध्वधर्मनिर्मुक्तः....सर्वं शिवमयं स्मरेत्" (७।२४२-२४४) इत्यादि श्लोकों में भी यही विषय प्रतिपादित है ॥६२॥

[धारणा-४०]

[2]सर्वं जगत् स्वदेहं वा स्वानन्दभरितं स्मरेत्।
युगपत् स्वामृतेनैव परानन्दमयो भवेत् ॥६३॥

सर्वं जगत् स्वदेहं वा स्वानन्दभरितं त्यक्तविषयानन्देन स्वकीयेनानन्देन भरितं स्वकीयचिदानन्दपूर्णं स्मरेत् चिन्तयेत्। भावनयाऽनया भावको युगपत् सहसा स्वामृतेनैव परानन्दमयो भवेत्। "आनन्दाद्ध्येव खल्विमानि भूतानि जायन्ते, आनन्देन जातानि जीवन्ति, आनन्दं प्रयन्त्यभिसंविशन्तीति" (तै० उ० ३।६) इति दृष्ट्या कृतकृत्यो भवेदिति भावः। "इह आश्यानचिद्रसरूपस्य जगतोऽपि भासनात् "सर्वं देहं चिन्मयं हि" (श्लो० ६२) इति पूर्वस्याः प्रकाशधारणायाः सकाशाद् विशेषः" इति शिवोपाध्यायः। वस्तुतस्तु पूर्वं चिन्मयी, अत्र चानन्दमयी धारणा प्रदर्शिता ॥६३॥

---

१. शिवोपाध्यायेन पूर्वं 'वायुद्वयस्य' ततश्च 'सर्वं जगत्' इति श्लोको व्याख्यातः।

1. पूरा श्लोक 'ज्ञानप्रकाशकं सर्वं' (१३४) की व्याख्या में उद्धृत है। वहीं इसका अर्थ भी किया गया है।

2. शिवसूत्रविमर्शिनी (पृ० १८, ६४) और महार्थमंजरीपरिमल (पृ० ११२) में यह श्लोक उद्धृत है।

इस सारे जगत् में अथवा अपने शरीर में, बाहरी विषयों के आनन्द से अलग अपने भीतरी स्वाभाविक आनन्द से यह सब परिपूर्ण है, इस तरह की भावना करे। इस भावना के अभ्यास से योगी सहसा उस अमृतमय स्वाभाविक आनन्दमय अवस्था में प्रविष्ट हो जाता है, जिसका कि वर्णन उपनिषदों में मिलता है। तैत्तिरीय उपनिषद् में बताया गया है कि आनन्द से ही ये सब भूत (पदार्थ) उत्पन्न होते हैं, उसी की सहायता से पैदा होकर जीते हैं और प्रलय की अवस्था में उसी में लीन हो जाते हैं। इस स्थिति को पा लेने पर योगी कृतकृत्य हो जाता है। प्रस्तुत भावना में चिद्रस की आश्यान (घन=जमी हुई) अवस्था के रूप में जगत् का भी आभास होता रहता है, अतः यही पूर्व धारणा से इस धारणा की विशेषता है, ऐसा शिवोपाध्याय कहते हैं। वस्तुतः पूर्व श्लोक में चिन्मयी और इसमें आनन्दमयी धारणा वर्णित है। अतः स्पष्ट ही ये दोनों धारणाएं एक दूसरे से भिन्न हैं।

"लोकानन्दः समाधिसुखम्" (१।१८) और "चित्तस्थितिवच्छरीरकरणबाह्येषु" (३।३९) इन दोनों शिवसूत्रों की व्याख्या करते हुए क्षेमराज ने प्रस्तुत श्लोक को उद्धृत किया है। महेश्वरानन्द ने "शोषो मलस्य नाशो०" (श्लोक ४४) इत्यादि पूर्व उद्धृत गाथा में प्राणायाम के प्रसंग में 'आप्लावन' शब्द की व्याख्या करते समय इस श्लोक का उदाहरण दिया है ॥६३॥

[धारणा–४१]

वायुद्वयस्य संघट्टादन्तर्वा बहिरन्ततः।
योगी समत्वविज्ञानसमुद्गमनभाजनम् ॥६४॥

अन्तः हृदये, बहिः द्वादशान्ते, वा च, वाशब्दोऽत्र चकारार्थः। वायुद्वयस्य प्राणापानरूपस्य संघट्टात् योजनात्। अन्ततः प्रवेशनिर्गमयोः पर्यवसाने प्राणापानसंघट्टमनुल्लिखितभेदं निर्गमप्रवेशविनाकृतं शून्यकल्पं ध्यात्वा योगी प्रबुद्धः समत्वविज्ञानेन समदृष्ट्या समुद्गमनभाजनं रहस्यस्थानपर्यवसायिप्राणापानादिगोचरः स्यात्। परमसिद्धिभाग् भवेदिति भावः ॥६४॥

आन्तर स्थान हृदय और बाह्य स्थान द्वादशान्त में प्राण और अपान रूप दो वायुओं के संघट्ट से, अर्थात् इनकी हृदय और द्वादशान्त में अन्तः प्रवेश और बहिः (बाहर) निर्गमन काल की समाप्ति हो जाने पर, अन्ततः उस शून्यकल्प अवस्था का ध्यान करने पर, जिसमें कि प्राण और अपान के संघट्ट की अलग से प्रतीति नहीं हो पाती, योगी [1]प्रबुद्ध हो जाता है, उसमें समत्व दृष्टि का विकास हो जाता है। योगी में सर्वत्र समत्व बोध का उदय होने से सर्वत्र समान (एक सी) दृष्टि रखने से वह प्राण और अपान की भेद-स्थिति की जिस रहस्यमय स्थान में समाप्ति हो जाती है, उस साम्यावस्था को तो वह जान ही लेता है, साथ ही जागतिक सभी पदार्थों को भी वह इसी तरह से उस रहस्यात्मक परमतत्त्व में विलीन कर लेता है, अर्थात्

---

1. प्रबुद्ध प्रभृति शब्दों के विषय में १२८वें श्लोक की अन्तिम टिप्पणी द्रष्टव्य।

अपने से अभिन्न रूप से देखने लगता है और इस समता-दृष्टि के विकसित होने से वह परम सिद्धि को प्राप्त कर लेता है। तन्त्रालोक के—

समता सर्वदेवानामोवल्लीमन्त्रवर्णयोः।
आगमानां गतीनां च सर्वं शिवमयं यतः ॥ (४।२७४–२७५)

इस श्लोक की व्याख्या करते हुए जयरथ ने तथा महार्थमंजरीपरिमल (पृ० १६८) में महेश्वरानन्द ने समता-दृष्टि के बोधक त्रिकशासन के निम्न दो श्लोकों को उद्धृत किया है—

समता सर्वभावानां वृत्तीनां चैव सर्वशः।
समता सर्वदृष्टीनां द्रव्याणां चैव सर्वशः ॥
भूमिकानां च सर्वासामोवल्लीनां तथैव च।
समता सर्वदेवानां वर्णानां चैव सर्वशः ॥

अर्थात् जगत् के सभी भावों, वृत्तियों, दृष्टियों, द्रव्यों, भूमिकाओं, ओवल्लियों, देवताओं और वर्णों में सब तरह से एक सी दृष्टि रखना ही समता दृष्टि कहलाती है। तन्त्रालोककार ने यह स्पष्ट कर दिया है कि सब कुछ शिवमय है, अतः इस समता-दृष्टि का उदय हो, यह स्वाभाविक है। ऊपर की भावना के अभ्यास से इसी समता-दृष्टि का विकास होता है ॥६४॥

[धारणा-४२]

[1]कुहनेन प्रयोगेण सद्य एव मृगेक्षणे।
समुदेति महानन्दो येन तत्त्वं प्रकाशते ॥६५॥

हे मृगक्षणे, कुहनप्रयोगः विस्मापकाद्भुतमायादिप्रयोगः, ऐन्द्रजालिकरचितमायीयोद्यान-तत्स्थितचित्रकुसुमवृक्षादितत्स्थस्वात्मविहरण-स्वाङ्गच्छेदन-पुनस्तत्संयोजनादि-अतिविस्मयजनकप्रयोगस्तेन कुहनेन प्रयोगेण सद्य एव विस्मयभरितो महानन्दः समुदेति, तथैवेदृशान् कुहनप्रयोगान् भावयतो योगिनस्तत्क्षणं परमानन्दोदयस्वरूपा निर्विकल्पावस्था समुदेति, येन तत्त्वं परमभैरवस्वरूपं प्रकाशतेऽभिव्यक्तीभवति ॥६५॥

हे मृगनयनि, कुहन प्रयोग (जादू का खेल) मनुष्य के मन में तत्काल विस्मय पैदा करता है। जादूगर जब अपने जादू से जादुई बगीचा बनाता है, उसमें विचित्र फल-फूलों से लदे वृक्ष दिखाई देने लगते हैं; उस बगीचे में वह बिहार करता दिखाई पड़ता है, बाद में दिखाई पड़ता है कि उसके हाथ-पैर आदि अंग कट-कट कर गिर रहे हैं, फिर दिखाई पड़ता है कि वे पुनः आपस में जुड़ गये हैं। इन सब आश्चर्यजनक कार्यों को देखकर देखनेवाले का मन उस समय कुछ क्षण के लिये अद्भुत आनन्द से सराबोर हो जाता है। इसी तरह की अद्भुत आनन्द से परिपूर्ण मिथ्या परिस्थितियों पर अपनी भावना को केन्द्रित करने वाले योगी के चित्त में

---

१. विभाव्यते–तवि०।
तन्त्रालोकविवेक (भा० ३, आ० ५, पृ० ३७९) में यह मिलता है।

तत्काल परम आनन्द का उदय होने से वह निर्विकल्प दशा में आरूढ़ हो जाता है, जिससे कि उसका पर भैरव स्वरूप प्रकट होने लगता है। तन्त्रालोक के पूर्वोक्त "शाक्ते क्षोभे०" (५।७१) इत्यादि श्लोक में 'अग्रगोचर' पद की व्याख्या करते हुए जयरथ ने इस श्लोक को उद्धृत किया है ॥६५॥

[धारणा–४३]

सर्वस्रोतोनि[1]बन्धेन प्राणशक्त्योर्ध्वया शनैः ।
पिपी[2]लस्पर्शवेलायां प्रथते परमं सुखम् ॥६६॥

सर्वस्रोतोनिबन्धेन श्रोत्रचक्षुर्नासामुखगुह्योपस्थरन्ध्रनिरोधेन, ऊर्ध्वया प्राणशक्त्या, [1]आधाराद् द्वादशान्तं यावदूर्ध्वं क्रमेण वहन्त्या प्राणशक्त्या, द्वादशान्ते आत्मविषयानुभवसमये, पिपीलस्पर्शवेलायां पिपीलिकाया इव शनैश्चरतः प्राणस्य यः स्पर्शो जन्माग्रादिसकाशान्मूलकन्दादिस्थानस्पर्शस्तद्वेलायाम्, अस्यां हि वेलायां योगिनः परीक्षन्ते—अमुतः स्थानादुत्थाय अद्य अदः स्थानं प्राणः प्राप्त इति, परमं सुखं प्रथते योगिनः परानन्दावाप्तिर्भवति, अन्तर्मुखारामो भवतीत्यर्थः ॥६६॥

श्रोत्र, चक्षु, नासिका, मुख, गुह्य, उपस्थ प्रभृति प्राण और अपान आदि वायुओं के निकलने के मार्गों को रोक देने पर वायु की गति ऊपर उठने लगती है। आधार से लेकर द्वादशान्त पर्यन्त क्रमशः धीरे-धीरे ऊपर की ओर उठ रही इस प्राण-शक्ति के द्वादशान्त में प्रविष्ट हो जाने पर स्वात्मस्वरूप का अनुभव होने लगता है। योगशास्त्र की परिभाषा में इसको पिपीलस्पर्शवेला कहा जाता है, जिसमें कि प्राण के ऊपर उठते समय जन्माग्र से लेकर मूल, कन्द प्रभृति स्थानों का स्पर्श होने पर उसी तरह की अनुभूति होती है, जैसी कि देह पर चींटी के चलने से होती है। इसी अवस्था में योगी इसकी परीक्षा कर पाते हैं कि प्राण आज अमुक स्थान से चलकर अमुक स्थान तक उठा। इस स्थिति तक पहुँच जाने पर योगी का चित्त परम आनन्द से भर जाता है और वह इसी अन्तर्मुख वृत्ति में रम जाता है।

भगवान् पतंजलि ने योग की इस प्रक्रिया का वर्णन 'श्वासप्रश्वासयोर्गतिविच्छेदः प्राणायामः' और 'बाह्याभ्यन्तरस्तम्भवृत्तिर्देशकालसंख्याभिः परिदृष्टो दीर्घसूक्ष्मः' (२।४९–५०) इन दो सूत्रों में किया है। इनका अभिप्राय यह है कि प्राण और अपान वायु के धर्म श्वास और प्रश्वास पुरुष के प्रयत्न के बिना निरन्तर स्वाभाविक रूप से गतिशील बने रहते हैं। पुरुष जब अपने विशेष प्रयत्न से क्रमशः अथवा एकाएक इनकी गति को रोकता है, तो प्राण और अपान की गति की यह अवरोध प्रक्रिया योगशास्त्र में प्राणायाम के नाम से जानी जाती है। यह प्राणायाम पूरक, रेचक और कुम्भक के भेद से तीन तरह का होता है।

---

१. °रोधे° –ख० । २. °लिकास्पर्शमात्रात्–खटी० ।

1. आधार से द्वादशान्त पर्यन्त स्थानों का वर्णन २८ से ३० संख्या के श्लोकों की व्याख्या के प्रसंग में किया जा चुका है। उपोद्घात में भी इस विषय पर विचार किया जायगा। वहीं जन्माग्र, आधार आदि शब्दों की भी स्पष्ट व्याख्या की जायगी।

शिवोपाध्याय ने यहां अपनी व्याख्या में बताया है कि प्राण की बाह्य गति का निरोधक होने से बाह्य वृत्ति वाला प्राणायाम पूरक, प्राण की अन्दर की गति का निरोधक होने से आन्तर वृत्ति वाला प्राणायाम रेचक कहलाता है। आगे वे लिखते हैं कि कुछ लोग [1]बाह्य शब्द से रेचक और आन्तर शब्द से पूरक प्राणायाम का ग्रहण करते हैं। ऐसा लिखते हुए वे इस द्वितीय मत के प्रति अपनी अरुचि प्रकट करते हैं। किन्तु भाष्यकार व्यास, वाचस्पति मिश्र, भोजदेव प्रभृति व्याख्याकारों ने द्वितीय मत को ही स्वीकार किया है। प्राण और अपान की बाह्य और आन्तर गति का एक साथ निरोध कर देने पर स्तम्भ वृत्ति वाला कुम्भक प्राणायाम संपन्न होता है। जैसा कि वाचस्पति मिश्र ने प्रस्तुत सूत्र के व्यासभाष्य की टीका करते हुए लिखा है— जहां श्वास और प्रश्वास दोनों का, एक साथ ही रोक देने के कारण, अभाव हो जाता है, अर्थात् इस अवरोधक प्रयत्न के कारण फिर वह न तो सांस भरने में ही समर्थ होता है और न सांस छोड़ने में ही, किन्तु जैसे तपे हुए पत्थर पर पानी पड़ने से वह वहीं सूख जाता है, उसी तरह से श्वास-प्रश्वास के रूप में पवन का प्रवहमान यह प्रवाह भी बलवान् अवरोधक प्रयत्न से अवरुद्ध होकर शरीर में ही सूक्ष्म रूप से विलीन हो जाता है। उस समय पूरकता के अभाव में यह पूरक और रेचकता के अभाव में रेचक भी नहीं कहला सकता।

यह तीनों प्रकार का प्राणायाम देश, काल और संख्या से परीक्षित होकर 'दीर्घसूक्ष्म' नाम से अभिहित होता है। अर्थात् जैसे भली भांति दबाई गई रुई की गांठ छोटी सी दिखाई पड़ती है, किन्तु उसमें से निकाल कर रुई को फैला देने पर वह बहुत जगह घेरती है, उसी तरह से प्राण भी दुर्लक्ष्य होने से यद्यपि अत्यन्त सूक्ष्म रहता है, किन्तु देश, काल और संख्या के अनुसार क्रमशः प्राणायाम का अभ्यास बढ़ाने से वह अत्यन्त विस्तृत हो जाता है। फैलाई हुई रुई को जैसे फिर गांठ में बांध देने पर वह थोड़ा ही स्थान घेरती है, उसी तरह से प्राणायाम के अभ्यास से उस प्राण को पुनः सूक्ष्म किया जा सकता है। उक्त तीनों प्रकार के प्राणायामों में देश, काल और संख्या की अधिकता और अल्पता के आधार पर प्राण दीर्घ और सूक्ष्म रूप में परिणत होता रहता है। अतः प्राणायाम की यह विधि 'दीर्घ-सूक्ष्म' कही जाती है।

देश-परीक्षा की विधि यह है—हृदय से निकल कर श्वास नाक के सामने बारह अंगुल तक जाकर समाप्त हो जाता है। वहीं से लौट कर यह पुनः हृदय में प्रवेश करता है। यह प्राण और अपान की स्वाभाविक गति है। प्राणायाम का विधिपूर्वक अभ्यास करने से प्राण की यह गति क्रमशः नाभि अथवा मूलाधार से निकलने लगती है और नाक से बाहर २४ अंगुल तक अथवा ३६ अंगुल तक पहुँच जाती है। इसी तरह से वहां से पुनः लौटकर वह नाभि अथवा मूलाधार तक पहुँचती है। इनमें से नासिका के बाहर प्राण की गति कहां तक पहुँची, इसकी परीक्षा किसी निवात (पवन रहित) स्थान में तिनके में रुई लपेट कर की

1. जैसा कि पृ० २९-३० की टिप्पणी में लिखा गया है, इस विषय पर उपोद्घात में विचार किया जायगा। पृ० २९-३० की टिप्पणी में पालि-साहित्य में उपलब्ध इस तरह के परस्पर विरोधी विचारों का उल्लेख किया गया है।

जा सकती है। निवात स्थान में रुई में अपने आप स्पन्दन नहीं होगा। इसको नासिका के सामने रखने पर प्राण की गति जितनी दूर तक पहुँचेगी, उतनी दूर तक रुई में स्पन्दन का अनुभव होगा। इस तरह से अभ्यास के द्वारा प्राण की गति में कितना विस्तार हुआ, इस बात का सहज में अनुमान हो जायगा। इसी तरह से भीतर प्राण की गति का कहाँ तक विस्तार हुआ, इसका अनुमान प्राण की भीतर की शरीर पर चींटी के चलने सरीखी गति के स्पर्श से किया जा सकता है। प्राण की गति के विस्तार की ही भाँति उसके संकोच की भी परीक्षा इसी विधि से की जा सकती है।

काल-परीक्षा इस तरह से सम्पन्न होती है—पलक झपने में जितना समय लगता है, उसका चतुर्थ भाग क्षण कहलाता है। निमेष आदि क्रियाओं से परिच्छिन्न होने से, नापे जाने के कारण, काल परिमित हो जाता है। वाचस्पति मिश्र ने मात्रा की परिभाषा यह की है कि अपने घुटनों को हाथ से तीन बार छूकर चुटकी बजाने में जितना समय लगता है, उसको मात्रा[1] कहा जाता है। इस तरह की ३६ मात्राओं का पहला उद्‌घात मृदु कहलाता है। इसको दुगुना कर देने पर दूसरा उद्‌घात मध्य तथा तिगुना कर देने पर तृतीय उद्‌घात तीव्र कहलाता है। नाभि के मूल से उठकर बाहर की ओर जाने वाली वायु का शिर पर आघात उद्‌घात के नाम से जाना जाता है।

प्रणव के जप की आवृत्ति के द्वारा अथवा श्वास की गति के प्रवेश की गणना करके संख्या-परीक्षा की जाती है।

यद्यपि कुम्भक प्राणायाम में देश की व्याप्ति नहीं बन सकती, तो भी वहाँ काल और संख्या की व्याप्ति तो जानी ही जा सकती है। इस तरह से देश, काल और संख्या के अनुसार प्रतिदिन प्राणायाम का अभ्यास बढ़ाने पर दिन, पक्ष और मास के क्रम से देश और काल की व्याप्ति के बढ़ने पर वह बढ़ता जाता है, अतः यह दीर्घ है। इसका अनुभव निपुणता से अभ्यास करने पर ही हो सकता है, अतः यह सूक्ष्म भी है। प्राण जब सूक्ष्म हो जाता तो उससे मन शान्त हो जाता है, मन को शान्ति से अन्त में प्राण भी शान्त हो जाता है और प्राण के शान्त हो जाने पर सारे विकल्पों का नाश हो जाता है। इस तरह से यह योग-दशा अतीव कष्ट-साध्य है। किन्तु इससे योगी को निर्विकल्प दशा की प्राप्ति होती है, अतः इसका अभ्यास योगी के लिये अतीव आवश्यक है।

इसी बात को प्रस्तुत श्लोक के उत्तर भाग में समझाया गया है कि प्राण की गति भीतर की ओर होने पर शरीर पर चींटी के चलने के जैसे स्पर्श की जो अनुभूति होती

---

1. मात्रा और उद्‌घात की यह परिभाषा व्यास-भाष्य की वाचस्पति मिश्र कृत तत्त्ववैशारदी टीका में मिलती है। वहाँ की पंक्तियाँ इस प्रकार हैं—"स्वजानुमण्डलं पाणिना त्रिः परामृश्य छोटिकावच्छिन्नः कालो मात्रा। ताभिः षट्त्रिंशता मात्राभिः परिमितः प्रथम उद्‌घातो मृदुः। स एव द्विगुणीकृतो द्वितीयो मध्यमः। स एव त्रिगुणीकृतस्तृतीयस्तीव्रः" (२।५०)। इसका हिन्दी अनुवाद ऊपर टीका में कर दिया गया है।

है, उसमें देश, काल और संख्या की परीक्षा करने पर योगी के चित्त में अन्त में परम आनन्द की अभिव्यक्ति हो उठती है ॥६६॥

[धारणा–४४]

[1]वह्नेर्विषस्य मध्ये तु चित्तं सुखमयं क्षिपेत् ।
केवलं वायुपूर्णं वा स्मरानन्देन युज्यते ॥६७॥

अनुप्रवेशक्रमेण संकोचभूमिः वह्निः, नासापुटोर्ध्वस्पन्दनक्रमोन्मिषत्सूक्ष्मप्राणशक्त्या भ्रूभेदनक्रमासादितोर्ध्वकुण्डलिनीपदे तद्विश्रान्तिरूपसंकोचस्थानं विषस्थानं प्रसरयुक्त्या विकासपदम्। अनयोर्वह्निविषयोर्मध्ये मध्यनाड्यां सृष्टिग्रन्थिभूतायाम्, सुखमयम् आनन्दमयं चित्तं मनः, भावनया क्षिपेत् चिन्तयेत् । वायुनिर्गमप्रवेशधारणां विहाय मध्यभूते उन्मेषभट्टारके तन्निर्गमप्रवेशकारणे तद्द्वयैक्यानुसन्धात्रात्मके तद्धारणया आनन्दमयं चित्तं क्षिपेत् । कीदृशम् ? केवलम् आरोहावरोहविषयसंबन्धरहितं वायुपूर्णं च मध्यनाडीस्थिताक्रमोच्चारानच्ककलात्मकप्राणशक्तिभरितं च । वह्नेः प्राणस्य, विषस्य अपानस्य च मध्ये वायुपूर्णं प्राणायामसहितं केवलं प्राणायामवर्जितमपि च सुखमयं चित्तं क्षिपेदिति सरलार्थः । ततः स्मरानन्देन कामानन्देन युज्यते, स्मरानन्दमयो भवेदित्यर्थः । सर्वविषयविस्मारकारणत्वात् कामानन्दस्य आनन्दान्तरेभ्यः परत्वम् ।

यद्वा वह्निः मेढ्रादूर्ध्वं नाभ्यधोऽङ्गुलानां चतुष्टयेऽग्निर्नाम पवनाधारः षोडशपवनाधारमध्ये गणितः । विषनामा पवनाधारो मेढ्रमध्ये ज्ञेयः । तयोः पवनाधारयोर्मध्ये सुखमयचित्तनिक्षेपणम् । ततः कामानन्दावाप्तिः । षोडशाधारास्तु कुलाम्नाये कथिताः ।

अथवा वह्निविषशब्दयोर्लोकप्रसिद्ध एवार्थो ग्राह्यः । तेन वह्नौ वा विषे च कठिनतरे सुखभावनयैव चित्तं क्षिपेत् । 'स्मरानन्दे न युज्यते' इति च्छेदे कामानन्दे सर्वविषयविस्मारके न युज्यते नैव संलग्नो भवति । यस्माद् दुःखे वह्निविषादौ सुखसंधारणमेव परमार्थं इति परमार्थविदः । स्त्रीसंगेन विना स्त्रिया य आनन्दानुभवः स एव परमार्थ इति कथ्यत इति तात्पर्यार्थः ॥६७॥

प्राण की श्वास-प्रश्वास की प्रक्रिया में जब वायु ऊर्ध्व-मुख अधः सहस्रार कमल में प्रविष्ट हो जाता है, तब जीव की असीम शक्ति संकुचित हो जाती है । शक्ति के इसी संकोच स्थान को योगशास्त्र में वह्नि के नाम से जाना जाता है । यही पवन जब नासिका मार्ग से न निकल कर ऊपर के सहस्रार कमल की ओर बढ़ता हुआ सूक्ष्म प्राणशक्ति के रूप में विशुद्धि चक्र (भ्रूस्थान) का भेदन कर ऊर्ध्व कुण्डलिनी, अर्थात् ऊपर के अधोमुख सहस्रार कमल में प्रविष्ट हो जाता है और वहाँ विश्राम करता है, तो उसकी शक्ति का विकास होने लगता है ।

---

१. न–ख० ।

1. यह श्लोक प्रत्यभिज्ञाहृदय (पृ० ८७) में मिलता है ।

यह विकास पद (स्थान) योगशास्त्र में 'विष' नाम से जाना जाता है। यद्यपि प्रारंभ में जीव की शक्ति यहाँ संकुचित अवस्था में ही रहती है, किन्तु योगाभ्यास से उसका विस्तार किया जा सकता है, अतः इसको विकास पद (स्थान) कहा जाता है। ऊर्ध्व कुण्डलिनी में शक्ति का विकास होने पर षष्ठ वक्त्र, गुह्य स्थान, आधार प्रदेश आदि के नाम से जानी जाने वाली, अधः स्थान में स्थित, प्रसुप्त कुण्डलिनी में भी प्राणशक्ति का विकास कर शक्ति का प्रसार, शक्ति का विस्तार किया जा सकता है। इस अवस्था में अधः कुण्डलिनी के मूल, अग्र और मध्य भाग में प्राणशक्ति के स्पर्श की स्पष्ट अनुभूति होने लगती है। इन वह्नि[1] और विष स्थानों के बीच में सृष्टि ग्रन्थिभूत मध्य नाडी में भावना के द्वारा आनन्द से ओत-प्रोत मन को स्थिर कर दे। वायु की श्वास-प्रश्वास प्रक्रिया से, प्राण-अपान की गति में नियोजित धारणा से, मन को हटा कर इन दोनों के बीच में विद्यमान उन्मेष दशा में, जिससे कि प्राण की ऊर्ध्व कुण्डलिनी की ओर गति होती है, जो श्वास-प्रश्वास, प्राण-अपान की गति की भी कारण स्वरूप है[2] और जहाँ इनकी एकता का अनुसन्धान किया जा सकता है, धारणा का अभ्यास करते हुए साधक अपने आनन्द से परिपूर्ण चित्त को नियोजित कर दे, भले ही वह चित्त प्राण वायु के आरोह और अवरोह व्यापार से रहित होने से अकेला हो अथवा वायु से परिपूर्ण हो, अर्थात् मध्य नाडी में स्थित बिना क्रम के स्वाभाविक रूप से उच्चरित होने वाली अनच्क कला स्वरूप (अजपा गायत्री) प्राणशक्ति से भरा हो। इस तरह के अभ्यास से योगी कामानन्द से परिपूर्ण हो जाता है, अर्थात् अपने परम आनन्दमय स्वरूप का अनुभव करने लगता है। कामानन्द अन्य सभी लौकिक विषयों के आनन्द को दबा देता है, अन्य सभी आनन्दों की अपेक्षा उसकी इस उत्कृष्टता के आधार पर ही यहाँ उसको उदाहरण के रूप में प्रस्तुत किया गया है।

इस मानव पिण्ड (शरीर) में पवन के ठहराव के १६ स्थान हैं। योगशास्त्र में इनको आधार कहा जाता है। इनमें से लिंग के ऊपर नाभि से चार अंगुल नीचे अग्नि नाम का स्थान है। विष नाम का आधार लिंग के मध्य में माना जाता है। शरीरवर्ती पवन के इन दोनों आधारों के बीच में आनन्दमय चित्त की बार-बार भावना करनी चाहिये, चाहे वह चित्त प्राणायाम से नियन्त्रित हो अथवा न हो। उक्त भावना के अभ्यास से वह कामानन्द से परिपूर्ण हो जाता है। यहां इस भावना के अभ्यास की कामानन्द से तुलना इसलिये की गई है कि जैसे अन्य सभी विषयों से उत्पन्न होने वाले आनन्द की अपेक्षा कामानन्द सर्वोत्कृष्ट है, उसी

---

1. वह्नि और विष नामक स्थानों का तथा उनके बीच मे विद्यमान सृष्टि ग्रन्थिभूत मध्यनाडी का विवेचन उपोद्घात में किया जायगा। कुलागम-संमत सोलह आधारों का वर्णन भी वहीं देखना चाहिये।
2. प्राण और अपान व्यापार से भिन्न, श्वास-प्रश्वास प्रक्रिया से अलग, स्वाभाविक रूप से निरन्तर चल रहे प्राण (हृदय) के स्पन्दन व्यापार का यहां उल्लेख है। इस पर भी उपोद्घात में विचार किया जायगा।

तरह से इस भावना का अभ्यास करने वाला योगी भी सर्वोत्कृष्ट परम आनन्द से सराबोर हो जाता है।

अथवा वह्नि और विष शब्दों के लोक-प्रसिद्ध अर्थ को स्वीकार करके भी इसकी व्याख्या की जा सकती है। अर्थात् अग्नि और विष जैसे कष्टदायक पदार्थों में भी ये सब सुखमय ही हैं, इस तरह की भावना करे। इस धारणा के अभ्यास से साधक अन्य सभी विषयों को दबा देने वाले कामानन्द से कभी अभिभूत नहीं होता। 'कामानन्दे न युज्यते' ऐसा पदच्छेद करने पर यह अर्थ निकलता है। व्यक्ति जब कामाकुल हो जाता है, तो उस समय वह सब कुछ भूल जाता है। उक्त धारणा के अभ्यास से साधक इस अवांछनीय स्थिति से उबर जाता है। सदा दुःखमय प्रतीत होने वाले अग्नि, विष आदि में भी यदि सुख की भावना, सुख की अनुभूति होने लगे, यही तो प्राणी की यथार्थ स्थिति है। बिना [1]स्त्रीसंग के भी योगी के चित्त में स्त्रीसंग के सदृश उत्कृष्ट आनन्द की अनुभूति निरन्तर होने लगे, यही वास्तव में प्राणी की परम आनन्दमय परमार्थ स्थिति मानी जाती है ॥६७॥

[धारणा–४५]

[2]शक्तिसङ्गमसं[1]क्षुब्धशक्त्यावेशावसानि[2]कम् ।
यत्सुखं ब्रह्मतत्त्वस्य तत्सुखं स्वाक्यमुच्यते ॥६८॥

शक्तिसङ्गमः स्त्रीसङ्गः, तेन संक्षुब्धः सम्प्रवृत्तः, शक्त्यावेश आनन्दशक्तिसमावेशः, तदावसानिकं तत्पार्यन्तिकम्, स्त्रीसङ्गानन्दाविर्भूतानन्दशक्तिसमावेशान्त इति यावत्। यद् घण्टयनुरणनरूपं ब्रह्मतत्त्वस्य सुखं परब्रह्मानन्दः, त्यक्तस्त्रीपुरुषद्वैतपर्यालोचनं स्वात्ममात्रनिष्ठम्, तत् सुखं स्वकमेव स्वाक्यम्, स्वार्थे घञ्, आत्मन एव संबन्धि, न अन्यत आयातमुच्यते। स्त्रीसङ्गस्तु अभिव्यक्तिकारणमेव, यतः स्वक एव स आनन्दः। ततश्च स्त्रीसङ्गेन य आनन्दोऽनुभूयते, तामेव स्त्रियं ध्यात्वा आनन्दमयो भवेदिति भावः। विश्वस्फुरणशक्तिसङ्गमसंक्षुब्धा या चिच्छक्तिस्तस्या य आवेश इति केचित् ॥६८॥

शक्ति-संगम अर्थात् स्त्री के सहवास से संक्षुब्ध हुई, उत्तेजित हुई, आनन्द शक्ति की समावेश-दशा की समाप्ति के समय घनघनाहट की सी अनुभूति होती है। स्त्री के सहवास से अभिव्यक्त इस सुखमय स्थिति को ब्रह्मानन्द सहोदर माना जाता है। उस समय स्त्री और पुरुष का द्वैतभाव छूट जाता है और स्वात्मनिष्ठ परमानन्द केवल बच रहता है। इस अवस्था

---

१. °क्षोभ°-परा०। २. °न°-परा०।

1. अगले श्लोक में इस विषय का स्पष्ट विश्लेषण किया गया है।

2. यह और इसके आगे का श्लोक परात्रिंशिका व्याख्या (पृ० ५१), शिवसूत्रविमर्शिनी (पृ० ६३), महार्थमंजरीपरिमल (पृ० १४६–१४७) और तन्त्रालोक की विवेक टीका (भा० ३, आ० ५, पृ० ३७८) में उद्धृत है।

में अभिव्यक्त हुआ यह सुख अपना ही है, यह कहीं अन्यत्र से नहीं आता, स्त्री का सहवास केवल उसकी अभिव्यक्ति करता है। अतः जिस स्त्री के सहवास से इस आनन्द की अभिव्यक्ति होती है, अनुभूति होती है, उसी का ध्यान कर साधक ब्रह्मानन्द दशा में समाविष्ट हो सकता है। शिवोपाध्याय और आनन्दभट्ट ने इस प्रसंग में दो श्लोक उद्धृत किये हैं—

जायया संपरिष्वक्तो न बाह्यं वेद नान्तरम्।
निदर्शनं श्रुतिः प्राह मूर्खस्तं मन्यते विधिम्॥
[1]न सृष्टिर्जायते लिङ्गान्न भगान्नापि रेतसः।
आनन्दोच्छलिता शक्तिः सृजत्यात्मानमात्मना॥

इसका अभिप्राय यह है कि "तद्यथा प्रियया स्त्रिया संपरिष्वक्तो न बाह्यं किञ्चन वेद नान्तरम्" (४।३।२१) इत्यादि बृहदारण्यक श्रुति में उदाहरण के रूप में पत्नी के आलिंगन की बात कही गई है, किन्तु अज्ञ जन इसको विधि मानकर उसी में लिप्त हो जाते हैं। वास्तव में यह सृष्टि न तो लिंग से पैदा होती है, न भग से और न वीर्य से ही। आनन्द से सराबोर यह शक्ति स्वयं अपने आप अपना विस्तार कर लेती है। इसी लिये कुछ व्याख्याकार इस श्लोक के पूर्वार्ध का यह अर्थ करते हैं—"विश्व के विस्फुरण की शक्ति के समागम से संक्षुब्ध चिच्छक्ति के आवेश से"। उच्च दार्शनिक भूमिका में यही स्थिति मान्य हो सकती है।

इस श्लोक को अभिनवगुप्त ने परात्रिंशिका व्याख्या (पृ० ५१) में उद्धृत किया है और तन्त्रालोक (५।७१) की व्याख्या करते हुए जयरथ ने शाक्त क्षोभ के उदाहरण के रूप में। क्षेमराज ने भी "त्रिपदाद्यनुप्राणनम्" (३।३८) इस शिवसूत्र की व्याख्या करते हुए प्रस्तुत श्लोक को याद किया है और बताया है कि—

अतिक्रुद्धः प्रहृष्टो वा किं करोमीति वामृशन्।
धावन् वा तत्पदं गच्छेद्यत्र स्पन्दः प्रतिष्ठितः॥ (श्लो० २२)

स्पन्दकारिका के इस श्लोक में वर्णित स्पन्दावस्था प्रस्तुत धारणा से प्राप्त होने वाली स्थिति से अभिन्न है। शाक्त उपाय की व्याख्या करते हुए महेश्वरानन्द ने भी महार्थमंजरी की परिमल व्याख्या में इस श्लोक को प्रमाण के रूप में उद्धृत किया है। इन सब स्थलों का अवलोकन करने से उक्त अभिप्राय की ही पुष्टि होती है॥६८॥

---

1. "न पद्माङ्का न चक्राङ्का न वज्राङ्का यतः प्रजा। लिङ्गाङ्का च भगाङ्का च तस्मान्माहेश्वरी प्रजा॥" (अनु० १४।२३३) महाभारत के इस श्लोक से तथा इसी अभिप्राय के—"न च चक्राङ्कितं विश्वं न च वज्राङ्कितं क्वचित्। भगलिङ्गाङ्कितं विश्वं तेन शैवमिदं जगत्॥" किसी शैवतन्त्र के ग्रन्थ में पठित इस वचन से केवल इतना ही प्रतीत होता है कि ब्रह्मा, विष्णु और इन्द्र के अथवा वैष्णव और बौद्ध दर्शनों के प्रतीकों के साथ किसी की उत्पत्ति नहीं होती, किन्तु शैव और शाक्त प्रतीकों के साथ ही जीव उत्पन्न होते हैं। इस तरह से टीका में उद्धृत वचन से इन वचनों का कोई विरोध नहीं है।

[धारणा-४६]

लेहनामन्थनाकोटैः स्त्रीसुखस्य भरात् स्मृतेः ।
शक्त्यभावेऽपि देवेशि भवेदानन्दसंप्लवः ।।६९।।

हे देवेशि, लेहनामन्थनाकोटैः, लेहनं वक्त्रासवास्वादनम्, परिचुम्बनमिति यावत्। मन्थनं प्रधानाङ्गविलोडनम् आलिङ्गनं वा। आकोटः पुनः पुनर्मर्दनम्, नखक्षतादि वा। तैस्तैः परिचुम्बनालिङ्गनदन्तक्षतनखक्षतादिभिर्विशेषैः पूर्वानुभूतस्य स्त्रीसुखस्य भरात् स्मृतेः गाढध्यानमात्रात् शक्त्यभावेऽपि स्फुटस्त्र्यादीनां कारणानामभावेऽपि आनन्दसंप्लवो भवेत् प्रत्यक्षतयैव सर्वविषयविस्मारक आनन्दोदयः स्यात्। शक्त्यभावेऽपीत्यनेन स्वकीय एव स आनन्दस्तत्संमुखीभावेनायातो न पुनस्तत्र स्त्री कारणमिति स्वयमेवात्मानमानन्दमयं ध्यायेदित्यर्थः। "भरात् स्मर्यमाणो हि स स्पर्शः। तत्स्पर्शक्षेत्रे च मध्यमाकृत्रिमपरात्मकशक्तिनालिकाप्रतिबिम्बित उन्मुक्तशाक्तस्पर्शाभावेऽपि तदन्तर्वृत्तिशाक्तस्पर्शात्मकवीर्यक्षोभकारी भवतीत्यभिनवगुप्तपादाः" (परा० व्या०, पृ० ५१) ।।६९।।

हे देवेशि, लेहन का अर्थ है अधर-मधु का आस्वादन, अर्थात् परिचुम्बन, मन्थन का अर्थ है प्रधान अंग का विलोडन अथवा आलिंगन, आकोट का अर्थ पुनः पुनः मर्दन अथवा नखक्षत, दन्तक्षत आदि नाना प्रकार के इस तरह के हाव-भावों से उत्पन्न हुए पूर्वानुभूत स्त्रीसुख का प्रयत्नवूर्पक स्मरण करने पर भी व्यक्ति का मन आनन्द से भर उठता है। स्त्री प्रभृति आनन्द के स्पष्ट कारणों की अनुपस्थिति में भी उनको याद करने मात्र से व्यक्ति उनमें डूब जाता है और थोड़ी देर के लिये सब कुछ भूल बैठता है। इससे स्पष्ट होता है कि यह अपना ही आनन्द स्त्री के सहवास से प्रकट होता है। इस आनन्द की अभिव्यक्ति में स्त्री को कारण नहीं माना जा सकता, क्योंकि इसकी अभिव्यक्ति स्त्री के अभाव में भी स्मृति की सहायता से होती है। अतः यह मानना पड़ेगा कि इस आनन्द की स्थिति अपने स्वरूप में ही है। साधक को चाहिये कि वह इसी स्वाभाविक स्वरूपानन्द की भावना करे और इसकी अभिव्यक्ति के बाह्य उपादानों का परित्याग कर दे। इस भावना के अभ्यास से साधक का चित्त आनन्द से सराबोर हो जाता है। शिवोपाध्याय के अनुसार अभिनवगुप्त ने इस तरह से इस स्थिति को स्पष्ट किया है कि यह स्मर्यमाण स्पर्श उस स्पर्श क्षेत्र में, अकृत्रिम पराशक्ति रूप मध्यम नालिका में, जब प्रतिबिम्बित होता है, तो उस दशा में उन्मुक्त बाह्य शाक्त स्पर्श के अभाव में भी आन्तर शाक्त स्पर्श के कारण वीर्य के क्षोभ का, आनन्दोदय अवस्था की अभिव्यक्ति का, कारण होता है। ध्यान मात्र से सर्वविषय विस्मारक (अन्य सभी विषयों के अनुभव को भुला देने वाले) आनन्द की जो प्रत्यक्ष अनुभूति होती है, उसी को आनन्दोदय दशा कहा जाता है ।।६९।।

[धारणा-४७]

[1]आनन्दे महति प्राप्ते दृष्टे वा बान्धवे[1] चिरात् ।
आनन्दमुद्गतं ध्यात्वा त[2]ल्लयस्तन्मना भवेत् ॥७०॥

आनन्दे महति प्राप्ते, स्फुटेष्टस्त्र्यादिसमागमे सति महान् आनन्दो जायते, एवमेव दारिद्र्याद्युपद्रुतस्य कस्यचिदनन्तनिष्कण्टककोशप्राप्तेर्महानानन्दो जायते, तस्मिन् प्राप्ते सतीत्यर्थः । वा अथवा । चिराद् बान्धवे दृष्टे चिरकालं प्रवासादागते बान्धवे पुत्रमित्रादौ प्राप्ते सति उद्गतम् उत्पन्नम्, आनन्दं ध्यात्वा उद्गतमात्रमेवानन्दं गृहीत्वा तत्र धारणादार्ढ्येन तल्लयस्तन्मना भवेत्, अन्तर्मनस्कत्वेन परानन्दोदये विश्रान्तः स्यादेवेत्यर्थः ॥७०॥

चिरकाल की प्रतीक्षा के बाद अपनी प्रेमिका का सहवास मिलने पर व्यक्ति के मन में आनन्द का सागर हिलोरे लेने लगता है। परम दरिद्र व्यक्ति को एकाएक अटूट धनराशि मिल जाय तो उसके आनन्द का पूछना ही क्या ! इसी तरह से बड़े लम्बे समय से परदेश गये व्यक्ति के एकाएक घर लौट आने पर उसके परिवार वालों को अपार हर्ष होता है। आनन्द की इसी उत्फुल्ल अवस्था को पकड़ कर उसमें दृढ़ता और आदर पूर्वक निरन्तर धारणा का अभ्यास करने से साधक का चित्त उसी में लीन होकर तदाकार हो जाता है, वह अन्तर्मुख होकर उत्कृष्ट आनन्दोदय दशा में विश्राम प्राप्त कर लेता है। स्पन्दकारिका के "अतिक्रुद्धः प्रहृष्टो वा" (श्लो० २२) इस श्लोक में स्पन्दावस्था के नाम से इसी स्थिति को बताया गया है । क्षेमराज और महेश्वरानन्द ने पूर्व श्लोकों की भाँति इस श्लोक को भी उसी प्रसंग में उद्धृत किया है और अभिनवगुप्त ने ईश्वरप्रत्यभिज्ञाविवृतिविमर्शिनी (भा० २, पृ० ५०) में इस स्थिति में परानन्द की अभिव्यक्ति का विश्लेषण किया है ॥७०॥

[धारणा-४८]

[2]जग्धिपानकृतोल्लासरसा[3]नन्दविजृम्भणात्[4] ।
भावयेद्[5]भरितावस्थां महानन्दस्ततो[6] भवेत् ॥७१॥

---

१. °वेऽचि°-ख० । २. °क्ष्यस्तन्मयो-म०, °न्मनस्तल्लयी°-शि० । ३. °स्वाद°-यो० । ४. °व्यवस्थितेः-ई० । ५. भैरवं भाव-शि० । ६. °मयो-शि० प्र० ।

1. ई० प्र० वि० वि० (भा० २, पृ० ५०), शि० वि० (पृ० ६३), महा० परि० (पृ० १४७) और स्पन्दनिर्णय (पृ० ४०-४१) में यह श्लोक मिलता है। प्रथम पुस्तक में केवल प्रथम पंक्ति मिलती है ।

2. शि० वि० (पृ० ६३), स्तवचिन्तामणिटीका (पृ० ७१), यो० दो० (पृ० १९७, २६५, ३४०) और प्रत्यभिज्ञाहृदय (पृ० ९०) में यह पूरा श्लोक तथा ई० प्र० वि० वि० (भा० २, पृ० १७९) और स्वच्छन्द० (भा० ६, प० १५, पृ० १२७) में प्रथम पंक्ति मिलती है ।

क्षुदतिशयनिवर्तकयत्किञ्चिन्मात्रभक्ष्यादिभक्षणं जग्धिः, पिपासातिशयनिषेधकशीतलजलादेर्मधुरक्षीरादेर्वाऽऽस्वादनं पानम्, ताभ्यां प्रतिग्रासं प्रतिसिक्तं प्रतिबिन्दु तुष्टिपुष्टिक्षुत्पिपासानिवृत्त्याख्यकार्यत्रयहेतुभ्यां कृता ये उल्लासरसानन्दाः—करचरणादीनां स्वाङ्गानां स्पर्शनादिविमर्शनेनोच्चैर्द्योतनमुल्लासः, सर्वासु स्थूलसूक्ष्मगर्भनाडीषु शुष्कताया अभावे स्नेहार्द्रतालक्षणो रसः, भोजनाद्यभावे हि नाडीनां रूक्षता जायते, तदभावे तु रसवितननम्, तदनन्तरम् आनन्दः अहंविमर्शसंचेतनम्—तेषां विजृम्भणात्। उल्लसद्रसरूपो वा आनन्द उल्लासरसानन्दस्तस्य विजृम्भणात् सर्वगात्रविषयकानुभवविकसनाद् हेतोः, भरितावस्थाम् आनन्दपूर्णां स्वदेहदशां भावयेत्, ततो महानन्दो भवेत्। एवं भरितावस्थां भावयत एकाग्रचित्तस्य योगिनः परमानन्दप्राप्तिः स्यादित्यर्थः ॥७१॥

गहरी भूख को मिटाने के लिये जो कुछ खाया जाय, उसको [1]'जग्धि' कहते हैं। इसी तरह से गहरी प्यास को मिटाने के लिये पिया गया शीतल जल, मधुर दूध, शर्बत आदि 'पान' कहलाता है। भोजन के प्रत्येक ग्रास और 'पान' की प्रत्येक घूँट से शरीर में सन्तोष, पुष्टि और भूख-प्यास की निवृत्ति ये तीन कार्य अवश्य होते हैं। इनसे शरीर में उल्लास, रस और आनन्द का आविर्भाव होता है। भोजन-पान से संपुष्ट व्यक्ति अपने हाथ-पैर आदि अंगों को छूकर, अपने शरीर के उत्कर्ष को देखकर अनोखी तुष्टि (सन्तोष) का अनुभव करता है, इसी को 'उल्लास' कहा जाता है। भोजन-पान से सभी स्थूल, सूक्ष्म और सूक्ष्मतम नाडियों का सूखापन दूर होकर उनमें स्निग्धता का संचार होता है, इसको 'रस' कहते हैं। भोजन-पान के अभाव में नाडियां रूक्ष हो जाती हैं और भोजन-पान से इनमें रस का संचार होने लगता है। रस का संचार होने से शरीर में एक अनोखे सुख की अनुभूति होती है। यह आनन्द स्वात्मस्वरूप की अनुभूति की याद दिला देता है। इस तरह से भोजन और पान से शरीर की तुष्टि, पुष्टि और भूख प्यास की निवृत्ति होने के उपरान्त आविर्भूत उल्लास, रस और आनन्द शरीर के प्रत्येक अवयव में भर जाते हैं। अथवा—"रसो वै सः। रसं ह्येवायं लब्ध्वानन्दी भवति" (तै० उ० २।७) इस श्रुति के अनुसार उत्फुल्ल रस रूपी ब्रह्मानन्द से, हर्षातिरेक से, साधक का सारा शरीर भर जाता है। इस भरितावस्था में, अर्थात् आनन्द से परिपूर्ण स्थिति में पूर्णता दशा की एकाग्रचित्त से भावना करने पर योगी का मन परम आनन्द से परिपूर्ण हो जाता है।

श्रुति प्रतिपादित ब्रह्मानन्द का स्तवचिन्तामणिकार भट्ट नारायण ने इस तरह से वर्णन किया है—

त्रैलोक्येऽप्यत्र यो यावानानन्दः कश्चिदीक्ष्यते।
स बिन्दुर्यस्य तं वन्दे देवमानन्दसागरम् ॥ (श्लो० ६१)

इसकी व्याख्या करते हुए आनन्द की प्राप्ति के उपाय के रूप में क्षेमराज ने प्रस्तुत श्लोक को उद्धृत किया है। क्षेमराज ने शिवसूत्रविमर्शिनी (पृ० ६३) में तथा स्वच्छन्दतन्त्र (भा० ६, प० १२, पृ० १२१) में भी इस श्लोक को उद्धृत किया है और—"योगिनं प्रति बलस्य स्पन्दात्मनः शाक्तवीर्यस्य विवर्धनादुत्तेजनात्" इस तरह से उसकी व्याख्या भी की है।

1. जग्धि और पान का लौकिक अर्थ मांसभक्षण और मदिरापान है।

परमानन्द की प्राप्ति के उपाय के रूप में इस स्थिति को अभिनवगुप्त ने भी स्वीकार किया है (ई० प्र० वि० वि०, भा० २, पृ० १७९)। अमृतानन्द ने योगिनीहृदयदीपिका (पृ० १९७) में परा पूजा की व्याख्या करते हुए, आन्तर पूर्णाहुति के प्रसंग में (पृ० २६५) और आनन्द की परिपूर्ण अवस्था की व्याख्या करते हुए (पृ० ३४०) इस श्लोक को प्रमाण के रूप में उद्धृत किया है ॥७१॥

[धारणा–४९]

[1]गीतादिविषयास्वादासमसौख्यैकतात्मनः ।
योगिनस्तन्मयत्वेन मनोरूढेस्तदात्मता ॥७२॥

गीतं गायनम् ऊर्ध्वमध्याधोग्रामत्रयस्थस्वरावृत्त्या उच्चारणम्, आदिशब्देन स्पर्शरूपरसादिग्रहणम्, तेन शब्दस्पर्शरूपरसादिमधुरकोमलसुन्दरविषयाणां यदास्वादनं श्रवणेन्द्रियादिवृत्त्या ग्रहणम्, तस्माद् हेतोर्यद् असमम् अनुपमं स्वानुभवैकगम्यं सौख्यम्, तेन या एकता, तद्रूप आत्मा यस्य तस्य योगिनो मनोरूढेर्हेतोर्यत् तन्मयत्वं शाक्तस्पर्शावेशः शुभाशुभचिन्तादिविस्मरणम्, तेन हेतुना तदात्मता परब्रह्मस्वरूपता विकसति। अस्यां भावनायां वेद्यराशेर्विस्मरणाद् वेदकसत्तामात्रस्थितौ शान्तमेयमानादिव्यापृतौ महानन्दोदय इति निश्चितमिति भावः ॥७२॥

तार (तीव्र), मध्य और मन्द्र इन तीन [2]ग्रामों में स्वरों के नियमित उच्चारण को गान कहते हैं। केवल कण्ठ से ही नहीं, बांसुरी, वीणा, मृदंग आदि के माध्यम से मधुर, सूक्ष्म स्वरों के आरोह-अवरोह क्रम को भी गान कहा जाता है। एक हलवाहा और विद्वान् दोनों समान रूप से इसमें आनन्द का अनुभव करते हैं। इसी तरह से नाना प्रकार के स्पर्श, रूप रस आदि विषयों में भी मूर्ख और विद्वान् व्यक्ति की समान अनुरक्ति रहती है। सभी व्यक्ति कान से गीत आदि के शब्दों को सुनकर, आँख से सुन्दर रूप को देखकर, जीभ से मधुर भोजन को चखकर, हाथ से कोमल वस्तु को छूकर और इसी तरह के अन्य लुभावने विषयों की भी प्रतीति होने पर गूंगे के गुड़ की तरह अपने अनुभव मात्र में भासित हो रहे अनोखे आनन्द में डूब जाते हैं। इस स्थिति में प्रत्येक व्यक्ति का चित्त थोड़ी देर के लिये एकाग्र, स्थिर हो जाता है। अर्थात् थोड़ी देर के लिये वह भली-बुरी सब तरह की चिन्ताओं से मुक्त हो जाता है। साधक योगी जब इस एकाग्र दशा में अपने चित्त को अभ्यास के द्वारा तन्मय बना लेता है, तब उसके चित्त की स्थिरता में तन्मयता के कारण अद्भुत शक्ति का संचार होता है और अन्ततः वह परब्रह्म स्वरूप हो जाता है। उस अवस्था मे वेद्य विषय का विस्मरण हो जाता है और केवल वेदक (प्रमाता) की सत्ता बच रहती है, अर्थात् प्रमेय (विषय) और उसके

---

1. शिवसूत्रविमर्शिनी (पृ० ६३), तन्त्रा० वि० (भाग २, आ० ३, पृ० २००, २१९), महा० परि० (पृ० १३), प्रत्यभिज्ञाहृदय (पृ० ९०) में यह श्लोक उद्धृत है।
2. स्वरों के नियमित उच्चारण को ग्राम कहते हैं। तीव्र, मध्य, और मन्द्र के नाम से इसके तीन भेद होते हैं। हारमोनियम के तीन सप्तकों के रूप में इनको पहचाना जा सकता है।

ग्राहक प्रमाण उस समय निवृत्त हो जाते हैं। इस तरह से प्रमाता के अपने स्वरूप में प्रतिष्ठित होने से महान् आनन्द का आविर्भाव निश्चित रूप से हो जाता है।

शिवसूत्रविमर्शिनी (पृ० ६३) में यह श्लोक भी उद्धृत है। महेश्वरानन्द ने परिमल व्याख्या (पृ० १३) में महाप्रकाश की अभिव्यक्ति के साधन के रूप में इस धारणा का उल्लेख किया है, तथा इसी प्रसंग में—

वीणावादनतत्त्वज्ञः स्वरशास्त्रविशारदः।
तालज्ञश्चाप्रयासेन मोक्षमार्गं निगच्छति ॥ (३।११५)

याज्ञवल्क्यस्मृति के इस श्लोक को भी उद्धृत किया है। अभिनवगुप्त ने तन्त्रालोक के—

तथाहि मधुरे गीते स्पर्शे वा चन्दनादिके ॥
माध्यस्थ्यविगमे याऽसौ हृदये स्पन्दमानता।
आनन्दशक्तिः सैवोक्ता..... .... ॥ (३।२०९-२१०)
शब्दोऽपि मधुरो यस्माद् वीर्योपचयकारकः।
तद्धि वीर्यं परं शुद्धं विसिसृक्षात्मकं मतम् ॥ (३।२२९)

इत्यादि श्लोकों में इसी विषय का प्रतिपादन किया है और टीकाकार जयरथ ने दोनों ही स्थलों में प्रस्तुत श्लोक को प्रमाण मानकर इस विषय की महत्ता का प्रतिपादन किया है। जयरथ ने इस प्रसंग में—

ये ये भावा ह्लादिन इह दृश्याः सुभगसुन्दराकृतयः।
तेषामनुभवकाले स्वस्थितिपरिपोषणं सतामर्चा ॥

प्रशस्तिभूतिपाद के इस श्लोक को भी उद्धृत किया है, जिसमें कि पूर्व श्लोक में उद्धृत योगिनीहृदयदीपिका के वचन के समान इस स्थिति को परा पूजा बताया गया है ॥७२॥

[धारणा-५०]

[1]यत्र यत्र मनस्तुष्टिर्मनस्तत्रैव धारयेत्।
तत्र तत्र परानन्दस्वरूपं[1] [2]संप्रवर्तते ॥७३॥

मनस्तुष्टिरिति मनसः प्रमोदः, न तु मनसः क्षोभः। यस्मिन् यस्मिन् वस्तुनि मनोहरे कामिनिवदनकमलादौ ज्ञानेन्द्रियकर्मेन्द्रियविषयेषु मनः सज्जते, तत्रैव धारयेत् स्थिरं कुर्यात्, न तु मनोनियमनमकृत्वा नानाविधविकल्पक्षोभैः स्वात्मानं योगारूढत्वदशाया अधः पातयेत्। मनसो धारणमपि कामादिक्षोभं प्रशमय्य, अत्र नितम्बिनीसुन्दरकायमन्दिरे चिदात्मकः शिवोऽहमस्मि, ममैवेयं भङ्गिरिति यथाशक्ति कामादिक्षोभं स्वात्मनि प्रशमय्य, एकाग्रां निश्चलां मतिं विधाय कुर्यात्। अनया धारणया यत्र शुभे वाऽशुभे वा मनो लगति तत्र तत्र योगिनः परानन्दस्वरूपं संप्रवर्तते संप्रकाशते ॥७३॥

---

१. °पः-ख०। २. संप्रकाशते-ख०, यो०, प्र०।

1. प्रत्यभिज्ञाहृदय (पृ० ९०) और योगिनी० दी० (पृ० ३३९) में यह मिलता है।

मन की तुष्टि का तात्पर्य मन के आह्लाद में है, मन के क्षोभ में नहीं। मन पर नियंत्रण न रखने पर नाना प्रकार के विकल्पों से क्षुब्ध होकर वह मन योगी को योगारूढ़ दशा से गिरा देता है। काम, क्रोध आदि के क्षोभ को शान्त करके ही योगी मन को स्थिर कर सकता है। इसलिये कामिनी के वदन-कमल सरीखी जिस-जिस मनोहर वस्तु में, पाँच ज्ञानेन्द्रियों और पाँच कर्मेन्द्रियों के विषयों में, मन रमता हो, उसको वहीं स्थिर रखने का अभ्यास करे कि कामिनी के मनोहर शरीर जैसे सभी विषयों में चित् और आनन्दमय शिवस्वरूप में मैं ही विद्यमान हूँ, यह सब मेरी ही विभूति है। इस तरह से काम आदि के क्षोभ को अपने स्वरूप में ही विलीन करके; अपनी बुद्धि को एकाग्र अर्थात् स्थिर करके योगी यह भावना करे कि मेरा अपना स्वरूप ही सर्वत्र स्पन्दित हो रहा है। साधारण व्यक्ति का भी शुभ अथवा अशुभ जिस किसी विषय में मन लग जाता है, तो उस समय अन्य सारी बातों को वह भूल जाता है। इसी स्थिति को केन्द्र-बिन्दु बना कर योगी जब भावना के अभ्यास से मन की एकाग्रता को बढ़ाता जाता है, तो उसकी परम आनन्दमय स्वात्मस्वरूप में प्रतिष्ठा हो जाती है।

तात्पर्य यह है कि साधक को चाहिये कि अतिशय सुन्दर रूप को देखकर भी अपनी शक्ति के अनुसार मन को पवित्र रखे, उसको मलिन न होने दे। मुमुक्षु साधक की दृष्टि से यह बात कही गई है। मुक्त साधक में तो इस तरह का क्षोभ उठेगा ही नहीं, क्योंकि सात प्रकार की समाधि के अभ्यास से उसका मन सदा समाधिस्थ रहता है। उसमें इस तरह के क्षोभ की लहरियों के उठने का कोई अवसर नहीं है। समाधि और उसके सात भेदों का वर्णन आगे (श्लो० ११३) किया जायगा। जब साधक के मन का क्षोभ शान्त हो जाता है, तभी उसको परम पद की प्राप्ति होती है, इस बात को स्पन्दकारिका में भी कहा गया है—

यदा क्षोभः प्रलीयेत तदा स्यात् परं पदम्। (श्लो० ९)

इसी स्थिति से मिलती जुलती स्थितियों का वर्णन "कामक्रोध०" (श्लो० ९९) और "यत्र यत्र" (श्लो० ११३–११४) इत्यादि श्लोकों में भी किया गया है। इनकी व्याख्या वहीं की जायगी। स्वच्छन्दतन्त्र में भी—

यत्र यत्र मनो याति ज्ञेयं तत्रैव चिन्तयेत्।
चलित्वा यास्यते कुत्र सर्वं शिवमयं यतः॥ (४।३१३)

यहाँ इसी स्थिति का वर्णन किया गया है। शिवदृष्टिकार भी कहते हैं—

शिवभावनयोषध्या बद्धे मनसि संसृतेः।
काष्ठकुड्यादिषु क्षिप्ते रसवच्छिवहेमता॥ (७।४७–४८)

अर्थात् जैसे अनेक प्रकार की जड़ी-बूटियों में बाँधकर उनके रसों के प्रभाव से रासायिनक परिवर्तन के आधार पर पारा सोना बन जाता है, उसी भाँति सभी पदार्थों में शिव की भावना रूपी औषधी से मन को बाँधकर, अर्थात् सब कुछ शिवमय ही है, इस भावना से

मन का परिष्कार कर देने पर वह परिष्कृत मन काष्ठ (लकड़ी), कुड्य (भित्ति) आदि सभी पदार्थों में शिवता को ही देखने लगता है ।।७३।।

[धारणा-५१]

[1]अनागतायां निद्रायां [१]प्रणष्टे बाह्यगोचरे ।
[२]सावस्था मनसा गम्या परा देवी प्रकाशते ।।७४।।

निद्रायामनागतायामपि जागरदशायां चित्तवृत्तौ तमसा आच्छन्नायां सत्यां बाह्यगोचरे बाह्ये विषयपञ्चके प्रणष्टे विनष्टदर्शने या अवस्था निरावरणा मध्येऽस्ति, सा मनसा गम्या स्वसंविदवष्टम्भस्वीकार्या, तथा सति सैवावस्था परादेवीत्वेन प्रकाशते भाति ।।७४।।

अभी ठीक तरह से नींद नहीं लगी है, व्यक्ति जब जगा हुआ ही है, किन्तु नींद आने वाली है, उस स्थिति में उसकी चित्त की वृत्ति तमोगुण से आच्छन्न होने लगती है। तब बाहरी विषय उसकी आँखों (सभी ज्ञानेन्द्रियों) के सामने रहते हुए भी उसको दिखाई नहीं पड़ते। यह जाग्रत् अवस्था और स्वप्नावस्था के बीच की स्थिति है। इस अवस्था में बाह्य विषयों के रहते हुए भी उनका भान नहीं होता। साधक को अपनी संवित्ति (चेतना) में इसी स्थिति को लाने का अभ्यास करना चाहिये, जब कि बाह्य विषय उसके सामने रहते हुए भी न रहने के समान हो जाय। इससे साधक का मन निर्विकल्प हो जाता है, बाह्य विकल्पों की प्रतीति समाप्त हो जाती है, वह उनको देखता हुआ भी नहीं देखता। उक्त दोनों (निद्रा और जाग्रत्) अवस्थाओं के बीच की इस स्थिति को परावस्था कहा जाता है। इस परावस्था में साधक का परा देवीमय स्वरूप भासित होने लगता है। इस स्थिति का वर्णन [2]योगवासिष्ठ में भी किया गया है—

निद्रादौ जागरस्यान्ते यो भाव उपजायते ।
तं भावं भावयन् साक्षादक्षयानन्दमश्नुते ।।

यहाँ केवल शब्दों का ही अन्तर है। अर्थ दोनों श्लोकों का एक ही है। विज्ञानभैरव के प्रस्तुत श्लोक को उद्धत कर क्षेमराज ने स्पन्दनिर्णय (पृ० ५६) में तथा महेश्वरानन्द ने परिमल (पृ० १८७) में परा देवी के स्वरूप का भली-भाँति विश्लेषण किया है ।।७४।।

[धारणा-५२]

[3]तेजसा सूर्यदीपादेराकाशे शबलीकृते ।
दृष्टि[३]र्निवेश्या तत्रैव स्वात्मरूपं प्रकाशते ।।७५।।

---

१. विनष्टे-स्प०, म० । २. या°-म० । ३. °ष्टि निवेश्य-ने० ।

1. स्पन्दनिर्णय (पृ० ५६) और महार्थ० परि० (पृ० १८७) में उद्धृत है।

2. शिवोपाध्याय ने इस श्लोक को वासिष्ठ दर्शन का बताया है। योगवासिष्ठ में यह उपलब्ध नहीं है।

3. नेत्रतन्त्र (भा० १, पृ० २००) की उद्योत टीका में यह उद्धृत है।

दिवसे सूर्यकिरणप्रकाशेन, रात्रौ च चन्द्रज्योत्स्नया शबलीभूतमहाकाशसंबन्ध्यूर्ध्वाधोवर्तिस्थानविशेषे, गृहैकदेशवर्तिदीपप्रकाशव्याप्तप्रकोष्ठाकाशचित्रस्थाने वा अव्यग्रमनस्कतया दृष्टिबन्धमभ्यस्यतः स्वस्वरूपचिदाकाशैकीभावेन स्वात्मस्वरूपाभिव्यक्तिर्जायते ॥७५॥

दिन में ऊपर-नीचे, सब तरफ बाहरी आकाश के सूर्य की किरणों से प्रकाशित स्थान में, रात्रि में चन्द्रमा की चांदनी से आलोकित उन सभी स्थानों में अथवा घर के एक कोने में रखे हुए दीपक की ज्वाला से प्रकाशित प्रकोष्ठ (कमरा) के चित्रित (चिह्नित) स्थान में मन को एकाग्र कर दृष्टि को निर्निमेष स्थिर रखने का अभ्यास करने पर योगी के चित्त में उसी स्थिति में स्वात्मस्वरूप की अभिव्यक्ति हो जाती है। सर्वत्र स्वात्मस्वरूप की अभिव्यक्ति होने से, सर्वत्र चिदाकाश की स्फूर्ति होने से वह योगी अपनी ज्ञानदृष्टि से समस्त भुवनों की जानकारी रख करता है। "भुवनज्ञानं सूर्ये संयमात्", "चन्द्रे ताराव्यूहज्ञानम्" (३।२६-२७) इन दो पातंजल योगसूत्रों में इसी स्थिति का वर्णन है।

नेत्रतन्त्र के "नोर्ध्वे ध्यानं प्रयुञ्जीत" (८।४१-४४) इत्यादि श्लोकों में इस तरह की धारणाओं का निषेध है। क्षेमराज ने इन श्लोकों की व्याख्या करते हुए विज्ञानभैरव के अनेक श्लोकों को उद्धृत करते समय इस भावना को भी इसलिये निषिद्ध माना है कि इसमें आणवी धारणा वर्णित है। इस दोष के परिहार के लिये शिवोपाध्याय ने इस श्लोक की दूसरी व्याख्या इस तरह से की है—सूर्य प्रभृति में [1]संयम का अभ्यास करते समय स्वात्मस्वरूप चिदाकाश में एकाकारता की, अभेद की, प्रतीति ही स्वात्मस्वरूप का प्रकाश है। यह स्वात्मस्वरूप ही सब से अधिक अभिलषणीय वस्तु है। अतः इस धारणा का मुख्य फल यही है, चतुर्दश भुवन, ताराव्यूह आदि का ज्ञान तो गौण फल है ॥७५॥

[धारणा-५३]

[2]करङ्किण्या क्रोधनया भैरव्या लेलिहानया।
खेचर्या दृष्टिकाले च परावाप्तिः प्रकाशते ॥७६॥

करङ्किण्या विगतचेष्टं करङ्कमात्रं शवमिव विश्वं पश्यन्त्या, क्रोधनया क्रोधव्यग्रया, भैरव्या दृक्शक्त्या, लेलिहानया भोक्तुमेवाग्रया, खेचर्या दूरमाकाशदर्शनार्थं प्रसृतया मुद्रया उपलक्षिते परावाप्तिः प्रकाशते परादेवीप्रकाशनं श्रीव्योमेशीवामेश्वरीत्यादिशब्दवाच्याया निष्कलादेव्याः सात्म्यं भवति। पाञ्चभौतिकं शरीरं परमाकाशे या विश्रामयति सा करङ्किणीति ज्ञानसिद्धानां मुद्रा, चतुर्विंशतितत्त्वकं मान्त्रे वपुषि या क्रोडीकरोति सा क्रोधनीति मन्त्रसिद्धानां मुद्रा, स्वस्मिन् या सर्वं संहरते सा भैरवीति मेलापसिद्धानां मुद्रा

१. व्याप्तिः—ख०, म०।

1. "त्रयमेकत्र संयमः" (३।४) इस योगसूत्र के अनुसार किसी एक विषय पर धारणा, ध्यान और समाधि को केन्द्रित कर देने में संयम शब्द का प्रयोग किया जाता है।

2. इस श्लोक से लेकर ८१ संख्या तक के श्लोक महार्थ० परि० (पृ० ८९-९०) में एक साथ उद्धृत हैं।

पूर्णत्वेन या सर्वं पुनः पुनरास्वदते सा लेलिहानेति शाक्तसिद्धानां मुद्रा, शक्तिव्यापिन्यादिषु खेषु सदा चरति या सा खेचरीति शाम्भवसिद्धानां मुद्रा ।।७६।।

महार्थमंजरी प्रभृति [1]क्रमदर्शन के ग्रन्थों में करंकिणी, क्रोधना, भैरवी, लेलिहाना और खेचरी नाम की पांच मुद्राएं प्रसिद्ध हैं। सारे जगत् को संज्ञाशून्य करंक (कंकाल=अस्थिपंजर) के समान देखने वाली मुद्रा करंकिणी कहलाती है। क्रोध से भरी मुद्रा क्रोधना, दृक् शक्ति भैरवी, सबको चाट जाने में लगी लेलिहाना और दूर आकाश तक फैली मुद्रा खेचरी कही जाती है। ये मुद्राएं जब अपने अपने काम में लग जाती हैं, तो उनमें परा देवी का प्रकाश आलोकित हो उठता है। इस स्थिति में जो साधक इन मुद्राओं की अपने में भावना करता है, उसका व्योमेशी, वामेश्वरी ,द नामों से बोधित होने वाली निष्कला देवी से सात्म्य (अभेद) स्थापित हो जाता है।

करंकिणी मुद्रा पांचभौतिक शरीर को परम आकाश में विलीन कर देती है, इसके साधक ज्ञानसिद्ध कहलाते हैं। क्रोधनी मुद्रा पृथिवी से लेकर प्रकृति पर्यन्त चौबीस तत्त्वों को मन्त्रमय शरीर में इकट्ठा कर देती है, इसके साधक मन्त्रसिद्ध कहलाते हैं। भैरवी मुद्रा अपने स्वरूप में सारे जगत् को विलीन कर लेती है, इसके साधक मेलापसिद्ध कहलाते हैं। लेलिहाना मुद्रा सारे जगत् का अपने पूर्ण विमर्शमय स्वरूप में बार बार आस्वादन करती रहती है, इसके साधक शाक्तसिद्ध कहलाते हैं। खेचरी मुद्रा शक्ति, व्यापिनी आदि स्थानों में सदा विचरण करने वाली है, इसके साधक शांभवसिद्ध कहलाते हैं।

करंकिणी आदि की दूसरी व्याख्या इस प्रकार है—करंक देह को कहते हैं, इस देह के कारण जिसकी प्रतीति होती है, वह करंकिणी कहलाती है। मूलाधार से पैदा होने वाली मुद्रा क्रोधनी, समस्त जागतिक स्वरूपों का संहार कर देने वाली भैरवी, वासनात्मक पुर्यष्टक का नाश करने वाली लेलिहाना और आवरक द्रव्य के अभाव में ज्ञानरूपी गगन में अपने स्वरूप में प्रतिष्ठित रहने वाली मुद्रा [2]खेचरी के नाम से प्रसिद्ध है।

---

1. काश्मीर का शैव (प्रत्यभिज्ञा) दर्शन त्रिक दर्शन कहलाता है। त्रिक शब्द की अनेक व्याख्याएं मिलती हैं, किन्तु इसमें कुल, क्रम और प्रत्यभिज्ञा इन तीनों अद्वैतवादी दर्शनों के तत्त्वों की समष्टि होने से इसको यह नाम दिया गया है। क्रम दर्शन को काली नय भी कहते हैं। इसमें शाक्त उपाय का सहारा लिया जाता है। तन्त्रालोक के चतुर्थ आह्निक में और महार्थमंजरी प्रभृति ग्रन्थों में क्रम दर्शन का अच्छा विश्लेषण मिलता है। स्वर्गीय डॉ० कान्तिचन्द्र पाण्डेय ने और विशेष कर उनके प्रिय शिष्य डॉ० नवजीवन रस्तोगी ने क्रम दर्शन पर सराहनीय कार्य किया है।
2. शिवोपाध्याय द्वारा उद्धृत निम्न श्लोक में खेचरी मुद्रा की फलश्रुति बताई गई है—
"इयं सा परमा मुद्रा ह्यापातालाच्छिवावधि। तर्पयित्वा जगत्सर्वं निजसंस्थानतः स्थिता ।।"
अर्थात् यह खेचरी मुद्रा सर्वोत्तम मानी गई है। पाताल लोक से लेकर शिवलोक (अनाश्रित भुवन) पर्यन्त २२४ भुवनों वाले इस सारे जगत् को आप्यायित करती हुई भी यह सदा अपने स्वरूप में प्रतिष्ठित रहती है।

निष्क्रियानन्दनाथ करकिणी मुद्रा को करांकिणी कहते हैं। निम्न दो श्लोकों में उन्होंने इनका लक्षण और स्वरूप बताया है—

करास्त्रयोदशाकाराः सर्वाक्षक्षोभवृत्तयः ।
अङ्कं तु निर्निकेतायाः संविदो देहविस्तरः ॥
एतत्कराङ्कमाख्यातं तस्य ग्रासादनावृतम् ।
निष्कराङ्कं समुद्दिष्टं निरालम्बं परं पदम् ॥

अर्थात् 'क' उन [1]तेरह आकारों को कहते हैं, जो कि सभी इन्द्रियों में क्षोभ उत्पन्न करते हैं। 'अंक' उस निर्निकेत (निराधार = निर्विषय) संवित् स्वरूपिणी भगवती के विस्तार को, विराट् स्वरूप को कहते हैं। अपने निर्विकल्प, निष्कल स्वरूप में जब यह संवित् स्वरूपिणी भगवती इस करांक को, अर्थात् प्रमाण-प्रमेय स्वरूप सारे जगत् को अपने सकल स्वरूप के साथ समेट लेती है, तो यह उसका निष्करांक स्वरूप कहलाता है। इस निष्करांक स्वरूप को न तो कोई छिपा सकता है और न कोई अपने स्वरूप के सिवाय इसका आश्रय ही बन सकता है। इसका यह निरावरण और निरालम्ब स्वरूप ही वास्तविक है।

इस विषय को विस्तार से इस तरह समझा जा सकता है—परम आकाश रूपी समुद्र में, जो कि क्रमदर्शन में 'महाकौलार्णव' नाम से प्रसिद्ध है, अकुल स्वरूपिणी शक्ति की लहरें उठती हैं। इसकी प्रथम अवस्था को 'पर' नाम से जाना जाता है। यही शक्ति जब सूक्ष्म रूप में अवतरित होती है, तो उसके अकुल स्वरूप में से क्रमशः कुलपंचक की सृष्टि होने की प्रक्रिया तो आरम्भ हो जाती है, किन्तु वह सूक्ष्म रूप में, आश्यान दशा (घनावस्था) में एकाकार बनी रहती है। शक्ति की यह अवस्था व्योमेश्वरी कहलाती है। यह यद्यपि निष्कल है, तो भी यह आद्या शक्ति सकल स्वरूप में रमण करती हुई वृन्दचक्र पर्यन्त त्रिभुवन में भासित होती रहती है। कितना भी विश्लेषण किया जाय, उसका स्वरूप नहीं बदलता, वह एकाकार ही रहती है। इसी का जब विकास होने लगता है, तो उस समय परम आकाश रूपी समुद्र में अव्यक्त रूप से खेचरी आदि स्वरूपों की प्रतिष्ठा उसी तरह से होने लगती है, जैसे कि मयूर के अंडे के रस में मयूर के शरीर के रूप में भविष्य में अभिव्यक्त होने वाले सभी वर्ण अव्यक्त अवस्था में विद्यमान रहते हैं। उस परम आकाश रूपी समुद्र की यह स्पन्दात्मक पहली लहर वामेश्वरी कहलाती है। यही इसका पहला परिणाम है। दिव्यौघ के पाँच चक्रों को विकसित करने वाली वृन्दचक्र की नायिका यह वामेश्वरी ही 'सभी पदार्थ सर्वात्मक हैं'[2] इस तान्त्रिक सिद्धान्त के अनुसार वृन्दचक्र में अपने को डालकर पाँच रूपों में अभिव्यक्त होती

1. "करणं त्रयोदशविधं" (३२) सांख्यकारिका के इस श्लोक में पाँच ज्ञानेन्द्रिय, पाँच कर्मेन्द्रिय और तीन अन्तःकरण इन सबको मिलाकर तेरह करण प्रतिपादित हैं। यह त्रयोदशविध करण ही क्षोभ के कारण हैं।

2. इस सिद्धान्त का संक्षिप्त प्रतिपादन पहले पृ० ६१ की टिप्पणी में किया जा चुका है। इसके लिये श्लोक १०३ की व्याख्या भी देखनी चाहिये।

है। इसके ये स्वरूप शांभव, शाक्त, मेलाप, मन्त्र और ज्ञान के नाम से जाने जाते हैं। ये स्वरूप वामेशी, खेचरी, भूचरी, संहारिणी और रौद्री शक्ति से अधिष्ठित होकर ६४ योगिनियों के रूप में परिणत हो जाते हैं। ये ६४ योगिनियां अपने विभिन्न स्वरूपों का परित्याग कर एकीकार दशा में रौद्रेश्वरी के स्थान में निवास करती हैं, तब सभी प्राणियों का मंगल करने वाला यह ६५वां स्वरूप महाराज्ञी मंगला भगवती के नाम से प्रसिद्ध होता है। यही स्वरूप जब परावस्था में पहुँच जाता है, तो साधक में सामरस्य भाव की उत्पत्ति होती है। जैसे कि अकार आदि वर्ण स्वर कहलाते हैं। ये सोलह होते हैं। इनको ज्ञानसिद्ध कहा जाता है। ककार से लेकर मकार पर्यन्त पचीस व्यंजन मन्त्रसिद्ध हैं। स्वर और व्यंजनों से मिली हुई बारह मात्राएँ अथवा प्रणव की कलाएँ मेलापसिद्ध हैं। यकार से लेकर हकार पर्यन्त आठ व्यंजन शाक्तसिद्ध और आदि वर्ण अकार की अम्बिका, वामा, ज्येष्ठा और रौद्री ये चार कलाएँ शांभवसिद्ध कहलाती हैं। इन्हीं के कारण अकार चतुष्कल भट्टारक कहलाता है। अकार की चार कलाओं का वर्णन संकेतपद्धति में इस प्रकार से है—

आदौ यस्य शिरो रौद्री वक्त्रं वामा प्रकीर्तिता।
अम्बिका बाहुरित्युक्ता ज्येष्ठा चैवायुधे स्थिता॥

यह आदि वर्ण अकार ऊपर वर्णित चौसठ रूपों में ज्ञान, मन्त्र, मेलाप, शाक्त और शांभव सिद्ध नाम से अभिहित होने वाले पदार्थों के भीतर वाचक रूप में विद्यमान रहता है। क्रमदर्शन में यह प्रक्रिया वृन्दचक्र के नाम से प्रसिद्ध है। इस प्रक्रिया का वर्णन महेश्वरानन्द ने—

धाममुद्रावर्णकलासंविद्भावस्वभावतः ।
पातानिकेतदृष्टया च वृन्दचक्रं प्रकाशितम्॥ (पृ० ८९)

इस श्लोक में संक्षेप में किया है और आगे कुछ विस्तार से धाम, मुद्रा, वर्ण, कला, संवित्, भाव, पात और अनिकेत के भेद से वृन्दचक्र को विस्तार से समझाया है। वृन्दचक्र का दार्शनिक स्वरूप शिवोपाध्याय द्वारा उद्धृत श्लोक में संक्षेप में वर्णित है—

ज्ञानं खकौलार्णवमूर्मिरूपं स्वबोधविश्रान्तिविमर्शमन्त्रः।
मेलापसिद्धं स्वविमर्शशून्यं शाक्तं महासंहृति शाम्भवं खम्॥

इस श्लोक में निहित भाव की व्याख्या ऊपर की जा चुकी है। इस [1]वृन्दचक्र की भावना करने से साधक की परावस्था प्रकाशित हो जाती है। महार्थमंजरीपरिमल (पृ० ८९) में इसी प्रसंग में विज्ञानभैरव का यह श्लोक उद्धृत है। वहीं (पृ० ९०) महेश्वरानन्द ने यह भी बताया है कि इन पाँच मुद्राओं को साधने की विधि विज्ञानभैरव में ही आगे के पाँच श्लोकों में बताई गई है॥७६॥

---

1. शिवोपाध्याय इस श्लोक की विस्तृत व्याख्या प्रस्तुत करने के बाद लिखते हैं कि वृन्दचक्र का निर्णय भट्टारक कृत प्राकृतत्रिंशिका के विवरण में अनेक प्रकार से किया गया है। इस विषय का विस्तार वहीं देखना चाहिये (पृ० ६९)। खेद का विषय है कि यह ग्रन्थ आज मिलता नहीं।

[धारणा-५४]

मृद्वासने स्फिजैकेन हस्तपादौ[1] निराश्रयम्[2] ।
निधाय[3] तत्प्रसङ्गेन परा पूर्णा मतिर्भवेत् ।।७७।।

निराश्रयं यथा भवति तथा हस्तौ पादौ च निधाय कृत्वा मृद्वासने कोमले चैलाद्यासने एकेन स्फिजा कटिप्रोथेन स्थितस्य तत्प्रसङ्गेन धारणाया अस्या अभ्यासेन तादृगासनप्रकृष्टतरस्थित्या परा पूर्णा मतिर्भवेत् सर्वाङ्गेषु प्रत्यंशं साकल्येन चेतयन्ती विगलिततमोरजस्का सात्त्विकी मतिर्भवेत् ।।७७।।

ऊँचे-नीचे अथवा कड़े आसन पर बैठने पर भावना में चंचलता आ सकती है, अतः वस्त्र, ऊन, मृगचर्म आदि के कोमल आसन पर साधक को बैठना चाहिये। उस कोमल आसन पर गावतकिये के सहारे वह साधक इस तरह से बैठे कि उसका आधा शरीर ही उस आसन पर टिका रहे। बाकी शरीर को वह ढीला छोड़ दे। इस स्थिति का अभ्यास करते रहने से शरीर को बड़ा आराम मिलता है। इसी सुखमय स्थिति में चित्त को स्थिर कर देने पर योगी के सारे शरीर में तमोगुण और रजोगुण से निर्लिप्त शुद्ध सात्त्विक बुद्धि का प्रकाश फैल जाता है, अर्थात् कोमल आसन पर आराम से बैठने से कुछ क्षण के लिये परम विश्राम की अनुभूति होती है, उस विश्रान्ति दशा में चित्त को लगा देने पर वह बढ़ती जाती है और अन्त में योगी का कण-कण उसी आनन्द से आप्लावित हो उठता है ।।७७।।

[धारणा-५५]

उपविश्यासने सम्यग् बाहू कृत्वाऽर्धं[4] कुञ्चितौ ।
कक्षव्योम्नि मनः[5] कुर्वन् शममायाति[6] तल्लयात् ।।७८।।

आसने सम्यगुपविश्य बाहू अर्धकुञ्चितौ सामिकुञ्चितौ, 'अवकुञ्चितौ' इति पाठे संकुचितौ, कृत्वा कक्षव्योम्नि उभयकक्ष्याकाशे मनः कुर्वन् चित्तस्यैकाग्रतां निष्पादयन्, 'निराकुर्वन्' इति पाठे संकुचितौ बाहू कक्षव्योम्नि स्थापयन्, तल्लयात् मनसोऽस्यां मुद्रायां साधितायां लीनत्वाद्धेतोः शममायाति शान्तस्वात्मस्वरूपमभिव्यज्यते ।।७८।।

आसन पर ठीक तरह से बैठकर अपने बाजुओं को थोड़ा तिरछा करके समेट कर उनको अपनी कांख के पास सुविधापूर्वक आराम से टिका दे। इस स्थिति में भी कुछ क्षणों के लिये परम विश्रान्ति का अनुभव होता है। कक्षि (कांख) गत आकाश में उत्पन्न इस विश्रान्ति दशा में चित्त की एकाग्रता को बढ़ाने से यह मुद्रा सिद्ध हो जाती है और मन उसी स्थिति में लीन हो जाता है। उसके शान्त हो जाने से साधक का शान्त स्वात्मस्वरूप अभिव्यक्त हो जाता है। नाना विकल्पों की लहरियों के उठते रहने से मन जब अशान्त रहता है,

---

१. °पादं–म० । २. °ये–ख० । ३. वि°–ख०, म० । ४. °व°–ख० । ५. निरा°–ख० । ६. चि°–म० ।

तो उसके कारण स्वात्मस्वरूप का बोध नहीं हो पाता। किन्तु मन जब शान्त हो जाता है, तो अब तक छिपा हुआ उसका स्वात्मबोध प्रकट हो जाता है ॥७८॥

[धारणा–५६]

स्थूलरूपस्य भावस्य स्तब्धां दृष्टिं निपात्य च ।
अचिरेण निराधारं मनः कृत्वा शिवं व्रजेत् ॥७९॥

स्थूलरूपस्य घटदेहादेर्भावस्य उपरि स्तब्धां निरुन्मेषनिमेषां दृष्टिं निपात्य, चशब्दादन्तर्लक्ष्यां च कृत्वा अचिरेण सत्वरं मनो निराधारं परिहृतविकल्पं यथा भवति तथा विधाय किञ्चिदप्यचिन्तयन् शिवं परमात्मैक्यं व्रजेत् प्राप्नुयात् ॥७९॥

स्थूल रूप वाले घट, पट, देह आदि भावों पर उन्मेष-निमेष से रहित अत एव स्तब्ध (एक टक) दृष्टि डाले और उसको अन्तर्मुख बनाने का अभ्यास करे। इस मुद्रा का बार-बार अभ्यास करते रहने से मन बाह्य आलम्बनों से छुटकारा पा जाता है, वह शीघ्र ही सभी प्रकार के विकल्पों से शून्य हो जाता है। इस तरह से साधक का चित्त जब सभी बाह्य विषयों की चिन्ताओं से मुक्त हो जाता है, तो उसको शिवभाव ही प्राप्ति हो जाती है, सभी पदार्थों के साथ उसकी परम एकता स्थापित हो जाती है ॥७९॥

[धारणा–५७]

मध्यजिह्वे स्फारितास्ये मध्ये निक्षिप्य चेतनाम् ।
होच्चारं मनसा कुर्वंस्ततः शान्ते प्रलीयते ॥८०॥

मध्येऽन्तराले एव जिह्वा यस्य, ईदृशे विस्फारिते च आस्ये सति, तन्मध्ये विस्फारितमुखमध्ये चेतनां बुद्धिं निक्षिप्य होच्चारम् अनच्कहकारमात्रोच्चारं मनसैव कुर्वन् ततः शान्ते स्वात्मस्वरूपे प्रलीयते विलीनो भवति। शान्तात्मा प्रकाशत इत्यर्थः ॥८०॥

अपने मुँह को फैलाकर जिह्वा को उलट कर ऊपर तालु प्रदेश में ले जाने से खेचरी मुद्रा बनती है। इस मुद्रा में अपनी बुद्धि को स्थिर करके केवल मन से अनच्क (स्वर रहित) हकार का उच्चारण करने से साधक शान्त अवस्था में लीन हो जाता है। अर्थात् उसका शान्त स्वरूप अभिव्यक्त हो जाता है।

[1]प्राण की उच्छ्वास दशा में स्वाभाविक रूप से 'हं' का तथा निश्वास दशा में 'सः' का उच्चारण होता है—

सकारेण बहिर्याति हकारेण विशेत् पुनः। (श्लो० १५३)

अर्थात् यह प्राण सकार के साथ बाहर निकलता है और हकार के साथ पुनः प्रविष्ट होता है। इस वचन के अनुसार प्राण की श्वास-प्रश्वास प्रक्रिया में 'हं सः सो हं' इस अजपा

---

1. पृ० २९-३० की टिप्पणी द्रष्टव्य।

गायत्री का स्वाभाविक रूप से दिन-रात अनवरत जप चलता रहता है। किन्तु खेचरी मुद्रा की साधना में जिह्वा के तालु प्रदेश में ही रहने से सकार का बहिर्गमन नहीं होने पाता, अर्थात् सकार का उच्चारण नहीं होने पाता। अतः उस अवस्था में केवल स्वर रहित हकार का ही उच्चारण होता है। इसीलिये श्लोक में अनच्क हकार के उच्चारण की बात कही गई है। इस खेचरी मुद्रा की साधना में भ्रूमध्य में अपनी दृष्टि को स्थिर रखना पड़ता है। जैसा कि विवेकमार्तण्ड में बताया गया है—

कपालकुहरे जिह्वा प्रविष्टा विपरीतगा।
भ्रुवोरन्तर्गता दृष्टिर्मुद्रा भवति खेचरी॥

अर्थात् जब जिह्वा को उलट कर तालुप्रदेश में विद्यमान कपालकुहर में प्रविष्ट करा दिया जाता है और दृष्टि को भ्रूमध्य में स्थिर कर दिया जाता है, तो यह खेचरी मुद्रा कहलाती है। गीता के निम्न श्लोक में भी लगभग यही स्थिति वर्णित है—

स्पर्शान् कृत्वा बहिर्बाह्यांश्चक्षुश्चैवान्तरे भ्रुवोः।
[1]प्राणापानौ समौ कृत्वा नासाभ्यन्तरचारिणौ॥ (५।२७)

अर्थात् बाह्य विषयों को मन से बाहर निकाल दे और नेत्रों को भ्रूमध्य में स्थिर कर दे। साथ ही नासिका के भीतर चलने वाले प्राण और अपान की गति को योगी समान कर दे। इस तरह से गीता के इस श्लोक में अजपा स्थिति की ओर इङ्गित किया गया है, क्योंकि उसी प्रक्रिया के अभ्यास से प्राण और अपान की गति में समता, अन्ततः एकता स्थापित होती है॥८०॥

[धारणा-५८]

आसने शयने स्थित्वा निराधारं वि[1]भावयन्[2]।
[3]स्वदेहं[4] मनसि क्षीणे क्षणात्[5] क्षीणाशयो भवेत्॥८१॥

अजिन-कौशेय-चक्रालात-तूलपटी-मखमल्ल-शीतलपट्टमयोपधानास्तरणशय्योत्तरच्छदसंवलनसमकालमेव आनन्दमयदशोद्भूतौ मनसि चित्ते क्षीणे लीने सति

१. °चिन्तयेत्—म०। २. °येत्—ख०। ३. स्वं देहं—म०। ४. °हे—ख०। ५. °द्भूता°—ख०।

1. भगवद्गीता की अनेक व्याख्याएं प्रकाशित हो चुकी हैं, किन्तु श्रीधरी टीका के संक्षिप्त विवेचन को छोड़कर प्राण और अपान के संबन्ध में कहीं भी कुछ नहीं लिखा गया है। श्रीधरी में बताया गया है कि उच्छ्वास और निःश्वास के रूप में नासिका से निरन्तर प्रवहमान प्राण और अपान की ऊपर और नीचे की ओर की गति को कुम्भक प्राणायाम के अभ्यास से समान कर दिया जाता है। अथवा प्राण को बाहर आने नहीं दिया जाता और अपान को भीतर नहीं प्रविष्ट होने दिया जाता, किन्तु नासिका के छिद्र तक ही सीमित कर दिया जाता है। इस तरह से भी उच्छ्वास और निःश्वास की गति को समान कर लिया जाता है।

वेद्यराशौ गलिते सति स्वदेहमपि निराधारं विभावयन् स्वदेहावमर्शस्यापि गलनाद् आस्तरणाद्याश्रयरहितमेव स्ववपुर्विमृशन् क्षणात् सद्य एव क्षीणाशयो निर्वासनो भवेत् ॥८१॥

मृगचर्म, रेशमी वस्त्र, गलीचा, ऊनी वस्त्र, सूती कपड़ा, मखमल, शीतलपाटी आदि से बने कोमल आसन, तकिया, बिछावन, शय्या, चादर आदि का उपयोग करने पर शरीर को बड़ा आराम मिलता है और चित्त की सारी वृत्तियाँ कुछ क्षणों तक क्षीण हो जाती हैं। इस अवस्था में वृत्तियों के क्षीण हो जाने से चित्त जैसे निराधार हो जाता है। उन कोमल, सुखद वस्तुओं के उपयोग से चित्त की आनन्द भरी अवस्था के उत्पन्न होने पर योगी अपने शरीर में इसी निराधार भावना का अभ्यास करे। अर्थात् मैं देह नहीं हूँ, मेरा देह नहीं है, यह कोमल सुखद आसन आदि के उपयोग से आविर्भूत आनन्द दशा ही मेरा वास्तविक स्वरूप है, इस तरह की भावना का निरन्तर अभ्यास करते रहने से अपने शरीर के प्रति भी योगी की निराधार भावना दृढ़ हो जाती है, अर्थात् वह इस बात को भूल जाता है कि मेरा शरीर किन्हीं कोमल-सुखद वस्तुओं पर टिका हुआ है। अन्ततः उसको अपने शरीर की भी विस्मृति हो जाती है और इस तरह से उसकी सारी वासनाएं क्षण भर में शान्त हो जाती हैं ॥८१॥

[धारणा–५९]

चलासने स्थितस्याथ शनैर्वा देहचालनात्।
प्रशान्ते मानसे भावे देवि दिव्यौघमाप्नुयात् ॥८२॥

हे देवि, अथ [1]चलासने अतिचञ्चले गन्त्रीगजतुरगादियानासने स्थितस्य उपविष्टस्य तद्यानादिकृतदेहचलत्तया, वा अथवा, स्वयमेव शनैः देहचालनात्, मानसे भावे प्रशान्ते मनसः सत्तायां विलीनायां साधको दिव्यौघं दिव्यानां लोकानां परमयोगिनाम् ओघं समूहं तत्तेजस्तत्त्वम् आप्नुयात् प्राप्नुयात्। तस्य परमाकाशचिदानन्दप्रवाहावाप्तिः स्यादिति भावः ॥८२॥

हे देवि, अत्यन्त चंचल, गतिशील बैलगाड़ी, घोड़ागाड़ी, रथ, हाथी, घोड़ा आदि सवारियों पर बैठने पर सवारी के चलने से व्यक्ति का शरीर अपने आप हिलने-डुलने लगता है। साधक को चाहिये कि सवारी पर चढ़ कर चलने से उसका शरीर जो स्वाभाविक रूप से हिलने-डुलने लगा है, उसको जान-बूझ कर अपनी तरफ से और धीरे धीरे हिलावे-डुलावे। अथवा किसी चलासन पर बैठे बिना भी अपने शरीर को उसी तरह से हिलावे-डुलावे जैसे कि वह चलासन पर बैठ कर चल रहा हो। इस प्रक्रिया के अभ्यास से मन की सत्ता क्षीण होने लगती है, शरीर के हिलने-डुलने से एक अनोखे सुख का अनुभव होने लगता है, जिसमें कि कुछ क्षणों के लिये साधारण व्यक्ति की भी चित्त-वृत्ति लीन हो जाती है। इस स्थिति में

---

1. शक्तिसंगम तन्त्र के द्वितीय तारा खण्ड के ४७–४९ पटलों में चलासनों का विस्तार से वर्णन मिलता है।

भावना के अभ्यास से चित्त-वृत्ति को पूरी तरह से विलीन कर देने पर साधक को [1]दिव्यौघ की प्राप्ति हो जाती है, अर्थात् दिव्य लोकों में ास करने वाले परम योगियों के तेजोमय स्वरूप की प्राप्ति उसे हो जाती है, वह परम आकाश के समान सर्वत्र विद्यमान चिदानन्द के प्रवाह में प्रविष्ट हो जाता है, उसका ज्ञानमय और आनन्दमय स्वरूप अभिव्यक्त हो जाता है ॥८२॥

[धारणा–६०]

[2]लीनं[1] मूर्ध्नि वियत्सर्वं रवत्वेन भावयेत् ।
तत्सर्वं भैरवाकारं तेजस्तत्त्वं समाविशेत् ॥८३॥

सर्वं जगत्, वियद् आकाशरूपं तिमिररूपं वाऽन्तःकृतसर्वभावपरिपूर्णं भैरवत्वेन सर्वसंहारककालरूपत्वेन मूर्ध्नि मुख्यभूते हृदयब्रह्मरन्ध्राख्ये, लीनं श्लिष्टम्, भावयेत् आकाशमयमेव चिन्तयेत् । तदनु तत्सर्वं भैरवाकारं भैरवाकृतिपरप्रकाशस्वरूपम्, तेजस्तत्त्वं चित्प्रकाशरूपं समाविशेत् । सर्वस्य उक्तलक्षणवियद्रूपत्वचिन्तनेन परप्रकाशता संपद्यत इत्यद्भुतं फलमस्या धारणायाः । यन्नीलपीतादि तत्सर्वं शिवमयमिति भावयतो ब्रह्म प्रकाशत इति भावः ॥८३॥

योगी को चाहिये कि वह ऐसी भावना करे कि यह सारा जगत् आकाश के रूप में अथवा अन्धकार के रूप में हृदय, ब्रह्मरन्ध्र आदि प्रमुख स्थानों में उसी तरह से विद्यमान है, जैसे कि इन स्थानों में जगत् के सभी पदार्थों को अपने में समेटे हुए सर्वसंहारक कालरूपी भैरव विद्यमान है । इस भावना के अभ्यास को बढ़ाने पर अन्ततः आकाश, तिमिर, काल, जगत्, नील-पीत, आदि सभी पदार्थ भैरवस्वरूप प्रकाशमय परम तत्त्व में समाविष्ट हो जाते हैं । इस धारणा का यह अद्भुत व्यापार है कि इसमें आलम्बन तो अन्धकारमय आकाश को बनाया जाता है, किन्तु फल मिलता है—परम स्वरूप का प्रकाश । क्योंकि इस धारणा के अभ्यास से योगी चित्प्रकाश रूप तेजस्तत्त्व (ब्रह्म) में समाहित हो जाता है । अर्थात् इस संसार में जो कुछ भी नील, पीत आदि पदार्थ हैं, वे सब शिवमय हैं, शिव से अभिन्न हैं, ऐसी भावना के दृढ़ हो जाने पर योगी के चित्त में ब्रह्म प्रकाशित हो जाता है ।

शिवोपाध्याय द्वारा उद्धृत मालिनीवार्तिक में इसी धारणा को निम्न श्लोकों से स्पष्ट किया गया है—

---

१. इतः पूर्वम्—"आकाशं विमलं पश्यन्" इत्यादिकः श्लोकोऽधिको व्याख्यातः शिवोपाध्यायेन।

1. तन्त्रशास्त्र में ज्ञान की परम्परा को ओवल्ली या ओघ (प्रवाह) के नाम से जाना जाता है । दिव्यौघ, सिद्धौघ और मानवौघ के भेद से यह तीन तरह की होती है । देवताओं से प्राप्त ज्ञान की परम्परा दिव्यौघ, सिद्धों से प्राप्त सिद्धौघ और मानव गुरुओं से प्राप्त ज्ञान-परम्परा मानवौघ के नाम से प्रसिद्ध है ।

2. मालिनीविजयवार्तिक (पृ० ३७) में इसका प्रथम पाद मिलता है ।

[1]लीनं गमयतीत्युक्तेर्लिङ्गनिर्वचनं यतः ।
हृदये ब्रह्मरन्ध्रे च वियल्लीनं परे पदे ॥
तदप्यन्तःकृताशेषसृष्टभावसुनिर्भरम् ।
भेदभावकमायीयतेजोंऽशग्रसनाच्च तत् ॥
सर्वसंहारकत्वेन कृष्णं तिमिररूपधृक् । (पृ० ३७)

अर्थात् छिपी हुई वस्तु का ज्ञान करा देने वाला लिंग कहलाता है । हृदय और ब्रह्मरन्ध्र रूपी पद में सारे जागतिक पदार्थों को अपने में समेटे हुए यह आकाश लीन हो जाता है । यह आकाश भेद की भावना को जन्म देने वाले मायानिर्मित तेजस्तत्त्व के अंश को खा जाता है । इस तरह से सबको अपने में समेटे हुए यह आकाश काले घने अन्धकार का रूप धारण कर लेता है । इस तिमिर रूप में धारणा का अभ्यास करने की बात विज्ञानभैरव के इस श्लोक में प्रतिपादित है ॥८३॥

[धारणा–६१]

किञ्चिज्ज्ञातं[१] द्वैतदायि बाह्यालोकस्तमः पुनः ।
विश्वादि भैरवं रूपं [२]ज्ञात्वाऽनन्तप्रकाशभृत् ॥८४॥

किञ्चिज्ज्ञातं किञ्चिन्मात्रं घटकुड्यादिकं ज्ञानविषयीकृतम्, द्वैतदायि भेदप्रथाप्रदं जाग्रदवस्थागोचरम्, तथा बाह्यालोको बाह्यानां पदार्थानां जाग्रत्संस्कारजातानाम् आलोकः प्रकाशः स्वप्नावस्थाविषयः, पुनः भूयः, तमः अज्ञानयोगः सुप्तिस्थः, तथा एतदवस्थात्रयाभिमानि चैतन्यं विश्वादि। आदिशब्देन तैजसप्राज्ञादीनां ग्रहणम्। एतत्सर्वं विश्वतैजसादिप्रपञ्चजातं भैरवं रूपं तुरीयस्वरूपं ज्ञात्वा अनन्तप्रकाशभृत् अनन्तप्रकाशरूपो भवेत् । अथवा आदौ भेदमयं ध्यात्वा, ततश्च बाह्यश्चासावालोकश्चन्द्रसूर्यादि, ततश्च तमः—एतत्सर्वं भैरवरूपं ध्यात्वाऽनन्तप्रकाशमयो भैरवो भवतीति श्लोकार्थः ॥८४॥

भेद-बुद्धि को बढ़ावा देने वाले घट, कुड्य (भित्ति=दीवाल) प्रभृति जाग्रत् अवस्था में प्रतीत हो रहे जिस किसी पदार्थ को, जाग्रत् अवस्था के संस्कारों से उत्पन्न बाह्य पदार्थों का ज्ञान कराने वाले स्वप्नावस्था के विषयों को, तथा सुषुप्ति अवस्था के विषय तम (अज्ञान) को एवं इन तीनों अवस्थाओं के अभिमानी विश्व, तैजस और प्राज्ञ नाम से प्रसिद्ध चैतन्य को भैरव रूप में, अर्थात् तुरीय (चतुर्थ) रूप में जानकर, यह सब उस तुरीय अवस्था के अभिमानी भैरव का ही सर्वविध विकास है, इस बात को पूरी तरह से समझ लेने पर साधक योगी अनन्त प्रकाश से परिपूर्ण हो जाता है ।

---

१. °त्वा–ख० । २. ध्या°–ख० ।

1. अभिनवगुप्त कृत मालिनीवार्तिक (पृ० ३७) में कुछ परिवर्तनों के साथ ये पंक्तियाँ मिलती हैं ।

श्लोक की यह व्याख्या वेदान्त की प्रक्रिया के अनुसार की गई हैं। वेदान्त शास्त्र की दृष्टि से प्रस्तुत विषय को इस प्रकार समझा जा सकता है—सत्त्व, रज और तम—इन तीन गुणों की साम्यावस्था को प्रकृति कहते हैं। माया और अविद्या के भेद से यह दो तरह की होती है। माया में विशुद्ध सत्त्व की प्रधानता रहती है और अविद्या में मलिन सत्त्व की। अर्थात् माया में केवल सत्त्व गुण की प्रधानता रहती है और अविद्या में यह सत्त्व गुण रज और तम से मलिन हो जाता है। चिदात्मा का जब माया में प्रतिबिम्ब पड़ता है, तो उस समय 'मैं इस सारे जगत् को जानता हूँ और बनाता हूँ' इस तरह से सवज्ञत्व आदि गुणों से विशिष्ट ईश्वर की अभिव्यक्ति होती है। यह ईश्वर एक ही है। वही चिदात्मा जब अविद्या में प्रतिबिम्बित होता है, तो उसे 'मैं कर्ता हूँ, मैं भोक्ता हूँ' इस तरह की प्रतीति होने लगती है। तब यह जीव कहलाता है। यह स्वतन्त्र न होकर परतन्त्र है, अर्थात् ईश्वर के नियन्त्रण में रहता है। देव, तिर्यक् आदि के भेद से यह अनेक प्रकार का होता है।[1] आतिवाहिक नामक लिंग शरीर में 'यह मैं हूँ' इस तरह का अभिमान रखने वाले जीव 'मैं सुखी हूँ, मैं दुःखी हूँ, मैं भूखा हूँ, मैं प्यासा हूँ' इस तरह से अन्तःकरण के स्वभावों को अपना स्वभाव मान लेते हैं, अर्थात् सुख, दुःख, भूख, प्यास ये सब वस्तुतः अन्तःकरण, शरीर आदि के धर्म हैं, आत्मा के नहीं; अविद्या के कारण जीव इनको अपनी आत्मा के धर्म मान लेते हैं। ये जीव तैजस कहलाते हैं। कारण शरीर के नाम से कही जाने वाली अविद्या में 'यह मैं ही हूँ' इस तरह का अलग-अलग अभिमान रखने वाले जीव 'प्राज्ञ' कहलाते हैं। एक एक स्थूल शरीर को लेकर 'मैं मोटा हूँ, मैं दुबला हूँ' इस तरह का अभिमान रखने वाले जीव 'विश्व' कहे जाते हैं। ऊपर बताये गये लक्षण वाला मायोपाधिक परमेश्वर सारे स्थूल शरीरों को अपना ही मानता है और 'हिरण्यगर्भ' कहलाता है। वही ईश्वर जब सारे स्थूल शरीरों को अपना मानता है, तो उसको 'वैश्वानर' कहा जाता है। प्राज्ञ जीव अविद्या को अपना स्वरूप मानते हैं। इस स्वरूप का ज्ञान उन्हें सुषुप्ति अवस्था में स्पष्ट होता है। जब वह सुषुप्ति अवस्था से उठता है, तब 'मैं उस समय मूढ़ हो गया था', 'मैं अपने को भी नहीं जानता' इस तरह की प्रतीति होती है। परमेश्वर की अविद्याविषयक प्रतीति इससे भिन्न प्रकार की होती है। वह मानता है कि 'सभी प्राज्ञों का मैं ही कर्ता हूँ'। इस तरह से प्राज्ञों के कर्ता के रूप में उसमें अविद्याविषयक अभिमान होता है, साक्षात् नहीं, क्योंकि वह तो सर्वज्ञ है। प्रलय अवस्था में जब ईश्वर योगनिद्रा में निमग्न हो जाता है, तब भी अविद्या उसमें वासना के रूप मे विद्यमान रहती है। यदि ऐसा न हो तो कर्तृत्व आदि का अभिमान पैदा करने वाली अविद्या के न रहने से ब्रह्म अपनी कूटस्थ दशा से कैसे जीव दशा को प्राप्त कर सकता है? इस प्रकार "सर्वं खल्विदं ब्रह्म" (छा० उ० ३।१४।१) इस श्रुति के अनुसार विश्व, तैजस, प्राज्ञ प्रभृति चेतन और इनके अतिरिक्त सारा अचेतन जगत् भी उस ब्रह्म का ही,

---

1. लिंग शरीर को आतिवाहिक इसलिए कहा जाता है कि इसी के सहारे आत्मा एक शरीर को छोड़कर दूसरे शरीर में प्रवेश करती है। "अतिवाहे इहलोकात् परलोकप्रापणे नियुक्त आतिवाहिकः" आतिवाहिक शब्द की इस व्युत्पत्ति से यही अर्थ निकलता है।

परभैरव तुरीय स्वरूप का ही विस्तार है, ऐसा जानकर साधक अनन्त प्रकाश से आलोकित हो उठता है।

वस्तुतः इस श्लोक में भी प्रस्तुत तिमिर भावना का ही प्रकारान्तर से विधान किया गया है। प्रारम्भ में द्वैत दृष्टि के आधार पर किसी बाह्य स्थूल आलम्बन को धारणा का विषय बनाया जाता है। बाद में उसको छोड़कर बाह्य चन्द्र, सूर्य प्रभृति के प्रकाश पर धारणा स्थिर की जाती है। अन्त में उसको भी छोड़कर तिमिर में दृढ़ भावना का अभ्यास किया जाता है। इन सब स्वरूपों में परभैरव का स्वरूप ही विद्यमान है, इस भावना के अभ्यास से योगी स्वयं अनन्त प्रकाशस्वरूप भैरव हो जाता है ॥८४॥

[धारणा–६२]

[1]एवं दुर्निशायां कृष्णपक्षागमे चिरम्।
तैमिरं भावयन्[2] रूपं भैरवं रूपमेष्यति ॥८५॥

एवमेव पूर्वोक्ततिमिरभावनावत्, कृष्णपक्षागमे दुर्निशायाम्, मेघच्छन्ना रात्रिर्दुर्निशा, तस्यामन्धतामिस्रमहातामिस्रतामिस्ररूपायाम्, चिरं तैमिरं रूपं कालश्यामलादि भयङ्कररूपं भैरवमुद्रितं भैरवमुद्राङ्कितं भयङ्करत्वाददृश्यं भावयन् योगी भैरवं रूपम् एष्यति प्राप्स्यति। तद्रूपस्य अत्याश्चर्यकारित्वादक्षयानन्दमाप्नुयादित्यर्थः। इयमक्ष्णोरुन्मीलनेन तिमिरभावना उक्ता ॥८५॥

पूर्व श्लोकों में बताई गई तिमिर भावना के समान ही कृष्ण पक्ष की घनघोर काले बादलों से भरी रात्रि में चिर काल तक तिमिर स्वरूप की भावना करे। मेघ से आच्छन्न रात्रि को दुर्निशा कहा जाता है। अन्धकार के गाढ़े और हलकेपन के कारण यह अन्धतामिस्र, महातामिस्र और तामिस्र के नाम से अभिहित होती है। इस घने अन्धकार में काले-साँवले रंग का कोई भयंकर स्वरूप आँखों के सामने एकाएक आ जाय, तो डर के मारे आदमी की घिग्घी बंध जाती है, वह उस स्वरूप को पूरी तरह से देख भी नहीं पाता। इस भयंकर अन्धकारमय स्वरूप में अपनी धारणा को केन्द्रित करना ही यहाँ तिमिर भावना कही गई है। यह परभैरव का ही अत्यन्त भयंकर स्वरूप माना जाता है। इसमें भावना को स्थिर करने से योगी को भैरव स्वरूप की प्राप्ति हो जाती है, अर्थात् उसमें अक्षय आनन्द की अभिव्यक्ति हो जाती है और इसके कारण उसके सभी तरह के सांसारिक भय शान्त हो जाते हैं। इस भावना का अभ्यास करते समय योगी अपनी आँखों को खुली रखता है ॥८५॥

[धारणा–६३]

[2]एवमेव निमील्यादौ नेत्रे कृष्णाभमग्रतः।
प्रसार्य भैरवं रूपं भावयंस्तन्मयो भवेत् ॥८६॥

---

१. भावयेद् भैरवं रूपं भावयद्भिर्दुराभिदम्–मा०। २. °येद्–ख० म०। ३. °येत्त°–ख०।

1. महार्थमंजरीपरिमल (पृ० १४०) और मालिनीवार्त्तिक (पृ० ३७) में देखिये।

2. नेत्रतन्त्र की क्षेमराज कृत व्याख्या (भा० १, पृ० २००) में देखिये।

७

अथाक्ष्णोर्निमीलनेन भावनामाह—एवमेव कृष्णपक्षदुर्निशाद्यभावेऽपि आदौ स्वनेत्रे निमील्य अग्रतः कृष्णाभं तमोरूपं भैरवं भावयन् पश्चात् नेत्रे प्रसार्यापि कृष्णाभं भैरवरूपं किमेतदित्याश्चर्यंकारि, एतदेव भैरवं रूपमिति भावयन् तन्मयः प्रकाशमयो भवेत् ॥८६॥

इस श्लोक में निमीलन भावना को बताया गया है, अर्थात् आँख बन्द करके इस भावना का अभ्यास किया जाता है। कृष्ण पक्ष की घनी अँधियारी रात के न होने पर साधक को चाहिये कि वह अपनी आँखें बन्द कर ले और अपने सामने भयानक घने काले अन्धकार की भावना करे। इस भावना का अभ्यास बढ़ाने पर उसको आँखें खोल देने के बाद भी भगवान् भैरव का यह भयंकर स्वरूप ही भासित होता रहता है। अन्ततः उसकी भयंकरता समाप्त हो जाती है और अत्यन्त आश्चर्यजनक प्रकाशमय भैरव स्वरूप की प्रतीति होने लगती है।

"नोर्ध्वे ध्यानं प्रयुञ्जीत" (८।४१-४४) इत्यादि श्लोकों की व्याख्या करते हुए क्षेमराज ने नेत्रतन्त्रोद्योत में अक्षि-निमीलन धारणा का निषेध करते हुए इसी श्लोक का उदाहरण दिया है ॥८६॥

[धारणा-६४]

यस्य कस्येन्द्रियस्यापि[1] व्याघाताच्च[2] निरोधतः।
प्रविष्टस्याद्वये शून्ये तत्रैवात्मा[3] प्रकाशते ॥८७॥

यस्य कस्यापि इन्द्रियस्य व्याघाताद् विरुद्धसमुच्चयाद् बाह्याभिभावकक्रतात्, निरोधतः निरोधात् स्वरसोत्थात् प्रायत्निकाद् वा, अद्वये द्वयरहिते शून्ये तत्त्वे प्रविष्टस्य अन्तर्मुखपदे निरूढस्य, तत्रैव आत्मा परं चैतन्यं प्रकाशते ॥८७॥

जिस किसी भी इन्द्रिय का बाह्य विषयों से संपर्क दो तरह से टूट जाता है। या तो बाहरी विरोधी पदार्थों के जुट जाने से उसकी शक्ति क्षीण या नष्ट हो जाती है, जैसे कि सूर्य के प्रकाश से चौंधिया जाने पर कुछ क्षणों तक आँखों से कुछ दिखाई नहीं पड़ता; या कभी-कभी चेचक आदि के प्रकोप से आँखों की ज्योति नष्ट हो जाती है। इसी तरह से स्वाभाविक रूप से अथवा प्रयत्नपूर्वक इन्द्रियों को बाह्य विषयों की ओर प्रवृत्त होने से रोका जा सकता है। इन दोनों ही स्थितियों में इन्द्रियों का बाह्य विषयों से संपर्क छूट जाने पर साधक अन्तर्वृत्ति हो जाता है, उसकी द्वैत दृष्टि दब जाती है और सर्वत्र अद्वय तत्त्व का उन्मेष हो उठता है, वह सर्वत्र स्वात्मस्वरूप परम तत्त्व का ही दर्शन करने लगता है। अर्थात् बाह्य विषयों के न रहने से इन्द्रियाँ खाली-खाली सी हो जाती हैं, शून्यावस्था में प्रविष्ट हो जाती हैं। इस खालीपन में भावना को दृढ़ करने पर, चित्त की अन्तर्मुखता को स्थिर कर लेने पर,

---

१. य०–ख०। २. °दो–ख०। ३. °दै°–ख०।

साधक के चित्त में चैतन्य[1] आत्मा प्रकाशित हो उठती है ।।८७।।

[धारणा–६५]

अबिन्दुमविसर्गं च अकारं जपतो महान् ।
उदेति देवि सहसा ज्ञानौघः परमेश्वरः ।।८८।।

बिन्दुः अविभागसंवेदनमद्वैतज्ञानम्, विसर्गः भेदप्रथासर्जनक्रियारम्भो ब्राह्म्यादिशक्तिरूपककाराद्यक्षररूपः, तद्रहितम् अकारं प्रथमाक्षरम् अविद्यमानः कारः कारणं यस्य तत् एवंविधम् अकिञ्चिच्चिन्तनात्मकमनुत्तरं विमृशतस्तत्क्षणमेवानेकज्ञानप्रसरस्रष्टा परमेश्वरः प्रादुर्भवति ।

अथवा 'अं' इत्यत्र 'अः' इत्यत्र च बिन्दुविसर्गौ परित्यज्य कुम्भकस्थस्य 'अ' इत्येवमेव केवलं जपतः सहसा तत्क्षणमेव परमेश्वरो ज्ञानौघ उदेति सर्वविकल्पराहित्येन विकल्पादीन् संत्यज्य यत् शिष्यते तदेव भवतीत्यर्थः ।।८८।।

विभाग अर्थात् भेद रूप से प्रतीत न होना ही अद्वैत ज्ञान है । इस अद्वैत ज्ञान को यहाँ 'बिन्दु' नाम दिया गया है । विसर्ग भेद ज्ञान की सृष्टि करता है, क्योंकि ककार प्रभृति अक्षरों की सृष्टि विसर्ग से ही होती है, जिनकी कि ब्राह्मी प्रभृति शक्तियाँ अधिष्ठातृ देवता हैं । इस द्वैत और अद्वैत ज्ञान से रहित, अर्थात् दोनों प्रकार के ज्ञानों से अतीत अकार को, जो कि वर्णमाला का पहला अक्षर है, जिसका 'अविद्यमानः कारः कारणं यस्य तत्' इस व्युत्पत्ति के आधार पर कोई कारण नहीं है और जो सभी प्रकार की चिन्तन प्रक्रिया से मुक्त है, उस अनुत्तर अकार का विमर्श करने वाले योगी के चित्त में तत्क्षण अनेक ज्ञानों के विविध आकारों के स्रष्टा परमेश्वर प्रकट हो जाते हैं । "एकमेवाद्वितीयं ब्रह्म" (छा० उ० ६.२.१), "सर्वं खल्विदं ब्रह्म" (छा० उ० ३.१४.१) इत्यादि श्रुतियाँ परमेश्वर के एकत्व, अद्वितीयत्व को ही बताती हैं । वाणी और मन जहाँ नहीं पहुँच सकते, उस अनुत्तर तत्त्व में द्वित्व की कल्पना कैसे हो सकती है ? अकार को अनुत्तर या निरुत्तर इसलिये कहा जाता है कि इसके बाद कोई तत्त्व नहीं बचता, जिसमें कि इसका लय हो । अर्थात् मातृका की सृष्टि अकार से ही होती है और पूरी मातृका का संहार भी अकार में ही होता है । ऐसा कोई वर्ण अकार के बाद नहीं है, जिसमें कि इसका लय हो या जिससे इसकी सृष्टि हो । अतः अकार को [2]अनुत्तर या निरुत्तर कहना उचित ही है । इसी तरह से ब्रह्म भी अनुत्तर या निरुत्तर माना

---

1. विकल्पावस्था में चिति ही चित्त के रूप में परिणत हो जाती है और निर्विकल्पावस्था में चित्त पुनः अपने चिति स्वरूप में प्रतिष्ठित हो जाता है । इस विषय का विवेचन प्रत्यभिज्ञाहृदय के "चितिरेव चेतनपदादवरूढा चेत्यसंकोचिनी चित्तम्" (५) और "तत्परिज्ञाने चित्तमेवान्तर्मुखीभावेन चेतनपदाध्यारोहाच्चितिः" (१३) इन दो सूत्रों में किया गया है ।

2. पालि साहित्य में अनुत्तर पद भगवान् बुद्ध का वाचक है । बौद्ध तान्त्रिक वाङ्मय में अनुत्तर योग की चर्चा आती है । ऐसे स्थलों में अनुत्तर पद का प्रयोग सर्वोत्तम के अर्थ में हुआ है ।

जाता है। "नेति नेति" (बृह० उ० ३।९।२६) इत्यादि श्रुतियाँ इस तत्त्व का प्रतिपादन निषेध मुख से ही कर पाती हैं, क्योंकि सभी द्वैत वस्तुओं का निषेध कर देने पर जो बच रहता है, वही अद्वय तत्त्व अनुत्तर या निरुत्तर ब्रह्म के नाम से जाना जाता है। अतः यह उचित ही है कि अनुत्तर अकार में धारणा की स्थिरता से अनुत्तर ब्रह्म की प्रतीति हो।

श्लोक का दूसरा अर्थ यह किया जाता है—अं और अः इन दोनों स्वरों के बिन्दु और विसर्ग को छोड़कर, जो कि पूरक और रेचक प्राणायाम के प्रतीक हैं (अं का उच्चारण करते समय प्राण का पूरण और विसर्ग का उच्चारण करते समय प्राण का रेचन होता है, यह बात अनुभव से सिद्ध है) कुम्भक प्राणायाम में स्थित होकर केवल अकार का जप करने वाले योगी के चित्त में सहसा परमेश्वर प्रकट हो जाते हैं, जिससे कि चित्त में [1]ज्ञान-समुद्र के लहराने से सभी विकल्पों का नाश हो जाता है। संचित विकल्पों का नाश हो जाने से और नये विकल्पों की उत्पत्ति न होने से परमेश्वर के ज्ञानमय स्वरूप के अतिरिक्त कुछ भी नहीं बच रहता। अतः इस धारणा के अभ्यास से साधक ज्ञानस्वरूप हो जाता है, क्योंकि अन्त में सभी विकल्पों से अतीत यही स्वरूप बचा रहता है।

विज्ञानभैरव के इस श्लोक की अद्वयसम्पत्तिकार वामननाथ ने एक भिन्न प्रकार की व्याख्या की है। उनका यह कहना है—

> "बुद्धिरूपी भूमि के ऊपर [2]अहंकारमयी भूमि है। इस अहंकार से यह सारा जगत् भरा हुआ है। इस अहंकार भूमि का सही ज्ञान हो जाने पर प्राणी मुक्त हो जाता है। इसी को संवित् स्वरूप वाली पराशक्ति कहा जाता है, जो कि परमेश्वर से कभी अलग नहीं रहती। इसी को ज्ञानशक्ति कहा जाता है और यही मन्त्रशक्ति के रूप में प्रतीत होने लगती है। शिव और शक्ति से अभिन्न स्वरूप वाला अहंकार ही मन्त्र कहलाता है। यही अहंकार अपरिमित अहन्ता, अर्थात् [3]पूर्णाहन्ता के रूप में परिणत

---

1. पहले ७६ वीं कारिका की व्याख्या में इस विषय पर प्रकाश डाला जा चुका है।
2. सांख्य दर्शन के अनुसार आरोह क्रम में मन, अहंकार और बुद्धि—यह तत्त्वों का क्रम है। इसके विपरीत प्रस्तुत स्थल में अहंकार को बुद्धि से ऊपर माना गया है। अहंकार शब्द का प्रयोग यहाँ सांख्यसंमत अर्थ में न होकर विमर्श दशा के अर्थ में किया गया है। प्रकाशात्मक शिव की इस विमर्श दशा में ही यह सारा जगत् अन्तर्लीन है, छिपा हुआ है। विमर्श शक्ति ही इस सारे जगत् को उन्मीलित (प्रकट) करती है। प्रत्यभिज्ञाहृदय के "स्वेच्छया स्वभित्तौ विश्वमुन्मीलयति" (२) इस सूत्र में यही बात कही गई है। इसी अभिप्राय के अन्य अनेक वचन शास्त्रों में मिलते हैं। महार्थमञ्जरीपरिमल (पृ० ६१, ८८) में भी अहंकार की प्रधानता बताई गई है।
3. अपरिमित अहन्ता, अर्थात् पूर्णाहन्ता हो विरूपाक्षपंचाशिका प्रभृति शास्त्रों में विश्वाहन्ता के नाम से प्रसिद्ध है। इस विषय की विवेचना हमने "तान्त्रिक योग की चरमोपलब्धिः विश्वाहन्ता" शीर्षक निबन्ध में की है। यहाँ भी १०२ संख्या के श्लोक की व्याख्या में इसकी संक्षिप्त चर्चा की जायगी।

हो जाता है।

मातृका अर्थात् वर्णमाला का पहला अक्षर अकार है। वह परमेश्वर शिव से अभिन्न है। यह जब नाद और बिन्दु से संयुक्त हो जाता है, तो वह ईश्वर की शक्ति कहलाता है। यह शिव और शक्तिमय अकार इस सारे अचर और चर, स्थावर और जंगम जगत् का बीज माना जाता है, अर्थात् बीज से वृक्ष की तरह शिवशक्तिमय अकार से सारे विश्व की सृष्टि होती है। स्वर और व्यंजन सभी वर्ण इसी से व्याप्त हैं, अर्थात् इन सबमें अकार किसी न किसी रूप में विद्यमान है। इसीलिये यथार्थ तत्त्व की खोज में लगे योगी इसको शब्दब्रह्म के नाम से पुकारते हैं। प्राण और स्वर के रूप में जो अभी परिणत नहीं हुआ है, उस अकार का निर्विभाग (विभाग रहित) अवस्था में विद्यमान पश्यन्ती की सहायता से चिन्मात्र स्वरूप में चिन्तन करने वाला योगी परम पद में प्रविष्ट हो जाता है, स्वात्मस्वरूप में विलीन हो जाता है।

शास्त्रों में आचार्यों ने[1] इस बात को इस तरह से स्पष्ट किया है—नाभि से एक वितस्ति (बित्ता) ऊपर और कंठ से छः अंगुल नीचे हृदय विद्यमान है। इस हृदय के बीच के भाग में एक कमल है। इस कमल के बीच में तीन कोनों वाली कर्णिका है। इस कर्णिका के मध्य भाग में अकार का स्वरूप धारण कर आत्मा रहती है। इस अकार के भीतर अत्यन्त सूक्ष्म तत्त्व निवास करता है, जिसमें कि चित् तत्त्व का निरन्तर स्फुरण होता रहता है। विज्ञानभैरव के "अबिन्दुमविसर्गं च" इत्यादि श्लोक में इसी चित् तत्त्व की उपासना का विधान है।

आत्मा के उसी निवास स्थान में ईश्वर की शक्ति भी निवास करती है, जिसको कि कुण्डलिनी कहते हैं। इसी का संयोग होने पर शिव सृष्टि करने में समर्थ होते हैं। अतः यह विश्व को जननी है। यह कुण्डलिनी शक्ति साँप की तरह साढ़े तीन लपेटे खाकर बिना किसी आधार के यहाँ बैठी रहती है। इसी को प्राणशक्ति कहा जाता है। यह शक्ति शरीर में हकार रूपी नाद के स्वरूप में सदा नदन करती रहती है। योगी अपने दोनों कानों को बन्द कर इसके नदन व्यापार को सुन सकता है। यह शक्ति भ्रूमध्य में बिन्दु के रूप में निवास करती है। सारे संसार की यही मंगलमयी जननी है। अपने तेज से प्रकाशित इस बिन्दु रूप शक्ति का योगी नित्य दर्शन करते हैं। उस बिन्दु के चन्द्र और सूर्य वाम और दक्षिण नेत्र हैं। इनको आश्रय हीन कर, अर्थात् विषयों से हटा कर, योगी परम पद अर्थात् ब्रह्म में प्रविष्ट हो जाता है।"

---

1. प्रस्तुत उद्धरण में वामननाथ ने विज्ञानभैरव और सिद्धादिष्ट सिद्धान्तसंग्रह की चर्चा की है। तान्त्रिक साहित्य (पृ० ७०१) के अनुसार किसी सिद्धान्तसंग्रह का उल्लेख पुरश्चर्यार्णव में हुआ है। वामननाथ और उनके ग्रन्थ आदि के सम्बन्ध में लुप्तागमसंग्रह के द्वितीय भाग के उपोद्घात में विचार किया गया है। देखिये पृ० १५, ६५–६६ तथा अन्यत्र भी।

संक्षेप में इसका अभिप्राय यह हुआ कि अकार अर्थात् परम शिव के नाद और बिन्दु अवस्था से अतीत शुद्ध स्वरूप का चिन्तन करने पर साधक सनातन ब्रह्मस्वरूप में विलनि हो जाता है ॥८८॥

[धारणा–६६]

वर्णस्य[1] सविसर्गस्य विसर्गान्तं[2] चितिं कुरु।
निराधारेण चित्तेन स्पृशेद् ब्रह्म सनातनम् ॥८९॥

निराधारेण प्रक्षीणवेद्येन चित्तेन सविसर्गस्य विसर्गसहितस्य वर्णस्य अकारस्य विसर्गान्तं चितिं कुरु विविधसर्गस्वभावयुक्तस्य वर्णजातेः ककाराद्यक्षररूपस्य ब्राह्म्याद्दिशक्तिसमूहस्य पशुभावोपकरणस्य विसर्गस्य अन्तो यथा भवति तथा अन्तर्मुखस्वभावविमर्शनाधिक्यात् तत्समावेशेन तन्मयीभावापादनस्वरूपतया बुद्धिं विधेहि। ततः संवेदनस्य निराश्रयत्वे सति सनातनं ब्रह्म विशेत्, नित्यः परब्रह्मस्पर्शाविर्भावः स्यात्। 'विसर्गान्ते' इति सप्तम्यन्तपाठे त्वयमर्थः—सर्वोऽयं मातृकाप्रपञ्चोऽकुलस्य शिवबिन्दुनामधेयस्य शक्तिरूपो विसर्ग इति तस्मिन् विसर्गे बुद्धिं विधेहीति ॥८९॥

किसी जानने लायक वेद्य वस्तु के अभाव में चित्त निराधार हो जाता है। चित्त की इस अवस्था में विसर्ग के साथ आद्य वर्ण अकार में अपनी धारणा को स्थिर करे। अकार के द्वारा नाना प्रकार की सृष्टि करने में ककार प्रभृति अक्षरों का और उनकी अधिष्ठात्री ब्राह्मी प्रभृति मातृकाओं का सहयोग रहता है। इन्हीं की सहायता से अज्ञानी जीव का सारा व्यवहार चलता है। अतः यह सारी सृष्टि भी विसर्ग के नाम से ही जानी जाती है। इसका अन्त किये बिना स्वात्मस्वरूप की अभिव्यक्ति नहीं हो सकती। अनुत्तर अकार विसर्ग की सहायता से ही सभी ककार प्रभृति वर्णों की और सारे जगत् की सृष्टि करता है, अतः इस विसर्ग का अकार में उपसंहार करने पर ही इस सारी सृष्टि का उपसंहार हो सकता है। प्रस्तुत धारणा में अकार की इस उपसंहार दशा में ही निराधार चित्त को स्थिर करने का अभ्यास किया जाता है, जिससे कि अपने अन्तर्मुख स्वभाव का गहराई से चिन्तन करने से साधक अपने स्वरूप में समाविष्ट हो जाता है। जब वह अपने स्वरूप में समाविष्ट होता है, तो उसके अपने स्वाभाविक स्वरूप के अभिव्यक्त हो जाने से उसका अब तक का काल्पनिक स्वरूप उसी में लीन हो जाता है, उसी आकार को धारण कर लेता है। उसकी अलग से कोई सत्ता नहीं रह जाती। साधक जब अपनी चित्त-वृत्ति को भी तदाकार बना लेता है, तब संवेदन अर्थात् ज्ञान का कोई बाह्य आलम्बन न रहने से उसका परब्रह्म स्वरूप में नित्य समावेश हो जाता है। 'विसर्गान्ते' ऐसा पाठ मानने पर उसका अर्थ यह होगा—यह सारा स्वर-व्यंजनात्मक मातृका का विस्तार, सभी वर्णों की उत्पत्ति शिवबिन्दु नामक शक्ति से ही होती है। यह कौलिकी शक्ति विसर्ग नाम से जानी जाती है। इसी से सारी वर्णमाला का विकास होता है। इस

---

१. सविसर्गस्य वर्णस्य–ख०। २. °न्ते–ख०।

विषय को समझने के लिए विस्तार की अपेक्षा है। कुल प्रक्रिया का विवेचन करते समय इस विषय पर उपोद्घात में विचार किया जायगा।

भट्ट आनन्द ने इस श्लोक की व्याख्या इस तरह से की है— अं और अः (बिन्दु और विसर्ग) से अकार को निकाल देने पर केवल बिन्दु (ं) और विसर्ग (ः) ही बच रहेंगे। बिना आधार (अकार) के इनको समझ पाना कठिन है। योगी जब इनमें धारणा करते हुए अपने चित्त को भी इसी तरह से निराधार, निर्विषय बना लेता है, तो उसको परम निर्वृति (मोक्ष) प्राप्त हो जाती है। पहले श्लोक में बिन्दु और विसर्ग से रहित 'अकार' में धारणा का और इस श्लोक में अकार से रहित निराधार बिन्दु अथवा विसर्ग में धारणा का विधान है। यह इन दोनों धारणाओं में स्पष्ट भेद है ॥८९॥

[धारणा–६७]

व्योमाकारं स्वमात्मानं ध्यायेद् दिग्भिरनावृतम् ।
निराश्रया चितिः शक्तिः स्वरूपं दर्शयेत् तदा ॥९०॥

यदा व्योमाकारमित्यनाकृतिं न तु तुच्छम्, स्वमात्मानं दिग्भिर्नीलपीतादिभिरुपाधिभिरनावृतं विवर्जितम्, विश्वव्यापिनमिति यावत्, कृत्वा ध्यायेत्, तदा चितिशक्तिर्निराश्रया सती स्वं रूपं दर्शयेत् ॥९०॥

आकाश की कोई आकृति न रहने पर भी जैसे उसकी सत्ता मानी जाती है, उसी तरह से जिस व्योमाकार अर्थात् निराकार, शून्यस्वभाव स्वात्मस्वरूप में यहाँ धारणा को स्थिर करने का विधान है, वह भी अलीक, तुच्छ, मिथ्या न होकर केवल किसी भी प्रकार की आकृति से रहित ही माना जाता है। इस नील, पीत आदि उपाधियों से रहित, अर्थात् विश्वव्यापी स्वात्मस्वरूप में धारणा को स्थिर कर देने पर चिति शक्ति बाह्य आलम्बनों से मुक्त होकर अपने सहज स्वरूप को दिखा देती हैं, अर्थात् साधक अपने स्वरूप में प्रतिष्ठित हो जाता है। स्वच्छन्दतन्त्र में [1]"अहमेव परो हंसः परमात्मा परात्परः" (४।३९९) इत्यादि ग्रन्थ में इस स्थिति का वर्णन किया गया है ॥९०॥

[धारणा–६८]

किञ्चिदङ्गं विभिद्यादौ तीक्ष्णसूच्यादिना ततः ।
तत्रैव चेतनां[1] युक्त्वा[2] भैरवे[3] निर्मला गतिः ॥९१॥

आदौ प्रथमं किञ्चिदङ्गम् अङ्गुल्यङ्गुष्ठादिकं तीक्ष्णसूच्यादिना निशितसूचीकण्टकादिना विभिद्य छित्वा ततस्तदनन्तरं तत्रैव चेतनां संविदं युक्त्वा संयोज्य भैरवे

१. °ना–ख० । २. °क्ता–ख० । ३. °वी–ख० ।

1. यह पाठ भट्टानन्द की टीका में मिलता है (पृष्ठ ३७)। शिवोपाध्याय ने "अहमेव परो हंसः शिवः परमकारणम्" (पृ० १३०) ऐसा पाठ स्वीकार किया है। मुद्रित स्वच्छन्दतन्त्र (भा० २, प० ४, पृ० २५३) में भी यही पाठ मिलता है।

निर्मला गतिः, स्यादिति शेषः। तीक्ष्णसूच्यादिना अग्निना वा शरीरं प्रमथ्य तत्सहनादिना या सहनशक्तिः सैवात्र चेतनेत्यभिधीयते। सूच्यादिव्यथानुभवितृचेतनाशक्तिसमाहितस्य भैरवविषयं निर्मलं ज्ञानं भवत्येवेति भावः ॥९१॥

अपने अंगुली, अंगूठे आदि किसी अंग को तीखी सुई अथवा कांटे[1] आदि से पहले बींध दे। उसके बाद उसी स्थान में अपनी चेतना, अर्थात् संवित् को जोड़ देने पर, उस सूची आदि के बींधने से उत्पन्न पीड़ा का अनुभव करने वाली चेतना शक्ति में समाहित योगी के चित्त में भैरवविषयक निर्मल ज्ञान उत्पन्न हो जाता है। तीखी सुई आदि से बींधने पर अथवा आग से जला देने पर शरीर के उस अंग में तीव्र पीड़ा होने लगती है। इस पीड़ा को सहन करने की शक्ति यहाँ 'चेतना' कही गई है। इस चेतना शक्ति में, अर्थात् किसी भी पीड़ा को सहन करने की शक्ति में अपने चित्त को समाहित करने वाला योगी अपने निर्मल बोधभैरव स्वरूप को पहचान लेता है ॥९१॥

[धारणा-६९]

चित्ताद्यन्तःकृतिर्नास्ति ममान्तर्भावयेदिति[१]।
विकल्पानामभावेन[२] विकल्पैरुज्झितो भवेत् ॥९२॥

ममान्तः मद्देहान्तः, चत्तादिकमन्तःकरणं नास्तीति भावयेत्, अस्त्यपि नास्त्येवेत्येवं बाह्यविषयोपरमाद् दृढभावनः स्यात्, ततो विकल्पानामभावेन विकल्पैरुज्झितस्त्यक्तो निर्विकल्पतया शुद्धचैतन्यो भवेत् ॥९२॥

मेरे शरीर के भीतर चित्त आदि अन्तःकरणों की कोई सत्ता नहीं है, ऐसी भावना करे। शरीर के भीत त आदि के रहते हुए भी जब यह भावना की जायगी कि उनकी कोई सत्ता नहीं है, तो अन्तःकरण की वृत्तियों के अभाव में बाह्य विकल्पों की भी कोई सत्ता नहीं रह जायगी। इस भावना का दृढ़ता से अभ्यास करने पर विकल्पों की सत्ता के न रह जाने से साधक इन बाह्य विकल्पों से मुक्त होकर निर्विकल्प दशा में प्रविष्ट हो जायगा, उसका शुद्ध स्वात्मचैतन्य अभिव्यक्त हो जायगा ॥९२॥

[धारणा-७०]

[2]माया विमोहिनी नाम कलायाः कलनं स्थितम्।
इत्यादिधर्मं तत्त्वानां कलयन्न[३] पृथग् भवेत् ॥९३॥

---

१. °द्यदि-ख०। २. °वेऽपि-ख०। ३. °यन् ना-ख०।

1. क्रान्तिकारी भगतसिंह, चन्द्रशेखर आजाद प्रभृति के विषय में यह प्रसिद्ध है कि वे अपनी सहन शक्ति की परीक्षा के लिये जलती मोमबत्ती की लौ पर अपने हाथ के मांसल भाग को उस समय तक टिकाये रखते थे, जब कि वह जल कर टप-टप नीचे गिरने लगता था। प्रस्तुत श्लोक में भी लगभग इसी प्रकार की स्थिति में धारणा को स्थिर करने का विधान है।
2. ई० प्र० वि० वि० (भा० १, पृ० ८०) में इसका पहला चरण और वहीं (भा० ३, पृ० २८५) इस श्लोक का पूर्वार्ध रुद्रयामलसार के नाम से उद्धृत है।

विशेषेण भेदप्रथात्मकेन स्वरूपेण पुरुषं मोहयतीति मायाया एव मोहनत्वं धर्मो न मम, कलायाः कलातत्त्वस्य, कलनं किञ्चित्कंरणं धर्मः, विद्यातत्त्वस्य किञ्चिद् वेदनं धर्म इत्यादि सर्वेषां तत्त्वानां धर्मं कलयन् विमृशन् पुरुषः पृथग् न भवेत्, किन्तु विवेकज्ञानात्मकाभेदख्यातिमान् भवेत्। 'ना पृथग् भवेत्' इति पाठे इत्येवं कलयन् ना पुरुषः पृथग् भवेत् सर्वोत्तीर्णः कूटस्थः स्यादित्यर्थः ॥९३॥

माया तत्त्व से मोहित होकर जीव परस्पर एक दूसरे को भिन्न समझने लगते हैं। अतः भेद-दृष्टि का विस्तार करना माया का धर्म है, शुद्ध चैतन्य का नहीं। इसी प्रकार कला तत्त्व का धर्म कुछ करना है, विद्या तत्त्व का धर्म कुछ जानना है। इसी तरह से सभी तत्त्वों के धर्मों के विषय में विचार करने वाले योगी की स्थिति अलग से नहीं रह जाती, किन्तु इस विवेक ज्ञान के सहारे वह अभेद [1]ख्याति से युक्त हो जाता है। प्रकृति और पुरुष के विवेक ज्ञान से कैवल्य का आविर्भाव सांख्य दर्शन को अभिप्रेत है। इस भावना के अभ्यास से माया प्रभृति के विभेदक स्वरूपों से अलग होकर योगी अपने कैवल्यात्मक स्वात्मस्वरूप में प्रतिष्ठित हो जाता है। 'ना पृथग् भवेत्' ऐसा पाठ मानने पर इसका अर्थ यह होगा कि इस प्रकार की धारणा में चित्त को स्थिर करने वाला मनुष्य पृथक् हो जाता है, अर्थात् इन विभेदक दृष्टियों से ऊपर उठकर शुद्ध, कूटस्थ, सर्वोत्तीर्ण स्वात्मस्वरूप में प्रतिष्ठित हो जाता है। प्रथम कारिका की व्याख्या करते समय अभिनवगुप्त ने ईश्वरप्रत्यभिज्ञाविवृतिविमर्शिनी (भा० १, पृ० ८०) में माया शक्ति का अर्थ स्पष्ट करते हुए इस श्लोक का प्रमाण दिया है ॥९३॥

[धारणा-७१]

झगितीच्छां समुत्पन्नामवलोक्य शमं नयेत्।
यत एव समुद्भूता ततस्तत्रैव लीयते ॥९४॥

इच्छां पुत्राद्येषणाम् इदं मे स्यादित्येवंप्रकारामेषणां समुत्पन्नाम् अमूर्तादपि चिन्मात्राद् मायाकृतक्षोभवशादुद्भूताम् अवलोक्य दृष्ट्वा तामन्तर्मुखत्वेन विमृश्य झगिति शीघ्रं शमं नयेत् शान्तिं प्रापयेत्। अमूर्तो हि चिन्मात्रात्मा मध्येऽज्ञानेनैव प्रकटितेच्छः। चिन्मात्रस्य निराकारत्वान्नास्ति इच्छा, परन्तु इष्यमाणमेषणादिकं वाऽविद्यैर्वेति दृष्ट्वा शान्तेच्छो भवेदिति तात्पर्यम्। यतो यस्माद् अविद्यात एव समुद्भूता इच्छा, अविद्या हि आकाशात्मिका, ततस्तत्रैव लीयते लीना भवति, तेन हि

---

1. दर्शन शास्त्र में ख्याति शब्द प्रतीति या ज्ञान के अर्थ में प्रयुक्त होता है। अभेद ख्याति का अर्थ है अद्वय बोध। सब कुछ शिवमय ही है, उसके भिन्न कुछ भी नहीं है, इस तरह की एकाकार प्रतीति ही यहां अभेद ख्याति कही गयी है। भ्रान्त ज्ञान के अर्थ में भी ख्याति शब्द प्रयुक्त होता है। अपूर्णता ख्याति का अर्थ है भ्रमवश अपने पूर्ण स्वरूप का ज्ञान न होना। भारतीय दर्शन में छः प्रकार की ख्याति मानी गई है। इनका स्वरूप बहुत ही संक्षेप में हमने महार्थमंजरी के उपोद्घात (पृ० ठ-ड) में बताया है।

निर्विकल्पदशाप्राप्तिः । एवमन्तर्मुखतया विमृश्य यत एव क्षोभमयान्मनस उत्थिता तत्रैव शमं नयेत् प्रापयेत्, ततस्तत्रैव लीयते तदा स्वयमेव ब्रह्म सम्पद्यत इत्यर्थः ।।९४।।

अमूर्त चिन्मात्र स्वात्मस्वरूप में भी माया के क्षोभ के कारण [1]पुत्र, धन, यश आदि की मुझे प्राप्ति हो, इस तरह की भाँति-भाँति की इच्छाओं की उत्पत्ति होते देखकर अपनी अन्तर्मुखी वृत्ति से उसको वहीं शीघ्र शान्त कर दे। वास्तव में प्रारंभ और अन्त में भी यह अमूर्त आत्मा चिन्मात्रस्वरूप ही है। बीच में अज्ञानवश इसमें एषणाएँ पैदा हो जाती हैं। चिन्मात्र स्वरूप तो निराकार है, उसमें इच्छाएँ नहीं हो सकतीं। इष्यमाण (इच्छित वस्तु) और एषणा (इच्छा) यह सब अविद्या ही है, इस तरह की दृष्टि का उन्मेष होने पर साधक की सारी इच्छाएँ शान्त हो जाती हैं। जिस अविद्या से ये इच्छाएँ पैदा होती हैं, वह अविद्या आकाशस्वरूप है, शून्यस्वभाव है, अतः इस शून्य भावना का अभ्यास करने से वे इच्छाएँ अन्ततः आकाश में ही लीन हो जाती हैं और योगी का निर्विकल्प स्वात्मस्वरूप मात्र बच रहता है। अर्थात् साधक की जब सब वृत्तियाँ अन्तर्मुख हो जाती हैं, तो उसकी सब इच्छाएँ भी, जो कि मन के क्षोभ के कारण उत्पन्न हुई थीं, उसी तरह से मन में ही विलीन हो जाती हैं, जैसे कि प्रक्षुब्ध सागर से उठी लहरें सागर के शान्त हो जाने पर उसी में लीन हो जाती हैं। इन वृत्तियों के लीन हो जाने पर योगी शान्त समुद्र के समान अपने प्रशान्त स्वात्मस्वरूप में प्रतिष्ठित हो जाता है, ब्रह्म बन जाता है।

यदि इच्छा शान्त न होती दिखाई दे तो उसके लिये स्पन्दकारिका में प्रदर्शित उपाय का सहारा लेना चाहिये। "एकचिन्ताप्रसक्तस्य" (श्लो० ४१) इत्यादि स्पन्दकारिका के श्लोक में 'उन्मेष' दशा का वर्णन है। उसका अभिप्राय यह है कि मनुष्य जब किसी एक चिन्ता में पड़ा रहता है, तभी उसमें दूसरी चिन्ता का आविर्भाव हो जाता है। जिस क्षण में एक चिन्ता से दूसरी चिन्ता में चित्त प्रविष्ट होता है, वही क्षण 'उन्मेष' कहलाता है। इस उन्मेष क्षण में दोनों चिन्ताओं को विलीन कर देना चाहिये, अर्थात् पहली चिन्ता के विलय क्षण में ही चित्त को स्थिर कर लेना चाहिये। ऐसा करने से आगे की चिन्ता का उत्थान ही नहीं होगा और पहली चिन्ता के विलीन हो जाने से चित्त उस क्षण में वृत्ति-शून्य हो जायगा, "न चित्तं निक्षिपेत्" (श्लो० १०१), "यत्र यत्र मनो याति" (श्लो० १२६) इत्यादि धारणाओं में इसी स्थिति को आलम्बन बनाया गया है। इस उन्मेष क्षण में धारणा को स्थिर कर देने से सारी इच्छाएँ जहाँ से उत्पन्न होती हैं, वहीं विलीन हो जाती हैं, अर्थात् जिस उन्मेष स्वरूप स्पन्द तत्त्व से ये इच्छाएँ पैदा होती हैं, उसी में ये विलीन भी हो जाती हैं। इस उन्मेष दशा का वर्णन करने वाला स्पन्दकारिका का यह महत्त्वपूर्ण श्लोक पहले ही उद्धृत कर दिया गया है ।।९४।।

---

1. पुत्रैषणा, वित्तैषणा और लोकैषणा के भेद से एषणा (इच्छा) के तीन भेद माने गये हैं। इन तीनों एषणाओं से मुक्त व्यक्ति ही वास्तविक ब्राह्मण है, ऐसा उपनिषदों में प्रतिपादित है (बृह० उ० ३।५।१)। मनुस्मृति (२।१६२) में भी ब्राह्मण के लिये संमान से दूर रहने का विधान है।

[धारणा-७२]

यदा ममेच्छा नोत्पन्ना ज्ञानं वा कस्तदाऽस्मि वै।
तत्त्वतोऽहं तथाभूतस्तल्लीनस्तन्मना भवेत् ।।९८।।

यदा मम इच्छा न उत्पन्ना, ज्ञानं वा न उत्पन्नम्। ज्ञानमिति क्रियाया उपलक्षणम्। क्रिया च नोत्पन्ना। तदा कोऽस्मि ? इच्छाज्ञानक्रियाणामनाविर्भावेऽहमेव नास्मि, किन्तु चिदानन्दरूप एवास्तीत्यर्थः। तदेवाह—तत्त्वतो वस्तुतः, तथाभूतश्चिदानन्दात्मक एवाहम् इति भावनयाऽनया तस्मिन् चिदानन्दस्वरूपे लीनस्तन्मना भवेत् तन्मयश्चिदानन्दमयो भवेत् ।।९५।।

इस श्लोक में ज्ञान पद क्रिया का भी बोध कराता है, अतः इसका अर्थ यह होगा कि जब मेरे अन्दर इच्छा, ज्ञान और क्रिया में से किसी की भी उत्पत्ति नहीं होगी, तो उस स्थिति में मेरा स्वरूप क्या होगा ? अर्थात् इनके अभाव में अहन्ता, ममता, इदन्ता की कोई भी स्थिति नहीं बन सकती, किन्तु उस अवस्था में तो चित् और आनन्द स्वरूप की ही स्थिति रहती है। इसलिये साधक को सदा इसी स्थिति की भावना करनी चाहिये कि वास्तव में मैं चित् और आनन्द स्वरूप ही हूँ। इस धारणा के अभ्यास से योगी उस चिदानन्द स्वरूप में ही लीन हो जाता है और अनन्तः स्वयं उसका चिदानन्दमय स्वरूप अभिव्यक्त हो जाता है। स्पन्दकारिका में इस स्थिति को इस प्रकार स्पष्ट किया है—

गुणादिस्पन्दनिष्यन्दाः सामान्यस्पन्दसंश्रयात्।
लब्धात्मलाभाः सततं स्युर्ज्ञस्यापरिपन्थिनः ।।
अप्रबुद्धधियस्त्वेते स्वस्थितिस्थगनोद्यताः।
पातयन्ति दुरुत्तारे घोरे संसारवर्त्मनि ।।
अतः [1]सततमुद्युक्तः स्पन्दतत्त्वविविक्तये।
जाग्रदेव निजं भावमचिरेणाधिगच्छति ।। (१९-२१ श्लो०)

अर्थात् सत्त्व, रज, तम आदि गुण तथा महत्, अहङ्कार, तन्मात्रा, इन्द्रिय, पंच महाभूत आदि सभी पदार्थ और इनके कारण प्रादुर्भूत होने वाली सुख, दुःख, मोह आदि की लहरें —ये सब अनन्त विशेषताओं को अपने में समेटे हुए स्पन्द तत्त्व से ही उठती हैं, इस बात को जानने वाले योगी के मार्ग में ये सब वस्तुएँ रुकावट नहीं डाल पातीं, उसके स्वरूप को नहीं ढक पातीं। इसके विपरीत [2]अप्रबुद्ध मनुष्य के स्वात्मस्वरूप को ढक कर ये वृत्तियाँ उसको घोर दुस्तर संसार-समुद्र में गिरा देती हैं। इसलिये जो व्यक्ति इस स्थिति को समझ

---

1. स्पन्द तत्त्व के स्वरूप को समझने के लिये निरन्तर प्रयत्नरत रहने की बात यहाँ बताई गई है। इसीलिये "उद्यमो भैरवः" (१।५) इस शिवसूत्र में उद्यम को भैरव का ही स्वरूप माना गया है। योगवासिष्ठ में अनेक स्थलों पर पुरुषार्थ की बड़ी महिमा गाई गई है।
2. अप्रबुद्ध आदि शब्दों के अर्थ के लिये १२८वें श्लोक की व्याख्या के अवसर पर की गई टिप्पणी देखनी चाहिये।

कर स्पन्द तत्त्व के स्वरूप को जानने के लिये निरन्तर क्रियाशील रहता है, उद्योग करता रहता है, वह जाग्रदवस्था में ही अपने निज स्वभाव को प्राप्त कर लेता है, अर्थात् जीवन्मुक्त हो जाता है। प्रस्तुत धारणा के अभ्यास से भी योगी इसी स्थिति को प्राप्त करता है ॥९५॥

[धारणा –७३]

[1]इच्छायामथवा ज्ञाने जाते चित्तं निवेशयेत् ।
[1]आत्मबुद्धयाऽनन्यचेतास्ततस्[2]तत्त्वाथदर्शनम् ॥९६॥

अत्रापि ज्ञानं क्रियाया उपलक्षणम्। इच्छायां जातमात्रायाम्, ज्ञाने वा जाते सति, क्रियायां वा समुत्पन्नायाम् अनन्यचेताः विषयसंकल्पं विहाय आत्मबुद्धया आत्मैवेतदिति बुद्धया चित्तं निवेशयेत् निक्षिपेत्। ततस्तत्त्वार्थदर्शनं तयैव भावनया परमार्थज्ञानं भवेत् । सर्वस्मिन् स्वात्मरूपदृढभावनयाऽनन्यचेतसस्तत्त्वार्थदर्शनं स्यादेवेति भावः ।९६॥

इस श्लोक में भी ज्ञान पद क्रिया का भी बोध कराता है। इच्छा, ज्ञान अथवा किसी क्रिया के उत्पन्न होने के साथ ही अपने चित्त को उसी में स्थिर करके अन्य सभी प्रकार के विषयों के संकल्प का परित्याग कर दे, 'यह सब कुछ आत्मा ही है' इस प्रकार की दृढ़ भावना से इच्छा, ज्ञान अथवा क्रिया में ही अपने चित्त को स्थिर कर अन्य सभी बाह्य विषयों से अपने चित्त को हटा ले। "सर्वं खल्विदं ब्रह्म" (छा० ३।१४।१), "अयमात्मा ब्रह्म" (बृ० २।५।१९) इन श्रुतिवचनों के अनुसार सभी सांसारिक वस्तुओं में जब योगी का चित्त स्वात्मस्वरूप को ही देखते लगता है, तो इस भावना के दृढ़ होने पर परमार्थ तत्त्व का ज्ञान हो जाता है। इसका अभिप्राय यह है कि जब योगी सभी पदार्थों को अपना ही रूप मानकर एकाग्र चित्त से उनमें अपनी धारणा को स्थिर कर देता है, तो उसको परमार्थ तत्त्व का परिज्ञान हो जाता है। इस श्लोक में सालम्बन अर्थात् साकार भावना का विधान है। नेत्रतन्त्र (८।४१-४४) में [2]अनुत्तर योग का विवेचन करते समय अनेक प्रकार की धारणाओं का निषेध किया गया है। क्षेमराज ने इसकी व्याख्या करते हुए सालम्बन भावना के उदाहरण के रूप में प्रस्तुत श्लोक को उद्धृत किया है ॥९६॥

[धारणा-७४]

[3]निर्निमित्तं[4] भवेज्ज्ञानं निराधारं भ्रमात्मकम् ।
तत्त्वतः कस्यचिन्नैतदेवंभावी शिवः प्रिये ॥९७॥

---

१. तत्र–ने० । २. °तः स्यादात्म°–ने० । ३. निराधारं–त० । ४. निर्निमित्तं–त० ।

1. नेत्रतन्त्र की उद्योत टीका (भा० १, पृ० २०१) में यह श्लोक मिलता है।

2. जैसा कि पृ० ९९ की २ टिप्पणी में बताया गया है, अनुत्तर योग का बौद्ध तान्त्रिक ग्रन्थों में विशेष वर्णन मिलता है। नेत्रतन्त्र में वर्णित पर योग अनुत्तर योग ही है, क्योंकि यह स्थूल और सूक्ष्म योग की अपेक्षा उत्कृष्ट है।

3. तन्त्रालोकविवेक (भा० ३, आ० ५, पृ० ३७९) में यह उपलब्ध है।

हे प्रिये, यदिदं घटादिज्ञानं तद् निराधारं निराश्रयम्, तत्त्वतः स्थिरस्य कस्यचिदात्मनो घटादेराधारस्य वाऽवास्तवत्वात्। अत एव निर्निमित्तं निर्हेतुकम्, तत्त्वतश्चक्षुरालोकादिनिमित्तस्याप्यवास्तवत्वात्। भ्रमात्मकं मायावशोत्थितम्, विकल्पात्मकत्वात्, तत्त्वतो ज्ञानव्यतिरिक्तस्यान्यस्याभावात्। स एवायं घट इति संवेदनं तु सोऽयं गङ्गाया प्रवाह इतिवद् भ्रान्तिरेवेति भावः। अस्ति हि सर्वं चिन्मात्रम्, चिद्व्यतिरिक्तस्यान्यस्याभादित्येवं भावनादार्ढ्यात् शिव एव स्यादिति ॥९७॥

हे प्रिये, यह जो घट आदि का ज्ञान है, उसका कोई आधार नहीं है, क्योंकि वस्तुत किसी स्थिर आत्मा अथवा घट आदि वस्तुओं की कोई वास्तविक सत्ता नहीं है। इसी लिये यह निर्हेतुक भी है, क्योंकि चक्षु, आलोक (प्रकाश) आदि पदार्थों की भी वास्तविक सत्ता नहीं है। इसी लिये यह सब कुछ भ्रमात्मक है, माया के कारण उत्पन्न है। अत एव विकल्पस्वरूप है, क्योंकि ज्ञान के अतिरिक्त अन्य सभी वस्तुओं का अभाव है। 'यह वही घट है' इस तरह का ज्ञान 'यह वही गंगा का प्रवाह है' इस ज्ञान की तरह भ्रमात्मक ही माना जायगा। अर्थात् गंगा के प्रवाह में जैसे 'यह वही प्रवाह है' यह प्रत्यभिज्ञा भ्रान्ति-जन्य है, उसी तरह से घट, पट, देवदत्त आदि की प्रत्यभिज्ञा को भी भ्रमात्मक ही मानना चाहिये। इस तरह से अन्ततः सब कुछ चिन्मात्र, विज्ञानात्मक ही सिद्ध होता है। इस चिदात्मक विज्ञान के अतिरिक्त अन्य किसी की भी सत्ता नहीं है, इस तरह की भावना का दृढ़ता से अभ्यास करने से साधक शिव हो जाता है। तन्त्रालोक (५।७१) में यह स्थिति 'सर्वात्म-संकोच' के नाम से वर्णित है और टीकाकार ने इस स्थिति के उदाहरण के रूप में इसी श्लोक को प्रस्तुत किया है ॥९७॥

[धारणा—७५]

[1]चिद्धर्मा[1] सर्वदेहेषु विशेषो नास्ति कुत्रचित्।
अतश्चयं तन्म सर्वं भावयन् भवजिज्जनः ॥९८॥

चिद् ज्ञानं क्रिया वा धर्मो गुणो यस्य स चिद्धर्मा चेतनः, सर्वदेहेषु हस्तिपिपीलिकादिशरीरेषु सामान्यतया वर्तते, कीटादिसदाशिवान्तं नास्ति कुत्रचित् कश्चिद् विशेषः। अतश्च चैतन्यस्य साधारणत्वात् तन्मयं चिन्मयं सर्वं भावयन् निर्विशेषं ब्रह्म सर्वत्रास्तीति बोधमेवं धारयन् जनो भवजित् दुस्तरसंसारोत्तीर्णो भवति। 'चिद्धर्माः' इति पाठे देवासुरनरतिर्यगादिमूर्तिषु चिद्धर्माः सामान्येन सन्तीति न तत्र विशेषोऽस्ति कुत्राचित्। देहादेरेव विशेषोऽस्ति न तु चितेरिति भावयतः सर्वत्र चिदेव जृम्भतेऽनुभवदार्ढ्यादित्यर्थः ॥९८॥

चित् अर्थात् ज्ञान अथवा क्रिया जिसका धर्म है, वह चेतन प्राणी चिद्धर्मा कहलाता है। यहाँ "धर्मादनिच् केवलात्" (५।४।१२४) इस पाणिनि सूत्र से अनिच् प्रत्यय होता है।

---

१. °र्माः—ख०।

1. शिवसूत्रविमर्शिनी (पृ० ३) पर यह श्लोक मिलता है।

हाथी और चींटी आदि छोटे-बड़े सभी प्राणियों के शरीरों में, अर्थात् कीट से लेकर सदाशिव पर्यन्त सभी प्राणियां में चैतन्य की दृष्टि से कोई विशेष भेद नहीं है। अतः यह सब चिन्मय ही है, क्योंकि चैतन्य इन सब का साधारण धर्म है। इस तरह से सभी प्राणियों में चिन्मय निर्विशेष ब्रह्म विद्यमान है, इस भावना का दृढ़तापूर्वक अभ्यास करने वाला साधक इस संसार को जीत लेता है, इस दुस्तर संसार-सागर को पार कर लेता है। 'चिद्धर्मः' ऐसा पाठ मानने पर इसका अर्थ यह होगा कि देव, असुर, मनुष्य, पशु, पक्षी, स्थावर, जंगम आदि सभी मूर्तियों में चिति (चैतन्य) समान रूप से विद्यमान है, चैतन्य की दृष्टि से इनमें परस्पर कोई विशेषता नहीं है। विशेषता केवल शरीरों की है, चिति की नहीं। इस तरह से चैतन्य-सामान्य सर्वत्र स्फुरित हो रहा है, इस अनुभव को दृढ़ता से अपनी भावना का आधार बनाने वाला योगी दुस्तर संसार-सागर को पार कर लेता है, उसको सर्वत्र चिन्मात्रस्वरूप ब्रह्म की प्रतीति होने लगती है। "चैतन्यमात्मा" (१।१) इस शिव-सूत्र की व्याख्या करते हुए क्षेमराज ने इस श्लोक को प्रस्तुत किया है ॥९८॥

[धारणा–७६]

[1]कामक्रोधलोभमोहमदमात्सर्यगोचरे ।
बुद्धिं निस्तिमितां कृत्वा तत्तत्त्वमवशिष्यते ॥९९॥

कामक्रोधादिषु मात्सर्यपर्यन्तेषु अरिषड्वर्गेषु बुद्धिं स्वसंविदं निस्तिमितामेकाग्रां विकारानधिगमान्निष्पन्दां कृत्वा विधाय तत् तत्त्वं चिन्मात्रस्वरूपमवशिष्यते। कामादिविषये चित्ते ऐकाग्र्यप्रकर्षादपहारितबाह्यविषयाश्लेषं चिदानन्दमयमेवाविर्भवतीत्यभिप्रायः ॥९९॥

काम, क्रोध, लोभ, मोह, मद और मात्सर्य ये छः चित्तगत दोष शास्त्रों में अरिषड्वर्ग के नाम से प्रसिद्ध हैं। इन चित्त-वृत्तियों में से किसी एक उत्कट चित्त-वृत्ति में धारणा को स्थिर कर देने पर अन्य समस्त वृत्तियां शान्त हो जाती हैं। इसी स्थिति में योगी को निरन्तर स्पन्दनशील स्वात्मस्वरूप के विवेक में लग जाना चाहिये, जिससे कि उसकी वृत्ति पुनः बहिर्मुख न हो। ऐसा करने से उसकी बुद्धि एकाग्र हो जाती है, बाह्य विषयों का संपर्क छूट जाने से निश्चल (स्थिर) और विकारशून्य हो जाती है। इस प्रकार की वृत्ति-क्षय दशा को जगा कर योगी अपनी उत्कट काम, क्रोध आदि वृत्तियों को उसी तरह से शान्त कर लेता है, जैसे कि कछुआ अपने अंगों को भीतर समेट लेता है। भगवद्गीता (२।५८) में स्थितप्रज्ञ का लक्षण बताते समय इसी स्थिति की ओर इंगित किया गया है। इस स्थिति में योगी का केवल चित् स्वरूप बच रहता है। अर्थात् काम, क्रोध आदि विषयों में चित्त की एकाग्रता के बढ़ जाने पर जब अन्य बाह्य विषयों से उसकी बुद्धि का संपर्क छूट जाता है, तब साधक का चिदानन्दमय बोधस्वरूप अभिव्यक्त हो उठता है। स्पन्दकारिका के—

---

1. स्पन्दनिर्णय (पृ० ४०) पर यह श्लोक उद्धृत है।

अतिक्रुद्धः प्रहृष्टो वा किं करोमीति वामृशन् ।
धावन् वा यत्पदं गच्छेत् तत्र स्पन्दः प्रतिष्ठितः ।। (श्लो० २२)

इस श्लोक में भी इस स्थिति का वर्णन मिलता है, जिसकी कि व्याख्या पहले ही की जा चुकी है। स्पन्दनिर्णय (पृ० ४०-४१) में क्षेमराज का कहना है कि प्रस्तुत धारणा की ही तरह "आनन्दे महति प्राप्ते" (श्लो० ७०) और 'क्षुताद्यन्ते" (श्लो० ११६) इन दोनों स्थलों में भी इस स्पन्द तत्त्व में प्रतिष्ठित होने की ही विधि बताई गई है ।।९९।।

[धारणा-७७]

[1]इन्द्रजालमयं विश्वं न्यस्तं वा चित्रकर्मवत् ।
भ्रमद्वा[1] ध्यायतः सर्वं पश्यतश्च सुखोद्गमः ।।१००।।

विश्वं ग्राह्यग्राहकात्मकमिदं सर्वं जगद् ज्ञानानुभवयुक्त्या निश्चितया बुद्धया इन्द्रजालनिभं मायानिर्मितम्, पटादिषु चित्रकर्मवत् न्यस्तं कल्पितम्, नावारूढस्य भ्रमद् गच्छत्तरुपर्वतादिवद् भ्रान्तिकल्पितं वा ध्यायतः पश्यतश्च सुखोद्गमः अक्षयसुखाविर्भावो भवति। 'भ्रमतः' इति पाठे भ्रमन्नपि ध्यायन्नपि पश्यन्नपीति योज्यम् ।। १००।।

यह सारा विश्व यद्यपि ग्राह्य और ग्राहक क रूप में दिखाई पड़ता है, किन्तु अनुभव और तर्क के द्वारा परिष्कृत बुद्धि से जब इसके स्वरूप पर विचार किया जाता है तो ये सब इन्द्रजाल (जादू के खेल) की तरह माया से निर्मित; कपड़े, कागज आदि पर बनाये चित्र के समान कल्पित; अथवा नाव आदि सवारी पर चढ़ कर चलने पर जैसे वृक्ष-पर्वत आदि चलते हुए से नजर आते हैं, उसी तरह से भ्रमपूर्ण, कल्पना से प्रसूत (उत्पन्न) मालूम पड़ते हैं। इस सही स्थिति का ज्ञान हो जाने पर और उसी में अपने ध्यान को केन्द्रित कर देने पर योगी के चित्त में अक्षय सुख का आविर्भाव हो जाता है। 'भ्रमतः' यह पाठ मानने पर इसका अर्थ होगा कि साधक जब अपने स्पन्द स्वरूप में प्रतिष्ठित हो जाता है, तो वह भ्रमण करे, ध्यान करे अथवा देखे, उनमें अक्षय सुख की स्थिति सदा बनी रहती है। "शाक्ते क्षोभे" (५।७१) इत्यादि तन्त्रालोक के श्लोक की व्याख्या करते हुए जयरथ ने इस श्लोक को भी उद्धृत किया है ।।१००।।

[धारणा-७८]

न चित्तं निक्षिपेद् दुःखे न सुखे वा परिक्षिपेत् ।
भैरवि [2]ज्ञायतां मध्ये किं तत्त्वमवशिष्यते ।।१०१।।

हे भैरवि, सुखदुःखयोर्विषये चित्तस्थापनं न विधेयम्—अहं सुखी, अहं दुःखीति। शुद्धे स्वात्मनि अन्तःकरणधर्मान् सुखदुःखादीनध्यस्य न स्थेयमिति भावः।

---

१. भ्रमतो-ख०, भ्रमाद्वा-त०। २. ध्या°-ख०।

1. तन्त्रालोकविवेक (भा० ३, आ० ५, पृ० ३८०) में इसको देखा जा सकता है।

किन्तु ज्ञायतां त्वया स्वयमेव विचारय त्वम्, मध्ये किं तत्त्वमवशिष्यत इति। सुखदुःखयोर्मध्ये यत् तत्त्वं तत्साक्षिभूतं तदनुसन्धातृ एकं चित्तत्त्वम्, ऐकाग्र्येण तदेव विमृश इति तात्पर्यम्। 'ध्यायताम्' इति पाठे हे भैरवि, चित्तैकाग्र्यं विधाय किं तत्त्वमवशिष्यत इति ध्यायतां तन्मध्ये ध्यानमध्ये भैरवोदयः स्यादित्यर्थः ॥१०१॥

हे भैरवि, अपने चित्त को न तो सुख के विषय में ही स्थापित करे और न दुःख के विषय में ही कि मैं सुखी हूँ या दुःखी हूँ। शुद्ध स्वात्मा में अन्तःकरण के धर्म सुख-दुःख आदि की कल्पना करनी चाहिये, किन्तु योगी को यह स्वयं विचार करना चाहिये कि इन दोनों के बीच में कौन सा तत्त्व बच रहता है ? सुख और दुःख के बीच में जो तत्त्व है, वही साक्षीभूत, सुख-दुःख का अनुसन्धाता, एक चित् तत्त्व है। एकाग्र भाव से योगी को उसी चित् तत्त्व पर अपने चिन्तन को केन्द्रित कर देना चाहिये। 'ध्यायताम्' ऐसा पाठ मानने पर इसका अर्थ यह होगा कि हे भैरवि, चित्त को एकाग्र करने पर सुख और दुःख के बीच में जो तत्त्व बच रहता है, उसमें अपने ध्यान को केन्द्रित कर देने वाले योगियों को उसी ध्यान में भैरव स्वरूप की अभिव्यक्ति हो जाती है ॥१०१॥

[धारणा–७९]

विहाय निजदेहास्थां सर्वत्रा[1]स्मीति भावयन्[2]।
दृढेन मनसा दृष्टया नान्येक्षिण्या सुखी भवेत् ॥१०२॥

निजदेहे आस्थां स्वदेहे प्रमातृतां न देहोऽहमित्यादिना विहाय, सर्वत्रास्मीति सर्वमिदमहमेवेति सदाशिवेश्वरादिवन्न तु 'चिद्धर्मा' (श्लो० ९८) इत्युक्तचिन्मात्रात्मशिववत्, दृढेन निःसंशयेन, मनसा चित्तेन, तथा दृष्ट्या स्वसंविदा नान्येक्षिण्या प्रोक्तवस्तुविमर्शैकाग्रया भावयन् सुखी भवेत् ॥१०२॥

अपने शरीर में आस्था, प्रमातृभाव को छोड़कर, अर्थात् मैं केवल इस देह में ही नहीं हूँ, किन्तु सदाशिव अथवा ईश्वर की तरह सर्वत्र मैं ही हूँ, सब कुछ मैं ही हूँ, इस भावना का अभ्यास करे। संशय रहित चित्त से तथा अपनी संवित्ति के बल पर, जो कि उक्त स्वरूप के विमर्श (विचार) में स्थिर है, अन्य किसी वस्तु का चिन्तन नहीं करती, इस भावना के विकास में लगा योगी सुखी हो जाता है। 'चिद्धर्मा' इत्यादि कारिका में सभी शरीरों में चिति की भावना का उपदेश दिया गया है। उसके विपरीत यहाँ अपने देह के अभिमान को छोड़कर सभी शरीरों में अपनी प्रमातृता, अपनी सत्ता के विकास की भावना का विधान है। इन दोनों धारणाओं का यह स्पष्ट अन्तर है।

प्रस्तुत श्लोक में यह स्पष्ट किया गया है कि शिव और शक्ति का अपनी आत्मा के साथ सामरस्य संपादन करने वाले योगी के चित्त में समस्त विश्व के साथ अहंभाव की अभिव्यक्ति होती है, अर्थात् वह अपने को विश्वस्वरूप समझने लगता है। विश्वाहन्ता के

---

१. °मस्मीं–ख०। २. °येत्–ख०।

विकास की यह प्रक्रिया विरूपाक्षपञ्चाशिका जैसे शास्त्रों में भी वर्णित है। तत्त्वमंजरीकार इस तरह के अहंभाव को भी स्वीकार नहीं करते। वे बौद्ध मत का अनुमोदन करने में रस लेते हुए से कहते हैं—

यतस्ततो वाऽस्तु भयं यद्यहं नाम किञ्चन।
अहमेव न किञ्चिच्चेद् भयं कस्योपजायते ॥

अर्थात् यदि मैं कुछ होऊँ, तब मुझे इधर-उधर, जहाँ-तहाँ से भय हो सकता है। यदि मैं ही कुछ नहीं हूं, तो फिर भय किसको पैदा होगा। इसविचार से बौद्ध विद्वान् सहमत है, जब कि वे कहते हैं—

सत्यात्मनि परसंज्ञा स्वपरविभागे च रागविद्वेषौ।
अनयोः संप्रतिबद्धा सर्वे दोषाः प्रजायन्ते ॥

(प्र० वा० १।२२१-२२२)

अर्थात् अपनी आत्मा के रहने पर दूसरी आत्मा की बात उठती है। यह अपना है, यह पराया है, ऐसी कल्पना हो जाने पर अपने से राग और दूसरे से द्वेष उत्पन्न होने लगता है। समस्त प्राणियों में इस राग और द्वेष से जुड़े हुए ही अन्य समस्त छोटे-छोटे दोष उत्पन्न होते हैं।

इसके विपरीत विमर्शदीपिका में इस अहंभाव की एक अलग व्याख्या की गई है। जैसे कि—

विश्वात्म विश्वोत्तीर्णं च स्वतन्त्रं दिव्यमक्षरम्।
अहमित्युत्तमं तत्त्वं समाविश्य बिभेति कः ॥

अर्थात् विश्वात्मक होते हुए भी विश्वोत्तीर्ण, स्वतन्त्र, दिव्य, अक्षर तत्त्व ही 'अहम्' नाम से कहा जाता है। इस प्रकार के 'अहम्' तत्त्व में धारणा स्थिर हो जाने पर भय किसको छू सकता है? किसी आचार्य ने ठीक ही कहा है—

एककोऽहमिति संसृतौ जनस्त्राससाहसरसेन खिद्यते।
एककोऽहमिति कोऽपरोऽस्ति मे इत्थमस्मि गतभीर्व्यवस्थितः ॥

अर्थात् इस संसार में जब मनुष्य यह सोचता है कि मैं अकेला हूँ, मेरा कोई सहायक नहीं है, तब वह भयभीत रहता है। किन्तु जब वह यह सोचता है कि मैं अकेला ही तो इस संसार में हूँ, यह सब कुछ मुझ से अलग छोड़े ही है, तब वह निर्भय होकर रहता है। इस प्रकार आगमशास्त्र में अहंभाव को भगवत्स्वरूप ही माना गया है। अद्वयसम्पत्तिकार वामननाथ के द्वारा प्रतिपादित अहंभाव की व्याख्या पहले (श्लो० ८८) की जा चुकी है। इस प्रकार यह अहंभाव उपादेय है, त्याज्य नहीं।

परिमित अहन्ता का, अहंकार का तो त्याग होना ही चाहिये। जैसा कि तपस्विराज ने कहा है—

सुविषममवादंष्ट्राविदलितजनधैर्यशोणितपिपासुः।
अहमिति पिशाच एष त्वत्स्मृतिमात्रेण किङ्करीभवति ॥

अर्थात् अहंकार की ममता रूपी बड़ी तीखी डाढ़ें होती हैं। इनकी पकड़ में आने पर मनुष्य का धैर्य छूट जाता है। तब यह अहंकार रूपी पिशाच उस मनुष्य का रक्त चूसने लगता है, अर्थात् उसकी सद्बुद्धि पर आवरण डाल देता है। किन्तु मनुष्य जब भगवान् की शरण में पहुँच जाता है, तो यही पिशाच उसका सेवक बन जाता है। भगवान् ने भगवद्गीता[1] के सोलहवें अध्याय में आसुरी सम्पत्ति के रूप में इस अहंकार रूपी पिशाच का बड़ा हृदयहारी वर्णन किया है ॥१०२॥

[धारणा–८०]

घटादौ यच्च विज्ञानमिच्छाद्यं वा ममान्तरे ।
नैव सर्वगतं जातं भावयन्निति सर्वगः ॥१०३॥

सर्वगतं सदा सर्वत्र सर्वास्ववस्थासु परिदृश्यमानं यद् घटादौ विज्ञानं घटोऽयमित्यादिनाऽनुभूयमानम्, यच्च ममान्तरे इच्छादिकम् एवं करोमीत्यादिना प्रतीयमानम्, तत्सर्वं जातमपि किमपि न भवति, निःसारत्वादिति भावयन् सर्वगः सर्वत्र प्रकाशस्वरूपः, स्यादिति शेषः।

अथवा घटादौ विषये यदस्मदादेर्विषयिणो ज्ञानमिच्छाद्यं वा यदस्ति तन्ममैवान्तरे हृदयमध्ये नैव, किन्तु सर्वगतं जातं तद्भवतीत्यन्वयः। एवकारो भिन्नक्रमः, स तु 'मम' इत्यनन्तरं बोद्धव्यः। सर्वेषां घटादीनामप्यस्मदादिविषयं ज्ञानमिच्छाद्यं वाऽस्ति। तेन किं जातम्? घटादयोऽपि जानन्त्यस्मदादिज्ञानेन, तथा सदाशिवादिरपि क्रिमिपर्यन्तं मदात्मना जानाति इच्छति वा, क्रिमिरप्यस्मदादिप्रभृति सदाशिवान्तं जानाति इच्छति चेति ज्ञानक्रियात्मकं सर्वं सर्वात्मकमिति भावयन् धारणां कुर्वन् सर्वगतां भवेत् ॥१०३॥

सदा, सर्वत्र, सभी अवस्थाओं में दिखाई पड़ने वाला 'यह घट है' इस प्रकार का बाह्य घट प्रभृति पदार्थों का अनुभव और मेरे भीतर प्रतीत हो रहे, 'मैं ऐसा करता हूँ' इस प्रकार के इच्छा प्रभृति भाव, वे सब निःसार होने से पैदा होते हुए भी कुछ नहीं है। अतः उनकी शून्य रूप में भावना करने पर योगी सर्वत्र व्याप्त हो जाता है, सभी स्थितियों में प्रकाशस्वरूप हो जाता है।

अथवा इस श्लोक की दूसरी व्याख्या इस तरह से की जा सकती है—घट आदि विषय में भी अस्मदादि विषयी का भान अथवा इच्छा प्रभृति भावों का उदय होता है, अर्थात् वह केवल मेरे हृदय में ही नहीं होते, किन्तु उनकी प्रतीति तो सर्वत्र घट-पट आदि में भी होती है। यहाँ 'नैव' के साथ जुड़े हुए एवकार को 'मम' के साथ जोड़ना चाहिये। तब श्लोक का अन्वय इस तरह से होगा—ममैव अन्तरे न, (किन्तु) सर्वगतं जातम्। तदनुसार ही यह

1. भगवद्गीता में इस आसुरी सम्पत्ति का वर्णन 'आसुरं पार्थ मे शृणु' इस छठे श्लोक से लेकर 'आसुरीं योनिमापन्नाः' इस बीसवें श्लोक तक विस्तार से किया गया है।

दूसरा अर्थ किया गया है। घट-पट आदि सभी पदार्थों में अस्मदादि विषयक ज्ञान अथवा इच्छा प्रभृति भाव विद्यमान हैं, यह कह कर आप क्या सिद्ध करना चाहते हैं ? इससे हम यह सिद्ध करना चाहते हैं कि हमारे ज्ञान के घट आदि में संक्रान्त हो जाने से वे भी ज्ञानवान् हो जाते हैं। सदाशिव प्रभृति जैसे क्रिमि-कीट पर्यन्त सभी पदार्थों को अपने से अभिन्न मानते हैं और उनको चाहते हैं, उसी तरह क्रिमि-कीट भी अस्मदादि से लेकर सदाशिव पर्यन्त सभी को जानते हैं और उनको चाहते हैं। ज्ञान और क्रिया की इस समानता के आधार पर जगत् के सभी पदार्थ सर्वात्मक हैं। इस तरह की धारणा का अभ्यास करने वाला योगी सर्वत्र व्याप्त हो जाता है। यही विषय सोमानन्द की शिवदृष्टि में भी प्रतिपादित है—

घटो मदात्मना वेत्ति वेद्म्यहं च घटात्मना ॥
सदाशिवात्मना वेद्मि स वा वेत्ति मदात्मना।
नानाभावैः स्वमात्मानं जानन्नास्ते स्वयं शिवः ॥

(५।१०५-१०६, १०९)

सभी भावों की सर्वात्मकता का प्रतिपादन शिवदृष्टि के प्रथम और पंचम आह्निक के अन्त में विस्तार से किया गया है। यह वहीं अवलोकनीय है ।।१०३।।

[धारणा-८१]

[1]ग्राह्यग्राहकसंवित्तिः सामान्या सर्वदेहिनाम्।
योगिनां तु विशेषोऽय[1] संबन्धे सावधानता ।।१०४।।

सर्वदेहिनां सदाशिवादिकीटान्तानाम् इदं ग्राह्यम् अयं ग्राहक इत्यादिना यो व्यवहारः स सामान्य एव। यदेको जानाति तदपरोऽपि जानातीति नात्र कश्चन विशेष इति भावः। परन्तु योगिनामयमेव विशेषः—सम्बन्धे ग्राह्यग्राहकस्वरूपावधारणे सावधानता ग्रहीतृरूपाविस्मरणम् ॥१०४॥

सदाशिव से लेकर कीट पर्यन्त सभी प्राणियों में यह वस्तु ग्राह्य है और यह प्रमाता उसका ग्राहक है, इस तरह का व्यवहार समान रूप से विद्यमान है। इनके संवेदन (ज्ञान) में परस्पर कोई विशेषता या विलक्षणता नहीं है, क्योंकि किसी वस्तु को एक प्रमाता जिस तरह से देखता है, दूसरा प्रमाता भी उसी तरह से देखता है। यह तो योगियों की ही विशेषता है कि वे सम्बन्ध के प्रति अधिक सावधान रहते हैं, अर्थात् ग्राह्य और ग्राहक के स्वरूप का अवधारण करते समय उनको अपने चित् स्वरूप की कभी विस्मृति नहीं होती और वे इस

---

१. °षोऽस्ति—क०।

1. शिवसूत्रविमर्शिनी (पृ० १८, ६८), महा० परि० (पृ० १५४), तन्त्रा० वि० (भा० ७, आ० १०, पृ० १४०), ई० प्र० वि० वि० (भा० १, पृ० ७७; भा० २, पृ० ४०५), प्रत्यभिज्ञाहृदय (पृ० ३८) में यह श्लोक उद्धृत है। नेत्रतन्त्र० (भा० २, पृ० ३७), ई० प्र० वि० वि० (भा० २, पृ० ५०; भा० ३, पृ० ३०, ५२) में केवल चतुर्थ चरण उद्धृत है।

बात में सदा सावधान रहते हैं कि मैं स्मर्ता हूँ, सदा प्रकाशस्वरूप हूँ तथा मुझसे भिन्न सब कुछ वेद्य (ज्ञेय) है, अनित्य है, अत एव असत् कहलाता है। यह सत् और असत् वस्तु का विवेक कभी योगी से अलग नहीं होता।

यह श्लोक, विशेष कर इसका चतुर्थ चरण अनेक ग्रन्थों में उद्धृत है। इससे इस श्लोक की महत्ता सिद्ध होती है। यह सावधानी लौकिक कार्यों को पूरा करने के लिए भी जब अत्यन्त आवश्यक है, तब योगी के लिए तो इसकी उपयोगिता के विषय में कहना ही क्या! कहा जा सकता है कि किसी भी कार्य की सिद्धि के लिए सावधानी पहली शर्त है ॥१०४॥

[धारणा–८२]

स्ववदन्यशरीरेऽपि संवित्तिमनुभावयेत्।
अपेक्षां स्वशरीरस्य त्यक्त्वा व्यापी दिनैर्भवेत् ॥१०५॥

स्ववत् स्वीयदेहवत्, अन्यशरीरेऽपि स्वावयवभूते सर्वदेहसमूहे संवित्तिं चेतनां स्वकीयामहन्ताम्[2] अनुभावयेत्। कथम्? स्वशरीरस्य अपेक्षां त्यक्त्वा चिन्मात्ररूपस्य मम सर्वत्र तुल्यस्थितित्वेन निखिलं जगन्ममेव वपुः, न तु एकदेशावयवतुल्योऽयं देहवराकः, एतस्मिन् देहावयवे नष्टेऽप्यन्ये सर्वे देहा मम सन्त्येवेति किमनेन? इत्थं ममताविषयीकृतां स्वशरीरापेक्षां त्यक्त्वा कतिपयैर्दिनैरेव सर्वव्यापको भवेत् ॥१०५॥

किसी ज्ञान के लिये अपने शरीर की भी आवश्यकता रहती है, इस बात का विचार किये बिना अपने बाह्य देह की तरह दूसरे व्यक्ति के बाह्य देह में भी एक ही तरह की संवित्ति अनुगत रूप से प्रवाहित हो रही है, ऐसी भावना करे। अपने शरीर में अविनाभाव सम्बन्ध से विद्यमान संवित् का रूप दूसरे के बाह्य शरीर में भी अनुगत है, इस तरह के विचार को निरन्तर अभ्यास के द्वारा दृढ़ करे। इस भावना का अभ्यास करने से "तद्बुद्धय-स्तदात्मानस्तन्निष्ठास्तत्परायणाः" (५।१७) इत्यादि भगवद्गीता के वचन के अनुसार विदेह कैवल्य की सिद्धि हो जाती है। साथ ही "विद्याविनयसम्पन्ने ब्राह्मणे गवि हस्तिनि" (५।१८) इस गीता वाक्य में उपदिष्ट पद्धति से सर्वत्र ब्रह्म का दर्शन करने से महाविदेह कैवल्य की भी प्राप्ति होती है। [3]विदेह कैवल्य और महाविदेह कैवल्य की सिद्धि हो जाने पर योगी में

---

1. ई० प्र० वि० वि० (भा० २, पृ० ३११) में इस श्लोक का प्रथम और तृतीय चरण तथा वहीं (पृ० ४२७) उत्तरार्ध मात्र मिलता है।
2. पृ० १०० की तीसरी टिप्पणी में विश्वाहन्ता की संक्षिप्त व्याख्या की गई है। इस विश्वाहन्ता का विकास होने पर योगी की अपने शरीर की ही भाँति अन्य शरीरों में भी अहन्ता-बुद्धि स्थिर हो जाती है।
3. विवेक ख्याति से मनुष्य जड़ से अर्थात् त्रिगुणात्मक प्रकृति से अपने को पृथक् अर्थात् द्रष्टा के रूप में समझ या पहचान सकता है। इस अवस्था में देह का बोध नहीं रहता, केवल निष्क्रिय आत्मस्वरूप ही रहता है। इसी स्थिति को साधारणतया विदेह कैवल्य के नाम

परकायप्रवेश आदि के द्वारा नाना प्रकार के शरीरों में उन-उन कर्मों का भोग पूरा करने के अभिप्राय से विहार करने का और नाना सुखों को भोगने का सामर्थ्य आ जाता है। अपने देह का सहारा लिये बिना दूसरे के शरीर में संवित् स्वरूप की भावना कैसे करें ? इसका उत्तर श्लोक में ही 'स्ववत्' पद से दिया गया है। जैसे अपनी आत्मा में अपने शरीर का सहारा छोड़ कर योगी अपने संवित्स्वरूप का चिन्तन करता है, वैसे ही दूसरे के जीवित अथवा मृत शरीर में भी अपने संवित्स्वरूप के विमर्श को अनुगत करे। इसमें योगी की इच्छा ही नियामिका है कि वह अपने विमर्श को जीवित शरीर से अनुगत करेगा या मृत शरीर से। जीवित शरीर में विमर्श को अनुगत करने पर [1]वशिता, यत्रकामावसायिता आदि सिद्धियाँ प्राप्त होती हैं। अपने संवित्स्वरूप के परामर्श के बल से किसी मरे हुए राजा आदि के शरीर में प्रविष्ट होकर योगी नाना प्रकार के भोगों को भोगता है, अथवा अपना अभीष्ट प्रयोजन सिद्ध करता है।

इससे यह सिद्ध होता है कि संवित्स्वरूप को कभी भी शरीर की अपेक्षा नहीं रहती, क्योंकि यह संवित्स्वरूप सर्वत्र अनुगत है। एक शरीर तो दूसरी जगह नहीं रह सकता। जैसे कि स्वप्नावस्था में चिदात्मा की तो अनुवृत्ति रहती है, क्योंकि स्वप्न के साक्षी के रूप में उस समय भी उसका स्फुरण विद्यमान है; किन्तु स्थूल शरीर उस समय नहीं रहता, क्योंकि उसकी वहाँ प्रतीति नहीं होती। सुषुप्ति अवस्था में तो केवल चिति की ही अनुवृत्ति रहती है, क्योंकि साक्षी के रूप में उस समय भी उसका स्फुरण विद्यमान है। अन्यथा यह कौन सोया है ? इस प्रश्न का उत्तर आप क्या देंगे ? इसके लिये स्वात्मस्वरूप संवित्ति की अनुवृत्ति माननी पड़ेगी। स्वप्नावस्था में जैसे स्थूल शरीर की निवृत्ति हो जाती है, उसी तरह सुषुप्ति दशा में सूक्ष्म शरीर की भी निवृत्ति माननी पड़ती है, क्योंकि उस अवस्था में गाढ निद्रा के कारण पदार्थों के दर्शन-स्पर्शन का आभास भी नहीं बच रहता। इसी तरह से चित्त के समाधिस्थ हो जाने पर तुरीय दशा में शुद्ध चिदानन्द का स्फुरण होने से आत्मा की वृत्ति रहती है, क्योंकि उस समय वह समाहित अवस्था में रहता है। सुषुप्ति दशा में प्रतीत होने वाले कारण देह रूप अज्ञान की भी तुरीय दशा में निवृत्ति हो जाती है। इस तरह से उक्त चार अवस्थाओं में उक्त तीनों शरीरों की नियमतः अनुवृत्ति नहीं होती, किन्तु आत्मा की संवित्स्वरूपता तो सर्वत्र अनुवृत्त रहती है। अतः इसके लिए उस-उस शरीर की अपेक्षा के न रहने से यह कहना

से जाना जाता है। "बहिरकल्पिता वृत्तिर्महाविदेहा ततः प्रकाशावरणक्षयः" (३।४३) इस योगसूत्र के व्यासभाष्य में विदेह और महाविदेह कैवल्य की व्याख्या की गई है और परकायप्रवेश की चर्चा आई है।

[1] वशिता का अर्थ है सर्ववशीकार, सबको अपने वश में कर लेने का सामर्थ्य। यत्रकामावसायिता का तात्पर्य है जिस वस्तु को प्राप्त करने की चाह (इच्छा) योगी के मन में उत्पन्न होती है, वह अवसित हो जाती है, पूरी हो जाती है, उसकी इच्छा का कभी विघात नहीं होता।

ठीक ही है कि अपने शरीर की अपेक्षा को त्याग कर और सभी शरीरों को अपना ही मान कर योगी कुछ ही दिनों में सर्वत्र व्याप्त हो जाता है, अर्थात् वह सांसारिक दोष-जालों से सर्वथा स्वतन्त्र हो जाता है।

इस श्लोक का वास्तविक अभिप्राय यह है कि अपने शरीर की भाँति अन्य शरीरों में भी—"स्वाङ्गकल्पेषु भावेषु पत्युर्ज्ञानं क्रिया च सा" (४।१।४) इस प्रत्यभिज्ञाकारिका के अनुसार भगवान् की ज्ञान और क्रिया शक्ति का विकास मानकर सर्वत्र चैतन्य की समान स्थिति की ही भावना करे कि अपने शरीर की उपेक्षा कर देने पर अथवा सभी शरीरों को अपना मान लेने पर चिन्मात्रस्वरूप सर्वत्र समान रूप से अनुस्यूत (अनुगत) है। अर्थात् यह सारा जगत् मेरा ही शरीर है, इस तरह की भावना का योगी को अभ्यास करना चाहिये। इस एक शरीर के नष्ट हो जाने पर भी मेरे ये सब दूसरे शरीर तो विद्यमान हैं ही, इस भावना के आधार पर अपने शरीर की ममता योगी को छोड़ देनी चाहिये। इस वेचारे अपने एक शरीर को उस अंग की तरह नहीं मान लेना चाहिये, जहाँ से कि प्राण के निकल कर गले में अटक जाने पर व्यक्ति को मरा समझ लिया जाता है। ऐसी नासमझी कर बैठने पर तो यह साधक भी मृतप्राय, मुर्दे के बराबर हो जायगा। जैसा कि विरूपाक्षपंचाशिका के इस श्लोक में बताया गया है—

[1]उत्क्रम्य विश्वतोऽङ्गात् तद्भागैकतनुनिष्ठिताहन्तः।
कण्ठलुठत्प्राण इव व्यक्तं जीवन्मृतो लोकः॥ (श्लो० ५)

ऐसी भूल न हो, इसके लिये साधक को चाहिये कि अपने शरीर की तरह अन्य शरीरों में भी स्वसंवित्ति की समान रूप से अनुवृत्ति की भावना करे। ऐसा करने पर वह कुछ ही दिनों में सर्वव्यापक हो जाता है। ईश्वरप्रत्यभिज्ञाविवृतिविमर्शिनी (भा० २, पृ० ३११,४२७) में दो स्थलों पर यह श्लोक उद्धृत है॥१०५॥

[धारणा–८३]

निराधारं मनः कृत्वा विकल्पान्न विकल्पयेत्।
तदात्मपरमात्मत्वे भैरवो मृगलोचने॥१०६॥

हे मृगलोचने, निराधारं त्यक्तबाह्यालम्बनं मनः कृत्वा यदा विकल्पान् न विकल्पयेत् संकल्पकला यदा न विकल्पयेत्, तदा आत्मपरमात्मत्वे जीवात्मपरमात्मभावे, उभयोरप्यवस्थयोरिति यावत्, भैरव एव भैरवरूपः परमात्मैव भवति। संकल्पकलया जीवत्वम्, निर्विकल्पदशया ब्रह्मत्वमित्यतो विकल्पान् न विदध्यादिति भावः ॥१०६॥

---

1. श्लोक का अर्थ इस प्रकार होगा—अपने विश्वमय शरीर को अज्ञानवश भूलकर प्राणी मनुष्य, देव आदि के कल्पित स्थूल शरीर को अपना मानने लगता है। इस जरा-रोग ग्रस्त शरीर में उसके प्राण कंठ में अटके रहते हैं और वह जीवित रहता हुआ भी मुर्दे के समान लगता है।

हे मृगनयनि, बाह्य और आन्तर आलम्बनों का परित्याग कर मन को निराधार कर देना चाहिये और ऐसा कर लेने के बाद संकल्प-विकल्प के लवलेश को भी फिर मन के पास नहीं फटकने देना चाहिये। इस धारणा का अभ्यास पूर्ण हो जाने पर वह जीवात्मा की दशा हो या परमात्मा की, इन दोनों ही अवस्थाओं में भैरव स्वरूप ही मात्र बच रहता है। संकल्प की कला में जीवभाव और निर्विकल्प दशा में ब्रह्मभाव विद्यमान रहता है, अतः साधक को चाहिये कि वह सभी विकल्पों का परित्याग कर ब्रह्मभाव में, परभैरव स्वरूप में, समाविष्ट होने के लिये सतत इस धारणा का अभ्यास करता रहे ॥१०६॥

[धारणा–८४]

[1]सर्वज्ञः सर्वकर्ता च व्यापकः परमेश्वरः।
स एवाहं शैवधर्मा इति दार्ढ्याच्छिवो [2]भवेत् ॥१०७॥

शिवस्यायं शैवो धर्मः स्वच्छस्वातन्त्र्यादिर्यस्य स शैवधर्मा, स एवाहम् अहमेव स सर्वज्ञः सर्वकर्ता व्यापकः परमेश्वर इति दार्ढ्यादसंदिग्धत्वेन भावनात् शिवो भवेत् परमशिवस्वरूपः स्यात् ॥१०७॥

ईश्वरप्रत्यभिज्ञा की निम्न कारिका में दो तरह की प्रत्यभिज्ञा का प्रतिपादन किया गया है। इसमें प्रथम प्रत्यभिज्ञा का स्वरूप यह है कि मैं शुद्ध बोधस्वरूप हूँ। दूसरे प्रकार की प्रत्यभिज्ञा यह है कि सारा जगत् मेरा ही विस्तार है, अर्थात् इस जगत् के रूप में मैं ही फैला हुआ हूँ। इन दोनों तरह की प्रत्यभिज्ञाओं का उदय हो जाने पर साधक विश्वमय हो जाता है। उस स्थिति में उसके चित्त में विकल्पों का प्रादुर्भाव होने पर भी वह अपनी शिवावस्था में ही प्रतिष्ठित रहता है। जैसे कि—

सोऽहं ममायं विभव इति प्रत्यभिजानतः।
विश्वात्मनो विकल्पानां प्रसरेऽपि महेशता ॥ (४।१।१२)

शिवोपाध्याय का यहाँ कहना है कि प्रस्तुत श्लोक में और इसके आगे के श्लोक में प्रत्यभिज्ञा के इन्हीं दो स्वरूपों में धारणा को केन्द्रित करने का विधान है। मैं शुद्ध स्वरूप हूँ, प्रत्यभिज्ञा के इस अंश पर धारणा को स्थिर करने की विधि यह है कि साधक यह भावना करे कि स्वच्छ, स्वातन्त्र्य आदि शिव धर्मों से युक्त, सर्वज्ञ, सर्वकर्ता, व्यापक, परमेश्वर मुझ से अलग नहीं है, अर्थात् ये सब धर्म मेरे ही हैं। इस तरह का दृढ निश्चय जब साधक के चित्त में गहरा पैठ जाता है, तो वह शिव ही बन जाता है, अर्थात् उसके चित्त में प्रथम प्रकार की प्रत्यभिज्ञा प्रकट हो जाती है और ऐसा होने पर जागतिक प्रपंच उसके चित्त में किसी प्रकार का विकार नहीं पैदा कर सकते, क्योंकि सभी अवस्थाओं में उसका यह शिवस्वरूप निरन्तर अनुस्यूत रहता है ॥१०७॥

---

१. °द् भवेच्छिवः—क०। २. °दयः—स्व०।

1. स्वच्छन्द० (भा० ६, प० १२, पृ० ७७), शिवसूत्रविमर्शिनी (पृ० १७), महा० परि० (पृ० २५) और तन्त्रा० वि० (भा० ३, आ० ५, पृ० ३७९) में यह उद्धृत है।

[धारणा–८५]

[1]जलस्येवोर्मयो वह्नेर्ज्वालाभङ्गयः[1] प्रभा रवेः ।
ममैव भैरवस्यैता विश्वभङ्गयो विभेदिताः[2] ॥१०८॥

यथा जलस्य ऊर्मयो जलादेव, वह्नेर्वा ज्वालाः, रवेर्वा प्रभाः, तथा एता विश्वभङ्गयो गमनागमनभोजनहवनदानप्रसारणनिर्गमनाद्याः संसारविच्छित्तिलहर्यो ममैव भैरवस्य मदीयादेव भैरवस्वरूपाद् विभेदिताः संजातभेदाः, सन्तीति भावयेदिति शेषः ॥१०८॥

यह जगत् मेरा ही विस्तार है, प्रत्यभिज्ञा के इस द्वितीय अंश पर धारणा को स्थिर करने की विधि यह है कि साधक यह भावना करे कि जैसे जल की लहरें जल से ही उठती हैं, अग्नि की ज्वाला अग्नि से ही निकलती है अथवा जैसे सूर्य का प्रकाश सूर्य से ही पैदा होता है, उसी तरह से स्वात्मस्वरूप भैरव से ही चलना-फिरना, भोजन, हवन, दान, प्रसारण, निर्गमन प्रभृति इस विश्व की सारी विचित्रताएँ प्रकट होती हैं । इस धारणा में दृढ़ता आ जाने पर योगी इस पूरे विश्व में अपने ही शिवस्वरूप को देखता है ।

शिवोपाध्याय का कहना है कि ईश्वरप्रत्यभिज्ञा की उक्त कारिका में कुछ लोग 'सर्वो ममाऽयम्' अथवा 'सर्गो ममाऽयम्' इस तरह के पाठभेद की कल्पना करते हैं, जो कि गलत है । यह बात तो सही है कि अभिनवगुप्त ने शिवोपाध्याय संमत पाठ को ही स्वीकार किया है और तदनुसार ही इसकी व्याख्या भी की है, यद्यपि वहाँ भी मूल में पाठ 'सर्वो ममाऽयम्' ही छपा है, किन्तु अपनी बात की पुष्टि में उनका यह कहना कहाँ तक उचित माना जा सकता है कि इन दो तरह की प्रत्यभिज्ञाओं के आधार पर ही 'स एवाहं शैवधर्मा (श्लो० १०७) और 'ममैव भैरवस्यैताः' (श्लो० १०८) विज्ञानभैरव के इन दो श्लोकों में दो तरह की धारणाओं का विधान किया गया है । इसका अर्थ तो यह हो जाता है कि विज्ञानभैरव की रचना उत्पल की ईश्वरप्रत्यभिज्ञा की रचना के बाद हुई, जहाँ कि उक्त दो प्रकार की प्रत्यभिज्ञा का विधान है, जिनके आधार पर कि विज्ञानभैरव में दो प्रकार की धारणाओं का विधान करना पड़ा । इसके विपरीत इस कल्पना को कौन रोक सकता है कि आपने ही विज्ञानभैरव के इन दो श्लोकों के आधार पर 'सोऽहं ममायम्' इस पाठ की परिकल्पना कर ली है, क्योंकि विज्ञानभैरव एक ईश्वर प्रोक्त शास्त्र है और इसका आविर्भाव अवश्य ही उत्पल से पहले हो चुका होगा । अभिनवगुप्त के प्रमाण पर इसी पाठ को उचित मानने का आग्रह किया जाय, तो उस परिस्थिति में यही मानना उचित होगा कि प्रत्यभिज्ञाकार ने पूर्व परम्परा से चली आ रही दो प्रकार की प्रत्यभिज्ञा का यहाँ वर्णन किया है, जिसकी कि स्पष्ट पुष्टि विज्ञानभैरव के इन दो श्लोकों से भी होती है ॥१०८॥

---

१. ङ्गाः–शि० त० । २. विनिर्गताः–शि० ।

1. शिवसूत्रवि० (पृ० १५) और तन्त्रा० वि० (भा० ३, आ० ५, पृ० ३७९) में यह श्लोक उद्धृत है ।

[धारणा-८६]

भ्रान्त्वा भ्रान्त्वा शरीरेण[1] त्वरितं भुवि पातनात् ।
क्षोभशक्तिविरामेण परा संजायते दशा ॥१०९॥

शरीरेण स्वदेहेन पुनः पुनरतिशयेन परिभ्रम्य अन्ते तस्य शरीरस्य त्वरितं शीघ्रं भुवि पातनात् क्षोभशक्तिविरामेण भुवि स्थितस्य शरीरस्य वेगशक्तेर्विरामे सति प रा निर्विकल्पदशा संजायते प्रादुर्भवति ॥१०९॥

अपने शरीर को साधक उसी तरह से चारों तरफ तेजी से घुमावे, जैसा कि बच्चे चक्करघानी खाते समय तेजी से घूमते हैं । घूमते-घूमते वह अपने शरीर को पृथ्वी पर गिरा दे । भूमि पर लुढक जाने पर उसको सब कुछ घूमता हुआ सा नजर आवेगा और थोड़ी देर के बाद एक विचित्र शान्ति का अनुभव होगा । यह एक प्रकार की निर्विकल्प अवस्था है । इस स्थिति में अपनी धारणा को स्थिर करने पर परम निर्विकल्प स्वात्मस्वरूप की अभिव्यक्ति हो जाती है । टीकाकारों ने यहाँ पूजा के अंग के रूप में प्रदक्षिण परिभ्रमण का और जीव के नाना योनियों में जन्म-मरण की परम्परा का उल्लेख कर इनमें धारणा जमाने की बात कही है, जिनका कि प्रस्तुत ग्रन्थ की धारणा-पद्धति से कोई साम्य नहीं है ॥१०९॥

[धारणा-८७]

आधारेष्वथवा[2]ऽशक्त्या[3]ऽज्ञानाच्चित्तलयेन वा ।
जातशक्तिसमावेशक्षोभान्ते भैरवं वपुः ॥११०॥

आधारेषु ज्ञानविषयेषु पदार्थेषु अशक्त्या असामर्थ्येन, अथवा अज्ञानात् ज्ञानादेरभावतः, वा अथवा, चित्तलयेन यो जातः शक्तौ अनाश्रिताख्यायां समावेशस्तेन क्षोभान्ते चञ्चलताविरामे सति भैरवं वपुः पूर्वोक्तस्वानुभवानन्दावस्थारूपम्, व्यज्यत इति शेषः ॥११०॥

आधार अर्थात् ज्ञान के विषयीभूत पदार्थों में असामर्थ्य के कारण जो चित्त का लय होता है, अथवा अज्ञान के कारण जो चित्त का लय होता है और इसके कारण जो अनाश्रित शक्ति में समावेश होता है, उससे क्षोभ अर्थात् चंचलता का विराम हो जाने पर साधक भैरव-शरीर हो जाता है, अर्थात् उसमें अपने अनुभव से ही जानी जा सकने वाली आनन्दात्मक अवस्था का आविर्भाव हो जाता है ॥११०॥

[धारणा-८८]

[1]सम्प्रदायमिमं देवि[4] शृणु सम्यग् वदाम्यहम् ।
कैवल्यं जायते सद्यो नेत्रयोः स्तब्धमात्रयोः[5] ॥१११॥

---

१. °राणि-ख० । २. °वा श°-ख० । ३. ध्या°-ख० । ४. भद्रे-ख० ई० ।
५. इतः परम्-'संकोचं कर्णयोः' इत्यादिकः श्लोकोऽधिको वर्तते-क० ।

1. ई० प्र० वि० वि० (भा० १, पृ० ७७; भा० ३, पृ० १६९, ३८६) में यह पूरा श्लोक अथवा उत्तरार्ध मात्र उद्धृत है ।

हे देवि, इमं सम्प्रदायं शृणु, अहं ते सम्यग् वदामि—नेत्रयोः स्तब्धमात्रयोः सर्वस्यास्य भेदाभेदमयस्य जगतो विस्मरणादन्तरात्मनि च दत्तदृष्टेर्योगिनः सद्यः कैवल्यं जायते, यत्र तत्र ज्ञानप्रकाशः स्यादेवेत्यर्थः। सर्वेपूक्तलक्ष्यमाणानुशासनेष्वेतेषु चिन्मात्रावधारणचित्तैकाग्र्याभ्यसनमभिप्रेतमस्तीत्यवधेयम् ॥१११॥

हे देवि, सुनो। मैं तुम्हें उस परम्परा का उपदेश करता हूँ, जिसका कि सही पद्धति से अभ्यास करने पर, अर्थात् भैरवी मुद्रा मे प्रदर्शित विधि से अपने नेत्रों को विषयों की ओर से समेट कर स्थिर कर लेने पर, इस सारे भेदात्मक और अभेदात्मक जगत् को भूलकर अपनी अन्तरात्मा की ओर दृष्टि फेर लेने पर योगी तत्काल कैवल्य को प्राप्त कर लेता है, जिस किसी भी परिस्थिति में हो शुद्ध स्वात्मस्वरूप में प्रतिष्ठित हो जाता है। इस ग्रन्थ म पहले बताई गई अथवा आगे बताई जाने वाली सभी धारणाओं का मुख्य उद्देश्य चित्त की एकाग्रता के संपादन के द्वारा चिन्मात्र स्वरूप की अभिव्यक्ति है ॥१११॥

[धारणा-८९]

[1]कूपादिके महागर्ते स्थित्वोपरि निरीक्षणात्।
अविकल्पमतेः सम्यक् सद्यश्चित्तलयः स्फुटम् ॥११२॥

कूप उदपानम्, आदिना गिरिशृङ्गादेर्ग्रहणम्। महागर्ते बृहत्सुषिरे कूपादौ स्थित्वा। सामीप्यं सप्तम्यर्थः। महाश्वभ्रादिसमीपे स्थित्वेति यावत्। उपरि निरीक्षणात् ऊर्ध्वमेव कूपाद्याकाशनिश्चलदृष्टय्वलोकनाद्धेतोः, अविकल्पमतेः अविद्यमानो विकल्पो यस्याः सा तथाविधा मतिर्यस्य तस्य निर्विकल्पबुद्धेर्भावकस्य सद्यस्तत्क्षणमेव चित्तलयश्चित्तप्रशान्तिरिति स्फुटं निश्चितम् ॥११२॥

बहुत गहरे कूप, खड्ड आदि के पास खड़ा होकर नीचे देखने पर अथवा पर्वत के ऊँचे शिखर के पास खड़ा होकर ऊपर ताकने पर एक अज्ञात भय की कल्पना से एक क्षण के लिये शरीर रोमांचित हो उठता है, चित्त निर्विकल्प दशा में प्रविष्ट हो जाता है। साधक जब इस क्षणिक निर्विकल्प दशा में अपने चित्त को तल्लीन कर लेता है, तो तत्क्षण उसका चित्त शान्त हो जाता है, इसमें कुछ भी सन्देह नहीं है। किसी भी भयजनक स्थिति में कुछ क्षण के लिये वेद्य अथवा अवेद्य कोटि में प्रविष्ट नील-पीत आदि पदार्थों की कोई सत्ता नहीं रह जाती। इस स्थिति में भैरव का परम घोरतर स्वरूप ही मात्र भासित होता है। इस भैरव स्वरूप में चित्त को स्थिर लेने पर साधक का चित्त तत्काल शान्त हो जाता है और तब उसके चित्त में परभैरव स्वरूप शिव का शान्त स्वरूप अभिव्यक्त हो उठता है ॥११२॥

---

१. °ते परिनि°–ख०।

1. नेत्रतन्त्रोद्योत (भा० १, पृ० २००) में यह श्लोक मिलता है।

[धारणा-९०]

[1]यत्र यत्र मनो याति बाह्ये वाऽऽभ्यन्तरे[2] प्रिये।
तत्र तत्र [3]शिवावस्था व्यापकत्वात् क्व[4] यास्यति ॥११३॥

यत्र यत्र यस्मिन् यस्मिन्, बाह्ये नीलपीतादौ, अपि वा अथवा, आभ्यन्तरे सुखदुःखादौ, मनो याति मनोविकल्पः संवेदनं प्रसरति, तत्र तत्र स्फुरत्संवित्सतत्त्वे, शिवावस्था शिवस्य चित्प्रकाशस्य अवस्था अवस्थानं क्व यास्यति? न क्वचिद् गमिष्यतीति भावः। अत्र हेतुः—व्यापकत्वादिति। दिक्कालाकारैः प्रकाशसारत्वात् प्रकाशमानैः प्रकाशात्मनः स्वात्मभैरवस्यानवच्छेदादित्यर्थः ॥११३॥

हे प्रिये, जहाँ-जहाँ नील-पीत आदि बाह्य पदार्थों में अथवा सुख-दुःख आदि आभ्यन्तर विषयों में मन का, अर्थात् उसके संकल्प-विकल्पात्मक संवेदनों का प्रसार होता है, वहाँ-वहाँ संवित् स्वरूप शिव ही चित्प्रकाश अवस्था में विद्यमान है। ऐसी स्थिति में यह मन उसको छोड़ कर जायगा कहाँ? इसका अभिप्राय यह है कि इस जगत् में ऐसी कोई स्थिति नहीं है, जहाँ कि शिव न प्रकाशित हो रहे हों। अतः जहाँ भी मन जायगा वहाँ शिव का प्रकाशात्मक स्वरूप अवश्य रहेगा। इसके विपरीत यह प्रकाशात्मक स्वात्मस्वरूप भैरव दिशा, काल, आकार आदि को तो प्रकाशित करता है, क्योंकि उसी भैरव के प्रकाश से ये प्रकाशित हैं, किन्तु ऐसा होते हुए भी वे उस प्रकाशात्मक भैरव को परिच्छिन्न नहीं कर सकते। इसी लिये यह प्रकाशात्मक भैरव मन से भी परिच्छिन्न नहीं हो सकता। इसके साक्षात्कार के लिये तो इस भावना के अभ्यास को ही तीव्र करना पड़ता है कि मेरा मन जहाँ-जहाँ जाता है, वहाँ-वहाँ सर्वत्र प्रकाशात्मक शिव विद्यमान है। इस धारणा का दृढ़ अभ्यास करने पर वह स्वात्म-स्वरूप स्वयं प्रकाशित हो जाता है।

यतो यतो निश्चरति मनश्चञ्चलमस्थिरम्।
ततस्ततो नियम्यैतदात्मन्येव वशं नयेत् ॥ (६।२६)

भगवद्गीता के इस वचन में चंचल मन को नियमित कर उसको आत्मप्रवण बनाने की बात कही गई है। इसके विपरीत प्रस्तुत श्लोक में यह बताया गया है कि मन जहाँ भी जायगा, वहीं प्रकाशात्मक स्वात्मस्वरूप विद्यमान रहेगा। अतः मन को उस विषय से हटा कर अन्तरात्मा की ओर खींच लाने की आवश्यकता नहीं है। किन्तु जहाँ भी मन लग जाय, उसको वहीं उसी स्थिति में स्थिर कर देना चाहिये। ऐसा करने से वहीं शिवावस्था विकसित हो जायगी, जिसकी कि चर्चा स्पन्दकारिका के (२८-३० श्लोकों) को उद्धृत कर पहले (श्लो० ३३ की व्याख्या में) की जा चुकी है।

---

१. तत्र—यो०। २. °ऽपि वा—क०। ३. परा°—यो०। ४. प्रकाश्यते—यो०।

1. परमार्थसार (पृ० १४८), स्वच्छन्द० (भा० ३, प० ७, पृ० ३१२) और योगिनी० दीपिका (पृ० १९२, २९९, ३४३) में यह श्लोक प्राप्त होता है।

इस अवस्था को योगशास्त्र में छः समाधियों का अभ्यास पूरा हो जाने पर प्राप्त सप्तम समाधि कहते हैं, जो कि बिना ही प्रयत्न के (ईश्वर या गुरु की कृपा से अथवा स्वतः उत्पन्न प्रातिभ ज्ञान से) अपने स्वरूप का साक्षात्कार कराने में समर्थ होने के कारण 'नित्य समाधि' के नाम से प्रसिद्ध है। शिवोपाध्याय के द्वारा उद्धृत [1]वाक्यसुधा नामक ग्रन्थ में इन समाधियों के लक्षण बताये गये हैं। चित्त जब अखण्ड आत्मा में, अद्वयस्वरूप ब्रह्म में स्थिर हो जाता है, तो उसे 'समाधि' कहते हैं। इस समाधि का अभ्यास बाह्य और आन्तर विषयों को आलम्बन बना कर दो स्थानों में किया जा सकता है—भीतर और बाहर। आन्तर विषयों को आलम्बन बना कर हृदय प्रदेश में अभ्यस्त समाधि सविकल्पक और निर्विकल्पक के भेद से दो तरह की होती है। इनमें से सविकल्पक समाधि के भी दो भेद होते हैं—दृश्यसंपृक्त और शब्दसंपृक्त। इनमें से दृश्यसंपृक्त समाधि का स्वरूप इस तरह से बताया गया है—

कामाद्याश्चित्तसादृश्यात् तत्साक्षित्वेन चेतनाम्।
ध्यायेद् दृश्यानुविद्धोऽयं समाधिः सविकल्पकः ।।२४।।

अर्थात् काम, क्रोध आदि चित्त के धर्म हैं, क्योंकि इनमें परस्पर समानता है। अतः इनके साक्षी के रूप में अपनी चेतना को स्थिर करना चाहिये। यह दृश्यानुविद्ध सविकल्पक समाधि कहलाती है। इसको स्थूल सविकल्पक समाधि कहते हैं। सूक्ष्म सविकल्पक समाधि का स्वरूप वहीं इस तरह से वर्णित है—

असङ्गः सच्चिदानन्दः स्वप्रभो द्वैतवर्जितः।
अस्मीति शब्दविद्धोऽयं समाधिः सविकल्पकः ।।२५।।

अर्थात् मैं असंग, सच्चिदानन्द स्वरूप, स्वयंप्रकाश, अद्वय तत्त्व हूं, इस भान (ज्ञान) में चित्त को अवस्थित करने का नाम सविकल्पक शब्दसंपृक्त समाधि है। इस तरह प्रयत्नपूर्वक अभ्यास करने से उक्त दो समाधि दशाओं की प्राप्ति हो जाने पर अपने आप होने वाली तीसरी निर्विकल्पक समाधि का स्वरूप यह बताया गया है—

स्वानुभूतिरसावेशाद् दृश्यशब्दावुपेक्ष्य तु।
निर्विकल्पः समाधिः स्यान्नि[१]वातस्थलदीपवत् ।।२६।।

अर्थात् स्वात्मस्वरूप के अनुभव का आनन्द मिलने पर दृश्य और शब्द की उपेक्षा कर साधक जब अपने चित्त को पवन रहित स्थान में रखे दीपक की तरह स्थिर कर लेता है, तो यह निर्विकल्पक समाधि कही जाती है। इस तरह सविकल्पक के दो भेदों के साथ इस निर्विकल्पक

---

१. °वातस्थित°—वा०।

1. शंकराचार्य विरचित ग्रन्थों में वाक्यसुधा की भी गणना की जाती है। अन्य टीकाकार इसको विद्यारण्य की कृति मानते हैं। इसके २२-२३ श्लोकों में समाधि का लक्षण और उसके भेद बताये गये हैं। जैसे कि—"उपेक्ष्य नामरूपे द्वे सच्चिदानन्दवस्तुनि। समाधिं सर्वदा कुर्याद् हृदये चाथवा बहिः।। सविकल्पो निर्विकल्पः समाधिर्द्विविधो हृदि। दृश्यशब्दानुवेधेन सविकल्पः पुनर्द्विधा।।" इनका अर्थ ऊपर टीका में कर दिया गया है।

समाधि को मिला देने से समाधि के तीन भेद हो जाते हैं। ये तीनों भेद आन्तर समाधि के हैं। सूर्य, चन्द्र, आकाश आदि बाह्य वस्तुओं को आलम्बन बनाने से भी समाधि के तीन भेद होते हैं। जैसे कि—

हृदीव बाह्यदेशेऽपि यस्मिन् कस्मिंश्च वस्तुनि।
समाधिराद्यः सन्मात्रे[1] नामरूपपृथक्स्थितः ॥२७॥

अर्थात् हृदय की ही भाँति जिस किसी बाह्य आलम्बन चन्द्र, सूर्य, आकाश प्रभृति सत्स्वभाव दृश्यों के नाम और रूप की अलग-अलग हो रही प्रतीति में चित्त को स्थिर करना दृश्यानुविद्ध सविकल्पक समाधि कही जाती है। शब्दानुविद्ध सविकल्पक समाधि का स्वरूप यह है—

अखण्डैकरसं वस्तु सच्चिदानन्दलक्षणम्।
इत्यविच्छिन्नचिन्तेयं समाधिर्मध्यमो भवेत् ॥२८॥

अर्थात् सच्चिदानन्द स्वरूप वस्तु अखण्ड और एकरस है, इस तरह की निरन्तर प्रवहमान चित्त की दशा को मध्यम समाधि, अर्थात् शब्दानुविद्ध सविकल्पक समाधि कहते हैं। बाह्य आलम्बन में भी केवल ब्रह्माकार वृत्ति का उदय होने पर जब मन निश्चेष्ट हो जाता है, तो यह निर्विकल्पक समाधि संपन्न होती है, जिसका कि लक्षण इस प्रकार बताया गया है—

स्तब्धीभावो रसास्वादात् तृतीयः पूर्ववन्मतः।
एतैः समाधिभिः षड्भिर्नयेत् कालं निरन्तरम् ॥२९॥

अर्थात् ब्रह्म से भिन्न बाह्य वस्तु कुछ भी नहीं है, इस भावना के अभ्यास से मन को निश्चेष्ट कर देने पर तीसरी निर्विकल्पक समाधि की उपलब्धि होती है। इस तरह से इन छः प्रकार की समाधियों का अभ्यास करता हुआ साधक निरन्तर कालयापन करता रहे। इन समाधियों के पुष्ट हो जाने पर स्पन्दकारिका में प्रदर्शित जीवन्मुक्त दशा की प्राप्ति हो जाती है, जो कि विज्ञानभैरव की प्रस्तुत धारणा का भी लक्ष्य है। वाक्यसुधा में इस स्थिति का वर्णन इस प्रकार किया गया है—

देहाभिमाने गलिते विज्ञाते परमात्मनि।
यत्र यत्र मनो याति तत्र तत्र समाधयः ॥३०॥

अर्थात् देह में अहंभाव के नष्ट हो जाने पर और परमात्मा के स्वरूप का ज्ञान हो जाने पर जहाँ जहाँ मन जाता है, वहीं वहीं समाधि लग जाती है। स्वच्छन्दतन्त्र में भी यही स्थिति इस तरह से वर्णित है—

यत्र यत्र मनो याति ज्ञेयं तत्रैव चिन्तयेत्।
चलित्वा यास्यते कुत्र सर्वं शिवमयं यतः ॥ (४।३१३)

अर्थात् जहाँ जहाँ मन जाता है, उसी विषय के साथ अपने ध्येय को एकाकार बना उसका चिन्तन करने लगे। जब सब कुछ शिवमय ही है, तब यह चित्त अन्ततः जायगा कहाँ ? इसका अभिप्राय यह है कि जब सब कुछ शिव ही शिव है, तब जिस किसी भी विषय पर मन आकृष्ट हो, उसको रोकने का प्रयास न करे, किन्तु सहज गति से उस विषय को भी शिव

१. °त्रान्नामरूपपृथक्कृतिः—वा०।

का ही स्वरूप मान कर मन को वहीं स्थिर कर दे। इस प्रकार के अभ्यास के स्थिर हो जाने पर अन्ततः मनुष्य जीवन्मुक्त हो जाता है ॥११३॥

[धारणा-९१]

[1]यत्र[1] यत्राक्षमार्गेण चैतन्यं व्यज्यते विभोः[2] ।
तस्य तन्मात्र[3]धर्मित्वाच्चिल्लयाद् भरितात्मता[4] ॥११४॥

यत्र यत्र नीलसुखादौ, अक्षमार्गेण चक्षुरादिसुषिरमार्गेण, विभोः प्रभोः परभैरवात्मनः, चैतन्यं चित्प्रकाशः, अभिव्यज्यते स्फुरति, तस्य नीलसुखादेः, तन्मात्रधर्मित्वात् दर्पणप्रतिबिम्बिताभासवैचित्र्येण चैतन्दमात्रस्वभावत्वात्, चिल्लयात् चितौ लयाद् विश्रान्तेः, भरितात्मता परभैरवस्वरूपता। भावनाया अस्या दाढर्चेन भावकः 'अहमेव विश्वमयो महच्चैतन्यभरितः' इत्यनुभूततात्त्विकावस्थः संपद्यत इति भावः। यथा घनीभूतः प्रकाश एवं सूर्यमण्डलं जातम्, तथा चिदेव हि आश्यानीभूता जगदात्मना भातीत्याम्नायः ॥११४॥

जहाँ जहाँ नील, सुख प्रभृति बाह्य अथवा आन्तर भावों में चक्षु प्रभृति बाह्य अथवा आन्तर इन्द्रियों के माध्यम से प्रभु परभैरव स्वरूप आत्मा का चित्प्रकाश अभिव्यक्त होता है, वहाँ वहाँ उन नील, सुख आदि भावों को केवल चित्प्रकाशात्मक ही मानना चाहिये। यदि इनको चैतन्य से अतिरिक्त माना जाय तो इनकी चेत्यता अर्थात् ज्ञानविषयता भी नहीं बन सकेगी ये ज्ञान के विषय भी न हो सकेंगे। दर्पण में प्रतिबिम्बित हो रहे नाना प्रकार के आभास जैसे दर्पणमात्र स्वभाव हैं, दर्पण के अतिरिक्त इनकी कोई सत्ता नहीं है, दर्पण के कारण ही इनकी प्रतीति होती है; उसी तरह से प्रकाशात्मक शिव में स्थित चैतन्यमात्र स्वभाव ही यह सारा जगत् है, प्रकाशात्मक चैतन्य के अतिरिक्त इसकी कोई सत्ता नहीं है, चैतन्य के कारण ही यह भासित हो रहा है। इस धारणा का अभ्यास करने से यह भावना दृढ़ हो जाती है कि उस विभु के अतिरिक्त यहाँ कुछ भी नहीं है। ऐसा विचार करते-करते साधक इस सारे विश्व की भित्तिभूत (आधारस्वरूप) चिति में लीन हो जाता है और उसका परभैरव स्वरूप अभिव्यक्त हो जाता है, उसको अपनी तात्त्विक पूर्णता का बोध हो जाता है कि अखण्ड चैतन्य से ओतप्रोत यह सारा विश्व मैं ही हूँ। जैसे घनीभूत प्रकाश ही सूर्यमण्डल कहलाता है, उसी तरह से यह घनीभूत चिच्छक्ति ही जगत् के रूप में भासित होने लगती है। आगमशास्त्र की यह प्रमुख मान्यता है। इसका अभिप्राय यह है कि जैसे

---

१. तत्र तत्रा°—यो०। २. प्रभोः—यो०। ३. °रूपत्वा°—यो०। ४. स्थितिः—यो०, मतिः—यो०।

1. तन्त्रालोकवि० (भा० ११, आ० २९, पृ० ८२), शिव० विम० (पृ० ४२), योगिनी० दीपिका (पृ० १९२, २६४, २९९, ३३३. ३४३) में यह उपलब्ध है। तन्त्रालोकविवेक (भा० १, आ० १, पृ० २१) में ऐसा पाठ मिलता है—"येन येनाक्षमार्गेण यो योऽर्थः प्रतिभासते। स्वावष्टम्भबलाद् योगी तद्गतस्तन्मयो भवेत् ॥"

[1]घनीभूत (जमा हुआ) घृत अथवा हिम (बर्फ) ही पिघल कर तरल बन जाता है, उसी तरह से घनीभूत चिच्छक्ति ही जगत् का रूप धारण कर लेती है। तरल द्रव्य जैसे घन द्रव्य से भिन्न नहीं है, उसी तरह से यह जगत् भी उस चिच्छक्ति से अतिरिक्त नहीं है। अतः सर्वत्र चिति की उपस्थिति के कारण जहाँ कहीं भी धारणा स्थिर की जायगी, वहीं चैतन्य की अभिव्यक्ति हो जायगी ॥११४॥

[धारणा-९२]

[2]क्षुता[1]द्यन्ते भये शोके गह्वरे वा रणाद्[2] द्रुते।
कुतूहले क्षुधाद्यन्ते ब्रह्मसत्ता[3] समीपगा ॥११५॥

क्षुतादीनां छिक्काप्रभृतीनामन्ते, भये, शोके, गह्वरे, रणाद् द्रुते, कुतूहले, क्षुधादीनां बुभुक्षापिपासादीनामन्ते वा ब्रह्मसत्ता अनवच्छिन्नचिदानन्दस्फुरत्ता समीपगा निकटस्थिता। तां तत्र तत्रावसरे विमृश्य सुप्रबुद्धः समाविशेत्। अप्रबुद्धः पुनरत्र मूढ एव तिष्ठतीति भावः ॥११५॥

छींक आने के बाद अथवा भय, शोक, आदि भावों के उत्पन्न होने पर, गड्ढे में गिर पड़ने पर, युद्धस्थल से भाग जाने पर, किसी आश्चर्यजनक घटना के घट जाने पर या भूख-प्यास आदि तीव्र संवेगों की निवृत्ति हो जाने पर एक क्षण के लिये ब्रह्मानन्द सरीखे आनन्द का अनुभव होता है। व्यक्ति का अनवच्छिन्न चिदानन्द, जो कि जीव दशा के कारण अवछिन्न हो गया था, कुछ क्षण के लिए अपने परमार्थ स्वरूप में प्रकट हो जाता है। इन अवसरों का लाभ उठाकर अर्थात् कुछ क्षण के लिये अभिव्यक्त अपने सहज स्वरूप में धारणा का अभ्यास कर उसको स्थायी बना लेने वाला सुप्रबुद्ध साधक समावेश दशा में लीन हो जाता है। इसके विपरीत अप्रबुद्ध साधक उस ब्रह्मसत्ता के पास पहुँच कर भी उसको जान नहीं पाता। "अतिक्रुद्धः प्रहृष्टो वा" (श्लोक २२) इत्यादि स्पन्दकारिका से भी इस धारणा की पुष्टि होती है ॥११५॥

[धारणा-९३]

वस्तुषु स्मर्यमाणेषु दृष्टे देशे मनस्त्यजेत्।
स्वशरीरं निराधारं कृत्वा प्रसरति प्रभुः ॥११६॥

स्मर्यमाणेषु स इति तदिति स्मृतिज्ञानेन वेद्यमानेषु, वस्तुषु पदार्थेषु, दृष्टे देशेऽनुभवशक्तौ स्वाधारभूतायाम्, मनस्त्यजेत् प्रक्षिपेद् ऐकाग्र्येणादध्यात्, अनुभवपूर्वकत्वात् स्मृतेः। स्वशरीरं स्वदेहं निराधारं निरालम्बनमहिकञ्चुकवदसङ्गं विभावयेत्। ततोऽनुभवरूपः प्रभुः स्मरणानुभवयोः स्मर्यमाणानुभूयमानयोश्च एकत्वानुसन्धात्रात्मा,

---

१. क्रोधा°–स्पप्र०। २. वारणद्रुते–ख० स्पनि०, वारणे रणे–स्पप्र०। ३. °मयी दशा–क०।

1. इसके स्पष्टीकरण के लिए पृ० ४ की ३ संख्या की टिप्पणी देखनी चाहिये।

2. स्पन्दनिर्णय (पृ० ४१) और स्पन्दप्रदीपिका (पृ० १०७) में उद्धृत है।

प्रसरति प्रादुर्भवति । अत्रायं भावः—अनुभवात् स्मरणादौ सूत्र इव मणिगणः प्रोतश्चैतन्यप्रसर इति सिद्धम् । अतस्तमेव ध्यायेत् ततः स्वयमेव प्रभुः प्रादुर्भवतीति निश्चय इति ॥११६॥

किसी सहकारी उद्बोधक के रहने पर हमारे मन में अनेक प्रकार की स्मृतियाँ जागती रहती हैं। स्मृति से प्रतीत हो रहे ऐसे पदार्थों के उपस्थित होने पर उन स्मृतियों के आधारभूत अनुभव में अपने मन को नियोजित कर दे। प्रत्येक स्मृति का जन्म अनुभव के आधार पर ही होता है, अतः जिस अनुभव से स्मृति का जन्म हुआ, उस स्मृति के उपस्थित होने पर उसका परित्याग कर उसके आधारभूत ज्ञान को पूरी सावधानी से पकड़े। इसके साथ ही अपने शरीर को भी इस अनुभव से अलग कर दे। सांप जब केंचुली उतार देता है, तो उस केंचुली से जैसे उसको कोई माया-मोह नहीं रहता, उसी तरह से साधक को चाहिये कि जब उसने स्मृति का परित्याग कर उसके आधारभूत अनुभव को पकड़ा है, तो उस समय उस शरीर के साथ भी ममता को छोड़ दे, जिसमें कि रहकर वह अनुभवों और स्मृतियों को तथा उनके संस्कारों को संचित करता रहता है। इस स्थिति में उसका चित्त अहन्ता, ममता और संचित वासनाओं के अभाव में शुद्ध अनुभव रूप हो जाता है। वह स्मृति और अनुभव में तथा स्मर्यमाण तथा अनुभूयमान पदार्थों में किसी प्रकार का भेद नहीं देखता। यही तो प्रभु का, परभैरव का वास्तविक स्वरूप है। अतः इस धारणा के अभ्यास से साधक के चित्त में निरन्तर अनुभव दशा का ही स्फुरण होते रहने से परभैरव स्वरूप का प्रकाश आलोकित हो उठता है। इसका अभिप्राय यह है कि जैसे माला की सारी मणियाँ तागे में गुँथी रहती हैं, वैसे ही सारी स्मृतियाँ अनुभवों में गुँथी रहती हैं। यह अनुभव स्वात्मचैतन्य स्वरूप है। अतः जिस किसी भी अनुभव को अपनी धारणा का विषय बनाया जाय, उसमें इस स्वात्मचैतन्य की भावना करने से यह परभैरव स्वरूप स्वात्मचैतन्य प्रकट हो जाता है। अतः साधक को इसी में अपनी धारणा स्थिर करनी चाहिये ॥११६॥

[**धारणा–९४**]

क्वचिद्वस्तुनि विन्यस्य शनैर्दृष्टिं निवर्तयेत् ।
तज्ज्ञानं चित्तसहितं देवि शून्यालयो भवेत् ॥११७॥

हे देवि, क्वचिद्वस्तुनि कस्मिंश्चिद् वस्तुनि दृष्टिमक्षिरूपां विन्यस्य निक्षिप्य, कञ्चित् पदार्थं घटोऽयमित्येवं दृष्ट्वेत्यर्थः। तज्ज्ञानं शनैः शनैस्तस्य पदार्थस्य ज्ञानम्, चित्तसहितं तद्विषयसंकल्पसहितम्, तद्वासनायुक्तमिति यावत्। निवर्तयेत् शून्यभावनया, अन्तर्लक्ष्यबहिर्दृष्टिन्यायेन वा। तेनैव शून्यालयः शून्ये आलयो विश्रान्तिर्यस्य एवंविधः संयमी भवेत् ॥११७॥

हे देवि, जिस किसी भी घट-पट आदि पदार्थ में अपनी दृष्टि डालकर, अर्थात् घट-पट आदि किसी भी पदार्थ को सावधानी से देखकर, धीरे-धीरे उस पदार्थ के ज्ञान को उसके संकल्प के साथ और उस अनुभव से संचित वासनाओं के साथ चित्त से निकाल दे। अनुभव, संकल्प और वासनाओं को अपने चित्त से निकाल देने के लिए साधक शून्यभावना का सहारा ले कि

यह सारा विश्व शून्य स्वभाव है, आकाश के समान रूपहीन है, इसका कोई स्वरूप नहीं है, अस्तित्व नहीं है। अथवा शांभवी[1] मुद्रा की सहायता से, जिसमें कि दृष्टि के बाहर रहने पर भी लक्ष्य भीतर ही रहता है, इस कार्य को संपन्न करे। अर्थात् वह अपने शुद्ध स्वरूप को ही देखे और उससे भिन्न सभी विकल्प वासनाओं का परित्याग कर दे। ऐसा करने से, इस धारणा के अभ्यास से, संयमी साधक शून्य में लीन हो जाता है, परम पद में विश्राम प्राप्त कर लेता है ।।११७।।

[धारणा-९५]

[2]भक्त्युद्रेकाद् विरक्तस्य यादृशी जायते मतिः ।
सा शक्तिः शाङ्करी नित्यं भावयेत् तां ततः शिवः ।।११८।।

भक्त्युद्रेकाद् भक्त्यतिशयेन विरक्तस्य शान्तचित्तस्य भक्तस्य चित्ते साधकचित्त-समाधानेन यादृशी मतिर्जायते सा शाङ्करी शक्तिरिति गीयत इति तामेव नित्यं भावयेत्। ततः साधकः शिवः शिवमयः स्यात् ।।११८।।

भक्ति के उद्रेक से अर्थात् आधिक्य से विरक्त अर्थात् शान्तचित्त भक्त के चित्त में साधक के चित्त के समाहित हो जाने से जिस तरह की बुद्धि उत्पन्न होती है, वह शांकरी शक्ति कही जाती है। अर्थात् ईश्वर के अनुग्रह (शक्तिपात) से भक्त के हृदय में ऐसी भावना पैदा होती है कि वह सब कुछ भूलकर शान्त भाव से निरन्तर ईश्वर के चिन्तन में लगा रहता है। उसका चित्त ईश्वर की आराधना में लीन हो जाता है। भक्त की इस मानसिक दशा में अपने चित्त को लीन करने वाला साधक भी शिवमय हो जाता है, अर्थात् वह साधक भी उस भक्त के समान ही भगवन्मय हो जाता है। क्षेमेन्द्र ने अपने गीतानिष्यन्द में भक्ति का लक्षण यह किया है—

[3]न पादपतनं भक्तिर्व्यापिनः परमेशितुः ।
भक्तिर्भावस्वभावानां तदेकीभावभावनम् ।।

अर्थात् सर्वत्र व्यापक भगवान् के चरणों में साष्टांग प्रणाम करना ही भक्ति नहीं है। वास्तविक भक्ति तो यह है कि भाव स्वभाव के सभी पदार्थों में एक भगवान् का ही अनुचिन्तन किया जाय, अर्थात् सारे जगत् को भगवन्मय समझा जाय। भगवद्भक्ति की महिमा स्तवचिन्तामणि में इस प्रकार वर्णित है—

अणिमादिगुणावाप्तिः सदैश्वर्यं भवक्षयः ।
अमी भव ! भवद्भक्तिकल्पपादपपल्लवाः ।। (श्लो० ५५)

1. भैरवी मुद्रा ही यहाँ शाम्भवी मुद्रा के नाम से कही गई है। भैरवी मुद्रा का लक्षण श्लो० २६ की व्याख्या में बताया जा चुका है।
2. स्तवचिन्तामणि की व्याख्या (पृ० ६५) में क्षेमराज ने इसे उद्धृत किया है।
3. महार्थमञ्जरीपरिमल (पृ० १०८) में यह श्लोक उद्धृत है।

अर्थात् हे भव (शिव), आपकी भक्ति कल्पवृक्ष के समान है और अणिमा प्रभृति सिद्धियों की प्राप्ति, सदाशिव प्रभृति का ऐश्वर्य और मुक्ति—ये सब कल्पवृक्ष के पल्लवों (पत्तों) के समान हैं। अभिप्राय यह है कि कल्पवृक्ष से जैसे प्राणी की सारी इच्छाएँ पूरी हो जाती हैं, उसी तरह भगवद्भक्ति रूप कल्पवृक्ष से भी साधक शिवस्वरूप में समाविष्ट हो जाता है ॥११८॥

[धारणा-९६]

[1]वस्त्वन्तरे वेद्यमाने [1]शनैर्वस्तुषु शून्यता ।
तामेव मनसा ध्यात्वा[2] विदि[3]तोऽपि प्रशाम्यति ॥११९॥

वस्त्वन्तरे कस्मिंश्चिदेकस्मिन् वस्तुनि वेद्यमाने चित्स्वरूपत्वेन ज्ञायमाने सर्ववेद्येषु तदन्येषु बाह्याभ्यन्तरेषु वस्तुषु वेद्यमानेष्वपि शनैः शनैरभ्यासपाटवेन शून्यता भावनीया। शून्यता नाम तत्कालमनाभासनम्। तामेव वेद्याभावात्मकचित्प्रकाशरूपां शून्यतां मनसा निर्विकल्पसंविदा ध्यात्वा विमृश्य विदितोऽपि वेदनादपि प्रशाम्यति शान्तब्रह्मस्वरूपो भवति। विदिशब्द इकारान्तो भेदप्रथारूपज्ञानवाचकः। 'विचित्तोऽपि' इति पाठे विविधसंकल्पविकल्पव्यापारसंयुक्तोऽपि मुक्तः स्यादित्यर्थः ॥११९॥

किसी एक वस्तु का चित्स्वरूप में ज्ञान हो जाने पर उससे भिन्न सभी बाह्य और आन्तर वस्तुओं एवं भावों का बोध होने पर धीरे-धीरे उनमें अभ्यास के सहारे शून्यता की भावना करनी चाहिये। यहाँ शून्यता का अभिप्राय एक वस्तु के ज्ञान के रहते उसके विपरीत स्वभाव की किसी दूसरी वस्तु के ज्ञान का उदय न होने में है। इस चित्प्रकाश रूप शून्यता में, जहाँ कि अन्य किसी विरोधी वेद्य की स्थिति नहीं है, निर्विकल्पक मन से ध्यान को केन्द्रित करने पर साधक योगी का भेदप्रथात्मक ज्ञान (भेद-भ्रम) शान्त हो जाता है तब उसका शान्त ब्रह्मस्वरूप प्रकट हो उठता है, अर्थात् वह ब्रह्मस्वरूप में प्रतिष्ठित हो जाता है। यहाँ इकारान्त 'विदि' शब्द भेदप्रथात्मक ज्ञान का वाचक है। 'विचित्तोऽपि' ऐसा पाठ मानने पर इसका अर्थ यह होगा कि नाना प्रकार के सकल्प-विकल्प व्यापारों से संयुक्त रहने पर भी साधक मुक्त हो जाता है।

इस धारणा में और 'क्वचिद्वस्तुनि' (श्लोक ११७) इत्यादि श्लोक में प्रदर्शित धारणा में शून्यता की भावना की समानता रहते हुए भी इनमें परस्पर विशेषता यह है कि पहली धारणा में एक वस्तु को जान लेने पर उससे संबद्ध वासना आदि में शून्यता की भावना करने की बात कही गई है, जब कि प्रस्तुत धारणा में एक वस्तु के ज्ञान के बाद अन्य समस्त वेद्य वस्तुओं में शून्यता की भावना का विधान है ॥११९॥

---

१. सर्ववेद्येषु—ने०। २. ध्यायन्—ने०। ३. °चित्तो°—ख०।
1. नेत्रतन्त्रोद्योत (भा० १, पृ० २००) में यह श्लोक मिलता है।

[धारणा-९७]

[1]किञ्चिज्ज्ञैर्या स्मृता शुद्धिः सा[2]ऽशुद्धिः शम्भुदर्शने ।
न शुचिर्ह्यशुचिस्तस्मान्निर्विकल्पः[3] सुखी[4] भवेत् ॥१२०॥

किञ्चिज्ज्ञैः किञ्चिन्मात्रबोधयुक्तैर्धर्मशास्त्रज्ञैः, या शुद्धिः मृज्जलादिना स्मृता सा शम्भुदर्शने पारमेश्वरतत्त्वसाक्षात्कारे सति अशुद्धिरेव । अथवा शम्भुदर्शने परमेश्वरभाषिते शास्त्रे सा अशुद्धिरेव । न शुचिः न नैर्मल्यम्, निर्देशस्य भावप्रधानत्वात् । या अन्यशास्त्रोक्ता शुद्धिः सा न शुचिः न शुद्धत्वम्, किन्तु हि अशुचिः । 'हि' अवधारणे हेतौ वा । अशुद्धतैव । मृदादिशुद्धेस्तत्त्वज्ञानं प्रत्यकिञ्चित्करत्वेनानङ्गत्वादिति भावः । 'अशुद्धिः' इति पूर्वमभिधाय तदनु 'न शुचिः' इत्युक्त्वापि पुनः 'हि अशुचिः' इत्यशुचिपौनरुक्त्यं तत्त्वज्ञानानुपयोगित्वदाढर्यप्रतिपादनार्थम् । तस्मान्मृददिशौचविनाकृतोऽपि निर्विकल्पः निर्विकल्पज्ञानेन सति मनःशौचे त्यक्तमनोमलः सुखी भवेत् ॥१२०॥

धर्मशास्त्रकारों ने भलीभांति हाथ-पैर धोकर तीन बार स्वच्छ जल से आचमन करना, स्नान करना आदि अनेक तरह से शुद्धि का विधान किया है। इन धर्मशास्त्रों में मिट्टी, जल आदि से होने वाली शुद्धि पर बड़ा बल दिया गया है, किन्तु परमेश्वर के वास्तविक स्वरूप का साक्षात्कार करने के प्रसंग में यह शुद्धि सहायक नहीं होती, अतः इसको अशुद्धि ही मानना चाहिये । अथवा इसका यह भी अर्थ किया जा सकता है कि शैव शास्त्र में यह शुद्धि अशुद्धि ही मानी गई है । धर्मशास्त्र की इस शुद्धि को परमेश्वर शिव के द्वारा उपदिष्ट शास्त्रों में चित्त की निर्मलता में कारण नहीं माना गया है । इसके विपरीत इस तरह की शुद्धि को उन शास्त्रों में दम्भ, पाषण्ड आदि चित्त के कालुष्यों का ही प्रवर्तक बताया गया है । इसका अभिप्राय यह है कि धर्मशास्त्रों के द्वारा उपदिष्ट शुद्धि शरीर को तो पवित्र करती है, किन्तु वह मन को पवित्र नहीं कर पाती । इसी लिये शैव शास्त्रों में इस तरह की शुद्धि को अशुद्धि में ही गिना गया है । वास्तविक शुद्धि वही है, जिससे कि मन पवित्र हो । शुद्ध मन से ही तत्त्व का साक्षात्कार किया जा सकता है । कोरी शारीरिक शुद्धि तत्त्वज्ञान में सहायक नहीं हो सकती । इस बात को दृढ़तापूर्वक समझाने के लिये ही 'अशुद्धिः, न शुचिः, हि अशुचिः' इस तरह से तीन बार इसमें अशुचिता का विधान किया गया है । 'हि' शब्द का प्रयोग भी अवधारण या कारण के अर्थ में हुआ है, अर्थात् यह धर्मशास्त्रोक्त शारीरिक शुद्धि अशुद्धि ही है, अथवा अशुद्धि का ही कारण है । मन की शुद्धि में इसका कुछ भी उपयोग नहीं है । अतः साधक को चाहिये कि मिट्टी, जल आदि से की जाने वाली शुद्धि का सहारा लिये बिना भी

---

१. °ताऽशु°–ख० म० । २. सा शु°–ख० म० । ३. °ल्पो भवेत् सदा–ख०, °ल्पो भवेन्नरः–म० । ४. शिवो–ख० ।

1. स्वच्छन्द० (भा० ३, प० ७, पृ० ३१५) और महार्थ० (पृ० २२ में) यह श्लोक उद्धृत है ।

अपने निर्विकल्प ज्ञान से मन के मैल को धोकर सर्वत्र सुखपूर्वक विचरण करे। मालिनीविजय तन्त्र में बताया गया है—

नात्र शुद्धिर्न चाशुद्धिर्न भक्ष्यादिविचारणम्।
न द्वैतं नापि चाद्वैतं लिङ्गपूजादिकं न च ।।
न चापि तत्परित्यागो निष्परिग्रहतापि वा।
सपरिग्रहता वापि जटाभस्मादिसंग्रहः ।।
तत्त्यागो न व्रतादीनां चरणाचरणं च यत्।
क्षेत्रादिसंप्रवेशश्च समयादिप्रपालनम् ।।
परस्वरूपलिङ्गादिनामगोत्रादिकं च यत्।
नास्मिन् विधीयते किञ्चिन्न चापि प्रतिषिध्यते ।।
विहितं सर्वमेवात्र प्रतिषिद्धमथापि वा।
किन्त्वेतदत्र देवेशि नियमेन विधीयते ।।
तत्त्वे चेतः स्थिरीकार्यं सुप्रयत्नेन योगिना।
तच्च यस्य यथैव स्यात् स तथैव समाचरेत् ।।
तत्त्वे निश्चलचित्तस्तु भुञ्जानो विषयानपि।
न संस्पृशेत दोषैः स पद्मपत्रमिवाम्भसा ।।
विषापहारिमन्त्रादिसंनद्धो भक्षयन्नपि।
विषं न मुह्यते तेन तद्वद् योगी महामतिः ।। (१८।७४-८१)

अर्थात् योगी का आचरण कैसा होना चाहिये, इस विषय का निरूपण करते हुए परमेश्वर ने इस ग्रन्थ के अठारहवें पटल में बताया है कि इनके लिये शुद्धि और अशुद्धि का विधान, भक्ष्य और अभक्ष्य का निरूपण, द्वैत या अद्वैत का उपदेश, लिंग-पूजा आदि का विधान या निषेध, निष्परिग्रह रहने या सपरिग्रह होने का विधान, जटा-भस्म आदि का स्वीकार या परित्याग, व्रत आदि का आचरण करना या न करना, क्षेत्र-संन्यास आदि लेकर नियमों का पालन करना न करना, तिलक आदि चिह्न, नाम, गोत्र, आदि को रखना न रखना—जैसी बातों के बारे में पक्ष या विपक्ष में कुछ भी नहीं कहा जाता है। ये सभी वस्तुएँ विहित भी मानी जा सकती हैं और निषिद्ध भी। इसमें साधक की इच्छा ही प्रमाण है कि वह इनका आचरण करे या न करे। वस्तुतः तत्त्वज्ञान में इनकी कोई उपयोगिता नहीं है। नियम के नाम पर शास्त्र में केवल इतना ही विधान है कि योगी को प्रयत्नपूर्वक परम तत्त्व में अपने चित्त को स्थिर करना चाहिये। चित्त की यह स्थिरता जैसे भी हो, योगी को तदनुसार ही अपनी चर्या बना लेनी चाहिये। जिस योगी का चित्त परम तत्त्व में स्थिर हो गया है, वह विषयों का उपभोग करते हुए भी उनके दोषों से उसी प्रकार लिप्त नहीं होता, जैसे कि जल में रहते हुए भी कमलपत्र उससे निर्लिप्त रहता है। विष को दूर करने वाला गारुडिक अपने शरीर को मन्त्रों से जब सुरक्षित कर लेता है, तो उस पर जहर का असर नहीं होता, उसी तरह से यह महान् मतिशाली योगी विषय रूपी विष को खाकर भी मोहित नहीं होता।

इससे यह स्पष्ट होता है कि तत्त्व-ज्ञान के लिये, चित्त की शुद्धि के लिये मिट्टी, जल आदि से की जाने वाली शारीरिक शुद्धि का तब तक कोई उपयोग नहीं है, जब तक कि व्यक्ति बहिर्मुख बना रहता है। जैसा कि निम्न श्लोक में बताया गया है—

मृज्जलादिविशुद्धोऽपि न पवित्रो बहिर्मुखः।
बहिर्निर्मलमध्यस्थपुरीषकलशादिवत्॥

अर्थात् ऊपर से चमचमाता विष्ठा से[1] भरा घड़ा जैसे पवित्र नहीं माना जाता, उसी तरह से स्नान-सन्ध्या से पवित्र बहिर्मुख व्यक्ति भी पवित्र नहीं माना जा सकता। धर्मशास्त्रों में भी देव सम्बन्धी और पितृ सम्बन्धी कार्यों में ही स्नान की आवश्यकता बताई गई है। यह कहीं भी नहीं लिखा गया है कि मिट्टी, जल आदि से शरीर की शुद्धि किये बिना कोई व्यक्ति ज्ञान का अधिकारी नहीं हो सकता।

तत्त्व-ज्ञान के प्रति यह शुद्धि बाधक नहीं है, अतः शारीरिक शुद्धि का पालन तत्त्व-ज्ञानी करे तो इसमें आपत्ति नहीं है, किन्तु कर्मकाण्ड के लिये जैसे शुद्धि अनिवार्य है, वही स्थिति ज्ञान के विषय में नहीं है। इसके विपरीत यह हो सकता है कि मिट्टी आदि से शरीर को निर्मल बनाने पर उसकी सुन्दरता को देखकर तत्त्वज्ञानी का भी अभिमान पुनः एक बार जाग जाय। इससे वह अपनी अन्तर्मुख वृत्ति को भूल जायगा और उसकी बहिर्मुख वृत्ति पुनः जग उठेगी। इससे बचने के लिये ज्ञानी को अपनी ऐसी स्थिति बनानी चाहिये कि बार-बार अपने चिदात्मक स्वरूप का चिन्तन करते रहने से उसकी देह आदि की विस्मृति दृढ़ हो जाय। ऐसा योगी कभी अपने इस नश्वर शरीर की चिन्ता नहीं करता। जैसा कि भागवत में बताया गया है—

देहं च नश्वरमवस्थितमुत्थितं वा
सिद्धो न पश्यति यतोऽध्यगमत् स्वरूपम्। (११।१३।३६)

अर्थात् इस नश्वर शरीर की विभिन्न अवस्थाओं के प्रति योगी कोई ध्यान नहीं देता, क्योंकि उसने अपने स्वरूप को भलीभाँति जान लिया है।

यदि मिट्टी, जल आदि से होने वाली शुद्धि का तत्त्व-ज्ञान में कोई उपयोग नहीं है, तो भगवान् ने गीता में 'आचार्योपासनं शौचं[1] (१३।७) इत्यादि स्थल में शौच (पवित्रता) का विधान कैसे बताया है ? इससे तो यही ज्ञात होता है कि शौच भी तत्त्व-ज्ञान का अंग है, तत्त्व-ज्ञान के लिये इसकी भी उपयोगिता है। यह बात सही हो सकती है, किन्तु शास्त्रों में

---

1. शक्तिसंगम तन्त्र के—"विष्ठापूर्णे मृद्घटे तु बहिःशुद्धौ तु किं फलम्। अन्तःशुद्धिं समासाद्य बहिःशुद्धिं समाचरेत्॥" (IV ११।७४--७५) इस श्लोक में भी यही बात कही गई है। अर्थात् मिट्टी का घड़ा यदि विष्ठा (मल-मूत्र) से भरा है, तो उसकी ऊपर से सफ़ाई करने से क्या लाभ है ? अतः मन की शुद्धि के बाद ही शरीर की भी शुद्धि रखनी चाहिये, केवल शारीरिक शुद्धि से कुछ भी आध्यात्मिक लाभ नहीं मिलने वाला है।

मान्त्र, भौम, आग्नेय, वायव्य, दिव्य, वारुण और मानस इन सात प्रकार के स्नानों का वर्णन मिलता है। इनमें मानस स्नान ही सर्वोत्तम माना गया है, जिसमें कि मन के द्वारा भगवान् के स्वरूप का ध्यान किया जाता है। अतः भगवद्गीता के उक्त वचन में इस मानस शौच की ही चर्चा मानी जानी चाहिये, शारीरिक शौच की नहीं। धर्मशास्त्रों में भी शारीरिक शौच को सामान्य धर्म ही माना गया है, इसके विपरीत तत्त्व-ज्ञान को परम धर्म माना गया है, जो कि मिट्टी, जल आदि से की गई शारीरिक शुद्धि से उत्पन्न होने वाले धर्म से अधिक श्रेयस्कर है। जैसा कि याज्ञवल्क्य स्मृति में बताया गया है—

इज्याचारदमाहिंसादानस्वाध्यायकर्मणाम् ।
अयं तु परमो धर्मो यद् योगेनात्मदर्शनम् ॥ (१।८)

अर्थात् इज्या (यज्ञ), आचार, दम, अहिंसा, दान, स्वाध्याय आदि की अपेक्षा योगाभ्यास से आत्मदर्शन करना अधिक श्रेयस्कर है, उन सब से बढ़ कर धर्म है।

उक्त शारीरिक शुद्धि के न करने पर परमात्मा की कोई हानि नहीं है, क्योंकि वह तो आकाश की तरह निराकार है। शुद्धि यदि की जाती है, उससे कुछ बढोतरी होने वाली नहीं है। मिट्टी आदि से शुद्ध करने पर भी शरीर तो मलिन ही रहेगा। इस तरह से धर्मशास्त्रों में प्रदर्शित शुद्धि शैव-शास्त्र की दृष्टि में अशुद्धि ही है। वास्तव में तो इस बाह्य शारीरिक शुद्धि के बिना भी निर्विकल्पक ज्ञान की सहायता से मन को निर्मल बना कर साधक स्वात्मस्वरूप में प्रतिष्ठित हो सकता है ॥१२०॥

[धारणा-९८]

सर्वत्र भैरवो भावः समान्येष्वपि गोचरः ।
न च तद्व्यतिरेकेण परोऽस्तीत्यद्वया गतिः ॥१२१॥

सर्वत्र सर्वेषु प्रदेशेषु बाह्याभ्यन्तरेषु पदार्थेषु भावो भैरवः सत्स्वरूपो विज्ञानात्मा, न तु बौद्धादिवज्ज्ञेयशून्यरूपः, सामान्येषु विवेकहीनेषु, अपि गोचरः स्फुटः। सर्वेषां प्रमातॄणां सकलप्रलयाकलादीनामहं जानामि, करोमीत्याद्यहंविमर्शस्य स्फुटतया स्फुरणात्। न च तद्व्यतिरेकेण भैरवव्यतिरेकेण परोऽन्यः कश्चिदस्तीति संबोधाप्त्या अद्वया द्वयातीता गतिरद्वैतज्ञानमहंविमर्शस्य ऐक्यं स्यात्। अहंरूप एव परमेश्वरः। स तु प्रकट एव, किमाणवाद्युपायत्रयेण? नहि स्फुटतरस्य उपायान्वेषणमुचितमिति भावः ॥१२१॥

सभी स्थानों में, बाह्य और आन्तर सभी पदार्थों में, भावस्वभाव, सत्स्वरूप विज्ञानात्मा का, न कि बौद्ध दार्शनिकों की तरह ज्ञेयशून्य स्वरूप का, विवेकहीन सामान्य जनों को भी स्पष्ट भान होता है, क्योंकि [1]सकल, प्रलयाकल आदि सभी प्रमाताओं को 'मैं जानता हूँ', 'मैं करता हूँ' इस तरह से अहंविमर्श की स्पष्ट प्रतीति होती है। ये सारे विमर्श भैरव-विमर्श

1. सकल, प्रलयाकल प्रभृति प्रमाताओं का निरूपण पृ० ३८ की २ टिप्पणी में किया जा चुका है।

से भिन्न नहीं हैं, इस लिये सारे विमर्श एक ही हैं, विज्ञानात्मा भैरव से भिन्न और कुछ भी नहीं है, इस तरह का ज्ञान हो जाने पर अद्वैत ज्ञान की प्राप्ति हो जाती है। इससे यह बात स्पष्ट होती है कि परमेश्वर अहंस्वरूप ही है और यह सबको स्पष्ट रूप से ज्ञात है। तब उसके लिये आणव, शाक्त और शांभव—इन तीन उपायों की क्या आवश्यकता है? जो वस्तु स्वयं स्पष्ट प्रतीत हो रही है, उसको खोजने के लिये कोई उपाय नहीं किया जाता। जैसा कि कहा गया है—

उपायजालं न शिवं प्रकाशयेद् घटेन किं भाति सहस्रदीधितिः ।
विवेचयन्नित्थमुदारदर्शनः स्वयंप्रकाशं शिवमाविशेत् क्षणात् ॥

अर्थात् कोई भी लौकिक उपाय शिव को नहीं प्रकाशित कर सकता। क्या घट सूर्य को प्रकाशित कर सकता है? उदार दृष्टि वाला मनुष्य इस तरह विचार करते-करते ही किसी समय स्वयंप्रकाश शिव स्वरूप में समाविष्ट हो जाता है। संवित्प्रकाश में भी बताया गया है—

अपरोक्षे भवत्तत्त्वे सर्वतः प्रकटे स्थिते ।
यैरुपायाः प्रतन्यन्ते नूनं त्वां न विदन्ति ते ॥

आपका तत्त्व अर्थात् स्वरूप तो स्पष्ट रूप से सबकी आँखों के सामने विद्यमान है। ऐसी स्थिति में जो व्यक्ति आपको देखने के लिये भाँति-भाँति के उपायों की खोज में लगे रहते हैं, यह निश्चित है कि वे आपको नहीं जानते। श्रुति ने भी इस बात को स्पष्ट किया है—

उतैनं गोपा अदृशन्नुतैनमुदहार्यः ।
उतैनं विश्वा भूतानि स दृष्टो मृडयाति नः ॥
(वा० सं० १६।७; तै० सं० ४।५।१।२)

अर्थात् इसको ग्वालबाले जानते हैं, पनहारिनें इसको जानती हैं और विश्व के सारे प्राणी इसको जानते हैं। इसको देख कर कौन आनन्द-विभोर नहीं हो जाता? इसी बात को महेश्वरानन्द ने भी "यं जानन्ति" (श्लो० ४) इत्यादि गाथा में निबद्ध किया है। इन सब प्रमाणों के आधार पर यह स्पष्ट है कि विज्ञानात्मा स्वात्मस्वरूप की प्रतीति सबको होती है और इसके अतिरिक्त जगत् की कोई सत्ता नहीं है। इस बात को जान लेने पर साधक स्वात्मस्वरूप में प्रतिष्ठित हो जाता है ॥१२१॥

[धारणा–९९]

[1]समः शत्रौ च मित्रे च समो मानावमानयोः ।
ब्रह्मणः परिपूर्णत्वादिति ज्ञात्वा सुखी भवेत् ॥१२२॥

---

१. °प°–ख० ।

1. "मानापमानयोस्तुल्यस्तुल्यो मित्रारिपक्षयोः । सर्वारम्भपरित्यागी गुणातीतः स उच्यते ॥" (१४।२५) भगवद्गीता के इस श्लोक में प्रस्तुत धारणा का ही स्पष्ट विवेचन मिलता है। दोनों श्लोकों के पूर्वार्ध में अद्भुत समानता है।

शत्रुमित्रादिषु मानावमानकर्तृषु च सर्वत्र ब्रह्मणः स्वात्मस्वरूपस्यैव परिपूर्णत्वात् ओतप्रोतत्वात् यः साधकः "विद्याविनयसंपन्ने" (५।१८) इत्यादिगीतोपदेशरीत्या शत्रौ च मित्रे च समः, मानावमानयोश्च समः, स सुखी भवेत्। इच्छाज्ञानक्रियोल्लासं चिन्मयमेव विश्वप्रपञ्चं विज्ञाय सुखी भवतीति भावः ॥१२२॥

शत्रु और मित्र में, संमान करने वाले और अपमान करने वाले सभी प्राणियों में, स्वात्मस्वरूप ब्रह्म ही विद्यमान है, इस स्वात्मस्वरूप से शत्रु और मित्र आदि की कोई अलग सत्ता नहीं है, ऐसा जान कर जो समझदार साधक—

विद्याविनयसम्पन्ने ब्राह्मणे गवि हस्तिनि।
शुनि चैव श्वपाके च पण्डिताः समदर्शिनः ॥ (५।१८)

इस गीता वचन के अनुसार विद्या और विनय से संपन्न ब्राह्मण में, गाय में, हाथी में, कुत्ते में और चांडाल में समान दृष्टि रखता है, साथ ही शत्रु और मित्र को भी एक ही भाव से देखता है तथा संमान मिलने पर अथवा अपमान होने पर जो हर्ष और विषाद में नहीं पड़ता, वह सब तरह से सुखी हो जाता है, परमानन्द से परिपूर्ण हो जाता है। वह इस बात को भली भांति जान लेता है कि यह चिन्मय विश्वप्रपंच इच्छा, ज्ञान और क्रिया शक्ति का उल्लास मात्र है, इसमें शत्रु-मित्र आदि की कोई वास्तविक स्थिति नहीं है, सब कुछ आनन्दमय और चिन्मय ही है। इस स्थिति में पहुँच जाने पर वह सुखस्वरूप हो जाता है ॥१२२॥

[धारणा-१००]

नद्वेषं भावयेत् क्वापि न रागं भावयेत् क्वचित्।
रागद्वेषविनिर्मुक्तौ मध्ये ब्रह्म प्रसर्पति ॥१२३॥

क्वापि शत्रुसर्पप्रभृतिषु द्वेषं न भावयेत् द्वेषबुद्धिं न कुर्यात्, न च क्वचित् सुहृद्-हारादिषु रागं भावयेत् अनुरागबुद्धिं कुर्यात्। एवं रागद्वेषविनिर्मुक्तौ तद्विनिर्मुक्त-स्वभावापत्तौ सत्यां योगिनो मध्येऽन्तःकरणे ब्रह्म शुद्धस्वात्मस्वरूपं प्रसर्पति विकसति, भावको ब्रह्म सम्पद्यत इति भावः ॥१२३॥

शत्रु, सर्प प्रभृति प्रतिकूल वेदनीय, दुःखजनक पदार्थों में न तो द्वेष की भावना रखे और न मित्र, हार प्रभृति [1]अनुकूल वेदनीय, सुखजनक पदार्थों में राग बुद्धि को ही पैदा होने दे। इस तरह से चित्त के राग और द्वेष से मुक्त हो जाने पर साधक के अन्तःकरण में शुद्ध स्वात्मस्वरूप ब्रह्म प्रकाशित हो उठता है। अर्थात् इस तरह की भावना करने वाला योगी ब्रह्मभाव से संपन्न हो जाता है ॥१२३॥

---

1. तर्कसंग्रह में—"अनुकूलवेदनीयं सुखम्। प्रतिकूलवेदनीयं दुःखम्।" यह सुख और दुःख की परिभाषा बताई गई है। अर्थात् अपने मन में अनुकूल प्रतीत होने वाला सुख और प्रतिकूल प्रतीत होने वाला दुःख कहलाता है।

[धारणा–१०१]

यदवेद्यं यदग्राह्यं यच्छून्यं यदभावगम् ।
तत्सर्वं भैरवं भाव्यं तदन्ते बोधसम्भवः ॥१२४॥

यद् अवेद्यं ज्ञेयदशानास्पदम्, यद् अग्राह्यम् अनुपादेयम्, यत् शून्यं देवनयोपात्तं स्वातन्त्र्यस्वरूपम्, यद् अभावगं गगनकुसुमादिष्वपि सत्तास्फूर्तिप्रदत्वेन महासामान्यरूपम्, तदेतत्सर्वं भैरवं भाव्यं भैरवत्वेन भावनीयम् । तद्भावनाप्रकर्षेण अन्ते पर्यन्ते बोधसंभवः सम्यग् बोधो भवेत् । सर्वमेतद् ब्रह्मैव भवतीति दृढानुभवबलात् सर्वत्र भैरवस्वरूपबोधवान् भैरव एव भवति, ब्रह्म सम्पद्यत इति भावः ॥१२४॥

जो अवेद्य है, अर्थात् जो ज्ञेय दशा में कभी नहीं आता, जो अग्राह्य अर्थात् अनुपादेय है, जो शून्यस्वरूप है तथा जो गगन-कुसुम जैसे अभावात्मक पदार्थों में भी सत्ता का बोध करा देता है, उसी की सर्वस्वरूप भैरव के रूप में भावना करनी चाहिये । इस भावना का उत्कर्ष होने पर अन्त में सम्यग् बोध का आविर्भाव होता है ।

यहाँ शून्य तत्त्व परमार्थतः अभावात्मक नहीं है, किन्तु सभी आलम्बन धर्मों से, सभी तत्त्वों से और सभी क्लेशाशयों से शून्य पदार्थ को ही शून्य नाम से अभिहित किया गया है । इस तरह से किसी अवर्णनीय, अविज्ञेय अवस्था (स्वातन्त्र्य शक्ति) को शाक्त मत में शून्यता माना गया है । बौद्धसंमत शून्यता का इस शास्त्र में कोई स्थान नहीं है, जो कि अन्ततः नास्तिकता का कारण बनती है । विमर्शदीपिका में शून्यता का स्वरूप इस तरह से वर्णित है—

स्वतन्त्रं परिपूर्णं च शिवाख्यं शून्यधाम तत् ।
तत्त्वानि यत्र लीयन्ते यस्मात् समुदयन्ति च ॥
तत्त्वेश्वरास्ततो जातास्तत्रैव निवसन्ति च ।
क्षीयन्ते किल तत्रैव शिवाख्ये शून्यधामनि ॥
दर्शनान्तरदृष्टानि यानि शून्यान्तराण्यपि ।
तेषामुत्पत्तिविलयौ शिवशून्ये सदोदिते ॥
न तदस्ति न यत्तत्र न तदस्ति न यत्र तत् ।
अन्तर्बहीरूपतया ततोऽन्यन्नोपपद्यते ॥
उपेयमितरन्नास्ति स्वातन्त्र्यात् परमे नये ।
तदनादृत्य गाहन्ते सौगताः शून्यतां जडाः ॥

अर्थात् स्वतन्त्र, परिपूर्ण शिव ही शून्यता का आश्रय स्थान है, जहाँ से कि सारे तत्त्व निकलते हैं और उसी में लीन होते रहते हैं । इसी शिवनामक शून्य से तत्त्वों के अधिपतियों की सृष्टि होती है और वे रहते भी इसी में हैं । इस शिवनामक शून्य लोक में वे लीन भी हो जाते हैं । अन्य दर्शनों में इस शून्य के नाना स्वरूपों का वर्णन मिलता है, किन्तु उन सबका उदय और विलय इस सदोदित शिव-शून्य में ही होता रहता है । ऐसी कोई वस्तु नहीं है, जो इस शून्य में न रहती हो और न कोई ऐसी ही वस्तु है जहाँ कि शून्य न रहता हो । अन्दर या

बाहर ऐसी कोई वस्तु नहीं है, जो कि उससे भिन्न हो। इस उत्कृष्ट शाक्त दर्शन में इस शून्य से भिन्न कोई उपेय नहीं है। स्वतन्त्र शिव तत्त्व ही वस्तुतः शून्य नाम से यहाँ जाना जाता है। इस शिव तत्त्व का अनादर कर बौद्ध दार्शनिक शून्यता का निरूपण गलत तरीके से करते हैं।

वस्तुतः यह शून्य शिव की स्वातन्त्र्य शक्ति का ही विलास है। यह शून्य रूप स्वातन्त्र्य शक्ति से संवलित शिव तत्त्व आकाश-कुसुम जैसी अलीक वस्तुओं की भी सत्ता का बोध करा देने में समर्थ होने से महासामान्य रूप होता है। प्रत्यभिज्ञाकारिका (१।५।१४) में इस स्वातन्त्र्य शक्ति की स्फुरत्ता को ही महासत्ता बताया गया है। स्तवचिन्तामणि (श्लो० ६) में यह परमेश्वर का सर्वसामान्य स्वरूप माना गया है। अभाव को भी अपना विषय बनाने वाले इस महासामान्य का वर्णन महार्थमंजरीकार ने इस तरह से किया है—

कः सद्भावविशेषः कुसुमाद्भवति गगनकुसुमस्य।
यत्स्फुरणानुप्राणो लोकः स्फुरणं च सर्वसामान्यम्॥ (श्लो० ३२)

अर्थात् सामान्य पुष्प से आकाशकुसुम की क्या विशेषता है कि एक की सत्ता और दूसरे की असत्ता प्रतीत होती है? किसी वस्तु की स्फुरत्ता के आधार पर ही व्यक्ति भाव और अभाव का बोध करते हैं। यह स्फुरत्ता गगन-कुसुम और सामान्य-कुसुम में समान है, अतः इनमें ऐसी कोई भी विशेषता नहीं प्रतीत होती कि जिसके आधार पर इनमें भेद किया जा सके। इसका अभिप्राय यह है कि भावात्मक और अभावात्मक सभी पदार्थों में परमेश्वर की स्वातंत्र्य शक्ति महासत्ता और स्फुरत्ता के रूप में अनुस्यूत है। अतः इस स्वातन्त्र्य शक्ति संवलित शिव के अतिरिक्त शून्यता का बौद्धसंमत चतुष्कोटिविनिर्मुक्त लक्षण बन ही नहीं सकता, क्योंकि यह सारा जगत् सदात्मक ही है। इसमें सदात्मक कोटि के अतिरिक्त अन्य कोटियों के स्फुरण का कोई प्रसंग ही नहीं है।

इस विवेचन के आधार पर यह निष्कर्ष निकाला जा सकता है कि "यतो वाचो निवर्तन्ते" (तै० उ० २।४), "न तत्र सूर्यो भाति" (कठो० ५।१५), "आनन्दाद्ध्येव खल्विमानि भूतानि जायन्ते" (तै० उ० ३।६) इत्यादि श्रुतियों में यह प्रतिपादित किया गया है कि यह सारा जगत् ब्रह्मस्वरूप ही है। श्रुति प्रतिपादित इस स्थिति में अपने अनुभव को दृढ़ करने पर साधक के चित्त में सर्वत्र भैरव-बोध का ही स्फुरण होने लगता है और इस तरह से सर्वत्र ब्रह्म-दृष्टि का विकास होने से वह स्वयं ब्रह्म बन जाता है॥१२४॥

[धारणा–१०२]

नित्ये निराश्रये शून्ये व्यापके कलनोज्झिते।
बाह्याकाशे मनः कृत्वा निराकाशं[1] समाविशेत्॥१२५॥

नित्ये निराश्रये शून्ये व्यापके कलनोज्झिते बाह्याकाशे वाह्यगगने मनो विमर्शात्मकं ज्ञानं कृत्वा समापन्नं विधाय निरालम्बनचिदुदये सति निराकाशम् आकाशा-

---

१. °शे–ख०।

न्निष्क्रान्तमशून्यं धाम समाविशेत् । नित्यत्वादिविशेषणप्रतिपादितव्याप्तिके बाह्याकाशे शून्यधारणातिशयेन तदभ्यासातिशयाच्छून्यातिशून्यभूतं यद्धाम तत्रैव योगी समाविशतीति भावः ॥१२५॥

नित्य, निराश्रय, शून्य, व्यापक और कलना अर्थात् इयत्ता से रहित सर्वत्र व्याप्त बाह्य आकाश में विमर्शात्मक ज्ञान से सम्पन्न मन को समाहित करने पर साधक के चित्त में धीरे-धीरे निरालम्बन चिच्छक्ति का, घट, नील, सुख आदि विकल्पों से अतीत शुद्ध निर्विकल्पक ज्ञान का उदय होने लगता है। इस धारणा के अभ्यास से अन्ततः वह निराकाश अशून्य धाम में, अर्थात् शिव तत्त्व में समाविष्ट हो जाता है। पूर्व श्लोक की व्याख्या में शिव तत्त्व को शून्यता का धाम अर्थात् आश्रय-स्थान बताया गया था। अतः यह उचित ही है कि शून्यता का यह धाम शिव तत्त्व स्वयं अशून्य अर्थात् महासामान्य, महासत्ता स्वरूप माना जाय। इसका अभिप्राय यह है कि नित्यत्व आदि विशेषणों से जिसकी सर्वव्यापकता प्रतीत होती है, उस बाह्य आकाश में भी योगी जब शून्यता की भावना को दृढ़ करता है कि यह भी कुछ नहीं है, तो इस भावना के अभ्यास को बढ़ाने पर उसके चित्त में सभी बाह्य आलम्बनों का अभाव हो जाने से वह योगी शून्यता के आश्रयभूत अतिशून्य अर्थात् अशून्य शिव तत्त्व में समाविष्ट हो जाता है ॥१२५॥

[धारणा-१०३]

यत्र यत्र मनो याति तत्तत् तेनैव तत्क्षणम् ।
परित्यज्यानवस्थित्या निस्तरङ्गस्ततो भवेत् ॥१२६॥

यत्र यत्र विषये मनश्चाञ्चल्याद् याति तत्तद् वस्तु तत्सर्वम्, तेनैव अविकल्पसंवेदनरूपेण मनसा तत्क्षणं परित्यज्य परिहृत्य, पुनरपि गतं चेत् पुनरपि प्रत्याहृत्य, अनवस्थित्या चित्तवृत्तिनिरोधे सति वैराग्याभ्यासयुगलदाढर्यान्मनसो निरालम्बनताप्राप्तियुक्त्या, ततो निस्तरङ्गो भवेत् परभैरवावेशवान् परभैरवस्वरूपवान् भवेत् ॥१२६॥

अपनी चंचलता के कारण मन जहाँ-जहाँ भी जाता है, उन सब विषयों से उसको निर्विकल्पक संवेदन के माध्यम से तत्काल हटा ले कि वस्तुतः उन विकल्पों की कोई वास्तविक सत्ता नहीं है। हटा लेने के बाद भी यदि वह फिर वहीं चला जाता है, तो उसको पुनः वहाँ से हटाने का निरन्तर अभ्यास करता रहे, जब तक कि वह पूर्णतः प्रत्याहृत नहीं हो जाता, अपने वश में नहीं आ जाता। जैसा कि गीता के—

यतो यतो निश्चरति मनश्चञ्चलमस्थिरम् ।
ततस्ततो नियम्यैतदात्मन्येव वशं नयेत् ॥ (६।२६)

इस श्लोक में प्रतिपादित है। इस तरह से अपने चित्त की वृत्तियों की विषय-प्रवणता को रोक कर तथा वैराग्य और अभ्यास के द्वारा चित्त को एकाग्र बना कर उसको निरालम्बन, (निर्विकल्पक) समाधि में स्थिर कर दे। योगी के इस समाधि दशा में स्थित हो जाने पर वह निस्तरंग हो जाता है, अर्थात् सांसारिक विषय-विकल्पों के कारण उसके चित्त-समुद्र में तब

किसी प्रकार का क्षोभ (चंचलता) नहीं उठता। इस स्थिति के स्थिर हो जाने पर वह परभैरव स्वरूप में समाविष्ट हो जाता है।

अभ्यास और वैराग्य दोनों की सहायता से चित्त के निरोध की बात "अभ्यासवैराग्याभ्यां तन्निरोधः" (१।१२) इस योगसूत्र में तथा "अभ्यासेनैव कौन्तेय वैराग्येण च गृह्यते" (६।३५) इस भगवद्गीता के वचन में भी प्रतिपादित है। 'यत्र यत्र' (श्लो० ७३, ११३-११४) इत्यादि श्लोकों में मन जिस विषय की ओर आकृष्ट हो, उसी में धारणा को स्थिर करने की बात कही गई थी। यहाँ गीता के उपदेश के अनुसार मन के निरोध की बात बताई गई है ॥१२६॥

[धारणा-१०४]

[1]भया[1] सर्वं [2]रवयति सर्वदो[3] व्यापकोऽखिले।
इति भैरवशब्दस्य [4]सन्ततोच्चारणाच्छिवः ॥१२७॥

भैरवपदान्तर्गतस्य 'भा ऐ र व' इत्यक्षरचतुष्कस्यायमर्थः—भया संवित्प्रकाशरूपया, ऐकारः क्रियाशक्तिमान् महेश्वरः, सर्वं रवयति विमृशतीति भैरवः। यद्वा भया ज्ञानात्मिकया शक्त्या, ऐकारेण माहैश्वर्यात्मिकया क्रियाशक्त्या, सर्वमखिलमिदं विश्वं विमृशतीति भैरवः। 'भिया' इति पाठे भिया भयेन अवति रक्षति नीलानीलसुखासुखवेद्यराशेः सर्वस्याहमिति विमर्शनादित्यसौ भैरवः। सर्वदो व्यापकोऽखिले। तया भया सर्वं शुभाशुभं राति ददातीति सर्वदः, सर्वं वाति अनुगच्छति व्यापकतयेति व्यापकः, अखिले संसारे व्यापकतयाऽवस्थितो भैरव इत्येवमर्थानुसन्धानपूर्वकं भैरवशब्दस्य सन्ततोच्चारणात् अहर्निशमुच्चारणेन साधको बाह्याभ्यन्तरे सर्वत्र 'अहमस्मि' इत्यनुभवदाढर्याधिगमात् शिवः संपद्यते, साधकस्य परमशिवीभावोऽभिव्यज्यते। समस्ततादात्म्यभावनया जीवन्मुक्तातायां परमेश्वरैकरूपतावेशात् परसिद्धिलाभ इति तात्पर्यम्। तथा च "न सावस्था न या शिवः" (स्प० २९) इत्यादिना एतदाम्नातमस्ति ॥१२७॥

'भैरव' पद में स्थित 'भा ऐ र व' इन चार अक्षरों के अर्थ को विस्तार से समझने की आवश्यकता है। अकार अनुत्तर स्वरूप और इकार इच्छारूप है। अनुत्तर में विश्रान्ति आनन्द अर्थात् आकार और इच्छा में विश्रान्ति ईशन अर्थात् ईकार कहलाती है। इसी लिये आकार और ईकार में क्रिया-शक्ति का व्यापार चल पड़ता है। भा संवित्स्वरूप प्रकाश को कहते हैं। इच्छा और ईशन अर्थात् इकार और ईकार जब आनन्दस्वरूप आकार और उसके पूर्व में विद्यमान अनुत्तर धामरूप अकार में प्रविष्ट होते हैं, तो ये एकार का रूप धारण कर लेते हैं, अर्थात् अनुत्तर और आनन्द का इच्छा या ईशन में प्रसार होने पर एकार की उत्पत्ति

---

१. भिया—ख० स्त०, भ्रियात्—त० ई०। २. रच°—त०। ३. °गो—ख०। ४. सत°—त०।

1. तन्त्रालोकविवेक (भा० १, आ० १, पृ० १४३; भा० ३, आ० ५, पृ० ४४८), स्तवचिन्तामणिटीका (पृ० २८) और ईश्वरप्रत्यभिज्ञाविवृतिविमर्शिनी (भा० २, पृ० २१४) में यह श्लोक उद्धृत है।

होती है। इस एकार के साथ अनुत्तर या आनन्द का पुनः संघट्ट (सन्धि) होने पर ऐकार की उत्पत्ति होती है। इस संघट्ट (सन्धि) से होने वाली उत्पत्ति के कारण ही एकार और ऐकार सन्ध्यक्षर कहलाते हैं। इस संघट्ट के कारण ही संवित् का प्रकाश एक दूसरे में मिलकर नाना रूप धारण कर लेता है। यहाँ आकर क्रिया-शक्ति का व्यापार स्फुट (स्पष्ट) हो जाता है। क्रिया-शक्ति की स्फुटता ही ऐकार का अर्थ है। अक्षरों के अर्थों के इस विश्लेषण के आधार पर भैरव पद का अर्थ यह होगा—ऐकार रूप क्रिया-शक्ति से संयुक्त महेश्वर अपने संवित् प्रकाश रूप स्वभाव से सारे पदार्थों का विमर्श करता है, अथवा अपनी भा अर्थात् ज्ञानात्मिका शक्ति से और ऐकार अर्थात् माहेश्वर्य की अभिव्यञ्जिका क्रिया-शक्ति से अखिल विश्व का विमर्श करता है, अतः इसको भैरव कहा जाता है। 'भिया सर्वं रवयति' ऐसा पाठ मानने पर भैरव पद का अर्थ यह होगा कि नील आदि बाह्य और सुख आदि आन्तर समस्त वेद्य राशि को अपने से अभिन्न बताकर यह भगवान् भैरव समस्त प्राणियों को भय से मुक्त कर देते हैं। "द्वितीयाद्वै भयं भवति" (बृ० उ० १।४।२) इस श्रुति के अनुसार अपने से भिन्न किसी दूसरी वस्तु से ही भय हो सकता है। अपने से भिन्न जब कोई दूसरी वस्तु है ही नहीं, तब भय किससे होगा? इस तरह से साधक के चित्त में अभेद बोध की उत्पत्ति कर भैरव उसको भय से मुक्त कर देता है। भैरव पद का अर्थान्तर द्वितीय पाद से इस तरह से स्पष्ट होता है—उस भा अर्थात् संवित्प्रकाश रूप शक्ति की सहायता से यह भैरव सभी तरह के शुभ और अशुभ कर्मों का फल देता रहता है और सभी पदार्थों में व्यापक अन्तर्यामी के रूप मे अनुस्यूत रहता है। जैसा कि [1]"ईश्वरप्रेरितो गच्छेत् स्वर्गं वा श्वभ्रमेव वा" इस वचन में प्रतिपादित है। इस तरह से भैरव शब्द के उक्त अर्थों का अनुसन्धान करते हुए जो साधक रात-दिन इसका उच्चारण करता रहता है, उसके चित्त में बाह्य और आभ्यन्तर सभी पदार्थों के प्रति यह सब कुछ मैं ही हूँ, इस तरह के दृढ अनुभव की अनुस्यूति निरन्तर चलती रहने से भावना में दृढता आने पर वह स्वयं शिव बन जाता है, साधक का परमशिव स्वभाव प्रकट हो जाता है। इसका तात्पर्य यह है कि साधक जब सभी जागतिक आन्तर-बाह्य भावों में अपने तादात्म्य का विस्तार कर लेता है, तो वह जीवन्मुक्त हो जाता है। तब वह स्वयं परमेश्वर स्वरूप में समाविष्ट हो जाता है और इस तरह से परम सिद्धि को प्राप्त कर लेता है। इसी लिये शास्त्रों में बताया गया है कि ऐसी कोई अवस्था नहीं है, जिसमें कि शिव न प्रकाशित हो रहा हो ॥१२७॥

---

1. "अज्ञो जन्तुरनीशोऽयमात्मनः सुखदुःखयोः। ईश्वरप्रेरितो गच्छेत् स्वर्गं वा श्वभ्रमेव वा॥" यह श्लोक महाभारत के वनपर्व (३०।२८) के अतिरिक्त अन्य अनेक पुराण प्रभृति ग्रन्थों में भी उपलब्ध होता है। इसका अभिप्राय यह है कि अज्ञानी जीव अपने सुख-दुःख के विधान में भी असमर्थ है। वह ईश्वर से प्रेरित होकर ही स्वर्ग अथवा नरक में जाता है।

[धारणा–१०५]

अहं [1]ममेदमित्यादिप्रतिपत्तिप्रसङ्गतः ।
निराधारे मनो याति तद्ध्यानप्रेरणाच्छमी ॥१२८॥

अहम्, मम इदम्—इत्यादिन्यूनाहन्ताज्ञानप्रसङ्गेनापि निराधारे वस्तुनि प्रबुद्धगोचरे पूर्णाहंभाव एव मनो याति, अहंविमर्शस्यात्रुटितत्वेन निर्विशेषत्वात् । परमानन्दात्मकत्वमात्मनो न कदाचिद् विच्छिद्यते, पूर्णाहन्ताविमर्शस्य परमात्मत्वेन सर्वत्र सत्त्वात् । अप्रबुद्धादीनां सर्वेषामेक एवात्मा, सर्वेऽपि स्वात्मन्येव रागिणः । तस्मान्नात्र कश्चिदप्रबुद्धो न कश्चित् प्रबुद्धः संप्रबुद्धो वा, किन्तु स्वतन्त्रः परमेश्वर एव तथा तथा सर्वत्र भाति । अबोधबोधसंबोधकल्पनया तत्स्वातन्त्र्यं विघटते । अतो बोधादिविकल्परहितत्वेन शान्तो भवेत् । "नेह नानास्ति किञ्चन" (बृ० उ० ४।४।१९) इति श्रुतिवचनानुसारं तद्ध्यानाभ्यसनेन प्रेरणात् अहंविमर्शबाधिगमात् शमी शान्तद्वन्द्वोऽत्रासपरनिर्वाणो जायत इत्यर्थः ॥१२८॥

यह मैं हूँ, यह मेरा है, इस तरह के परिमित अहन्ता के ज्ञान से भी, जो कि समझदार व्यक्ति को प्रतीत होने वाली पूर्ण अहन्ता दशा के ज्ञान से भिन्न नहीं है, अन्ततः निराधार वस्तु में ही मन जाता है, क्योंकि अहंस्वरूप का विमर्श वहाँ भी समान रूप में अनुस्यूत रहता है । आत्मा का परमानन्दस्वरूप स्वभाव कभी भी विच्छिन्न नहीं होता । पूर्णाहन्ता का विमर्श ही तो परमात्मा का परमानन्द स्वरूप है और वह पूर्णाहन्ता सर्वत्र विद्यमान है । अज्ञानी हो या ज्ञानी सबकी आत्मा एक ही है । सभी अपनी आत्मा में अनुराग रखते हैं । अतः अपनी आत्मा के साथ होने वाले इस अनुराग को ही परमेश्वर का भजन मान सकते हैं । शास्त्रों में प्रेम को ही ब्रह्म माना गया है । न्यूनता और पूर्णता के आधार पर स्वात्मस्वरूप के विमर्श का विच्छेद या प्रादुर्भाव नहीं माना जा सकता । अतः ज्ञानी हो या अज्ञानी, वह रहेगा आनन्दस्वभाव ही । इसी लिये महेश्वरानन्द प्रभृति ने यह बताया है कि जीव अविद्या में पड़ा हुआ हो या उससे मुक्त हो, वह अपनी आनन्दात्मक स्थिति के कारण स्वात्मविषयक परम प्रेम मे कभी विलग नहीं होता, जैसा कि महार्थमंजरी के इस श्लोक में वर्णित है—

नन्वात्मनः प्रियार्थं सर्वस्य प्रियत्वं भणति श्रुतिः ।
तस्मादानन्दस्वभाव आत्मा मुक्तोऽप्यमुक्तो वा ॥ (श्लो० ५५)

"आत्मनस्तु कामाय सर्वं प्रियं भवति" (बृ० उ० २।४।५) यह श्रुति बताती है कि मनुष्य अपनी कामनाओं की पूर्ति के लिये सब से प्रेम करता है । इसलिये मुक्त हो या बद्ध आत्मा सदा आनन्दस्वभाव ही है । पञ्चदशी नामक वेदान्त ग्रन्थ में भी बताया गया है—

मा न भूवं हि भूयासमिति प्रेमात्मनीक्ष्यते ।....
अतस्तत्परमं तेन परमानन्दतात्मनः ॥ (१।८-९)

---

१. मम मये°—ख० ।

अर्थात् मेरी स्थिति सदा रहे, ऐसा न हो कि मैं कभी न रहूँ, इस तरह का प्रेम आत्मा में देखा जाता है। इस आत्मप्रेम से बढ़कर और कोई प्रेम नहीं है, अतः आत्मा को परमानन्द-स्वभाव मानना पड़ता है। भट्ट उत्पल ने भी अपनी स्तोत्रावली में कहा है—

त्वमेवात्मेश ! सर्वस्य सर्वश्चात्मनि रागवान् ।
इति स्वभावसिद्धां त्वद्भक्तिं जानन् जयेज्जनः ॥ (१।७)

अर्थात् हे स्वतन्त्र प्रभु, आप ही प्रत्येक पुरुष की आत्मा हैं और प्रत्येक पुरुष अपनी आत्मा से अनुराग रखता है। इस प्रकार स्वभावतः, अर्थात् अनायास ही होने वाली आपकी भक्ति को जो भक्त अपनी समावेश दृष्टि से जान लेता है, वह इस संसार को जीत लेता है।

इस दृष्टि से विचार करने पर यहाँ न तो कोई अज्ञानी ही है और न कोई ज्ञानी अथवा परम ज्ञानी ही है, किन्तु स्वतन्त्र परमेश्वर ही इन सभी रूपों में भासित होता रहता है। अज्ञानी, ज्ञानी और परम ज्ञानी की कल्पना से उस परमेश्वर का स्वातन्त्र्य नष्ट हो जाता है। इसलिये [1]अप्रबुद्ध, प्रबुद्ध, सुप्रबुद्ध आदि विकल्पों से मुक्त होकर साधक को शान्तभाव से स्वात्मस्वरूप का चिन्तन करते रहना चाहिये। इसका अभिप्राय यह है कि "इस जगत् में नाना पदार्थों की कोई सत्ता नहीं है" इस श्रुति वचन के अनुसार मन को निराधार (निर्विकल्प) बना कर अपने परमार्थ स्वरूप के ध्यान का अभ्यास करने से चित्त शान्त हो जाता है, उसको एक प्रकार का बल प्राप्त होता है, जिससे कि साधक के सभी प्रकार के द्वन्द्व शान्त हो जाते हैं और उसको परम निर्वाण की प्राप्ति हो जाती है ॥१२८॥

[धारणा–१०६]

नित्यो विभुर्निराधारो व्यापकश्चाखिलाधिपः ।
शब्दान् प्रतिक्षणं ध्यायन् [1]कृतार्थोऽर्थानुरूपतः ॥१२९॥

विभुः परमेश्वरः, नित्य-निराधार-व्यापक-अखिलाधिपत्वादिरूप इति अर्थानुरूपतः अर्थानुसन्धानपूर्वकं तान् शब्दान् प्रतिक्षणं मुहुर्मुहुः ध्यायन् चिन्तयन् कृतार्थः कृतकृत्यो भवति। जानामि, करोमीत्यत्रैव मुक्तस्वभावः स्यादिति भावः ॥१२९॥

स्वतन्त्र-स्वभाव प्रभु परमेश्वर नित्य, निराधार, व्यापक और सारे जगत् का स्वामी है, इस तरह से नित्य आदि शब्दों के अर्थ का बार-बार अनुसन्धान करते हुए जो साधक

---

१. प्रकृतार्थ–ख० ।

1. अप्रबुद्ध, प्रबुद्धकल्प, प्रबुद्ध, सुप्रबुद्धकल्प और सुप्रबुद्ध—इन पाँच प्रकार के प्रमाताओं का विवेचन विरूपाक्षपंचाशिका की ४१-४४ कारिकाओं में किया गया है। स्पन्दकारिका के १७, १९-२०, २५, ४४ संख्या के श्लोकों में अप्रबुद्ध, प्रबुद्ध और सुप्रबुद्ध का स्वरूप वर्णित है। इन शब्दों की चर्चा पहले भी हो चुकी है।

अपने चित्त को एकाग्र कर लेता है, वह कृतकृत्य हो जाता है। अर्थात् सर्वज्ञता आदि गुणों से विशिष्ट शिव ही सर्वत्र व्याप्त है, उससे भिन्न किसी भी वस्तु की कोई सत्ता नहीं है, वही सब कुछ करता है, इस तरह से ईश्वर के ऐश्वर्यबोधक नामों के अर्थ का चिन्तन करने वाला योगी धीरे-धीरे यह जान जाता है कि यह सारा ऐश्वर्य मेरा ही है। मुझसे भिन्न किसी की कोई सत्ता नहीं है, सर्वज्ञता, सर्वकर्तृता आदि गुण भी मेरे ही है। यह स्वाभाविक बात है कि इस स्थिति पर पहुँच जाने पर वह सभी प्रकार के विकल्पों से मुक्त हो अपने स्वरूप में प्रतिष्ठित हो जाय। स्पन्दकारिका के 'गुणादिस्पन्द' इत्यादि श्लोकों में इसी स्थिति का वर्णन मिलता है। इन श्लोकों को उद्धृतकर उनकी व्याख्या पहले (पृ० १०७) की जा चुकी है। नामकीर्तन का माहात्म्य भट्ट नारायण की स्तवचिन्तामणि में अनेक स्थलों पर (श्लो० १९,७९ ८२) वर्णित है। इनका यही अभिप्राय है कि बिना अर्थ का चिन्तन किये ईश्वर के केवल नाम मात्र के उच्चारण से भी मानव मोक्ष पर्यन्त सिद्धि प्राप्त कर लेता है। यही प्रस्तुत धारणा का भी प्रतिपाद्य है ॥१२९॥

[धारणा-१०७]

अतत्त्वमिन्द्रजालाभमिदं सर्वमवस्थितम्।
किं तत्त्वमिन्द्रजालस्य [2]इति दार्ढ्याच्छमं व्रजेत् ॥१३०॥

इदं सर्वं जगत्, अतत्त्वं निस्तत्त्वरूपम्, असारमिति यावत्। अत एव इन्द्रजालाभम् इन्द्रजालतुल्यमवस्थितं वर्तते। इन्द्रजालस्य किं तत्त्वम्? न किञ्चिदित्यर्थः। अतः सर्वमिदमिन्द्रजालवत् प्रतीयमानं जगन्न वस्तुसदिति भावनादार्ढ्यात् साधकः शमं व्रजेत्। सद्वस्तुव्यपदेश्यं प्रमातृतत्त्वमितो भिन्नमेवेति भावनाबलेन तत्त्वविदो निर्वाणपदावाप्तिर्भवेदिति भावः ॥१३०॥

यह सारा जगत् निस्तत्त्व है, अर्थात् सारहीन है। इसी लिये इसकी स्थिति इन्द्रजाल के समान है, जादूगर की बनाई हुई चीजों की भाँति है। जादूगर अपने जादू से, हाथ की सफाई से जिन वस्तुओं को जिस रूप से दिखाता है, क्या उनकी कोई वास्तविक सत्ता है? नहीं। जैसे उनकी कोई वास्तविक सत्ता नहीं है। उसी तरह से यह प्रतीयमान जगत् भी वास्तविक नहीं है। इस परमार्थ दृष्टि में जो साधक अपनी भावना को दृढ़ करता है, वह शान्त समाधि में लीन हो जाता है। अर्थात् परमार्थसत् नाम से जाना जाने वाला प्रमातृ-तत्त्व इस इन्द्रजाल तुल्य संसार से सर्वथा पृथक् है; अपनी भावना के आधार पर इस वस्तु-स्थिति को समझने वाला तत्त्ववेत्ता निर्वाण पदवी को प्राप्त कर लेता है ॥१३०॥

[धारणा-१०८]

आत्मनो निर्विकारस्य क्व ज्ञानं क्व च वा क्रिया।
ज्ञानायत्ता बहिर्भावा अतः शून्यमिदं जगत् ॥१३१॥

आत्मनो निर्विकारस्य बोधात्मकस्य चिदात्मनो निर्विभागत्वेन निर्विकारत्वात्

---

१. °वं व्य°-ख०। २. चेति-ख०।

ज्ञानं क्व, क्व च वा क्रिया। ज्ञानक्रिये विकारे एव। विकारयोरनयोर्निर्विकारे चिदात्मनि स्थितिर्नैव भवितुमर्हति। बहिर्भावाः सर्वे बाह्याः पदार्था ज्ञानायत्ता एव प्रतिभान्ति, अतो ज्ञानक्रिययोर्विकारभूतयोर्वस्तुतोऽभावादिदं सर्वं जगत् शून्यमेव ध्यायेत्। एवं ज्ञेयकार्यादिरूपं जगदपि न किञ्चिदिति निरूढशुद्धसंविदोऽनुत्तरभावप्राप्तिरिति तात्पर्यम्। ज्ञानक्रियादिशक्त्ययोगाज्ज्ञेयादिकल्पना कुतः? न कुतश्चन। अतो निर्विकल्पात्मकस्य निर्विकल्पमेवेदं जगत् प्रतिभासत इति भावः ॥१३१॥

बोधात्मक चिदात्मा निर्विभाग होता है, अर्थात् बोध की चिद्घनता के कारण उसमें विभाग की कल्पना नहीं की जा सकती। इसीलिये वह निर्विकार है। चिदात्मा के निर्विकार होने से इसमें ज्ञान और क्रिया की स्थिति नहीं रह सकती, क्योंकि ये दोनों भी तो विकार ही हैं। बाह्य पदार्थ की सत्ता ज्ञान और क्रिया पर ही आधृत है। अतः ज्ञान और क्रिया के अभाव में यह सारा जगत् शून्यस्वभाव ही माना जायगा, अर्थात् इसकी कोई पारमार्थिक सत्ता नहीं मानी जायगी। चन्द्रज्ञान नामक आगम ग्रन्थ में शून्य के स्वरूप का वर्णन इस तरह से किया गया है—

अध ऊर्ध्वं दिशः सर्वा भूमिरापोऽनलस्तथा।
वायुश्च खं मनो बुद्धिरहङ्कारश्च ये गुणाः॥
सर्वं शून्यं निरालम्बं तत्र सर्वं प्रतिष्ठितम्।
यत्किञ्चित् सकलं भावरूपं तन्त्रेषु वर्णितम्॥
तदसारतरं चन्द्र मायास्वप्नोपमं स्थितम्।
भ्रान्ति त्यजस्व वै पुत्र सर्वं शून्ये प्रतिष्ठितम्॥
शून्यात् प्रवर्तते शक्तिः शक्तेर्वर्णाः प्रजज्ञिरे।
वर्णेभ्यश्च तथा मन्त्रा मन्त्रेभ्यः सृष्टिरव्यया॥
तस्माच्छून्यं जगद् ध्यायेद्यन्न नश्यत् कदाचन।

अर्थात् नीचे, ऊपर, सभी दिशाएँ, भूमि, जल, अग्नि, वायु, आकाश, [1]मन, बुद्धि, अहंकार तथा सत्त्व, रज, तम आदि गुण—ये सब निरालम्ब, निराधार, शून्यस्वभाव हैं। शून्य में ही इन सबकी स्थिति है। शास्त्रों में भावरूप में वर्णित सभी पदार्थ नितान्त सारहीन हैं। हे चन्द्र, इनकी स्थिति इन्द्रजाल से कल्पित वस्तुओं जैसी अथवा स्वप्न में दिखाई पड़ने वाली वस्तुओं की सी क्षणिक एवं अवास्तविक है। हे पुत्र, तुम अपने इस भ्रम को दूर कर दो कि

1. मन, बुद्धि अहंकार—यह क्रम पूर्व वर्णित (पृ० १००) अद्वयसम्पत्तिवार्त्तिक के अनुसार है। सांख्य-संमत क्रम होगा—मन, अहंकार और बुद्धि। अहंकार शब्द के अर्थ के भेद के कारण ऐसा होगा। इसका विवेचन पहले (पृ० १००-१०१) व्याख्या और टिप्पणी में किया जा चुका है।

इनकी कोई पारमार्थिक सत्ता है। वस्तुतः परिदृश्यमान सभी पदार्थ शून्य में प्रतिष्ठित हैं, अर्थात् शून्यस्वरूप हैं। इस शून्य से ही शक्ति की प्रवृत्ति होती है। शक्ति से वर्ण पैदा होते हैं। वर्णों से मन्त्र और मन्त्रों से यह कभी नष्ट न होने वाली सृष्टि होती है। इसलिये इस जगत् की शून्य के रूप में ही उपासना करना चाहिये। ऐसा करने वाला साधक कभी नष्ट नहीं होता।

इस तरह से ज्ञान और क्रिया के विषय के रूप में, ज्ञेय और कार्य के रूप में भासित हो रहे इस जगत् की कोई वास्तविक सत्ता नहीं है, इस वस्तुस्थिति का ज्ञान जिसको भली भाँति हो गया है, उसको अनुत्तर भाव की, पारमार्थिक शिवस्वरूप की अधिगति (प्राप्ति) हो जाती है। जब ज्ञान और क्रिया की ही कोई वास्तविक स्थिति नहीं है, तो उनके विषय के रूप में प्रतीत हो रहे ज्ञेय, कार्य आदि पदार्थों की कल्पना कहाँ से होगी ? अर्थात् आधार के अभाव ये सब स्वयं कुछ भी सिद्ध नहीं हो पावेंगे। इस भावना के दृढ़ हो जाने पर निर्विकल्प स्वभाव योगी के चित्त में यह सारा जगत् निर्विकल्प रूप में ही भासित होता है। अर्थात् उसके चित्त में निर्विकल्प शिवभाव की अभिव्यक्ति हो जाती है ॥१३१॥

[धारणा–१०९]

[1]न मे बन्धो न मोक्षो मे [1]भीतस्यैता बिभीषिकाः।
प्रतिबिम्बमिदं बुद्धेर्जलेष्विव विवस्वतः ॥१३२॥

मम चिन्मात्ररूपस्य न बन्धो मोक्षो वा, देशकालाद्यपरिच्छिन्नत्वात्, परिच्छिन्नस्यैव बन्धमोक्षभावात्। केवलमेता बन्धमोक्षादिकल्पना मायाशक्तिवशादपरामृष्टस्वरूपस्य भीतस्यैव "द्वितीयाद्वै भयं भवति" (बृ० उ० १।४।२) इति द्वैतत्रस्तस्यैव, न तु चिदद्वैतपरामर्शशीलस्य। बिभीषिका चटकभीत्युत्पादनशालिरक्षणार्थाः पलालपुरुषाद्याः। तत्त्वज्ञानिनस्तु किं करिष्यन्त्येताः—अनेन बन्धनम्, इदं न कर्तव्यम्, इदं कर्तव्यम्, अनेनैव मोक्षः—इत्याद्याः कल्पनाः। यथा विवस्वतः सूर्यस्य प्रतिबिम्बमेव प्रतोपं जलमध्येऽस्ति, तथा बुद्धिरेव परिमितविषया बद्धोऽहं मुक्तोऽहमित्याकारा प्रतीपेति मम किमायातम्, बुद्ध्याद्यवभासकत्वेन तदतीतत्वादिति बुद्धिमेव परित्यजेत् ॥१३२॥

मैं तो चिन्मात्रस्वरूप हूँ। अतः देश, काल आदि से परिच्छिन्न न होने के कारण मैं न तो किसी बन्धन में ही पड़ता हूँ और न उस बन्धन से मुझे किसी तरह का कोई छुटकारा ही मिलना है। परिच्छिन्न वस्तु में ही बन्ध और मोक्ष का व्यवहार होता है। यह सब बन्धमोक्ष आदि की कल्पना केवल उसी के लिये है, जो कि माया के कारण अपने स्वरूप को ठीक से न समझ पाने से भयभीत है। श्रुति में कहा गया है कि दूसरे से भय होता है। अतः द्वैत के भय से त्रस्त व्यक्ति के लिए ही बन्ध-मोक्ष आदि की कल्पना उसी तरह से की गई है, जैसे

---

१. बाल°–ख०।

1. तन्त्रालोक विवेक (भा० २, आ० ३, पृ० २७) में यह श्लोक उद्धृत है।

कि खेत के बीच में पक्षियों से अनाज की रक्षा के लिये फूस का आदमी बना कर खड़ा कर दिया जाता है। चिद्घन, अद्वय तत्त्व को जिसने परमार्थ रूप में समझ लिया है, उस योगी के लिये यह बन्ध-मोक्ष की व्यवस्था कुछ भी नहीं है। इस कार्य को करने से मनुष्य बन्धन में पड़ता है, अतः इसको नहीं करना चाहिये; इस कार्य को करने से मोक्ष मिलता है, अतः इसका अनुष्ठान अवश्य करना चाहिये; तरह की सारी बातें तत्त्वज्ञानी की दृष्टि से कोरी कल्पनाएं हैं, जैसा कि कहा गया है—

निस्त्रैगुण्ये पथि विचरतां को विधिः को निषेधः।

अर्थात् त्रिगुणातीत पथ पर विहार करने वाले, विचरण करने वाले योगियों के लिये विधि क्या है और निषेध क्या? इसका अभिप्राय यह है कि ऐसे मनीषी विधि और निषेध की सीमा से ऊपर उठ जाते हैं। महाकवि कह्लण ने एक सुन्दर सुभाषित के रूप में इसी भाव को व्यक्त किया है—

शालीन् पलालपुरुषोऽवति यः कृशानु-
दग्धाननश्चटकपेटकभीतिदानैः।
त्रातुं स एव विहितो विपिने विदध्यात्
किं तत्र भञ्जनकृतां वनकुञ्जराणाम्॥

अर्थात् फूस का बनाया गया मुझौसा आदमी, जिसका कि मुँह आग से जलाकर काला कर दिया गया है, खेत में खड़ा कर दिया जाय तो वह पक्षियों को डरा कर उनसे अनाज की रक्षा कर सकता है, किन्तु वह जंगलों में भी तोड़-फोड़ मचा देने वाले हाथियों का क्या बिगाड़ लेगा? इसका अभिप्राय यह है कि जैसे यह पलाल-पुरुष मतवाले हाथी का कुछ भी नहीं बिगाड़ सकता, उसी तरह से बन्ध-मोक्ष का भय भी ज्ञानी पुरुष को भयभीत नहीं कर सकता। वह तो समझता है कि जैसे सूर्य ही जल के बीच में प्रतिबिम्ब के रूप में उलटा भासित होता है, उसी तरह से परिमित विषय वाली बुद्धि ही 'मैं बद्ध हूँ, मैं मुक्त हूँ' इत्यादि आकारों में परिणत होती रहती है। इससे मेरा क्या बनता-बिगड़ता है? ये सब कल्पनाएँ बुद्धि आदि में ही भासित होती हैं, चिदात्मा तो इनसे अतीत है। अतः साधक को इन भयजनक कल्पनाओं से भरी बुद्धि का परित्याग कर देना चाहिये। तभी वह अपने स्वाभाविक स्वात्मस्वरूप में प्रतिष्ठित हो सकता है॥१३२॥

[धारणा–११०]

इन्द्रियद्वारकं सर्वं सुखदुःखादिसङ्गमम्[1]।
इतीन्द्रियाणि संत्यज्य स्वस्थः स्वात्मनि वर्तते॥१३३॥

संबध्यमानसुखदुःखादिमयं सर्वमिन्द्रियद्वारायातम्, न तु मम चिदात्मनो वास्तवमिति हेतोरिन्द्रियाणि परित्यजेत्। इन्द्रियाणामेष एव सम्यक् त्यागो यत्

---

१. °गतम्–ख०।

स्वस्थत्वं स्वरूपावस्थितत्वम् स्वस्वरूपचिन्मात्रविलासज्ञानमिन्द्रियाणां स्वस्थत्वं वर्तते। 'वर्तते' इति लिङर्थे लट्। ततश्च आत्मसंस्थ एव तिष्ठेतेत्यर्थः। द्रष्टा दृश्यं दर्शनं चेति भेदकल्पनात्यागादात्मनि स्वस्थः स्वात्मैव भवतीति भावः ॥१३३॥

इस चिदात्मा से संबद्ध से प्रतीत हो रहे सुख, दुःख आदि सभी व्यापार इन्द्रियों के माध्यम से ही प्राप्त होते हैं, ये सब चिदात्मा के वास्तविक धर्म नहीं हैं। इसलिये इन आरोपित धर्मों से छुटकारा पाने के लिये इन्द्रियों का ही परित्याग कर देना चाहिये। चित्त के अपने स्वरूप में प्रतिष्ठित हो जाने पर अपने आप इन्द्रियों से छुटकारा मिल जाता है। जैसा कि योगवासिष्ठ में कहा गया है—

एते हि चिद्विलासान्ता मनोबुद्धीन्द्रियादयः। (६ पू०।७८।३१)

अर्थात् चिद्विलास की, चित्स्वरूप की अभिव्यक्ति होने पर मन, बुद्धि और इन्द्रियों का खेल खतम हो जाता है। श्लोक में 'वर्तते' पद में लट् लकार का प्रयोग लिङ् के अर्थ में किया गया है, अतः वर्तते का अर्थ होगा वर्तेत, अर्थात् रहे। अभिप्राय यह है कि द्रष्टा, दृश्य और दर्शन इस तरह की भेद कल्पनाओं का आधार ये इन्द्रियाँ ही हैं। जब उक्त धारणापद्धति से चिद्विलास में इनका उपसंहार हो जाता है, तो वे अपने स्वरूप में प्रतिष्ठित हो जाती हैं। अतः साधक को चाहिये कि वह उक्त भावना के अभ्यास से भेद कल्पना का परित्याग कर स्वात्मस्वरूप में भली भाँति प्रतिष्ठित होने के लिये निरन्तर सचेष्ट रहे ॥१३३॥

[धारणा–१११]

[1]ज्ञानप्रकाशकं[1] सर्वं[2] सर्वेणात्मा प्रकाशकः।
[3]एकमेकस्वभावत्वाज्ज्ञानं ज्ञेयं[4] विभाव्यते ॥१३४॥

सर्वं प्रकाश्यं वेद्यं वस्तुजातं ज्ञानप्रकाशकमस्ति। "कृत्यल्युटो बहुलम्" (३।३।११३) इति ज्ञानपदस्य कर्तरि प्रयोगेण ज्ञानं वेदकात्मा प्रकाशको यस्य तदेवंविधम्, वेदकप्रकाश्यं वेद्यमित्यर्थः। वेदकसाध्यं वेद्यत्वमुक्त्वा वेद्यसाध्यं वेदकत्वमित्याह—सर्वेणात्मेति। सर्वेण वेद्यजातेन आत्मा वेदकः प्रकाशकारी भवति। वेद्यमृते किमपेक्षं वेदकत्वं वेदकस्य? वेदक इति कस्य वेदक इत्यर्थः। अतो वेद्यमेव जीवितं ददाति वेदकस्येति विभावनीयम्। एवमेकस्वभावत्वाद् वेद्यत्वं वेदकत्वस्वरूपं वेदकत्वं च वेद्यत्वस्वरूपमिति एकप्रकृतिकत्वाद् ज्ञानं वेदकं ज्ञेयं च एकमेव तत्त्वमिति विशेषेण भावयेत्। प्रकाशकं ज्ञानं नात्मनः पृथक्, सर्वशब्दवाच्यं ज्ञेयजातं ज्ञानान्न पृथगित्यैक्यं

---

१. ॰नं–शि॰ २. ॰र्वमात्मा चैव–ख॰ शि॰। ३. एव॰–ख॰, अनयोरपृथग्भावाज्ज्ञाने ज्ञानी प्रकाशते–शि॰। ४. ज्ञेये–ख॰।

1. शिवसूत्रविमर्शिनी (पृ॰ ३७) में यह श्लोक उद्धृत है।

भावयेदिनि भावः। अथवा न किमपि प्रकाशाद् व्यतिरिक्तं भाति, वर्तते वेति सर्वं चिन्मयमेव विभाव्य यज्ज्ञानं तदेव ज्ञेयादीति तत्त्वज्ञाननिष्ठः संभवतीति भावः ॥१३४॥

सभी प्रकाश्य, अर्थात् वेद्य वस्तुएँ ज्ञान से प्रकाशित होती हैं। यहां 'कृत्यल्युटो बहुलम्' इस पाणिनि सूत्र के आधार पर ज्ञान शब्द कर्ता के अर्थ में प्रयुक्त हुआ है। अतः 'वेदक स्वरूप ज्ञान जिसका प्रकाशक है' इस व्युत्पत्ति के आधार पर यह अर्थ होता है कि सभी वेद्य वस्तुएँ वेदक अर्थात् आत्मा में प्रकाशित होती हैं। इस तरह वेदक आत्मा के कारण प्रतीत हो रही वेद्य वस्तुओं की बात कह कर अब यह वेदक आत्मा भी वेद्य वस्तु के अधीन है. इस बात को दूसरे पाद (चरण) में बताया गया है कि सब वेद्य वस्तुओं के रहने से ही आत्मा वेदक अर्थात् उनका प्रकाशक हो सकता है। बिना वेद्य वस्तुओं के वेदक आत्मा की वेदकता (प्रकाशकता) कहाँ से आवेगी ? यह वेदक आत्मा किसको प्रकाशित करेगा ? इसलिये यह मानना पड़ेगा कि वेद्य वस्तु ही वेदक (प्रकाशक) आत्मा को स्वरूप प्रदान करती है। इस तरह से वेद्य वेदकस्वरूप और वेदक वेद्यस्वरूप होने से दोनों की प्रकृति एक ही है, अतः साधक को इस बात का सावधानी से विचार करना चाहिये कि ज्ञान की वेदकता और ज्ञेय की वेद्यता में वस्तुतः एक ही तत्त्व भासित हो रहा है। जैसा कि निम्न श्लोक में बताया गया है—

[1]यावन्न वेदका एते तावद् वेद्याः कथं प्रिये।
वेदकं वेद्यमेकं तु तत्त्वं···· ···· ····॥

प्रकाश्य और प्रकाशक की एकता निम्न श्लोक में भी प्रदर्शित है—

प्रकाशमानं पृथक् प्रकाशात्
स च प्रकाशो न पृथग् विमर्शात्।
नान्यो विमर्शोऽहमिति स्वरूपाद्
अहंविमर्शोऽस्मि चिदेकरूपः॥

अर्थात् प्रकाशमान वस्तु प्रकाश से पृथक् नहीं है और वह प्रकाश विमर्श से कभी अलग नहीं होता। यह विमर्श भी स्वात्मस्वरूप (मैं हूँ) से भिन्न नहीं होता। अतः विमर्श-स्वरूप एवं चिदात्मक तत्त्व मैं ही हूँ। इसका अभिप्राय यह है कि प्रकाशक ज्ञान आत्मा से भिन्न नहीं है और सभी शब्दों से बोधित होने वाले ज्ञेय पदार्थ भी ज्ञान से पृथक् नहीं हैं। इस तरह से ज्ञान और ज्ञेय की एकता की भावना करने से साधक स्वात्मस्वरूप में प्रतिष्ठित हो जाता है। अथवा इसका यह भी अर्थ किया जा सकता है कि 'प्रकाशमानं' इत्यादि वचन के अनुसार प्रकाश से अतिरिक्त किसी भी वस्तु का न तो ज्ञान ही होता है और न वह वस्तु विद्यमान ही है। इस लिये—"ज्ञानं ज्ञेयं तथा ज्ञाता त्रितयं नास्ति वास्तवम्" इस वचन के अनुसार ज्ञान, ज्ञेय और ज्ञाता—ये तीनों वास्तव में कुछ नहीं है, किन्तु प्रकाश के कारण ही यह सब कुछ भासित हो रहा है। इस लिये सब कुछ चिन्मय है, ऐसी भावना करने से

1. शिवसूत्रविमर्शिनी (पृ० ४) में यह श्लोक उच्छुष्मभैरव का बताया गया है।

तत्त्वज्ञानी को यह प्रतीत होने लगता है कि जो ज्ञान है, वही ज्ञेय अथवा ज्ञाता भी है। सब कुछ प्रकाशात्मक शिवमय है। इस प्रकार के ज्ञान का उन्मेष होने पर साधक शिव बन जाता है ॥१३४॥

[धारणा–११२]

[1]मानः चेतना शक्तिरात्मा चेति चतुष्टयम् ।
यथा प्रिये परिक्षीणं तथा तद्भैरवं वपुः ॥१३५॥

हे प्रिये, मानसं संकल्पात्मकं मनः, चेतना बुद्धिः, शक्तिः प्राणाख्या, आत्मा एतदुपहितो जीवः परिमितप्रमाता-इत्येतच्चतुष्टयं यदा परिक्षीणं चिच्चमत्कारतामापन्नं तदा तत् पूर्वोक्तं भैरवं वपुः परभैरवस्वरूपम्, व्यज्यत इति शेषः। एतच्चतुष्टयमुपाधिमयं मायीयोपाधिगलनाद् यदा क्षीयते, तदा चिच्छेषतया हिमनिर्मुक्तभास्करवत् प्रकाशमानः प्रकाश एवावशिष्यत इति दृढानुभवसमधिगमात् साक्षाद् भैरव एव भवतीति भावः ॥१३५॥

हे प्रिये, संकल्पात्मक मन, चेतनात्मक बुद्धि, प्राणनामक शक्ति और इनसे उपहित परिमित प्रमाता—ये चारों जब सब तरह से विलीन हो जाते हैं, अर्थात् जब ये साधक को चिति के चमत्कारमात्र प्रतीत होने लगते हैं, तब वह "अन्तः स्वानुभवानन्दा" (श्लो० १५) इत्यादि ग्रन्थ से पूर्व प्रतिपादित भैरव स्वरूप को प्राप्त कर लेता है। इसका अभिप्राय यह है कि साधक जब इन चारों स्थितियों को माया की उपाधि (उपज) मान लेता है, तो माया की अलीकता के आधार पर इन चारों स्वरूपों की स्थिति क्षीण हो जाती है और केवल चिति बच रहती है। इस स्थिति में साधक हिम (कुहरे) से निर्मुक्त सूर्य के समान मायीय आवरणों से निर्मुक्त चिति के प्रकाश से आलोकित हो उठता है, प्रकाशमय बन जाता है। अर्थात् इस तरह की भावना का दृढ़ अभ्यास करने पर साधक साक्षात् भैरव हो जाता है।

इस प्रकार यहाँ निर्विकल्प अवस्था की प्राप्ति के लिये ११२ धारणाओं का वर्णन किया गया है। इनमें से किसी एक धारणा में चित्त को एकाग्र करने वाला साधक जीवन पर्यन्त [2]जीवन्मुक्त दशा में रहता है और मृत्यु के उपरान्त विदेह-मुक्ति को प्राप्त करता है, अर्थात् परमेश्वर के स्वरूप से उसका स्वरूप अभिन्न हो जाने से वह ईश्वर बन जाता है। "न तस्य प्राणा उत्क्रामन्ति, अत्रैव समवलीयन्ते" (बृ० उ० ४।४।६) इस बृहदारण्यक श्रुति के अनुसार निष्कल ब्रह्म की उपासना करने वाला जीव कहीं आता-जाता नहीं है। पशु प्रमाता (अज्ञानी जीव) जैसे स्वर्ग या नरक में जाता है, अथवा जैसे सकल ब्रह्म का उपासक अर्चिरादि

---

1. स्पन्दनिर्णय (पृ० २३) और शिवसूत्रविमर्शिनी (पृ० ५१) में यह श्लोक प्रमाण रूप से उद्धृत है।
2. विदेह-कैवल्य को ही विदेह-मुक्ति कहा जाता है, जिसकी कि चर्चा पहले (पृ० ११६) आ चुकी है। आगे भी (पृ० १५२ और १५४-१५५ में) जीवन्मुक्ति और विदेह-मुक्ति की व्याख्या की गई है।

मार्ग से ब्रह्मलोक में जाता है, उस तरह की गति अर्थात् उत्क्रमण निष्कल ब्रह्म के उपासक का नहीं होता, किन्तु उसके प्राण तो गरम तवे पर पड़ी पानी की बूँद की तरह वहीं लीन हो जाते हैं। यही स्थिति शास्त्र में—"जिज्ञासारहितं शुद्धं निर्विकल्पं परं परम्" जिज्ञासा रहित शुद्ध निर्विकल्पक परम पद के नाम से कही गई है। कठोपनिषद् में इसका वर्णन इस प्रकार किया गया है—

यदा पञ्चावतिष्ठन्ते ज्ञानानि मनसा सह।
बुद्धिश्च न विचेष्टति तामाहुः परमां गतिम् ।। (२।३।१०)

अर्थात् जब जीव की पाचों ज्ञानेन्द्रियां मन के साथ स्थिर (निश्चल=निष्क्रिय) हो जाती हैं और बुद्धि भी काम करना बन्द कर देती है, तो इसी स्थिति को परम गति कहा जाता है। यहाँ 'परम गति' शब्द से प्रतिपादित स्थिति और पहले बताये गये भैरव के स्वरूप में (भैरवी मुद्रा अथवा शाम्भवी मुद्रा में) कोई अन्तर नहीं है। यह स्थिति निष्कल ब्रह्म के उपासकों के लिये स्वतः सिद्ध है। इसके लिये मरने के बाद तिल, अन्न, मधु (शहद) आदि मिलाकर बनाये गये पिण्डों को देने की जरूरत नहीं रहती। इनकी आवश्यकता तो कार्म [1]मल से आवृत पशु (अज्ञ) जीवों के लिये ही है। सहज भाव से निष्कल ब्रह्म के उपासक साधक के लिये पूजा, जप, ध्यान आदि की परिभाषाएँ भी बदल जाती हैं, जैसा कि अभी आगे बताया जायगा।

यहाँ स्वाभाविक प्रश्न उठता है कि जैसे साधक की जीवन्मुक्ति दशा में कर्तृत्व और ज्ञातृत्व की प्रतीति होती है, उसी तरह से मृत व्यक्ति में भी इनकी उपलब्धि क्यों नहीं होती? इसका उत्तर यह है कि परमेश्वर नित्य एवं स्वतन्त्र है। उसका स्वातन्त्र्य यही है कि जब यह जीवदशा को प्राप्त कर लेता है, तो यह देह, इन्द्रिय प्रभृति खिलौनों से खेलने लगता है और जब कभी अपने स्वरूप में विश्रान्ति ले लेता है, तो वह बाह्य स्पन्दों का परित्याग कर स्वात्म-स्पन्द में ही प्रतिष्ठित हो जाता है, जैसा कि सुषुप्ति प्रभृति दशाओं में होता है। जब शरीर छूट जाता है, तो उस समय परात्मा अपने स्वातन्त्र्य के कारण कभी क्षुब्ध न होने वाली निष्क्रिय अवस्था को स्वीकार कर लेता है, अतः उस समय ज्ञातृत्व, कर्तृत्व आदि की उपलब्धि नहीं होती। जैसा कि भैरवस्रोत के ग्रन्थ अनुत्तरभट्टारक में कहा गया है—

---

1. तत्त्वप्रकाशकार ने १८ वीं कारिका में मल का लक्षण बताया है कि मल एक है और अनेक प्रकार की शक्तियों से युक्त है। यह पुरुष को ज्ञान और क्रिया शक्ति को उसी तरह से ढक लेता है, जैसे कि भूसी चावल को और कालिमा तांबे को ढके रहती है। इस तरह से द्वैतवादी शैवों के यहाँ मल आत्मा में रहने वाला द्रव्यविशेष माना गया है। अद्वैतवादी दार्शनिक ऐसा नहीं मानते। वे संसार के अनादि कारण अज्ञान को ही मल कहते हैं। यह मल तीन तरह का होता है—आणव, मायीय और कार्म। अणु (जीव) गत अज्ञान ही उसके परमार्थ स्वरूप को ढक लेता है। इसी को आणव मल कहते हैं। माया शक्ति के अधीन मल मायीय तथा पुण्य और पाप कर्मों की वासना से उत्पन्न मल कार्म मल कहलाता है।

मृतचेष्टस्य पिण्डस्य न किञ्चिदुपलभ्यते ।
सुखं दुःखं न चैवास्ति परमानन्दभावनात् ॥
जिज्ञासारहितं स्थानं यत्र देवो निरञ्जनः ।
अकालकलनाहेतुर्गमागमविवर्जितः ॥
निरालम्बो निरुत्साहः शून्यभूतः शिवः स्वयम् ।
संज्ञानाशेन निर्जीवसंज्ञा सा व्योमरूपिणी ॥

अर्थात् प्राण-पखेरु के उड़ जाने से जिसकी सारी चेष्टाएँ समाप्त हो गई हैं, ऐसे मृत शरीर को कुछ भी बोध नहीं होता, न तो उसको सुख का अनुभव होता है और न दुःख का ही, क्योंकि वह तो परम आनन्द की भावना में लीन हो गया है। वह उस जिज्ञासारहित स्थान पर पहुँच जाता है, जहाँ पर कि काल की कलना और आवागमन से रहित, निरालम्ब, निरुत्साह, शून्यस्वरूप, निरंजन देव शिव स्वयं निवास करते हैं। संज्ञा के नष्ट हो जाने पर शरीर निर्जीव हो जाता है, किन्तु इस दशा में वह आकाश के समान सर्वत्र व्याप्त हो जाता है। इसी प्रसंग में शिव ने देवी को यह भी कहा है—

विचरामि न चैकाकी कदाचिच्छून्यरूपता ।
सर्वं सर्वमयश्चाहं तद् रमेऽहं त्वया सह ॥
कदाचिदीदृशं विश्वं दृश्यमेतदितीरितम् ।

अर्थात् मैं कभी अकेला नहीं रहता, तब भी कभी-कभी शून्य स्वरूप हो जाता हूँ। मैं सब कुछ हूँ। यह सब कुछ मेरा ही स्वरूप है। मैं जब तुम्हारे साथ विहार करता हूँ, तभी कदाचित् यह जगत् दृश्य के रूप में परिणत हो जाता है।

देहपात के अनन्तर भी देह में आत्मा की स्थिति मानने के ही कारण जैमिनीय शाखा वाले अन्त्येष्टि संस्कार के समय निर्जीव पिण्ड में भी विष्णुसंबन्धी २१ स्नानों का विधान करते हैं। ऐसा न मानने पर "अविनाशी वा अरेऽयमात्मा" (बृ० उ० ४।५।१४), "नित्यो नित्यानाम्" (क० उ० २।२।१३), "न जहाति मृतं चापि सर्वव्यापी धनञ्जयः" (यो० चू० उ० २६) इत्यादि वचन प्रामाणिक नहीं रह जायेंगे। इस लिये मृत्यु के उपरान्त भी भैरव शरीर निर्विकल्पक अवस्था में विद्यमान रहता है, इस बात को मानने में कोई दोष नहीं प्रतीत होता।

इस निर्विकल्पक भैरवावस्था में नित्य प्रविष्ट होने से इस रहस्य मार्ग का अनुसरण करने वाले व्यक्तियों के लिये तीर्थाटन आदि कर्मकाण्ड अनावश्यक हैं, इस बात को निम्न श्लोक में जयरथ ने भी कहा है—

बहुलमहसि बोधे प्रोच्छलत्येकरूपे
जननमरणभाषां कातराः कल्पयित्वा ।
अविदितपरमार्थास्तीर्थदेवालयादि-
श्रयणमुपदिशन्तो हन्त ! नापत्रपन्ते ॥

अर्थात् महान् महिमाशाली एकरस बोधभैरव की विद्यमानता में भी कायर आदमी जन्म और मरण की कल्पना करके उससे मुक्ति पाने के लिये, परमार्थ तत्त्व का ज्ञान न होने से, तीर्थयात्रा, देवदर्शन आदि उपायों का उपदेश करते हुए लज्जित नहीं होते, हाय ! इससे बढ़कर दुःख की बात और क्या हो सकती है ?

इस रहस्य मार्ग में श्रद्धा रखने वाले विवेकी पुरुष तो जीवन्मुक्ति को भी तुच्छ समझते हैं, तब वे पशुदर्शन की प्राणभूत अन्त्येष्टि संस्कार जैसी बातों की उपेक्षा कर दें, तो इसमें आश्चर्य की बात ही क्या है ? जैसा कि निम्न श्लोक में बताया गया है—

नयकलनया यस्योद्भूते विवेकपरामृते
तृणमिव न सा जीवन्मुक्तिर्गता गणनीयताम् ।
प्रमयसमये प्रत्यासन्ने स्वसंविदि संस्फुरन्
अभिलषति नैवान्त्येष्ट्याद्याः क्रियाः पशुकल्पिताः ।।

अर्थात् रहस्य शास्त्रों का अभ्यास करने से जिसको विवेकरूपी परम अमृत दशा प्राप्त हो गई है, उसको यह जीवन्मुक्ति तृण की तरह तुच्छ लगती है । मृत्यु का समय समीप आने पर अपने संवित्स्वरूप में विचरण करने वाला योगी पशुशास्त्रों में विहित अन्त्येष्टि संस्कार जैसे क्रियाकलापों की अभिलाषा नहीं रखता । मृत व्यक्ति को पिण्ड दान करने की बात भी उपहासास्पद है । जैसा कि कहा गया है—

प्राग्जन्मकोटिसमुपार्जितदुष्कृतौघ-
खेदावहं कमपि पिण्डमवैति जन्तुः ।
ऊर्ध्वोर्ध्वशासनरतोऽपि गुरुर्मृताय
तस्मै समर्पयति पिण्डमिति प्रमादः ।।

अर्थात् पहले के करोड़ों जन्मों में इकट्ठे हुए पाप कर्मों के कारण प्राणी इस दुःख-दायी पिण्ड (शरीर) को पाता है । जब यह मर जाता है, अर्थात् जब इस पिण्ड से पिण्ड छूट जाता है, तब इस सर्वोत्कृष्ट शिवशास्त्र का अनुसरण करने वाला गुरु भी पुनः उसको पिण्ड देने की बात करे, तो इससे बढ़ कर प्रमाद की बात और क्या हो सकती है ?

इस रहस्यशास्त्र का अभ्यास करने वाले साधक के लिये जन्म और मरण एक सरीखे हैं । ये जन्म-मरण शरीर के धर्म हैं, आत्मा के नहीं ! भगवद्गीता के द्वितीय अध्याय में इस विषय को विस्तार से समझाया गया है । छान्दोग्य श्रुति के निम्न वचन में भी यही बात कही गई है—"जीवापेतं वाव किलेदं म्रियते न जीवो म्रियते" (छा० उ० ६।११।३) । अर्थात् जीव (प्राण) से रहित शरीर को ही मरा हुआ कहा जाता है, जीव (आत्मा) कभी नहीं मरता ।

शान्त-तरंग समुद्र के समान मन को निश्चल कर देने वाली ऊपर उपदिष्ट ११२ धारणाओं में से किसी एक धारणा के अभ्यास से मन के निश्चल हो जाने पर योगी के चित्त में दो प्रकार की दशाएँ उत्पन्न होती हैं—देह के रहते जीवन्मुक्ति तथा देह के छूट जाने पर

विदेह-मुक्ति, जिनका कि अभी ऊपर निर्देश किया जा चुका है। इनमें से जीवन्मुक्ति दशा में मन, बुद्धि, प्राणशक्ति और आत्मा (परिमित अहन्ता)—ये चारों स्थितियाँ नष्ट हो जाती हैं, क्योंकि जीवन्मुक्त योगी सर्वत्र सदा चिन्मात्र दशा में ही सावधानी से पड़ा रहता है और यह समझता है कि यह सारा जागतिक प्रपंच उस चिति का ही चमत्कार है। इस स्थूल देह के छूट जाने पर उसको शान्त बोधस्वरूप दूसरे दिव्य देह की प्राप्ति होती है, क्योंकि वह तो परमेश्वर स्वरूप ही हो जाता है। उसको इस दूसरे देह तक उत्क्रमण की, (जाने की) आवश्यकता नहीं पड़ती, क्योंकि आत्मा तो सर्वत्र व्याप्त है, वह जायगा कहाँ? जैसा कि वीरयामल में कहा गया है—

उत्क्रान्तिर्विद्यते यस्य तस्य स्यान्मानकल्पना।
अमाने शून्यनिर्भासे कस्योत्क्रान्तिः क्व च क्रमेत्॥
यदि सर्वगतो देवो वदोत्क्रम्य क्व यास्यति।
अथासर्वगतो देवो घटतुल्यस्तदा भवेत्॥

अर्थात् जिसकी उत्क्रान्ति हो, अर्थात् जो कहीं अन्यत्र जाता हो, उसको परिच्छिन्न ही मानना पड़ेगा। अपरिच्छिन्न, शून्यस्वभाव आत्मा की उत्क्रान्ति कैसे हो सकती है? वह जायगा भी कहाँ? यदि परमेश्वर सर्वगत है, तो यह बताया जाय कि वह कहाँ जायगा? अब यदि वह असर्वगत माना जाता है, तब तो वह घड़े की तरह जड़ हो जायगा।

मृत्यु के उपरान्त मुक्ति जीवन्मुक्त की ही होती है, देह को आत्मा मानने वाले और कर्मकाण्ड के अनुष्ठान में लगे रहने वाले अज्ञानी को यह मुक्ति नहीं मिल सकती। उसकी वासनाएँ मलिन हैं, अतः वह परलोक में ही जायगा। श्राद्ध करना, पिण्ड दान करना आदि उसी के लिये सहायक हो सकते हैं। देह में आत्मा के इस अभिमान की वासना का वर्णन श्रीमदाचार्य अभिनवगुप्त ने मालिनीवार्त्तिक में इस प्रकार किया है—

अस्ति से पिण्डदोऽद्याहं पिण्डदानक्रमात्तथा।
प्राप्नोम्यवयवाभोगं पूर्णदेहोऽस्मि सुस्थितः॥
अदृष्टक्रियया पुत्रशिष्यस्वाम्यादिक्लृप्तया।
स्वर्गभाग्यहमत्यन्तमात्तसद्भोगसुस्थितः॥
नास्ति मे पिण्डदः कश्चित् स्वयं चास्म्यतिदुष्कृती।
न मे त्रातास्ति कुत्रापि पतामि नरकार्णवे॥ (पृ० ९९)

अर्थात् मुझे पिण्ड दान करने वाला कोई है। प्रतिदिन पिण्ड दान मिलने के ही कारण धीरे-धीरे एक अवयव का आकार प्राप्त करता हुआ अन्त में मैं सम्पूर्ण देह से परिपूर्ण सुव्यवस्थित हो गया हूँ। पुत्र, शिष्य, स्वामी आदि के द्वारा सम्पादित सत्कर्मों से उत्पन्न अदृष्ट के कारण आज मैं स्वर्ग का अधिकारी हो गया हूँ और अच्छे कर्मों का फल भोग रहा हूँ। मुझे कोई पिण्ड देने वाला नहीं है और मैं स्वयं बड़ा पापी हूँ। मेरा कोई रक्षक नहीं है। मैं घोर नरक में पड़ने वाला हूँ।

वस्तुतः यह अपनी संवित्ति का ही माहात्म्य है कि इस तरह से भ्रान्तिवश व्यक्ति स्वर्ग और नरक की कल्पना कर लेता है। इसमें वास्तविकता कुछ भी नहीं है। जिस व्यक्ति को इस स्थिति का ज्ञान हो जाता है, वह उक्त धारणाओं में से किसी एक में अपने मन को एकाग्र कर कृतकृत्य हो जाता है, अपने स्वरूप में प्रतिष्ठित हो जाता है, उसका परमार्थ भैरव स्वरूप प्रकट हो जाता है। ॥१३५॥

निस्तरङ्गोपदेशानां शतमुक्तं समासतः ।
द्वादशाभ्यधिकं देवि यज्ज्ञात्वा ज्ञानविज्जनः ॥१३६॥

हे देवि, इत्थं मया समासतः संक्षेपेण [1]निस्तरङ्गोपदेशानां स्थिरधारणोपदेशानां स्वात्ममात्रविश्रान्तिप्रदानां द्वादशाभ्यधिकं शतं द्वादशोत्तरशतमुक्तम्। एतदेव विज्ञाय जनो ज्ञानविद् भवति साक्षाद् भैरवसारूप्यमवैतीति तात्पर्यम् ॥१३६॥

देवी के द्वारा पूछे गये प्रश्नों का समाधान प्रस्तुत कर इस प्रकरण का उपसंहार करते हुए भगवान् भैरव कहते हैं कि हे देवि, इस तरह से मैंने संक्षेप में यहाँ ११२ निर्विकल्पक धारणाओं का उपदेश किया है। ये सभी धारणाएँ साधक के चित्त को निस्तरंग (स्थिर) बना देने वाली हैं, जिससे कि उसकी स्वात्मस्वरूप में प्रतिष्ठा हो जाती है। इन धारणाओं को ठीक से समझ लेने पर मनुष्य ज्ञानी हो जाता है, अर्थात् साक्षात् भैरव बन जाता है ॥१३६॥

अत्र चैकतमे युक्तो जायते भैरवः स्वयम् ।
वाचा करोति कर्माणि शापानुग्रहकारकः ॥१३७॥

अत्र च एकतमे एतेषु उपदेशेषु मध्ये एकस्मिन्नपि युक्तः समाहितः, एतासु धारणास्वन्यतमनिष्ठावान् मायीयोपाधिसंवलितवेद्यराशिपतितेन्द्रियगणोऽपि, वाचा कथनमात्रेण, न पुनः प्रयत्नेनेत्यर्थः, शापानुग्रहादिकार्याणि करोति। तत्रापि तथैव समाध्येकीभावनया तत्तदुज्झित्य निस्तरङ्गप्रकाशवान् स्वयं साक्षाद् भैरवो भवतीति निश्चयः ॥१३७॥

ऊपर बताये गये उपदेशों में से किसी एक में भी समाहित हो जाने वाला साधक, अर्थात् इन धारणाओं में से किसी एक का भी निष्ठापूर्वक अभ्यास करने वाला योगी, भले ही इस मायामय उपाधि से आविर्भूत जागतिक प्रपंच में रम रहा हो, बिना प्रयत्न के वचन मात्र से सब कुछ कर सकता है, किसी को भी शाप या वरदान देने में समर्थ हो सकता है। इस प्रकार की सामर्थ्य के आ जाने पर भी जो साधक इसका उपयोग न कर निरन्तर समाधि

---

1. तन्त्रालोकविवेककार जयरथ ने 'निस्तरङ्ग' शब्द का अर्थ 'स्वात्मस्वरूप में विश्राम ले लेने के कारण शान्तस्वरूप' (निस्तरङ्गा स्वात्ममात्रविश्रान्त्या शान्तरूपेत्यर्थः—भा० ३, आ० ५, पृ० ३९९) ऐसा किया है। इन धारणाओं के अभ्यास से भी साधक स्वात्मस्वरूप में प्रतिष्ठित हो जाता है। अतः इन धारणाओं को निस्तरंग उपदेश बताना उचित ही है।

में लीन बना रहता है, उसके चित्त में निस्तरंग (स्थिर) स्वात्मस्वरूप की अभिव्यक्ति हो जाती है, वह स्वयं साक्षात् भैरव बन जाता है, यह ध्रुव सत्य है ॥१३७॥

अजरामरतामेति सोऽणिमादिगुणैर्युतः[1] ।
योगिनीनां प्रियो[2] देवि सर्वमेलापकाधिपः[3] ॥१३८॥
जीवन्नपि विमुक्तोऽसौ कुर्वन्नपि न[4] लिप्यते ।

हे देवि, स साधकः, उक्तधारणाभ्यासदार्ढ्येन अजरामरताम् एति प्राप्नोति, अणिमादिगुणैर्युतः सन् विज्ञानात्मकसोमपानाद् योगिनीनां ज्ञानक्रियानन्दादिशक्तीनां प्रियः सर्वमेलापकाधिपो भवति सकलस्यास्य वेद्यवेदकादिराशेः खिलीकृतस्वभावोऽत्यन्त-निर्मलचिद्वपुरद्वैतप्रकाशमयः परमात्मा भैरवः संपद्यत इति तात्पर्यार्थः। असौ स साधकः, जीवन्नपि विमुक्तो जीवन्मुक्त एव। पश्यन्नपि, शृण्वन्नपि, जिघ्रन्नपि इत्यादि चेष्टितं कुर्वन्नपि न लिप्यते। कर्माणि कुर्वन्नपि तत्फलैर्न लिप्यत इति भावः ॥१३८॥

श्रुति में देवताओं ने कहा है कि "सोमरस का पान कर हम अमर हो गये हैं"। जैसे देवगण सोमरस का पान कर अजर-अमर हो गये, उसी तरह से ऊपर बताई गई धारणाओं में दृढ़ अभ्यास से प्राप्त हुए विज्ञान रूपी सोमरस का पान कर योगी अजर और अमर हो जाता है। उसको अणिमा प्रभृति सिद्धियाँ प्राप्त हो जाती हैं। वह [1]योगिनियों का, ज्ञान-क्रिया-आनन्द प्रभृति शक्तियों का स्वामी हो जाता है और सभी मेलापकों का अधिपति बन जाता है। इसका तात्पर्य यह है कि वह योगी इस जगत् की सभी वेद्य (ज्ञेय) और वेदक (ज्ञापक) वस्तुओं को तिरस्कृत कर अत्यन्त निर्मल चिन्मय शरीर को धारण कर अद्वय, प्रकाश-मय परमात्मा, अर्थात् साक्षात् भैरव बन जाता है। इस प्रकार का साधक जीवन्मुक्त कहलाता है। वह देखना, सुनना, सूँघना, प्रभृति क्रियाकलापों को करता हुआ भी उनमें लिप्त नहीं होता, उनमें रस नहीं लेता। जैसा कि भगवान् ने गीता में कहा है—

पश्यञ्छृण्वन्स्पृशन् जिघ्रन्नश्नन्गच्छन्स्वपन्श्वसन् ॥
प्रलपन् विसृजन् गृह्णन्नुन्मिषन्निमिषन्नपि ।....
ब्रह्मण्याधाय कर्माणि सङ्गं त्यक्त्वा करोति यः ।
लिप्यते न स पापेन पद्मपत्रमिवाम्भसा ॥ (५।८-१०)

---

१. °णान्वितः—क० । २. प्रभुर्दे°—ख० । ३. °कारकः—ख० । ४. च चेष्टितम्—क० ।

1. कौल मत में साधक को वीर अथवा सिद्ध और साधिका को योगिनी कहा जाता है। सिद्धों और योगिनियों के संघट्ट को मेलापक कहते हैं। ११२ प्रकार की धारणाओं में से किसी एक का भी सहारा लेकर योगी इस मेलापक का अधिपति हो जाता है, सर्वश्रेष्ठ स्थान प्राप्त कर लेता है, सिद्धों और योगिनियों का सारा समुदाय इसी के निर्देश के अनुसार चलता है। योगिनीप्रिय और मेलापकाधिप इन दो शब्दों का यही साम्प्रदायिक अर्थ है।

कर्मफल की आकांक्षा को छोड़कर जो साधक इन्द्रियों की विषयों के प्रति स्वाभाविक प्रवृत्ति में रस नहीं लेता, वह उनके फल से उसी प्रकार लिप्त नहीं होता, जैसे कि जल में रहते हुए भी कमलपत्र जल से लिप्त नहीं होता। यही बात स्पन्दकारिका में भी कही गई है—

गुणादिस्पन्दनिष्यन्दाः सामान्यस्पन्दसंश्रयात्।
लब्धात्मलाभाः सततं स्युर्ज्ञस्यापरिपन्थिनः ।। (श्लो० २९)

अर्थात् अपने भीतर अनन्त विशेषताओं को छिपाये हुए सामान्य स्पन्द से ही सत्त्व, रज, तम, महत्, अहंकार आदि की तथा उनके कारण उत्पन्न होने वाले सुख-दुःख आदि की स्थिति बन पाती है। इस बात को भलीभांति जानने वाले ज्ञानी के लिये यह गुणों की सृष्टि उसके सहज स्वभाव को, स्वात्मस्वरूप को छिपाने में कभी समर्थ नहीं हो सकती।

इन प्रमाणों से यह सिद्ध होता है कि इस प्रकार का योगी कर्म करता हुआ भी उनसे लिप्त नही होता। यही बात "न कर्म लिप्यते नरे" (ई० उ० २) इस श्रुति मे बताई गई है ।।१३८।।

श्रीभैरवी[1] उवाच

इदं यदि वपुर्देव परायाश्च महेश्वर ।।१३९।।
एवमुक्तव्यवस्थायां जप्यते को जपश्च कः।
ध्यायते को महादेव[2] पूज्यते कश्च तृप्यति ।।१४०।।
हूयते कस्य वा होमो याग[3]क्षेत्रादि किं कथम्।

हे देव प्रकाशमान महेश्वर, यदि पराया देव्या इदमेव उक्तरीत्या भवता प्रतिपादितं वपुः स्वरूपम्, एवं तु सर्वं परादेवीमयमेवेति सर्वमयव्यवस्थायां सत्याम्, जप्यते को जपश्च कः ? जप्यजापकादिभेदानामपि वस्तुतस्तदाऽभावात्। हे महादेव, एवं सति को ध्यायते, कः पूज्यते, कश्च तृप्यति ? कश्च हूयते, किमर्थं वा होमो[1] यागो वा कस्य कृते क्रियते ? ।।१३९-१४०।।

अपने परा देवी विषयक प्रश्न के उत्तर में देवी ने ११२ धारणाओं का उपदेश सुना, जिसमें से कि किसी एक धारणा में भी चित्त को समाहित करने पर साधक स्वात्मस्वरूप में

---

१. °देवी–क०। २. °नाथ–क०। ३. यागः कस्य च–क० ख०।

1. खड़े होकर वौषट् शब्द के उच्चारण के साथ किये गये हवन को याग और बैठ कर स्वाहाकारपूर्वक किये गये हवन को होम कहते हैं। द्रष्टव्य—कात्यायन श्रौतसूत्र (१।२। ६-७)। सात्वतसंहिता (२।३६) के भाष्य में बिम्ब प्रभृति में भगवान् की पूजा को याग और अग्नि में दी गई आहुति को होम कहा गया है।

प्रतिष्ठित हो जाता है। देवी को पुनः शंका उठती है कि जब सब कुछ परादेवीमय ही है, तो हे देव, हे महेश्वर, आप यह बताइये कि जप करने वाला और जप भी तो परा देवी का ही स्वरूप हुआ, तब इनकी अलग से सत्ता कैसे मानी जायगी ? इसी प्रकार हे महादेव, यदि साधक सर्वमय हो जाता है, तो साधक का और परा शक्ति का स्वरूप अभिन्न हो जायगा। इस अवस्था में भेद के न रहने पर किसका ध्यान किया जायगा ? किसकी पूजा की जायगी ? किसको तृप्त किया जायगा ? किसके लिये होम किया जायगा ? याग किसके लिये किया जायगा ? होम या याग का स्वरूप क्या होगा और वह कैसे सम्पन्न होगा ? जब सब कुछ परादेवीमय, स्वात्मस्वरूपमय ही है, तब ध्याता और ध्येय का, पूज्य और पूजक का तथा इसी प्रकार तर्पणीय और तर्पक आदि का भेद भी कहाँ रहेगा ? जिनकी कि शास्त्रों में विस्तार से चर्चा की गई है।

आगे १४८वें श्लोक में भगवान् भैरव ने क्षेत्र को भी परिभाषा दी है। तदनुसार देवी के प्रश्न में भी उसका समावेश आवश्यक है। अतः 'यागः कस्य च किं कथम्' इसके स्थान पर 'यागक्षेत्रादि किं कथम्' यह पाठ उचित प्रतीत होता है। इसका अर्थ यह होगा कि सबकी अभिन्नता में याग और क्षेत्र (तीर्थाटन अथवा किसी विशेष तीर्थ में निवास) की भी अलग से क्या स्थिति रहेगी और इनका स्वरूप किस प्रकार बनेगा ? देवी सभी परिमित प्रमाता साधकों के हित को ध्यान में रखकर इन प्रश्नों को पूछती है कि जब सब कुछ विज्ञान भैरव स्वरूप ही है, तब विभिन्न शास्त्रों में प्रतिपादित जप, पूजा, यज्ञ, तीर्थाटन आदि की क्या उपयोगिता है ? आराध्य और आराधक को भिन्न मानने में ही इनकी सार्थकता हो सकती है। अद्वय दृष्टि में तो इनकी कोई उपयोगिता प्रतीत नहीं होती ।।१३९-१४०।।

श्रीभैरव उवाच

एषाऽत्र प्रक्रिया बाह्या स्थूलेष्वेव मृगेक्षणे ।।१४१।।

हे मृगक्षणे, एषा प्रक्रिया जपपाठपूजाध्यानहोमदानतीर्थाटनादिका प्रकृष्टा क्रिया अत्र परमतत्त्वे. परतत्त्वदृष्ट्येति यावत्, बाह्या स्थूला इति च कथ्यते। स्थूलदृष्टिमभिलक्ष्य एता जपपूजादिका क्रिया उपदिष्टा इति भावः ।।१४१।।

स्वात्मस्वरूप भैरव देवी के इन प्रश्नों का अलग-अलग उत्तर देने से पहले संक्षेप में एक ही वाक्य मे उत्तर देते हैं कि हे मृगनयनि ! जप, पाठ, पूजा, ध्यान, होम, यज्ञ-याग, तीर्थाटन प्रभृति विविध कर्मकाण्डीय विधियों का विस्तार इस परम तत्त्व की दृष्टि से न होकर बाह्य स्थूल दृष्टि के आधार पर किया गया है। अर्थात् जो योगी स्वात्मस्वरूप में प्रतिष्ठित हो गया है, उसके लिये इन बाह्य स्थूल क्रियाओं की कोई उपयोगिता नहीं है, किन्तु जप, पूजा आदि की उपयोगिता उन्हीं के लिये है, जिनकी कि दृष्टि स्थूल है, जिनकी अद्वय दृष्टि अभी विकसित नहीं हुई है, इस सारे जगत् को एकाकार स्वात्मस्वरूप में प्रतिष्ठित नहीं देख पाती ।।१४१।।

[1]भूयोभूयः परे भावे भावना भाव्यते हि या ।
जपः[1] सोऽत्र स्वयं नादो मन्त्रात्मा जप्य[2] ईदृशः ॥१४२॥

परे भावे विश्वपूरणे स्वस्वभावे भूयोभूयः पौनःपुन्येन या भावना विमर्शना "अहमेव परो हंसः शिवः परमकारणम्" (स्व० ४।३९९) इत्यादिरूपा भाव्यते संपाद्यते, स जपः। अत्र अस्मिन् शास्त्रे सूक्ष्मवस्तूपदेशमये भावनैव जपपदेनाभिधीयते। जप्यमाह–स्वयं नादो मन्त्रात्मा अकृतकाहंविमर्शात्मा, [2]"पृथङ्मन्त्रः पृथङ्मन्त्री न सिध्यति कदाचन" इति न्यायात्, ईदृश ईदृशजपविषयः, जप्यो जपनीयो देवः। सोऽहं ब्रह्मेति शब्दस्यानाहताख्यस्य श्रवणाज्जपः, ईदृङ् मन्त्रात्मतया जपाङ्गश्च जप्य इति तात्पर्यम् ॥१४२॥

सूक्ष्मतम वस्तुओं का उपदेश देने वाले इस शास्त्र में परभाव, अर्थात् इस विश्व के पूरक स्वस्वभाव में जो भावना की जाती है, स्वच्छन्दतन्त्र के अनुसार "मैं इस जगत् का परम कारण परम हंस, प्राणमय शिव हूँ" इस प्रकार से दिन-रात स्वाभाविक रूप से प्रवर्तमान अपने प्राणमय अजपा स्वरूप का विमर्श, चिन्तन करने का जो उपदेश किया जाता है, तदनुरूप मैं ही ब्रह्म हूँ मैं ही शिव हूँ, इस अनाहत नादरूपी शब्द (सोहम्, हंसः) की निरन्तर भावना को ही यहाँ जप कहा जाता है । जपनीय मन्त्र भी स्वयं नादात्मक ब्रह्म ही है, जिसमें कि अपने अकृत्रिक अहमात्मक स्वरूप का निरन्तर परामर्श होता रहता है । श्रीकण्ठीसंहिता में बताया गया है कि मन्त्र और मन्त्री अर्थात् मन्त्र, मन्त्र का जप करने वाला और मन्त्र की अधिष्ठात्री देवता—ये कभी अलग-अलग नहीं माने जाते । अतः भावनात्मक जप का विषय यह नादात्मक मन्त्र ही माना जाता है, जिसमें कि साधक को परम तत्त्व के साथ अपनी प्रत्यभिज्ञा की स्पष्ट प्रतीति होने लगती है ।

योगिनीहृदयदीपिका (पृ० ११५) में उद्धृत श्लोक में जप का लक्षण यह बताया गया है—

[3]संयम्येन्द्रियसंचारं प्रोच्चरेन्नादमान्तरम् ।
एष एव जपः प्रोक्तो न तु बाह्यजपो जपः ॥

---

१. जपस्तोत्रं–म०, जपतोऽन्तः–यो० । २. जप ईरितः–यो० ।

1. तन्त्रा० वि० (भा० १, आ० १, पृ० १३५), योगिनी० दीपिका (पृ० १९६), ई० प्र० वि० वि० (भा० २, पृ० २६२), स्वच्छन्द० (भा० १, प० २, पृ० ७७), शिवसूत्रविमर्शिनी (पृ० ५५), महार्थ० परि० (पृ० १२२) में यह श्लोक मिलता है ।
2. शिवसूत्रविमर्शिनी (पृ० २४) प्रभृति ग्रन्थों में बताया गया है कि यह श्लोक श्रीकण्ठी-संहिता से उद्धृत किया गया है ।
3. भास्करराय नित्याषोडशिकार्णव (५।३९) के श्लोक के रूप में इसकी व्याख्या करते हैं, किन्तु योगिनीहृदयदीपिकाकार अमृतानन्द योगी अभियुक्तवचन (पृ० १९६) और प्रामाणिकवचन (पृ० ११३) कह कर इसी श्लोक को उद्धृत करते हैं । वस्तुतः यह

अर्थात् इन्द्रियों की बहिर्मुख प्रवृत्ति को रोक कर आन्तर अनाहत नाद की भावना करना ही जप कहलाता है, विकल्पात्मक नाना वर्णों के संघात से बने मन्त्रों का बाह्य उच्चारण वस्तुतः जप नहीं कहलाता। तन्त्रालोक में जप का स्वरूप यह बताया गया है—

तत्स्वरूपं जपः प्रोक्तो भावाभावपदच्युतः। (१।३०)

जयरथ ने त्रिशिरोभैरव और विज्ञानभैरव के प्रस्तुत श्लोक को उद्धृत करते हुए इसकी व्याख्या यह की है कि उस शिव के परावाक् स्वभाव, अनाहत नादमय स्वरूप का बार-बार परामर्श करना ही जप कहलाता है। इसमें भाव और अभाव से निर्मुक्त, इन दोनों दशाओं के बीच में स्फुरित होने वाले संवित्स्वरूप का ही बोध होता है। ईश्वरप्रत्यभिज्ञाविवृतिविमर्शिनी (भा० २, पृ० २६१-२६२) में अभिनवगुप्त ने यह शंका उठाई है कि शब्दों की आवृत्ति से ही तो जप की सिद्धि होती है, परावाग् स्वभाव अनाहत नाद का जप कैसे किया जा सकता है? साथ ही वहीं इसका उत्तर भी दिया है कि जैसे स्वात्मस्वरूप एक बार ही प्रकाशित होता है, बार-बार उसके प्रकाश की आवश्यकता नहीं रहती, उसी तरह यह जप भी एक बार ही प्रत्यभिज्ञात होता है, अपनी प्राण शक्ति के इस स्वाभाविक व्यापार को एक बार पहचान लेने पर फिर बार-बार इसको पहचानने की आवश्यकता नहीं रह जाती। "कथा जपः" (३।२७) इस शिवसूत्र की विमर्शिनी में क्षेमराज ने इसी श्लोक के आधार पर जप की व्याख्या की है। हंस गायत्री के जप के विषय में आगे मूल में पुनः चर्चा आवेगी। तभी इस पर विस्तार से विचार किया जायगा ॥१४२॥

[1]ध्यानं [1]हि [2]निश्चला [3]बुद्धिर्नि[4]राकारा निराश्रया।
न तु ध्यानं शरी[5]राक्षिमुखहस्तादिकल्पना[6] ॥१४३॥

निश्चला वेद्यावेद्यपतितापि समाधानबलान्निवातदीपवत् स्थिरा, निराकारा नानोल्लेखशून्या, 'निर्विकारा' इति पाठे विकारवर्जिता, निराश्रया कन्दहृदयद्वादशान्ताद्याश्रयहीना च बुद्धिः ध्यानमिति कथ्यते। अत्र सूक्ष्मवस्तूपदेशके भैरवशास्त्रे सूक्ष्मशरीरस्य कल्पनामयस्य भगवतः साकारस्वरूपस्य मुखहस्तादिकल्पना ध्यानपदेन नैव कदाचनाऽभिधीयते ॥१४३॥

निश्चल अर्थात् अत्यन्त स्थिर, निराकार अर्थात् भांति-भांति के आकारों की कल्पना से शून्य, अथवा विकारों से रहित, अर्थात् नाना प्रकार के परिणामों से मुक्त, निराश्रय अर्थात् मूलाधार, हृदय, द्वादशान्त आदि स्थानों का सहारा न लेने वाली बुद्धि ही इस शास्त्र

---

१. या—यो० त० म०। २. निष्कला—यो०। ३. चिन्ता नि°-यो० म०। ४. °वि°—ख०। ५. °रस्य—यो० त०, ख०, °रादि°-म०। ६. °नम् म०।

श्लोक संकेतपद्धति का प्रतीत होता है, जिसके कि कुछ श्लोक बाद में नित्याषोडशिकार्णव के पंचम पटल के अन्त में जोड़ दिये गये।

1. तन्त्रा० वि० (भा० १, आ० १, पृ० १३४), योगिनी० (पृ० १९६) और महार्थ० (पृ० १२७) में यह श्लोक उद्धृत है।

'ध्यान' पद से कही जाती है। इसका अभिप्राय यह है कि वेद्य अथवा अवेद्य विषयों की उपस्थिति में भी समाधि के अभ्यास के कारण पवन रहित स्थान में स्थापित दीपक के समान जो स्थिर निर्विकार बुद्धि होती है, उसी को इस शास्त्र में 'ध्यान' के नाम से जाना जाता है। भगवान् के साकार रूप की कल्पना कर उसके मुंह, आँख आदि अंगों में अपने चित्त को स्थिर करना यहां ध्यान नहीं कहा जाता। ध्यान की यह कल्पना तो स्थूल दृष्टि वाले पशु-शास्त्रों की उपज है ।।१४३।।

[1]पूजा नाम न पुष्पाद्यैर्या मतिः क्रियते दृढा।
निर्विकल्पे परे [`]व्योम्नि सा पूजा ह्यादराल्लयः ।।१४४।।

नाम इति प्रसिद्धेऽर्थे। प्रसिद्धमेतद् यदत्र शास्त्रे पुष्पाद्यैः पूजा न निष्पाद्यते, अपि तु निर्विकल्पे परे व्योम्नि महाव्योमनि परचिदाकाशे, या दृढा मतिः क्रियते, आदरात् श्रद्धाप्रकर्षात्, यो लयो विश्रान्तिः संपाद्यते, सैव तत्त्वतः पूजा ।।१४४।।

इस शास्त्र में यह बात प्रसिद्ध है कि यहाँ पुष्प, [2]धूप, गन्ध आदि बाह्य उपकरणों से पूजा नहीं की जाती, किन्तु निर्विकल्पक महाकाश अर्थात् परचिदाकाश, बोधभैरव के प्रति दृढ़ आस्था ही पूजा कहलाती है कि इस बोधभैरव से ही यह सारा संसार व्याप्त है। अतः आदर और श्रद्धा पूर्वक उक्त धारणाओं में से किसी एक धारणा का निरन्तर अभ्यास करते हुए उस बोधभैरव में, स्वात्मस्वरूप में विश्रान्ति प्राप्त कर लेना, लीन हो जाना ही परमार्थतः पूजा कहलाती है। जैसा कि संकेतपद्धति के निम्न श्लोक में भी बताया गया है—

[3]न पूजा बाह्यपुष्पादिद्रव्यैर्या प्रथिताऽनिशम्।
स्वे महिम्न्यद्वये धाम्नि सा पूजा या परा स्थितिः ।।

योगिनीहृदय (३।२–३) में पूजा के तीन भेद बताये गये हैं और परा पूजा का यह लक्षण किया गया है कि सभी जागतिक पदार्थों में अद्वय दृष्टि ही, उन सबकी परम महिमामय स्वात्मस्वरूप में परम प्रतिष्ठा ही वस्तुतः परा पूजा है। तन्त्रालोक में पूजा का लक्षण इस प्रकार दिया गया है—

---

१. महा°—ने० त० शि० स्त०।

1. तन्त्रा० वि० (भा० १, आ० १, पृ० ५१; भा० ३, आ० ४, पृ १२४), स्तवचिन्तामणिटीका (पृ० १२०) और नेत्रतन्त्रोद्योत (भाग २, पृ० ९) में यह श्लोक मिलता है। शिवस्तोत्रावलीव्याख्या (पृ० २११) पर चतुर्थ पाद और (पृ० ३७३) पर उत्तरार्ध मात्र मिलता है।

2. धूप, गन्ध, दीप, नैवेद्य प्रभृति की आध्यात्मिक व्याख्या के लिये ऋजुविमर्शिनी (पृ० १३४) देखनी चाहिये।

3. संकेतपद्धति का यह श्लोक ऋजुविमर्शिनी (पृ० ८९) योगिनीहृदयदीपिका (पृ० १९१) प्रभृति ग्रन्थों में उद्धृत है।

पूजा नाम विभिन्नस्य भावौघस्यापि संगतिः ।
स्वतन्त्रविमलानन्तभैरवीयचिदात्मना ॥ (४।१२१)

अर्थात् रूप, रस आदि विभिन्न भाव पदार्थों की देश, काल आदि से अपरिच्छिन्न, निरुपाधिक, स्वतन्त्र, स्वच्छ, भैरवाकार परसंवित् से, अर्थात् बोधभैरव से अभेद रूप में प्रतिष्ठा ही पूजा कही जाती है। भट्ट उत्पल ने अपनी शिवस्तोत्रावली में पूजाविधि का वर्णन इस प्रकार किया है—

ध्यानायासतिरस्कारसिद्धस्त्वत्स्पर्शनोत्सवः ।
पूजाविधिरिति ख्यातो भक्तानां स सदाऽस्तु मे ॥ (१७।४)

अर्थात् उच्चार, करण, ध्यान प्रभृति प्रयत्नसाध्य आणव प्रभृति उपायों के सहारे से संपन्न होने वाली विविध बाह्य विधियों को छोड़कर अनुपाय प्रक्रिया से सहज विधि से सम्पन्न होने वाला स्वात्मस्वरूप बोधभैरव का साक्षात्कार ही भक्त जनों की वास्तविक पूजा-विधि है। इसीलिये भट्ट नारायण ने—

मलतैलाक्तसंसारवासनावर्तिदाहिना ।
ज्ञानदीपेन देव त्वां कदा नु स्यामुपस्थितः ॥ (श्लो० ११३)

स्तवचिन्तामणि के इस श्लोक मे भगवान् से प्रार्थना की है कि हे भगवन्, मै पुष्प आदि से तो नित्य ही आपकी पूजा करता हूँ, किन्तु आप मेरे लिये वह स्थिति उपस्थित कीजिये कि जिससे मैं आपके सामने उस ज्ञानरूपी दीपक को लेकर उपस्थित हो सकूं, जो कि मल से, अज्ञानरूपी तैल से सिंचित वासना रूपी बत्ती को, धर्म-अधर्म प्रभृति जागतिक परम्परा को आगे बढ़ाने वाले समस्त संस्कारों को जला देने वाला है। इन सब वचनों का संक्षिप्त अभिप्राय यही है कि भेद बुद्धि को छोड़कर अद्वय स्वात्मस्वरूप में प्रतिष्ठित होना ही वास्तविक पूजा है, पुष्प आदि से की गई पूजा तो एक प्रकार का विकल्प व्यापार ही है ॥१४४॥

[1]अत्रैकतमयुक्तिस्थे योत्पद्येत दिनाद्दिनम् ।
[2]भारिताकारता सात्र तृप्तिरत्यन्तपूर्णता ॥१४५॥

अत्र प्रोक्तधारणासु एकतमयुक्तिस्थे सिद्धसमाधानदार्ढ्ये योगिनि, एकस्यां कस्याञ्चिद् युक्तौ धारणायामवस्थिते योगिनि इति यावत्, दिनाद्दिनम् उत्तरोत्तरम् भरिताकारता निर्विकल्पसमाधिरसस्वादाद् या पूर्णस्वात्मस्वरूपोपलब्धिरूपाऽत्यन्तपूर्णता उत्पद्येत, सा अत्र शास्त्रे तृप्तिरिति कथ्यते ॥१४५॥

ऊपर बताई गई ११२ धारणाओं में से किसी एक युक्ति (धारणा) में दृढ़ता पूर्वक एकाग्र समाधि का अभ्यास करने वाले योगी के चित्त में दिन-प्रतिदिन उत्तरोत्तर निर्विकल्प समाधि के रस के आस्वाद के बढ़ते रहने से सर्वत्र व्याप्त भैरव स्वरूप की, पूर्ण स्वात्मस्वरूप

---

१. °रि°–शि० ।

1. शिवसूत्रविमर्शिनी (पृ० ३४) में यह श्लोक उद्धृत है।

2. भरिताकारता = भरितावस्था की विवेचना श्लोक ७१ की व्याख्या में देखनी चाहिये।

की उपलब्धि जब परिपूर्ण हो जाती है, अर्थात् जब स्वात्मस्वरूप बोधभैरव का साक्षात्कार स्पष्ट हो जाता है, तो इसी अत्यन्त परिपूर्ण स्थिति का नाम तृप्ति है ॥१४५॥

[1]महाशून्यलये वह्नौ भूताक्षविषयादिकम् ।
हूयते मनसा [2]सार्धं स होमश्चेतनास्रुचा ॥१४६॥

महाशून्यस्य शून्यातिशून्यपदस्य आ समन्तात् लयो यत्र तस्मिन् परतत्त्वात्मनि शून्यातिशून्यरूपे परभैरवस्वरूपे वह्नौ भूताक्षविषयादिकं भूतेन्द्रियविषयभुवनतत्त्वादि-रूपं सकलं जगत् संकल्पविकल्पात्मकम्, तद्विभागकल्पनाहेतुना मनसा सह, चेतना विश्वानुसन्धात्री शक्तिरेव स्रुक् तया चेतनास्रुचा यद् हूयते सोऽत्र शास्त्रे वस्तुतो होमो हविरित्युच्यते ॥१४६॥

महाशून्य अर्थात् [2]शून्यातिशून्य पदवी (महामाया शक्ति) का चारों तरफ से जिस परतत्त्वात्मक परभैरव स्वरूप वह्नि में विलयन हो जाता है, अर्थात् जहां पहुँच कर शून्याति-शून्य पदवी की भी कोई पृथक् सत्ता नहीं रहने पाती, उस बोधभैरव रूप अग्नि में पंच महा-भूत, इन्द्रिय गण, अनेक विषय, भुवन-तत्त्व आदि संकल्प-विकल्पात्मक सकल जगत् की इन विभागों की कल्पना में प्रधान सहायक मन के साथ आहुति दे देना ही वास्तविक होम या हवि कहलाता है। यज्ञीय होम में घृत आदि की आहुति स्रुवा नाम के लकड़ी के बने पात्र से दी जाती है, उसी तरह से उक्त पदार्थों की यह अद्भुत हवि भी चिति नामक पात्र में रखकर दी जाती है। यह चिति ही सारे विश्व का अनुसन्धान करने वाली चेतना नाम की शक्ति है। इस चेतना में ही समस्त जागतिक पदार्थों को रखकर उनको बोधभैरव रूप अग्नि में लीन कर दिया जाता है, जिससे कि शुद्ध स्वात्मस्वरूप बच रहता है। अद्वय नय के अनुसार यही वास्त-विक होम है, जिसमें कि शुद्ध अद्वय तत्त्व के अतिरिक्त सब कुछ भस्म हो जाता है। स्वच्छन्द-तन्त्र में इस होम का निम्न प्रकार से वर्णन किया गया है—

एवं हृदम्बुजावस्थो यष्टव्यो भैरवो विभुः ।
सबाह्याभ्यन्तरं कृत्वा पश्चाद्यजनमारभेत् ॥ (२।१५४)

योगिनीहृदयदीपिका (पृ० २६४) में भी इसी अभिप्राय के दो श्लोक उद्धृत हैं—

धर्माधर्महविर्दीप्ते आत्माग्नौ मनसा स्रुचा ।
सुषुम्णावर्त्मना नित्यमक्षवृत्तीर्जुहोम्यहम् ॥
नैदानैस्तर्पणैः सम्यग् विशुद्धैरमृतात्मभिः ।
मदहन्तां करोमीदं विश्वं हव्यपुरस्सरम् ॥

---

१. °दि°—ख० । २. साकं—शि० । ३. °मः स्रुक्च चेतना—ख० शि० ।

1. महार्थ० परि० (पृ० १२७), स्वच्छन्द० (भा० १, प० २, पृ० ८७), शिवसूत्रविमर्शिनी (पृ० ३३), योगिनी० दीपिका (पृ० २६४) में यह मिलता है।

2. शून्यातिशून्य प्रभृति शब्दों की व्याख्या पृ० ४३-४४ की टिप्पणी में की जा चुकी है।

इनमें से पहला श्लोक ज्ञानार्णवतन्त्र (२१।२९) और द्वितीय सुभगोदयावासना (श्लो० ३९) में उपलब्ध है। इसी लिए शिव सूत्र (२।८) में इस पांचभौतिक शरीर को हवि बताया गया है। भगवद्गीता में भी—

सर्वाणीन्द्रियकर्माणि प्राणकर्माणि चापरे ।
आत्मसंयमयोगाग्नौ जुह्वति ज्ञानदीपिते ॥

यहाँ ज्ञान से जलाई गई योगाग्नि में सभी बाह्य विषयों की आहुति देने की बात बताई गई है। महार्थमंजरीपरिमल (पृ० १२७) में भी इस विषय का वर्णन मिलता है ॥१४६॥

यागोऽत्र परमेशानि तुष्टिरानन्दलक्षणा ।
क्षपणात् सर्वपापानां त्राणात् सर्वस्य पार्वति ॥१४७॥
रुद्रशक्तिसमावेशस्तत्क्षेत्रं भावना परा ।
अन्यथा तस्य तत्त्वस्य का पूजा कश्च तृप्यति ॥१४८॥

हे परमेशानि, उक्तसमाधानोत्था आनन्दलक्षणा तुष्टिरेवात्र यागो देवयजनम्। हे पार्वति, रुद्रप्रमातॄणां पतिरूपाणां या शक्तिरनाश्रिताख्या, तस्यां पशुप्रमातुस्तन्मयोभवनमेव क्षेत्रम्। हेतुरूपेण क्षेत्रपदं निर्वक्ति—सर्वेषां सर्वविधानां पाशानां क्षपणात्, सर्वस्य प्राणिजातस्य च भवभयत्राणादिति। अर्थादस्मिन् शास्त्रे सर्वविधपाशक्षपणकरः सर्वविधभवभयमोचकश्च [1]रुद्रशक्तिसमावेशोऽनाश्रितशिवशक्त्यावेश एव क्षेत्रपदेनाभिधीयते, न च पुनः कुरुक्षेत्रधर्मक्षेत्रादिगमनादि। एतत्सर्वं जप-ध्यान-पूजा-[2]तर्पण-होम-याग-क्षेत्रादिकं पराया देव्या भावनात्मकमेव विज्ञेयम्। यतो हि अद्वैतसतत्त्वस्य तस्य अन्यथा प्रकारान्तरेण का पूजा कश्च तृप्यति? पूजनतर्पणादिकं कर्म ततो व्यतिरिक्तं न संभवतीति भावः ॥१४७-१४८॥

हे परमेश्वरि, इस शास्त्र में उक्त समाधि अवस्था में अनुभूयमान आनन्दजन्य सन्तुष्टि ही याग, अर्थात् देवयजन कहा जाता है। इसी प्रकार हे पार्वति, पशुरूपी प्रमाता को जब पूर्व उपदिष्ट किसी उत्कृष्ट भावना के माध्यम से पति रूपी रुद्र प्रमाता (अनाश्रित शिव)

---

१. °शानां–ख० ।

1. भट्ट आनन्द ने रुद्रशक्तिसमावेश का अर्थ 'रुद्र अर्थात् शिव की सर्वज्ञता प्रभृति छः शक्तियों का प्रादुर्भाव' किया है। शिव के सर्वज्ञता प्रभृतिः छः गुणों का विवेचन पृ० ८ की १ संख्या की टिप्पणी में देखना चाहिये।

2. 'तर्पण' शब्द की दो तरह की व्याख्या की जाती है। एक के अनुसार पूजा देवताओं की तथा तर्पण पितरों के निमित्त किया जाता है। दूसरी व्याख्या के अनुसार कुल, क्रम आदि शास्त्रों में प्रदर्शित तथा प्रस्तुत शास्त्र में भी 'जग्धिपान' (श्लो० ७१) प्रभृति श्लोकों में वर्णित विधि को तर्पण कहते हैं। इससे प्राप्त उल्लास दशा को तृप्ति कहा जाता है।

की शक्ति में समावेश अर्थात् तन्मयता प्राप्त हो जाती है, तो इस तन्मयीभाव को ही यहाँ 'क्षेत्र' कहा जाता है। इस भैरव शास्त्र में अद्वय दृष्टि की प्रधानता के कारण कुरुक्षेत्र प्रभृति द्वैत दृष्टि के पोषक तीर्थ स्थानों को क्षेत्र नहीं माना जाता। निर्वचन पद्धति से क्षेत्र वह कहलाता है, जो सभी तरह के पाशों को नष्ट करने वाला हो और समस्त प्राणियों की इस संसार रूपी भय से रक्षा कर सकता हो। अनाश्रित शिव में समाविष्ट हो जाने पर ही पशु प्रमाता सभी पाशों से मुक्त हो सकता है और इस संसार रूपी महाभय से त्राण पा सकता है। अतः 'क्षेत्र' पद से अनाश्रित शिव-शक्ति में पशु प्रमाता की स्थिति का ही बोध होगा, कुरुक्षेत्र प्रभृति तीर्थ स्थानों का नहीं, क्योंकि उनमें निवास करने वाला तो द्वैत स्थिति में ही पड़ा रह जाता है। इस प्रकार देवी के द्वारा किये गये जप, ध्यान, पूजा, तर्पण, होम, याग, क्षेत्र विषयक प्रश्नों का अद्वय नय के अनुसार समाधान प्रस्तुत कर भगवान् भैरव कहते हैं कि परम तत्त्व परमार्थतः अद्वय है, एक ही है। ऊपर बताई गई भावनात्मक पद्धति के सिवाय दूसरी कोई विधि नहीं है, जिसके अनुसार कि जप, पूजा आदि कर्मकाण्ड सम्पन्न हो सकें। पूजन, तर्पण आदि कर्म भी तो उस अद्वय तत्त्व से भिन्न नहीं है। ऐसी अवस्था में किससे किसकी पूजा की जायगी और कौन किससे तृप्त होगा? पूज्यपूजकभाव और तर्प्यतर्पकभाव द्वैत दृष्टि में ही सम्भव हो सकता है, अतः इस अद्वय नय में भावना के सिवाय इनकी कोई पृथक् सत्ता नहीं है ॥१४७-१४८॥

स्वतन्त्रानन्दचिन्मात्रसारः स्वात्मा हि सर्वतः।
आवेशनं तत्स्वरूपे स्वात्मनः स्नानमीरितम् ॥१४९॥

हि यतः, स्वात्मा सर्वतः स्वतन्त्रानन्दचिन्मात्रसारः, अतस्तस्मिन् स्वात्मस्वरूपे स्वात्मन आवेशनमेव स्नानमीरितम्। निगदितधारणाभ्यासेनाद्वैतस्वात्मस्वरूपस्य स्वतन्त्रानन्दचिन्मात्रसारतयाऽनुभवात् तत्स्वरूपे लयभावनैव मुख्यं स्नानमित्यर्थः ॥१४९॥

"यागक्षेत्रादि किं कथम्" (श्लो० १४१) इस श्लोक में आये आदि पद से स्नान का ग्रहण किया गया है। सदाचार में स्नान का प्रमुख स्थान है, अतः अद्वय नय के अनुसार प्रस्तुत श्लोक में स्नान की व्याख्या की गई है। ऊपर जिन धारणाओं का वर्णन किया गया है, उनमें से किसी एक के अभ्यास से अद्वय स्वभाव आत्मा के सब तरह से स्वतन्त्र, आनन्द, चिन्मात्र-स्वरूप का साक्षात्कार होने पर उसी में समाविष्ट हो जाने की स्थिति को ही यहाँ स्नान कहा जाता है। इसका अभिप्राय यह है कि स्वात्मस्वरूप वस्तुतः स्वतन्त्र है। इसका यह स्वरूप आनन्द और ज्ञानमय है। अपने इस स्वाभाविक स्वरूप में उक्त धारणाओं के अभ्यास से साधक लीन हो जाता है। जैसे स्नान करने के लिये नदी, जलाशय आदि के जल में डुबकी लगाई जाती है, उसी तरह से इस आन्तर स्नान में भी साधक स्वात्मस्वरूप में डुबकी लगाता है। उसकी यह लीनावस्था ही अद्वय शास्त्र में स्नान के नाम से कही जाती है ॥१४९॥

[1]यैरेव पूज्यते द्रव्यैस्तर्प्यते वा परापरः[1]।
यश्चैव पूजकः सर्वः स एवैकः क्व पूजनम् ॥१५०॥

परापर इति परादेव्या सहितः परः परमेश्वरो भैरवः, यैरेव द्रव्यैः कुसुमादिभिः पूज्यते, क्षीरखण्डादिभिर्वा तर्प्यते, यश्चैव पूजकः सर्वः एकः स एव पूज्यपूजोपकरण-पूजकादिकः सर्वं एष भेदस्तस्यैवैकस्य स्वरूपमित्येतेन तत्त्वज्ञानेन क्व पूजनं स्थूलमार्गेण कस्य पूजनं क्रियेत ? यदा हि सर्वस्य पूज्यपूजादेस्तदेकस्वरूपतया क्वापि भिन्नता नास्ति, तदा उक्तपारमार्थिकपूजाव्यतिरेकेण न किञ्चिदन्यत् पूजनादिकं संभवतीति भावः ॥१५०॥

परापर शब्द का अर्थ है परा देवी के साथ विद्यमान पर, परमेश्वर भैरव भट्टारक। परा देवी के साथ विद्यमान परभैरव की जिन पुष्प, गन्ध, धूप आदि से पूजा की जाती है, अथवा खीर, मिश्री-मावा आदि से भोग लगाया जाता है और जो पूजा करने वाला अथवा भोग लगाने वाला है, यह सब तो एक ही तत्त्व है। पूज्य, पूजन सामग्री और पूजक इस तरह के सभी भेद एक ही तत्त्व के विभिन्न स्वरूप हैं, इस तरह का पारमार्थिक बोध जग जाने पर किससे किसकी पूजा की जायगी ? जब कि इन सभी की एकरूपता के कारण परस्पर कोई भिन्नता नहीं है, तब इस अद्वय नय में प्रदर्शित पूजा के अतिरिक्त स्थूल दृष्टि से सम्पन्न होने वाली पूज्य, पूजन साधन, पूजा, पूजक आदि की परमार्थ दृष्टि से कोई सत्ता नहीं मानी जा सकती। इसी लिये महार्थमंजरीपरिमल (पृ० १०७) में उद्धृत प्रभाकौल नामक ग्रन्थ में बताया गया है—

यावत् तत् परमं शान्तं न विजानन्ति सुन्दरि।
तावत् पूजाजपध्यानहोमलिङ्गार्चनादिकम् ॥
विदिते तु परे तत्त्वे सर्वाकारे निरामये।
क्व पूजा क्व जपो होमः क्व च लिङ्गपरिग्रहः ॥

अर्थात् हे सुन्दरि, जब तक उस परम शान्त परमार्थ पद को नहीं जान पाते, तभी तक पूजा, जप, ध्यान, होम, लिंगपूजा आदि कर्मकाण्ड किये जा सकते हैं। किन्तु जब उस सर्वाकार, निर्विकार, परम तत्त्व का बोध हो जाता है, तब पूजा, जप, होम, वेष-परिवर्तन आदि की कोई उपयोगिता नहीं रह जाती। इस स्थिति में तो पूजा, जप आदि की इस अद्वय भैरवनय में ऊपर बताई परिभाषाएँ ही लागू हो सकती हैं ॥१५०॥

व्रजेत् प्राणो विशेज्जीव इच्छया कुटिलाकृतिः।
दीर्घात्मा सा महादेवी पर[2]क्षेत्रं परापरा[3] ॥१५१॥

---

१. °वरः–म०। २. परं–ख०। ३. °त्परा–ख०।

1. योगिनी० दीपिका (पृ० २४४), महार्थ० परि० (पृ० १०७) में प्राप्त है।

प्राणः 'सः' इत्येवंरूपः प्रकाशो व्रजेत् बहिः निःसरेत्, जीवः 'अहम्' इत्येवं प्रकारः क्षपारूपोऽपानो विशेत् अन्तः पुनः प्रविशेत्। प्राणस्य बहिर्निःसरणेऽपानस्यान्तःप्रवेशने च जीवात्मता संभवतीति संभावनायां लिङ्। अपानस्य प्रत्यावृत्त्यान्तःप्रवेशाभावे जीव एव न स्यादित्यपानदशैव जीवप्रादुर्भाव इत्यतो विशेज्जीव इत्युक्तम्। जीवस्य प्राणान्तर्वर्तित्वात् प्राणस्य हकारलिपिवत् कुटिलाकृतित्वाज्जीवोऽपि कुटिल इति इच्छाया कुटिलाकृतिरित्युक्तम्। वक्रत्वमपि तस्य स्वतन्त्रपरमेश्वरेच्छयैवेति भावः। कुण्डलिन्या अधोमुख्याः सार्धत्रिवलयाकारत्वात् तदन्तःस्था प्राणशक्तिरपि कुटिला। सा महादेवी महदम्बरैकप्रकाशस्वरूपा संविद्गगनचरी प्रमातृप्रमेयप्रमाणपथगामिनी, दीर्घात्मा वितताकृतिर्भवति। सैव परं क्षेत्रं सर्वपाशानां क्षपणात् सर्वस्य त्राणात् तीर्थभूमिर्वा सा, न तु कुरुक्षेत्रादि क्षेत्रम्। इयमेव देवी परापरा भेदाभेदात्मकतयाऽहमिति प्राधान्येन इदमिति गुणीकारेणार्थतस्तच्छब्दास्मच्छब्दयोरभेदः, तत्तया मत्तया निर्देशेन भेदश्चेति परापरात्वम् ॥१५१॥

'ऊर्ध्वे प्राण' (श्लो० २४) इस श्लोक में सकार-हकार (सोऽहम्) जपात्मक हंस गायत्री (परा देवी) के स्वरूप का प्रारंभिक वर्णन किया गया था। मध्य में 'होच्चारं मनसा कुर्वन्' (श्लो० ८०) इस श्लोक में पुनः उसका उल्लेख हुआ। अब यहाँ उपसंहार में पुन उसका प्रतिपादन किया जा रहा है। वस्तुतः उक्त ११२ धारणाओं के प्रतिपादक प्रत्येक श्लोक के चतुर्थ चरण में भैरव और भैरवी के सामरस्यमय परा देवी के पारमार्थिक स्वरूप का ही विवेचन किया गया है। किन्तु इन तीन श्लोकों में विशेष रूप से उस स्वरूप का विवेचन मिलता है, जो कि सहज अजपाजप के नाम से प्रसिद्ध है।

हंस गायत्री में विद्यमान सकार प्राण और प्रकाश (सूर्य अथवा दिन) का प्रतिनिधित्व करता है, तथा हकार जीव (अपान) तथा क्षपा (रात्रि) का। सभी प्राणियों के अनुभव के आधार पर यह बात सिद्ध है कि प्राण (सकार) की गति स्वाभाविक रूप से बाहर की ओर तथा अपान (हकार) की गति निरन्तर भीतर की ओर चलती रहती है। अपान को जीव इसलिये कहा जाता है कि प्राण के बाहर निकलने के बाद अपान जब शरीर में प्रविष्ट होता है, तभी यह बोध हो सकता है कि शरीर में जीवात्मा विद्यमान है। अपान के प्रवेश न करने पर शरीर शव कहा जायगा। अपान के कारण ही शरीर में जीवात्मा की स्थिति बनी रहती है, अतः स्वाभाविक है कि अपान को जीव के नाम से जाना जाय। व्रजेत् और विशेत् में संभावना में लिङ् लकार का प्रयोग किया गया है, विधि में नहीं। प्राण और अपान की गति कब तक चलती रहेगी, इस संबन्ध में किसी नियम का विधान नहीं किया जा सकता, केवल संभावना ही व्यक्त की जा सकती है। जीव अर्थात् अपान निरन्तर प्राण का अनुवर्तन करता रहता है, अर्थात् जब तक शरीर जीवित है, यह अवश्यंभावी है कि प्राण के निःसरण के बाद अपान का प्रवेश हो। जिस प्राण वायु का अपान अनुवर्तन करता है, उसकी गति हकार की लिखावट की तरह टेढी-मेढी होती है, अतः यह जीव भी अपनी इच्छा से ही प्राण के अनुरूप कुटिल (घुमावदार) आकृति धारण कर लेता है। जीव की यह वक्रता (कुटिलता=घुमावदार

आकृति) परमेश्वर की स्वतन्त्र इच्छा शक्ति का ही खेल है। मूलाधार चक्र में कुण्डलिनी साढ़े तीन आटे मार कर बैठी रहती है, अतः उसमें रहने वाली यह प्राण शक्ति भी कुटिल आकार की हो जाती है। इस प्राण शक्ति के भीतर विद्यमान जीव बाल (केश) के अग्रभाग सौवें हिस्से के समान परम सूक्ष्म है। उसकी कोई आकृति नहीं है, किन्तु जीव के आधारभूत इस प्राण की वक्रता के कारण आधेय जीव में भी औपाधिक वक्रता मान ली जाती है। वास्तव में जीव कुटिल नहीं है, प्राण ही कुटिल है।

"प्राक् संवित् प्राणे परिणता" कल्लट के इस वचन के अनुसार हृदय रूपी आकाश में संवित् का प्रवेश होते ही जीव दशा उत्पन्न होती है। पूर्णाहन्ता का विमर्श करने वाली संवित् से परिमित देह आदि में आत्मा का अभिमान करने वाली जीव दशा का आविर्भाव होता है, जैसे कि महाकाश से घटाकाश की उत्पत्ति होती है। प्राणशक्ति का एक लपेटा वाम नाडी इडा में और दूसरा लपेटा दक्षिण नाडी पिंगला में रहता है। इस तरह से उसके दो वलय (घेरे) बनते हैं। सुषुम्ना नाम की मध्य नाडी सार्ध कहलाती है, क्योंकि इसमें प्राण जब हृदयाकाश से ऊपर की ओर चढ़ता है, तब 'हम्' वर्ण की उत्पत्ति होती है और जब वह द्वादशान्त से उतरता है, तो उसकी अपान दशा से 'सः' वर्ण उत्पन्न होता है। इन दो वर्णों का स्पष्ट उच्चारण करते रहने से ही जीव 'जीवित' कहलाता है। जैसा कि आगे (१५३ श्लो०) बताया जायगा कि जीव सदा 'हंस-हंस' इस मन्त्र का जप करता रहता है। इस मन्त्र का जप जीव ही करता है, परमेश्वर नहीं, क्योंकि परिमित अहन्ता का संपर्क जीव दशा में ही रहता है। ईश्वर दशा में तो पूर्णाहन्ता रहती है, अतः वहां 'मैं वह हूँ, वह मैं हूँ, मैं यह हूँ' इस तरह के विमर्श नहीं रहते। यह त्याज्य है, यह उपादेय है, यह मेरा है, यह मेरा नहीं है—इस तरह से छोड़ने और लेने के प्राण और अपान के धर्मों से समानता होने के कारण [1]जीव 'हंस' कहलाता है। इस तरह से सूर्य की किरणों के फैलने पर दिन के प्रकाश की तरह चित्(संवित्)सूर्य के हृदयाकाश में उदित होने पर प्राण का प्रकाश जगमगाने लगता है। चित्सूर्य की किरणें जब सिमटती हैं, तो यह अपान दशा रात्रि कहलाती है।

हृदय रूपी आकाश में रहने वाली यह संवित् ह और स, धर्म और अधर्म, दीर्घ और ह्रस्व, दिन और रात, अग्नि और सोम—इन सबको उत्पन्न करने वाली है, जो कि शून्य की भी विश्राम स्थली है। उसी को इस विज्ञानभैरव तन्त्र में 'परा देवी' कहा गया है। 'दीर्घात्मा····परापरा' इस श्लोकार्ध में उसी का स्वरूप बताया गया है। यह महादेवी महाकाश को भी प्रकाशित करने वाली है, सदा बोधगगन में बिहार करती रहती है और साथ ही प्रमाता, प्रमेय और प्रमाण व्यवहार को भी चलाती है। यही स और ह इन दोनों वर्णों को

---

1. हान (त्याग) और उपादान (परिग्रह), छोड़ना और लेना—इन दोनों व्यापारों में हंस और जीव की समानता है। हंस जैसे दूध पी जाता है और पानी को छोड़ देता है, उसी तरह से जीव में भी प्राण और अपान का हान और उपादान व्यापार निरन्तर चलता रहता है। इसी समानता के आधार पर जीव को हंस कहा जाता है।

उत्पन्न करती है और उनको अपने में विलीन भी कर लेती है। यह महादेवी द्वादशान्त स्थित आकाश में सकार के रूप में तटस्थ भाव से रहती है और उसी के बगल में अन्तःकरण और बहिरिन्द्रिय के प्रतीकभूत विसर्ग स्वभाव हकार के रूप में। इस तरह इसकी यह अजपा स्थिति अव्यपदेश्य अर्थात् नाम और रूप के द्वारा समझने लायक न होने पर भी धीरे-धीरे स्थूल आकार धारण करने लगती है। इसके आकार का विस्तार होने पर ही द्वैत-संपत्ति को बढ़ाने वाले, नानात्व का प्रसार करने वाले, दिन रात, सुख-दुःख प्रभृति अनेक द्वन्द्वात्मक पदार्थों की सृष्टि होती है। यह महादेवी सभी तरह के पापों का नाश कर देने के कारण तथा सबकी रक्षक होने से सही माने में श्रेष्ठ तीर्थभूमि है। कुरुक्षेत्र प्रभृति तीर्थ इसकी बराबरी नहीं कर सकते। इस तरह से अपने स्वरूप का विस्तार करने के कारण यह दीर्घात्मा महादेवी इस द्वैत दशा में परापरा अवस्था में रहती है, क्योंकि यहाँ 'अहम्' (मैं) का बोध प्रधान रहता है और इदम् (यह) यह का बोध अप्रधान (गौण)। तत् और अस्मत् शब्द के अर्थ में कोई भेद नहीं है, किन्तु तत्ता (उसका) और मत्ता (मेरा), इदन्ता और अहन्ता के रूप में निर्देश करने पर भेद की भी प्रतीति होती है। अतः इस परापरा अवस्था में भेद और अभेद दोनों स्थितियाँ विद्यमान रहती हैं।

हंस मन्त्र को अजपा इस लिये कहा जाता है कि अपरा अवस्था में यद्यपि इसके वाच्य वर्ण हकार और सकार का उच्चारण स्पष्ट होता है, किन्तु जब परा देवी इनको अपने में समेटे हुए अपने बाह्य स्वरूप का संवरण करती है, उस समय हकार के मस्तक पर स्थित बिन्दु रूप अनुस्वार का केवल बिन्दु के रूप में जप नहीं किया जा सकता। इसी तरह से यह प्राणशक्ति जब बाहर निकलती है, तब सकार के आगे विसर्ग रूप में स्थित दो बिन्दुओं का बिना अकार के उच्चारण नहीं हो सकता। इसीलिये 'हंसः' इस मन्त्र की अजपा गायत्री के रूप में ख्याति है। हंस मन्त्र वर्ण-क्रम से जैसे 'अजपा' रूप से प्रसिद्ध है, उसी तरह से यह [1]संवित्क्रम से भी 'अजपा' स्थिति में ही रहता है। संवित् के प्रकाश से ही सभी शब्दों का स्फुरण होता है। उस संवित् के स्फुरण के लिये किसी अन्य पदार्थ की आवश्यकता नहीं रहती, वह तो स्वयंप्रकाश है, क्योंकि उसको प्रकाशित करने वाली दूसरी कोई संवित् नहीं है। स्वप्रकाश वस्तु को दूसरे प्रकाश की आवश्यकता नहीं रहती, जैसे कि एक दीपक को प्रकाशित करने के लिये दूसरे दीपक की जरूरत नहीं पड़ती।

प्रश्न उठता है कि अभी बताया गया है कि हंस मन्त्र का उच्चारण जीवावस्था में ही होता है। इस प्रकार यह जीव दशा का मन्त्र है। तब इस जीवदशा (परिमित अहन्ता) के

1. नित्याषोडशिकार्णव की अर्थरत्नावली टीका (पृ० ३,३४-३९) में वर्ण, मण्डल (चक्र), मन्त्र, धाम और संवित् नामक क्रम दर्शन के पांच प्रमेयों का प्रतिपादन किया गया है। महार्थमंजरी (पृ० ८९-९४) में वृन्दचक्र के अन्तर्गत धाम, मुद्रा, वर्ण, कला, संवित्, भाव, पात और अनिकेत इन आठ पदार्थों की व्याख्या की गई है। प्रस्तुत प्रकरण में वर्णक्रम और संवित्क्रम से इन्हीं प्रमेयों की ओर इंगित है। जिज्ञासु जनों को इनके स्वरूप का परिचय वहीं से प्राप्त करना चाहिये।

मन्त्र का विमर्श करने से पूर्णाहन्ता का बोध कैसे हो सकता है ? इस प्रश्न का उत्तर महेश्वरानन्द ने निम्न श्लोक में दिया है—

यदि निजहृदयोल्लासं निर्णेतुं नित्यनिष्कलमिच्छा ।
मध्यत्रुटिस्त्रुतिग्रास्तंगतयोः सोमसूर्ययोस्तर्हि ॥ (५६ श्लो०)

इसका अभिप्राय यह है—सोम शब्द से यहाँ अपान हकार अभिप्रेत है, क्योंकि वह सारे वेद्य पदार्थों का पोषक है और सूर्य शब्द में प्राण सकार, जो कि सभी वेद्य पदार्थों को जानने वाला है। उक्त प्रक्रिया से हंकार और सःकार के अर्थात् सोम और सूर्य के अस्त हो जाने पर इनके अस्तगमन के काल के मध्य के क्षण का उसी तरह से उद्धार करना चाहिये, जैसे कि माणिक्य की मलिनता को दूर कर दिया जाता है। माणिक्य के मैल को साफ कर देने पर जैसे उसमें चमक पैदा हो जाती है, उसी तरह से मध्यक्षण का उद्धार करने पर 'हंसः' इस अजपा मन्त्र का विमर्श जाग उठता है। सकार जब अपने हृदयस्थानीय विसर्ग में और हकार अनुस्वार में विश्राम ले लेता है, तो इन दोनों अवस्थाओं को अलग करने वाला जो काल-क्षण है, उसका उद्धार करना चाहिये, इसको पकड़ना चाहिये। ऐसा करने में 'अहं सः' इस तरह का विमर्श उत्पन्न होता है। हंस मन्त्र से जुड़ा हुआ 'अहं सः, सोऽहम्' इस आकार का यह विमर्श महामन्त्र कहलाता है। इसी का विमर्श करना चाहिये, क्योंकि संवित् का यह स्वरूप ही अपनी प्रत्यभिज्ञा का, अर्थात् 'मै वही शिव हूँ' इस पहचान का उपाय है। इस प्रकार संवित्क्रम में 'अहं सः' अथवा 'सोऽहम्' यह अजपा मन्त्र का स्वरूप बनता है।

जयरथ ने सकार और हकार के उच्चारण से उत्पन्न जप को सहज अर्थात् अकृत्रिम (स्वाभाविक) बताया है—

सहौ क्षपादिनामानावधरोत्तरचारिणौ ।
परस्परद्वेषरतौ मत्तौ नागहुडोपमौ ॥
कस्तौ रोधयितुं शक्तो वीर्यं मुक्त्वाऽस्वरं महत् ।
(तन्त्रा० वि० ३।१७०)

यहाँ क्षपा और दिन से क्रमशः अपान और प्राण का निर्देश किया गया है। वीरावली कुल में भी क्षपा और दिन शब्द से इन्हीं का ग्रहण किया गया है। जैसे कि—

सितासितौ दीर्घह्रस्वौ धर्माधर्मौ दिनक्षपे ।
क्षीयेते यदि तद्दीक्षा व्याप्त्या ध्यानेन योगतः ॥ (तन्त्रा० ६।७४)

सित और असित शब्द से यहाँ पर शुक्ल दिन और कृष्ण रात्रि का ग्रहण किया गया है। प्रकाश का विकास होने से दिन को दीर्घ और प्रकाश का संकोच होने से रात्रि को ह्रस्व अर्थात् छोटी माना गया है। वेदोक्त विधियों का विस्तार दिन में ही होता है, अतः दिन को धर्म तथा रात्रि में वेदोक्त विधियों को करने का अधिकार न रहने से रात्रि को अधर्म कहा गया है। सूर्य को ही त्रयी (वेद) का शरीर माना गया है, चन्द्र को नहीं। इस प्रकार प्राण और अपान स्थानीय ये दिन और रात जब कुम्भक अवस्था में शान्त हो जाते हैं, निर्विकल्पात्मक परा संवित् के रूप में भासित होने लगते हैं, तभी ज्ञान, योग और क्रियात्मक दीक्षा से

मुक्ति की प्राप्ति होती है। कुम्भक अवस्था में प्राण और अपान की गति का अवरुद्ध हो जाना योगियों को भी अभीष्ट है। इसीलिये यहाँ 'क्षीयेते तौ' अर्थात् प्राण और अपान क्षीण हो जाते हैं, ऐसा कहा गया है। यदि ऐसा न हो तो व्यर्थ की सारी आयु गँवा करके भी मनुष्य जन्म और मरण के निरन्तर बहने वाले प्रवाह को रोक न पावेगा।

श्रुति और स्मृति ग्रन्थों में तो दिन और रात्रि का यमराज के कुत्तों के रूप में वर्णन मिलता है, क्योंकि ये मृत्यु के सन्देशवाहक दूत हैं। ये निरन्तर प्राणियों की आयु को क्षीण करते रहते हैं और अन्त में उनको मार डालते हैं। ऋग्वेद के यमसूक्त (१०।१४।११) में बताया गया है कि यम के रक्षक ये दिन-रात्रि रूपी दो कुत्ते बड़ी चतुराई से पहरा देते रहते हैं, अर्थात् दिन के विश्राम लेने पर रात्रि पहरा देने लगती है और रात्रि के विश्राम लेने पर पुनः दिन पहरा देने आ जाता है। इस तरह से निरन्तर चौकसी करते रहते हैं। 'चतुरक्षौ' इस पद की निष्पत्ति 'शकन्धु' आदि की तरह होती है। इसका विग्रह 'चतुरं निपुणमक्षं चक्रभ्रमणं ययोस्तौ' इस तरह से होता है। यहाँ 'अक्ष' शब्द चक्र का वाचक है। चक्र शब्द से परिवर्तन लक्षित होता है। इस तरह से 'चतुरक्षौ' का संस्कृत पर्याय 'चतुरचक्रौ' होगा। यम के दूत इन कुत्तों का वर्णन इस स्मृतिवचन में भी मिलता है—

> श्वानौ द्वौ श्यावशबलौ वैवस्वतकुलोद्भवौ।
> ताभ्यां पिण्डं प्रदास्यामि स्यातां मे तावहिंसकौ॥

वैवस्वत (यमराज) के कुल में उत्पन्न श्याव (काला) और शबल (चितकबरा) वर्ण वाले इन दोनों कुत्तों को मैं पिण्ड देता हूँ, ये मेरे लिये अहिंसक हो जायँ, अर्थात् मुझे कुछ हानि न पहुँचावें। यहां श्याव (कृष्ण) वर्ण का कुत्ता रात्रि और शबल (चितकबरा) वर्ण का कुत्ता दिन है। दिन को शबल इसलिये कहा जाता है कि यह प्रातःकाल लाल वर्ण का, मध्याह्न में शुक्ल वर्ण का और सायंकाल काले वर्ण का दिखाई पड़ता है। वैवस्वत मृत्यु का नाम है। उसके घर में उत्पन्न होने से, उसके रक्षक होने से और मनुष्य की आयु का हरण करने वाले होने से ये मृत्यु के दूत कहे जाते हैं। उनके लिये मैं अपने पांचभौतिक शरीर को ही पिण्ड (ग्रास) के रूप में दे दूँगा, अर्थात् शरीर में अपनी ममता छोड़ दूँगा। लोक में यह बात प्रसिद्ध है कि कुत्ते को भात आदि का पिण्ड बना कर दिया जाता है। दिन-रात के बदलते रहने से अन्ततः यह पांचभौतिक शरीर जरा-जीर्ण होकर एक दिन गिर पड़ता है, अतः लौकिक दृष्टि से उसके अभाव में भात आदि का पिण्ड बना कर देने की बात ठीक है। मैं तो चिद्रूप हूँ, अविनाशी हूँ। दिनरात की गति के परिवर्तन को जब मैं प्राण और अपान की गति के परिवर्तन के साथ योगाभ्यास की अजपा प्रक्रिया से जोड़ देता हूँ, तो उस परिस्थिति में ये यमराज के कुत्ते मेरा कुछ भी नहीं बिगाड़ सकेंगे। इसी अभिप्राय से उक्त श्लोक में 'स्याताम्' इस पद में सम्भावना के अर्थ में लिङ् लकार का प्रयोग किया गया है। कुत्ता काट न खाय, अपने दांत न गड़ा दे, इसके लिये उससे अपनी रक्षा अवश्य करनी पड़ती है। योग से, ध्यान से जब इन प्राण और अपान रूपी कुत्तों की गति क्षीण हो जाती है, तभी योगी दीक्षा का अधिकारी होता है, अर्थात् उसको ज्ञान की प्राप्ति होती है और उसकी पशु अवस्था की, अज्ञानावस्था

की वासनाएँ क्षीण हो जाती हैं। ऊपर उद्धृत 'सितासितौ' प्रभृति वीरावली शास्त्र के वचन का यही तात्पर्य है।

जयरथ द्वारा उद्धृत 'सहो क्षपादि' इत्यादि वचन के 'वीर्यं मुक्त्वाऽस्वरं महत्' इस अन्तिम चरण में आये अस्वर पद से कुछ लोग विभाग रहित पश्यन्ती दशा का ग्रहण करते हैं। जैसा कि वामननाथ ने कहा है—

अप्राणमस्वरं ध्यात्वा पश्यन्त्या निर्विभागया।
चिन्मात्रस्पर्शयोगेन विलीनः स्यात् परे पदे ॥

इस श्लोक को "अबिन्दुमविसर्गं च" (श्लो० ८८) की व्याख्या करते समय पहले उद्धृत किया गया है और वहीं अकार की विभाग रहित पश्यन्ती दशा का भी विवरण दिया गया है। वामननाथ के इस प्रतिपादन का भी आधारभूत वचन यह है—

[1]ततोऽस्वरोऽर्कसोमाग्निकलाबीजप्रसूतिभाक्।
उदेत्येकः समालोकः प्रमाणार्थप्रमातृगः ॥

अर्थात् तब सूर्य, सोम और अग्नि की कलाओं के बीज को अंकुरित करने वाला अस्वर रूपी प्रकाश उदित होता है, जो कि प्रमाण, प्रमेय और प्रमाता इन सबको प्रकाशित कर देता है। "अर्थः प्रमेयम्"[2] इस क्रमस्तोत्र के प्रमाण पर इस श्लोक में अर्थ शब्द से प्रमेय का ग्रहण किया जाता है।

इस 'अस्वर' (अनुत्तर) अवस्था की प्राप्ति के लिये देश, काल और आकार के भेदों को मिटा देने वाली परा देवी का सहारा लेना चाहिये। इसी को निरावरण भगवती प्रज्ञा पारमिता कहा जाता है। जैसे कि—

निष्प्रपञ्चा निराभासा निर्विकल्पा निरामया।
निःस्वभावा परा सूक्ष्मा विन्दुनादविवर्जिता ॥
प्रज्ञापारमिताऽपारा सर्वबुद्धोदया परा।

अर्थात् प्रज्ञा पारमिता का स्वरूप निष्प्रपंच, निराभास, निर्विकल्प, निरामय, निःस्वभाव, परम सूक्ष्म, बिन्दु और नाद से रहित है। यह सीमातीत है और सभी तरह की बुद्ध दशाओं के उदय का सर्वोत्कृष्ट कारण है। प्रज्ञा पारमिता स्वरूप शून्य भूमि का ही इस विज्ञानभैरव तन्त्र में परम शिव ने परा शक्ति के रूप में सर्वत्र उपदेश किया है। बौद्ध दर्शन में इस शून्य-भूमि को ही मोक्ष मान लिया गया है, किन्तु यह ध्यान देने की बात है कि भावनाओं के आधार पर जो साक्षात्कार होता है, वह शैव शास्त्र में माया के गर्भ में घूमते रहने का ही साधन बन पाता है, अर्थात् इससे परम पद की प्राप्ति नहीं हो पाती ॥१५१॥

---

1. ईश्वरप्रत्यभिज्ञाविवृतिविमर्शिनी (भा० ३, पृ० ७१) में यह श्लोक सिद्धपाद का बताया गया है। तन्त्रालोकविवेक (आ० ३, भा० २, पृ० ७९) में भी यह वचन उद्धृत है।
2. यह वचन शिवोपाध्याय की टीका के सिवाय अन्यत्र कहीं नहीं मिलता।

अस्यामनुचरंस्तिष्ठन् महानन्दमयेऽध्वरे ।
तया देव्या समाविष्टः परं भैरवमाप्नुयात् ॥१५२॥

अस्यां परापरभूमौ सकार-हकारसंघट्टात्मको य आनन्दः स महानन्दस्तन्मये अध्वरे यज्ञे 'सोऽहम्' इति विमर्शरूपे, अनुचरन् तिष्ठन् तया देव्या पश्यन्त्या सह समाविष्ट एकीभूतः सन् परं भैरवमाप्नुयात् परास्वरूपो भवेत् ॥१५२॥

इस परापरा भूमि में सकार और हकार के संमिलन से जो आनन्द उत्पन्न होता है, वह महानन्द के नाम से प्रसिद्ध है। इस महानन्द की निष्पत्ति रूप परम पवित्र यज्ञ का अनुष्ठान करने से ही साधक को 'वह (शिव) मैं ही हूँ' इस तरह का विमर्श, प्रत्यभिज्ञा उत्पन्न होती है। इस विमर्श में विचरण करने वाला और विश्राम करने वाला साधक उस भगवती पश्यन्ती के साथ एकाकार होकर परभैरव के उत्कृष्ट स्वरूप को प्राप्त कर लेता है, उसमें समाविष्ट हो जाता है ॥१५२॥

[1]सकारेण[1] बहिर्याति हकारेण विशेत् पुनः ।
हंस-हंसेत्यमुं[2] मन्त्रं जीवो जपति नित्यशः ॥१५३॥
[2]षट्शतानि[3] दिवारात्रौ[4] सहस्राण्येकविंशतिः ।
जपो देव्याः [5]समुद्दिष्टः [6]प्राणस्यान्ते सुदुर्लभः ॥१५४॥

प्राणः सकारेण सह बहिः निःसरति, अपानश्च हकारेण सह पुनरन्तः प्रविशेदिति संभाव्यते। एवं यावत्प्राणापानयोर्गतिरनवरतं प्रवर्तते, तावत्पर्यन्तं जीवो नित्यशोऽनारतं 'हंस हंस' इत्यमुं मन्त्रं जपति। दिवारात्रौ अहर्निशमनवरतमुच्चार्यमाणस्य 'हंस' इति मन्त्रस्य अहोरात्रयोः षट्शतोत्तरैकविंशतिसहस्रवारमुच्चारणात्मको जपः संपद्यते। सोऽयं जपः प्राणस्यान्ते पर्यवसानावस्थायां सुदुर्लभो भवति। प्राणनिर्याणसमयेऽजपाजपविमर्शनं बहुतरजन्मार्जितपुण्यातिशयेन लभ्यत इति भावः ॥१५३-१५४॥

प्राण सकार के साथ बाहर निकलता है और अपान जब शरीर में पुनः प्रविष्ट होता है, तो वह हकार का उच्चारण करता है। इस तरह से प्राण और अपान की गति जब तक

---

१. श्लोकद्वयमेतत् शिवसूत्रविमर्शिनीक्रमेणात्र स्थाप्यते। अत्रत्यः प्रथमः श्लोकः कपुस्तके न दृश्यते। खपुस्तकेऽपि श्लोकस्यास्य पूर्वार्धो नास्ति। २. °त्यतो–शि०, °ति मन्त्रेण –ख०। ३. एकविंशत्सहस्राणि षट्शतानि दिवानिशम्–प०। ४. वरारोहे–त०। ५. विनिर्दिष्टः–शि०। ६. सुलभो दुर्लभो जडैः–शि० त० प०।

1. शिवसूत्रविमर्शिनी (पृ० ५५) पर ये दोनों श्लोक उद्धृत हैं।

2. यह श्लोक शिवसूत्रविमर्शिनी (पृ० ५५) के अतिरिक्त परमार्थसार (पृ० १५१) और तन्त्रा० वि० (भा० ४, आ० ६, पृ० २५) पर भी उद्धृत है। तन्त्रा० वि० (भा० ३, आ० ५, पृ० ५२) पर केवल पूर्वार्ध प्राप्त होता है।

चलती रहती है, तब तक जीव प्रतिदिन निरन्तर 'हंस-हंस' इस मन्त्र का उच्चारण करता रहता है। दिन-रात प्राण और अपान की इस निरन्तर गतिशीलता में इस हंस मन्त्र का एक अहोरात्र में २१६०० बार जप पूरा हो जाता है। शरीर से प्राण के निकल जाने के बाद और अपान के पुनः प्रवेश न करने पर यह जप की विधि समाप्त हो जाती है। प्राण जब निकलते हैं, उस समय भी इस अजपा जप के साथ अपनी तन्मयता को स्थिर कर पाना अनेक जन्मों में अर्जित अतिशय पुण्य के कारण ही संभव हो सकता है, अन्यथा प्राण निकलते समय इस तरह की तन्मयता नहीं रहने पाती ॥१५३-१५४॥

इत्येतत् कथितं देवि परमामृतमुत्तमम् ।
एतच्च नैव कस्यापि प्रकाश्यं तु कदाचन ॥१५५॥
[1]परशिष्ये खले क्रूरे चाभक्ते[1] गुरुपादयोः ।

हे देवि, इत्येतत् एवमेतत्, उत्तमं परमामृतमयमिदं शास्त्रम्, ते तव, कथितम् उपदिष्टम्। एतच्च यस्य कस्यापि पुरतः कदाचन प्राणात्ययेऽपि नैव प्रकाशनीयम्। परशिष्ये खले क्रूरे गुरुपादयोर्भक्तिवर्जिते च शिष्ये एतन्नैव कदाचन प्रकाश्यम् ॥१५५॥

हे देवि, इस प्रकार मैंने तुमको इस उत्तम परम अमृतमय पद (मोक्ष) को प्राप्त कराने वाले शास्त्र का उपदेश किया है। इस शास्त्र का उपदेश जिस किसी अनधिकारी व्यक्ति को प्राण का संकट उपस्थित होने पर भी नहीं करना चाहिये। अन्य सम्प्रदाय में दीक्षित, कपटी और क्रूर व्यक्ति को तथा गुरु के चरणों में श्रद्धा न रखने वाले शिष्य को कभी भी इसका उपदेश नहीं करना चाहिये ॥१५५॥

निर्विकल्पमतीनां तु वीराणामुन्नतात्मनाम् ॥१५६॥
भक्तानां गुरुवर्यस्य[2] दातव्यं निर्विशङ्कया ।

निर्विकल्पमतित्वादेव वीराणां छिन्नसंशयशत्रूणाम् उन्नतात्मनाम् उन्नत. शुद्ध-विद्याप्रधानो न तु मायापतित आत्मा येषाम्, गुरुवर्यस्य भक्तानां दिव्यौघ-सिद्धौघ-मानवौघादिगुरुपङ्क्तिसमनुरक्तानां शिष्याणां पुरत एतद्रहस्यज्ञानं निर्विशङ्कया निर्विशङ्कं

---

१. अभक्ते-क० । २. °र्ग°—ख० ।

1. परशिष्य शब्द का अर्थ है दूसरे का शिष्य या अन्य सम्प्रदाय में दीक्षित। योगिनीहृदय (३।२०२) में इसके लिये चुम्बक शब्द प्रयुक्त है। दीपिकाकार अमृतानन्द ने बिना भक्ति के केवल जानकारी प्राप्त करने के लिये विभिन्न शास्त्रों के अध्ययन में लगे हुए पुरुष को चुम्बक कहा है। भास्करराय ने उपासना में रुचि न रख कर केवल शास्त्र के अध्ययन में लगे हुए व्यक्ति को चुम्बक बताया है। स्वच्छन्दतन्त्र (४।५३८) की टीका में क्षेमराज ने चुम्बक शब्द का अर्थ एकदम विपरीत किया है। वहाँ उस गुरु को चुम्बक बताया गया है जो कि गुरु परम्परा से प्राप्त अपने ज्ञान को शिष्य में संक्रान्त कर चुका है।

दातव्यं देयम् । अथवा तत्त्वोपदेशकस्य देहप्रमातृकृतभेदस्य वस्तुतः शिवैकरूपस्य गुरोः, न तु नियतस्यैव कस्यचित्, भक्तानां निर्विशङ्कं प्रकाशनीयमित्यर्थः ॥१५६॥

बुद्धि में किसी प्रकार के विकल्प की स्थिति न रहने से जिनका चित्त सभी प्रकार के संदेहों से ऊपर उठ गया है और जिनकी आत्मा शुद्धविद्या की सृष्टि में प्रविष्ट हो गई है, अर्थात् जो अब माया की सृष्टि से भी ऊपर उठ गये हैं, इस तरह की उन्नत आत्मा वाले [1]वीरों को तथा [2]दिव्यौघ, सिद्धौघ और मानवौघ नाम की गुरु-परम्पराओं की आराधना में जो श्रद्धा-भक्तिपूर्वक लगे हों, ऐसे शिष्यों के सामने इस रहस्य ज्ञान को बिना शंका के प्रकाशित करना चाहिये। अथवा किसी एक निश्चित गुरु के नहीं, किन्तु परमार्थ तत्त्व का उपदेश करने वाले, गुरुशिष्यभाव की पूर्ति करने के लिये काल्पनिक देह प्रमातृता को स्वीकार करने वाले, वस्तुतः शिवस्वरूप गुरु के भक्त शिष्यों के सामने इस रहस्य ज्ञान को निशंक होकर प्रकाशित करना चाहिये ॥१५६॥

ग्रामं[1] राज्यं पुरं देशं[2] पुत्रदारं[3]कुटुम्बकम् ॥१५७॥
सर्वमेतत् परित्यज्य ग्राह्यमेतन्मृगेक्षणे ।
किमेभिरस्थिरैर्देवि स्थिरं परमिदं धनम् ॥१५८॥
प्राणा अपि प्रदातव्या न देयं परमामृतम् ।

हे मृगेक्षणे, ग्राम-राज्य-नगर-देश-पुत्र-कुटुम्बादिकं सर्वमेतत् परित्यज्य एतद्रहस्यज्ञानं ग्राह्यमिति स्वीकार्यम् । हे देवि, ग्रामनगरादिभिरस्थिरैः किं प्रयोजनम् ? इदं परं स्थिरं धनमिति सर्वदौर्गत्यहरत्वादिदमेव स्थिरतरं धनमिति तदेव सर्वप्रकारेण ग्राह्यमिति भावः । राज्याद्यस्थिराननुगामिद्रव्यसंपत्त्यागेन एतदक्षयमनुवर्तमानमनुत्तर-सुखफलं स्थिरधनं संग्राह्यम् । एतच्च परमामृतमयमपात्रेभ्यः सर्वथा न देयम् । प्राणा नाम यथेच्छं प्रदातव्याः स्युः, एतत् परमामृतमयं रहस्यं तु अपात्रेभ्यः सर्वथाऽपि न देयमिति ॥१५७-१५८॥

हे मृगनयनि पार्वति । ग्राम, राज्य, नगर, देश, पुत्र, स्त्री, कुटुम्ब आदि सबको छोड़ कर इस रहस्यमय, अत्यन्त गुप्त, परम उत्कृष्ट ज्ञान को ग्रहण करना चाहिये, क्योंकि हे देवि, ग्राम, राज्य आदि उक्त पदार्थ तो अस्थिर हैं, ये मनुष्य के साथ सदा नहीं रह सकते, अतः

---

१. °मो-क० । २. °शः-क० । ३. °रा-ख० ।

1. "अहमि प्रलयं कुर्वन्निदमः प्रतियोगिनः" (श्लो० ५०) परापंचाशिका के इस श्लोक के आधार पर योगिनीहृदयदीपिकाकार अमृतानन्द ने इदन्ता का अहन्ता में प्रविलय करने वाले को, सारे जगत् को अपना ही स्वरूप समझने वाले को 'वीर' कहा है ।

2. दिव्यौघ, सिद्धौघ, मानवौघ क्रम से प्रवृत्त गुरु-परम्परा का पहले विवेचन किया जा चुका है । इस सम्बन्ध में नित्याषोडशिकार्णव का उपोद्घात (पृ० ९९-१०१) भी देखना चाहिये ।

ऐसे अस्थिर पदार्थों को लेकर हम क्या करेंगे? हमें तो इस स्थिर धन, अक्षय ज्ञान का ही संग्रह करना चाहिये, जो कि सभी तरह की विपत्तियों को दूर करने वाला है। राज्य प्रभृति संपत्ति मनुष्य के साथ सदा रहने वाली नहीं है, अतः इस अस्थिर संपत्ति को छोड़ कर इस अक्षय, कभी साथ न छोड़ने वाले, अनुत्तर सुख को देने वाले, इस ज्ञानरूपी स्थिर धन का हमें सभी उपायों से संग्रह करना चाहिये। इस परम उत्कृष्ट अमृतमय ज्ञान के प्राप्त हो जाने पर इसको अयोग्य व्यक्ति को कभी नहीं देना चाहिये। अपने प्राण भले ही किसी के कहने पर दे दिये जांय, किन्तु परम अमृतमय, अत्यन्त गुप्त ज्ञान को किसी भी तरह से, प्राणों के मूल्य पर भी, कभी भी किसी अयोग्य व्यक्ति को नहीं देना चाहिये ॥१५७-१५८॥

श्रीभैरवी[1] उवाच

देवदेव महादेव परितृप्तास्मि शङ्कर ॥१५९॥
रुद्रयामलतन्त्रस्य सारमद्यावधारितम्।
सर्वशक्तिप्रभेदानां हृदयं ज्ञातमद्य च ॥१६०॥
इत्युक्त्वाऽऽनन्दिता देवी कण्ठे लग्ना शिवस्य तु ॥१६१॥

हे देवदेव, महादेव, शङ्कर, रहस्यार्थोपदेशेनानेन अहं परितृप्ताऽस्मि परमसन्तुष्टाऽस्मि। अद्य मया रुद्रयामलतन्त्रस्य सारमवधारितं ज्ञातम्, सर्वशक्तिप्रभेदानां परापरादिशक्तिभेदानां हृदयं गुह्यं रहस्यं च स्फुटमवगतम्। एवमुक्त्वा आनन्दिता सर्वसंशयत्यागपूर्वं परमानन्दपदप्रवेशेन शिवैकमयीभूता, देवी शिवस्य कण्ठे लग्ना शिवेन सह सामरस्यतां गता ॥१५९-१६१॥

इतना सुनकर देवी ने कहा कि हे देवों के देव, देवताओं के भी अधिपति महादेव, सबका कल्याण करने वाले भगवन्, मैं इस अत्यन्त गुप्त रहस्यमय ज्ञान को सुन कर परम सन्तुष्ट हूं। आज मैंने रुद्रयामल तन्त्र के गूढ अभिप्राय को ठीक से समझ लिया है। साथ ही आज मैंने शक्ति तत्त्व के पर, अपर, परापर आदि भेदों के गुप्त रहस्य को भी स्पष्ट रूप से जान लिया है। इतना कहने के बाद अपने सभी प्रकार के सन्देहों के निवृत्त हो जाने से परम आनन्द में लीन, भावविभोर हुई भगवती पार्वती शिव में लीन हो गई, शिव के साथ मिल कर समरस, एकाकार हो गई, अपनी अद्वयावस्था में प्रतिष्ठित हो गई ॥१५९-१६१॥

●

१. °देवी—क०।

श्लोकार्धानुक्रमणिका

ग्रन्थग्रन्थकार-मतमतान्तरसूची

शब्दानुक्रमणिका

●